珞珈政管学术丛书

欧洲联盟发展新论

——基于中国视角的分析

New Development Tendencies of European Union
——An Analysis based on China's View

冯存万◎著

中国社会科学出版社

图书在版编目（CIP）数据

欧洲联盟发展新论：基于中国视角的分析／冯存万著．—北京：中国社会科学出版社，2023.7

（珞珈政管学术丛书）

ISBN 978 - 7 - 5227 - 2417 - 1

Ⅰ.①欧… Ⅱ.①冯… Ⅲ.①欧洲联盟—发展—研究 Ⅳ.①D814.1

中国国家版本馆 CIP 数据核字（2023）第 152988 号

出 版 人	赵剑英	
责任编辑	郭曼曼	
责任校对	胡新芳	
责任印制	王　超	

出　　版	中国社会科学出版社	
社　　址	北京鼓楼西大街甲 158 号	
邮　　编	100720	
网　　址	http://www.csspw.cn	
发 行 部	010 - 84083685	
门 市 部	010 - 84029450	
经　　销	新华书店及其他书店	

印　　刷	北京明恒达印务有限公司	
装　　订	廊坊市广阳区广增装订厂	
版　　次	2023 年 7 月第 1 版	
印　　次	2023 年 7 月第 1 次印刷	

开　　本	710×1000　1/16	
印　　张	21.5	
字　　数	301 千字	
定　　价	109.00 元	

《珞珈政管学术丛书》
出版说明

　　自 2013 年党的十八届三中全会提出"国家治理体系和治理能力现代化"的重大命题以来，"国家治理"便成为政治学和公共管理的焦点议题。相比于"政府改革""政治发展"和"国家建设"，"国家治理"是一个更具包容性的概念，也是内涵本土政治诉求的概念。改革开放以来尤其是近十年来，中国在此领域的自觉追求、独特道路、运作机理和丰富经验，成为中国政治学和公共管理研究的富矿所在。对此主题展开自主挖掘和知识提纯，是政治学者和公共管理学者义不容辞的责任。

　　武汉大学政治与公共管理学院由政治学和公共管理两个一级学科构成，每个一级学科的二级学科较为完备，研究方向也比较齐全，形成了颇具规模的学科群。两个一级学科均学术积累深厚，研究定位明确，即始终注重对政治学和公共管理基本问题的理论探讨与实践探索。从内涵上讲，不管是政治学，还是公共管理，探讨的问题都属于"国家治理"的范畴，也无外乎理念、结构、制度、体系、运行、能力和绩效等不同层面。在此意义上，持续探索国家治理现代化的理论与经验问题，也就成为学院人才培养、科学研究和学科发展的主旨。

　　对社会科学学者而言，专著相比于论文更能体现其长远的学术贡献。对科学研究和学科建设而言，代表性著作和系列丛书更是支撑性的评价维度。为迎接武汉大学 130 周年校庆，更为了集中呈现学院教师十余年来学术研究的最新进展，激励老师们潜心治学、打磨精品，同时也为了促进学院的学科建设，推出有代表性的学者和作品，学院经讨论后决定启动《珞珈政管学术丛书》出版计划，并与长期以来与学院多有合作的中国社会科学出版社再续前缘。经教师个人申报，学院教授委员会把关，2023 年共有十份书稿纳入此套丛书。

这套丛书的内容，大体涉及政治学、国际关系和公共管理三大板块。既有国内治理，也有国际关系；既有经验挖掘，也有理论提炼；既有量化研究，也有质性研究；既有个案呈现，也有多案例比较。但大都围绕国家治理现代化的重大现实议题展开，因此初步形成了一个涵盖问题较为丰富的成果集群。需要说明的是，这次的丛书出版只是一个开端。《珞珈政管学术丛书》是一套持续展开的丛书，今后学院教师的学术书稿在经过遴选后，仍可纳入其中出版。相信经过多年的积累，将会蔚为大观，以贡献于政治学界和公共管理学界。

学者靠作品说话，作品靠质量说话。这套丛书的学术水准如何，还有待学界同行和广大读者的评鉴。而从学术角度所提的任何批评和建议，都是我们所欢迎的。

武汉大学政治与公共管理学院院长

刘伟

2023 年 8 月 24 日

绪　论

　　当前，世界进入了大调整、大变革的转型期，各类型危机层出不穷且复杂多变，挑战着国际社会的稳定与发展，也考验着国家与人的智慧与定力。

　　欧洲联盟是欧洲地区规模最大的区域性合作组织，也是世界上经济最发达、技术水准最高、综合实力最强的国际组织之一。欧洲一体化进程的历史与实践所带来的规范与价值观具有"普世性"特征，由此欧盟被视为世界范围内的"规范性力量"，甚至被誉为国际关系的"创新实验室"。与此同时，作为世界上最大的资本、商品与服务输出的国家集团，加之其发达、成熟而广泛的对外技术交流与发展合作政策体系，欧盟对世界其他国家和地区，特别是对包括中国在内的广大发展中国家产生了至关重要的影响。概而言之，欧盟是当今国际社会的一大关键力量，认知和研判欧盟的发展态势，实为当今国际社会各类行为体认知国际关系、参与国际交流、推进国际合作、适应国际竞争的基本前提。

　　认识欧盟是一项颇具挑战性的研究议程，不仅要关注欧盟的历史发展脉络与成就，也要关注欧盟当前的发展态势及其成因，更要关注欧盟的未来走势和影响。自20世纪末期的快速发展之后，进入21世纪的欧盟经历了多重危机的挑战。欧盟制宪危机、债务危机、难民危机接踵而至，而以2016年英国退欧公投为标志，加之始于2020年的新冠疫情冲击，欧盟面临着自欧洲一体化进程启动以来的严峻考验，而2022年爆发的俄乌冲突则进一步挑战了欧盟的生存、发展和竞争能力。"欧洲衰落"似已成为现实世界中的一种客观现象。

那么，欧洲衰落了吗？欧盟是否已经失去了作为全球角色的行动力和影响力？笔者的看法是，近年来欧盟所面临的多重危机并不必然导致欧盟未来的悲剧。事实上，整个欧洲一体化的历史，就是一部持续直面障碍并最终跨越障碍的发展史。正如欧洲一体化的设计者让·莫内等人所说，欧洲一体化的动力来自危机的推动，特别是外部危机的冲击；欧洲将通过危机而得以发展，欧洲联合也可看作多重危机之解决方案的总和。在当前百年未有变局的转型过程中，遭遇多重危机冲击的欧盟，仍然具有良好的物质硬实力和文化软实力，仍是对全球社会具有显著影响和塑造功能的关键角色。

因此，从维护安全、追求发展的层面出发，欧盟是一个已经并且仍在经历不同类型危机考验、在欧洲范围内具有地区凝聚力、在国际范围内具有全球辐射力的复合型行为体。从中国的视角而观察，中国式现代化和欧洲一体化是中欧各自着眼未来做出的选择。也正是在这个基础之上，中国期待欧盟成为中国走中国式现代化道路的重要伙伴，中国与欧盟合作将为维护全球社会的安全与发展注入更强劲的活力。仍处于多重危机之中的欧洲联盟具有应对危机的经验和能力，这是欧盟克服障碍并得以存续的客观基础；当前欧洲联盟正通过系统性、结构性、全方位的战略转型与政策调适来化解危机并提升竞争力，这也为中国推进自身现代化和中欧关系共赢发展提供了重大机遇。

作为国际舞台上的重要角色，欧盟的发展与国际格局发展趋势密切相关。当今国际格局的最显著变化就是新兴市场国家和发展中国家的群体性崛起以及中国与世界主要国家间力量对比的变化。中国与美国的力量对比是塑造未来国际格局的基本要素。对于身受多重危机困扰的欧盟而言，如何思考并构建其与中国、美国等关键大国的关系，对其安全维护能力和发展竞争能力具有至关重要的战略价值。

自第二次世界大战结束以来，美国作为世界霸主已经数十年，尤其在冷战结束后更是成为世界唯一的超级大国，美国对世界局势转换的塑造作用是根本性、结构性和持续性的。但随着美国国内经济结构性矛盾日益突出，贫富鸿沟越来越巨大，政治极化和种族矛盾越来越难以调和，美国的硬实力和软实力都在总体上呈现出相对衰落的趋势。在推动国际格局变换的过程中，美国的衰落也深刻地影响着欧盟的发展趋势。欧盟内部治理的成效如何，对外战略的自主与否，都在很大程度上受到美国政策转向的掌控。与美国相对衰落形成对照的是，中国在加入世界贸易组织后经济实力的快速增长带来了综合国力的不断增强。美国的战略判断是，中美之间存在着长期性的、不可避免的战略竞争，美国事实上已经无法独自掌控曾由其主导的国际政治经济秩序。由此，作为美国盟友和最重要战略领地的欧洲，在美国的对华竞争战略版图中具有突出的功能和地位；美国必须对欧洲格局予以持续、密切的关注，通过打破欧俄之间协调等环节而掌握欧洲的安全主导权，进而在中美战略竞争中获得更加显著的优势。简言之，以民主约束欧洲，以安全捆绑欧洲，美国通过军事和政治同盟夹击中国与俄罗斯，迫使欧盟承担大西洋侧翼的安全压力，长期以来一直且在未来一段时期内仍将是美国的全球战略根基。

对于欧盟而言，维护一体化成就、寻求战略自主是其根本利益所在。欧盟的对美、对华关系均需服务于欧盟构建战略自主的目标。在政治上，欧洲国家历来被视为美国的价值观同盟伙伴，欧美之间的民主、自由理念成为两者协调政治认知的重要基础。在经济上，欧美共同掌握着第二次世界大战结束以来世界经济体系的规则主导权，同时也保有世界范围内规模最大、实力最强的发达国家集群，在经济贸易和投资领域均具有显著的话语权。在外交方面，欧洲国家之间既有协同，也有离散，但总体上欧洲国家的政策观点及应对举措更趋向于同盟协作。尽管近年来欧洲国家的经济实力处于相对的弱势，但欧洲国家以及作为一个整体的欧盟仍是影响中美战略竞争、塑造国际新格局的关键力量。

对于中国而言，即使新时期大国竞争格局之下的欧盟遭遇多重危机困扰，其突破困境的发展路径之设计、价值取向也具有突出的外部影响和借鉴意义。在欧盟及其成员国看来，欧盟是中国借以平衡中美关系和制衡美国霸权的重要伙伴。[①] 在此基础上，欧盟提出对华外交的"三重定位"角色模式，即在应对气候变化等方面视中国为伙伴，在数字技术与经济领域视中国为竞争者，在制度和治理模式方面视中国为对手。欧盟将合作、竞争和对手这三个层面并列，并认为这是一种对华外交的务实做法。欧盟提出"三重定位"模式表明，欧盟对华政策调整已经从政策行为层面深化到观念和原则层面，欧盟希望继续掌握中欧关系的主动权，在中美欧三边格局和全球治理舞台上凸显欧洲的战略自主能力。

　　总之，欧洲联盟是我们所处时代国际关系的一个重要板块。一方面，欧洲联盟与世界整体形势紧密关联，了解和认知欧盟，需要从欧盟自身和欧盟所处外部环境两个层面进行解析。另一方面，欧盟所参与构建的国际社会，同样也是世界各国所共有共享的客观环境，认识国际社会，也需要重视和了解欧盟。从欧盟出发了解当今国际社会的基本走势，由国际社会洞察我们所面临的挑战和机遇，进而探究发展中国与欧盟双边关系、共同提升适应时代与格局变化之能力，即是本书的基本思路。从这一思路出发，以欧盟发展为镜鉴，以危机考量、政策定位为问题，由此形成一部具有一定理论思考、些许案例研讨、更多问题存疑的书稿。

　　如上所述，即是本书研究的主旨所在。当前世情纷繁复杂，国际竞争激烈，奋发崛起的中国需要构建良好的国际环境，中欧双边关系仍需在诸多关键力量的支持下行稳致远，希冀本书的面世能为中欧关系的发展增添一份文字的特有动力。

[①] Laura C. Ferreira-Pereira, Michael Smith, *The European Union's Strategic Partnerships Global Diplomacy in a Contested World*, Palgrave Macmillan, 2021, p. 224.

目　录

第 一 章

欧洲一体化的成就与危机

当今的国际关系格局根植于第二次世界大战所形成的雅尔塔体系，而雅尔塔体系所蕴含的二战后两极对抗格局则是催生欧洲一体化的根本动力。二战结束以来的 70 余年中，欧洲一体化既反映了作为曾经的世界大战和国际政治中心的欧洲为寻求和平而进行的联合运动，也代表了民族国家打破传统的国际政治藩篱和主权割据，进而通过多元且漫长的合作所取得的最高成就。欧洲国家推进一体化的进程，本身也是不断遭遇、识别、化解多重危机的过程。自 21 世纪以来，欧洲一体化所面临的危机，呈现出集中、连续、频发、严峻、复杂的特征，甚至因英国退出欧盟等政治事件而面临着一体化进程被解构的重大风险。围绕欧洲一体化而产生的系列危机，既是当前国际社会各类矛盾的集中反映，也是未来欧洲一体化前进的关键基础。

第一节　欧洲一体化的发展成就

第二次世界大战结束后，在西欧各国兴起了声势浩大的欧洲联合运动，由此欧洲国际关系开始发生转折性变化。在战后的最初几年里，欧洲联合以实行政府间合作为主。以 1950 年"舒曼计划"的发表以及随之建立欧洲煤钢共同体为标志，欧洲联合运动进入了实行一体化合作的新阶段。欧洲一体化起步后快速发展，继成立煤钢共同体之后，又建立了欧洲经济共同体和欧洲原子能共同体，并实现了关税同盟和共同农业政策，也实现了成员国的扩大。然而欧洲一体化进程并非一帆风顺，1965 年的"空椅子危机"和 20 世纪 70 年代欧共体经历的艰难谈判，突出反映了一体化进程的曲折性。直到 20 世纪 80 年代中期《单一欧洲法案》发布，欧洲一体化终于重新启动并迎来飞跃式发展，直至 90 年代建立了欧洲联盟。欧共体时期的欧洲一体化及其成就主要体现在经济领域，虽然从 20 世纪 70 年代起欧共体也开展了政治合作，但取得的进展极为有限。欧洲一体化沿着先经济后政治的路径，渐进式发展是其最主要的特点与经验。到 20 世纪 80 年代末，随着欧共体内部市场战略的推进和货币联盟计划的提出，欧洲一体化逐渐超越经济领域开始向政治一体化迈进，但在经历了 90 年代的高速发展之后，在进入 21 世纪后面临多重、复杂的危机挑战。

欧洲一体化起步于千疮百孔的艰难时期。1945 年 5 月 8 日，第二次世界大战在欧洲结束。历时多年的战争使得欧洲诸国遭受重大损失，经济基本停顿，物资能源匮乏，商品供应短缺严重，原有的经济和社会管理运行机制被破坏。1946 年冬，欧洲又遇到百年罕见的严寒袭击，各国经济与社会秩序遭到重创。英国一半工业陷于瘫痪，法国农业严重歉收，西德通货膨胀则几近天文数字。政局动荡、经济凋敝充斥整个西欧。战争和自然灾害的连续冲击，导致欧洲各国对生存现状和未来前景充满忧患。从世界范围内来看，由于经济、政治实力整体严重受挫，二战后的欧洲已不再拥有一个能够影响和塑造世界事务的一流大国，而美国与苏联争霸又迫使欧洲处于紧张的对抗前沿。如何重建经济繁荣并恢复既往的强大国际影响力，成为二战结束后欧洲各国必须面对的重大议题。

为缓解欧洲的政治经济困境，同时也为了尽快建立起同共产主义对抗的堡垒，美国决定通过"马歇尔计划"对西欧各国施加援助。该计划于 1947 年 7 月正式启动并持续了 4 个财政年度。在这段时期内，西欧各国通过参加欧洲经济合作组织（Organization for European Economic Cooperation，OEEC），总共接受了美国包括金融、技术、设备等各种形式的援助合计131.5亿美元，其中90%的是赠予，10%的为贷款。尽管"马歇尔计划"于1951年宣告结束，但此后美国对欧洲国家的其他形式援助却始终没有停止过。"马歇尔计划"推动欧洲经济发展和社会复苏的效果十分显著，西欧各国于1948—1952年经历了历史上经济发展速度最快的时期。在"马歇尔计划"的支持刺激下，欧洲工业生产增长了35%，农业生产则已经超过了战前的水平，战后初期普遍贫穷和饥饿的面貌被大幅扭转，西欧各国也由此进入了长达20余年的经济发展时期。更重要的是，西欧各国通过"马歇尔计划"形成一个整体，"马歇尔计划"堪称是促成欧洲一体化的最直接的外部动力。

　　1950年5月9日，法国外交部部长罗伯特·舒曼（Robert Schuman）提出了一项深化合作的计划，他建议整合西欧的煤炭和钢铁工业。欧洲一体化的另一位推动者让·莫内（Jean Monnet）则认为，应该选择地位最关键、矛盾最尖锐的领域作为国家间联合的突破口，法德两国之间的矛盾是欧洲联合的最大障碍，而法德争夺的焦点则是煤炭和钢铁集中的鲁尔和萨尔地区。如果确保联邦德国鲁尔区稳定供应煤炭，则可以打消法国的焦虑；而钢铁共管则可以保证法国获得足够的心理安全。由此，只要法德之间推进煤炭钢铁联营，就能够稳定欧洲形势、促进欧洲联合。舒曼计划是欧洲一体化的第一步，实现了欧洲联合从观念到实践的转变，奠定了欧洲联盟的基石。1951年4月18日，根据舒曼计划，德国、法国、意大利、荷兰、比利时和卢森堡六个国家签署了《欧洲煤钢共同体条约》，以共同管理其煤炭和钢铁工业。欧洲煤钢共同体于1952年成立。1957年3月25日，在《欧洲煤钢共同体条约》的基础上，六国签订了《建立欧洲经济共同体的条约》和《建立欧洲原子能共同体的条约》，统称为《罗马条约》。《罗马条约》包含了欢迎其他欧洲国家参加共同体的内容，奠定了欧洲联合的开放性。1965年，欧洲煤钢共同体、欧洲经济共同体和欧洲原子能共同体合并形成欧洲共同体，成为欧洲单一市场的雏形，也成为欧洲联盟的物质基础。单一市场的一体化是欧洲一体化的核心领域。1993 年 1 月 1 日，建立了单一市场，同时确立了包括人员、货物、服务和货币自由流通的原则。随着这一原则的确立，欧共体成员国之间商定的数百项法律和自由服务条款也得以推行。自由流通是欧洲单一市场的核心原则，也是欧洲一体化在经济领域的实质性进展。1994 年 1 月 1 日，由欧洲共同体 12 国和欧洲自由贸易联盟 7 国中的奥地利、芬兰、冰岛、挪威和瑞典 5 国组成了世界最大的自由贸易区——欧洲经济区。欧洲经济区的诞生不仅改变了欧共体与欧洲自由贸易联盟的关系，同时也对欧洲一体化及世界经济产生了重大影响。借由单一市场的进一步发展，人员、商品、服务和资本等四大要素可以在欧洲经济区国家之间自由流动。1995 年 3 月 26 日，申根协定在比利时、法国、德国、卢森堡、荷兰、葡萄牙和西班牙 7 个国家生效。旅行者可以在这些国家之间自由流动，进出国家边境没有护照管制，欧洲范围内人口自由流动成为最具吸引力的一体化制度成果之一。货币一体化是欧洲一体化的又一大重要成就。1999 年 1 月 1 日在使用欧元的欧洲联盟国家中实行统一货币政策（Single Monetary Act），2002 年 7 月欧元成为欧元区的合法货币。欧元的出现加强了欧盟作为世界主要经济力量的地位。欧元由欧洲中央银行和各欧元区国家的中央银行组成的欧洲中央银行系统负责管理，另外欧元也是摩纳哥、圣马力诺、梵蒂冈、安道尔、黑山和科索沃等 6 个非欧盟国家（地区）的货币。目前欧元区仍在缓慢扩张，克罗地亚从 2023 年 1 月 1 日起使用欧元，从而成为欧元集团第 20 个成员国。经济贸易是欧洲联盟当前最具有国际竞争力的领域，也是遵循超国家主义并实现最高程度一体化的领域。截至2019 年，欧盟（包含英国在内）的国内生产总值达 16.4 万亿欧元，占全世界货物贸易量的 15%；2019 年欧盟 27 国对外贸易额（不含欧盟内部贸易）为 4.071 万亿欧元，与中国、美国同为世界贸易的三大力量。①

---

① European Union，"Facts and figures on the European Union economy"，https：//european-union. europa. eu/principles-countries-history/key-facts-and-figures/economy_ en.

　　与欧洲一体化的机制建设紧密相关，欧洲联合所产生的经济成就积极提升了其政治效力，推动了欧洲一体化的扩张之旅。1973 年 1 月 1 日，随着丹麦、爱尔兰和英国加入，欧洲一体化实现了第一次扩员；第二次扩员是 1981 年 1 月 1 日希腊加入欧洲经济共同体；1986 年 1 月 1 日，葡萄牙和西班牙加入欧洲经济共同体，实现了第三次扩员；第四次扩员为 1995 年 1 月 1 日奥地利、芬兰和瑞典加入欧盟，至此欧洲一体化成员达到 15 个，几乎覆盖了整个西欧。尤其值得强调的是，奥地利、芬兰和瑞典同为二战以来的中立国，其加入欧盟后的外交立场在很大程度上受到欧盟共同外交与安全政策的影响。欧洲一体化第五次扩员也是最大规模的一次扩员，为 2004 年 5 月 1 日马耳他、塞浦路斯、波兰、匈牙利、捷克、斯洛伐克、斯洛文尼亚、爱沙尼亚、拉脱维亚、立陶宛加入欧盟。2004 年的欧盟扩大不仅使得欧盟地理和政治疆域大大拓展，经济规模和实力也得到大幅提升，更重要的是，这一次欧盟扩员对欧洲一体化的政治目标与形象产生了巨大的提升作用，也被视为冷战结束以来欧洲一体化取得的最大成就。2007 年 1 月 1 日，来自东欧的另外两个国家保加利亚和罗马尼亚加入了欧盟，使成员国数量达到 27 个。2013 年 7 月 1 日，克罗地亚加入欧盟，成为其第 28 个成员国。与此同时，这种大幅而快速的扩张也给欧盟带来了内部资源和收益不均衡的客观后果，因而也为一体化的后期发展遭遇更多弊端埋下了伏笔。自 2008 年国际金融危机爆发并引发欧债危机以来，欧盟各国经济普遍低迷，加之难民危机持续蔓延，英国以收回边界和控制权为宣传口号，于 2016 年经全民公投决定退出欧盟，在经历 3 年多的艰苦谈判后，英国于 2020 年正式退出欧盟，欧盟成员国数量回落到 27 个。

　　欧洲一体化的机制建设是提升欧洲整体凝聚力和竞争力的关键领域。国家主权是欧洲一体化机制建设的基石所在，同时也是一体化机制建设的主要障碍，如何在尊重国家主权的基础上有效化解主权割据带来的国家利益纷争，即成为欧洲一体化机制建设的核心目标。1986 年 2 月，《单一欧洲法案》得以签署，其目的在于解决欧洲共同体境内的关税障碍问题。该法案于 1987 年 7 月 1 日生效，赋予了欧洲议会更多的发言权，并加强了欧洲共同体在环境保护方面的权力。冷战结束后，欧洲一体化建设进入快速发展时期，以欧洲联盟为核心、以政治一体化为要务的机制建设成为显著标志。1992 年 2 月 7 日，加速推进体制建设的《马斯特里赫特条约》得以签署，该条约正式建立了欧洲联盟。至此，经由长期、持续、渐进的欧洲一体化机制建设，欧洲的政治格局和秩序实现了自二战结束以来最显著的转型。欧洲联盟被视为欧洲秩序的中枢，通过与欧共体之外的欧洲国家缔结协定，其影响力呈同心圆的辐射状态，由此，以原苏联为边界的全欧地区形成了核心—边缘的秩序体系。①《马斯特里赫特条约》设计了一个"三大支柱"的结构：第一支柱是欧共体结构，包括经济与货币联盟，遵循超国家主义；第二支柱是共同外交与安全政策；第三支柱是司法与内政事务合作政策，实行政府间协商一致原则。欧盟建设在深化和扩大两个领域同时推进，在深化方面的主要目标是在 1999 年 1 月 1 日建成欧洲货币联盟，以及建立和不断完善欧盟共同外交与安全政策。以推进欧洲一体化和东扩为主旨的《尼斯条约》于 2000 年 12 月通过并于 2003 年 2 月 1 日生效，为 2004 年欧盟实现最大规模的扩张完成了必要的准备。以《欧盟宪法条约》为基础的《里斯本条约》于 2007 年 12 月由欧盟 27 个成员国签署并于 2009 年生效，该条约赋予欧盟以国际法人格，对欧盟权能进行了划分，在既有的条约基础上加强了弹性一体化的机制建设，同时对欧盟三个支柱做了结构性的整合，提高一体化的合法性与效率，在很大程度上促进欧洲一体化向更深、更广的方向发展。

　　欧洲一体化的发展自经济领域的合作起步，逐步迈向更高程度的政治一体化。随着国际形势的变化，特别是国际竞争焦点的转化，欧盟在科技、生态领域也着力强化其整体实力。自 20 世纪 60 年代起，追求经济增长而导致环境污染的事件层出不穷，引起了欧洲各国各界的广泛关

---

① Miall Hugh, *Shaping the New Europe*, Pinter, 1993, p. 106. 转引自 Fergus Carr, Theresa Callan, *Mananging Conflict in the New Europe*, Plagrave, 2002, p. 101。

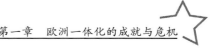

注。1968 年，在罗马成立关注生态、人口、经济、气候问题的罗马俱乐部，宗旨是通过对人口、粮食、工业化、污染、资源、贫困、教育等全球性问题的系统研究，提高公众的全球意识，敦促国际组织和各国有关部门改革社会和政治制度，并采取必要的社会和政治行动，以改善全球管理，使人类摆脱所面临的困境。在以罗马俱乐部为代表的思潮推动下，欧洲逐渐成为全球环境政治的先锋。进入 20 世纪 90 年代后，欧盟成为塑造全球气候政治的主要动力，以独有的雄心壮志在全球气候治理体系中占据了规则和道义的制高点。科技是推动经济发展和提升竞争力的主要路径，促进成员国之间的科技合作始终是欧洲一体化的重点推进领域，一体化早期的煤钢共同体和原子能共同体都涉及有关领域的科学技术研究组织工作。欧洲曾是世界第一、第二次科技革命的发源地。20 世纪 70 年代，美欧日之间的科技竞争日益白热化，欧洲通过科技合作计划，强化自身的科技竞争力。1983 年 3 月，时任美国总统里根提出的战略防御计划在欧洲引起了强烈反响，由此欧共体于 1985 年推出"尤里卡计划"，具体包含欧洲计算机计划、自动装置计划、通信联络计划、生物计划和材料计划。此外，自 1984 年开始实施的框架计划是欧共体/欧盟规模最大、所涉领域最广的综合性科技研发计划。20 世纪 90 年代之后，经由海湾战争和科索沃战争、反恐战争的刺激，欧洲的框架计划主要集中在太空领域，进一步增强了欧盟在全球卫星导航领域的技术、工业乃至政治军事的发展意识。随着欧盟的不断扩大，欧盟内部不同国家、地区之间经济与社会发展水平不一致问题也更加突出，严重制约着欧盟在各项政策领域的深化与发展，在科学技术政策上同样如此。为此，欧盟推出"欧洲 2020 战略"（Europe 2020 Strategy），为欧盟科技创新提供了新的政策环境，开辟了新的发展空间。

　　当今的欧盟是世界格局的三大力量之一，在国际舞台上发挥着积极作用。欧盟成员国在制定外交政策时，对推动欧盟国际地位和独立性的考量越来越突出，成员国外交的欧洲化、欧盟共同外交立场已然成为一个至关重要的国际政治现象。美国对欧洲盟友的影响力在逐渐下降，而欧洲国家也越来越倾向于挑战它们认为不合理的美国外交政策。① 欧盟作为世界上最大的资本、商品、服务输出的国家集团，加之欧盟相对宽容的对外技术交流与发展合作政策，对世界其他地区，特别是包括中国在内的发展中国家产生了至关重要的影响。欧盟与世界上大多数国家和地区建立了外交关系，并缔结了各种经贸合作协定。有 160 多个国家向欧盟派驻了外交使团，欧盟也已在 120 多个国家及国际组织所在地派驻了代表团。在一些国际机构如世界贸易组织中，欧盟代表成员国发出统一声音并行使权利。欧盟曾因其在促进和平、和解、民主和人权所做的贡献于 2012 年被授予诺贝尔和平奖。不过，欧盟地处传统的欧亚大陆核心地带，其历史遗留的各类领土与主权纷争仍处于显性状态。而欧盟周边的诸多国家则在冷战结束以来长期处于战乱状态，和平建设进程相对缓慢，由此而导致周边安全危机的压力进一步向欧盟延伸。进入 21世纪以来，欧洲联盟面临着多重挑战。尤其是 2008 年爆发的国际金融危机使得欧洲联盟的经济发展放缓，而从整体上看，欧美国家的经济实力在全球经济格局中的地位和比重进一步降低。以中国为代表的发展中国家的实力则明显上升，东升西降的世界经济格局转型开始出现萌芽，随之带来了各国的政治调适与外交博弈。

欧盟是超国家主义和政府间主义的混合型政治实体，是欧洲一体化的最高表达形式和最高成就。当今世界中的欧洲之所以仍旧占据国际政治舞台的重要位置，与欧盟所倚重和支持的欧洲整体实力不无关系。而在维护和巩固欧洲一体化进程、表达欧洲之外交观点与立场的过程中，欧盟的若干核心机构具有显而易见的代表性。由成员国首脑或政府首脑等组成的欧洲理事会（The European Council）是欧盟的最高决策机构。欧洲理事会遵循全体一致同意原则，在统筹规划欧盟政策、讨论欧盟经济和货币政策问题、讨论对外关系等方面负有最高职责。欧盟理事会（Council of the European Union）是其各个成员国政府的主要议事场所和

---

① Kristin Archick，"The United States and Europe：Current Issues"，CRS Report for Congress，February 3，2015，http：//www.fas.org/sgp/crs/row/RS22163.pdf.

决策机构，也是最能体现欧盟作为超国家主义和政府间主义混合实体特色的机构。欧盟理事会的主要职责包括通过欧盟法律、协调成员国的总体经济政策、缔结国际协议、批准欧盟预算、欧盟共同外交政策、司法与内务合作等六个层面。欧盟理事会是欧盟的最高权力机关，在欧盟的发展过程中有至关重要的主导作用，甚至被称为欧洲"最具排他性的俱乐部"。欧盟委员会是欧盟的常设机构，负责管理欧盟的日常事务，拥有广泛的权力资源和政策工具，是欧盟作为一个地区一体化体系运作的核心。欧盟委员会代表和维护欧盟的整体利益，且其政治功能具有超国家属性。欧盟委员会的职责包括向欧盟理事会和欧洲议会提出政策建议和立法提案，行政职能包括制定规则、管理财政、监督政策实施等，同时欧盟委员会也负责欧盟的对外经贸关系。由于欧洲一体化在经济领域取得了最具实质性的进展，且经济贸易也是欧盟借以影响和塑造世界事务的核心领域，因此参与制定并实施欧盟对外贸易关系政策、代表欧盟谈判国际协议的欧盟委员会在很大程度上被视为欧盟的代表性机构。实际上，欧盟委员会也确实在代表欧盟参加世界贸易组织、经合组织、二十国集团等，因而成为欧洲在国际合作及规范领域的主要行为体象征。欧洲议会是欧盟体制内唯一通过直接选举产生的机构。自 20 世纪 80 年代以来，欧盟的民主合法性问题日渐突出，最终扭转了欧洲议会改变之前仅仅为咨询机构的尴尬局面，其职权和影响力得以大幅提升。当前，欧洲议会通过行使共同立法权、监督权和认识批准权、预算决定权，对欧洲一体化的发展走向提供保障。

第二节　欧盟发展困境及其构成

欧洲一体化的根本成因在于欧洲各国试图通过国家间合作来谋求"统一而强大的声音"，为欧洲在雅尔塔体系和冷战格局下寻求安全保障。欧洲联盟是当前欧洲一体化的最高组织形式和机制建设成果。自进

入 21 世纪以来，作为影响力和利益链遍布全球的行为体，欧盟受到了
多个危机的连续冲击。

　　进入 21 世纪以来，欧洲的发展困境显而易见，成为国际社会的重
大现象，亦成为国际关系学者重点关注的课题，如何界定危机的类型与
内涵，亦成为一项必要的政策识别议程。根据欧洲学者沃尔夫冈·明肖
（Wolfgang Munchau）的描述，欧洲疲于应付的史无前例、走向不明的
五类危机，分别是难民危机、欧元区外围国家债务危机、全球经济低迷
危机、乌克兰危机，以及大众汽车丑闻引发的对欧洲制造业的信心危
机。这五场处于不同阶段的危机相互叠加，彼此制约和压缩了克服这类
危机所需要的政策空间，更使得欧盟前景处于高度不确定状态。① 美国
学者杰弗里·安德森（Jeffrey J. Anderson）则从时间线的角度，将欧盟
所遭遇的多重危机划分为五类，分别是 2008 年开始的欧元区危机、
2014 年开始的乌克兰危机、2015 年集中爆发的难民危机、2016 年骤然
出现的英国退欧公投引发的去一体化危机，以及 2017 年开始的欧美伙
伴关系危机，如上五类危机彼此叠加，形成了欧盟当前所面临且深陷于
其中的多重危机。② 在复杂的国际社会中，各国所面临的生存环境挑战
与自身应对能力的不平衡具有常态化特征。一体化进程中的欧盟在应对
各类挑战的过程中，面临着战略规划与实施能力受限、发展与竞争能力
相对落后的困境。对于欧盟而言，它所面对的危机是外部挑战与内在动
力的差距，这一差距既是客观存在，也是主观认知。欧盟的各类危机，
也需要通过这两方面的综合解读来进行判断。

一　欧盟总体实力相对衰落

　　进入 21 世纪以来，欧盟在坚持推进一体化的过程中遭遇了诸多危

---

　　①　Wolfgang Munchau, "Five Concurrent Crises Push Europe into the Realm of Chaos", *The Financial Times*, September 27, 2015.

　　②　Jeffrey J. Anderson, "A Series of Unfortunate Events: Crisis Response and the European Union after 2008", in Marianne Riddervold, Jarle Trondal, Akasemi Newsome, eds., *The Palgrave Handbook of EU Crises*, Palgrave Macmillan, 2021, p.765.

机，尤其是欧债危机的发生和英国退出欧盟，导致欧盟总体实力相对下降已成为客观趋势。有研究认为，自欧债危机发生之后，尽管欧盟依然是同全球价值链嵌入度最高的地区，但其总体水平已经呈现出明显的下滑态势且下滑速度快于世界其他地区，同时欧盟在全球市场上的制成品出口量也显著下滑。① 与欧洲经济持续疲软形成鲜明对比的是，以中国为代表的新兴经济体则保持平稳快速的发展态势。一方面，欧盟的经济实力相对萎缩。当前无论从横向比较的空间维度还是纵向比较的历史维度来看，欧盟的综合实力已经处于下滑状态。欧盟 2008 年经济总量为19.029 万亿美元，2009 年则急剧下降到 17.02 万亿美元，2021 年欧盟 GDP 为 15.73 万亿美元，经济增长 5.2%；中国 2021 年的 GDP 为近 18 万亿美元，增长 8.4%。欧盟 27 个成员国的 GDP 落后于中国。中国的经济增长与中国的产业结构变化有关。中国越来越重视新能源汽车、人工智能等现代化产业的发展，各产业都融入了物联网、云计算技术，中国高度重视信息产业对传统产业发展的推动作用，互联网和数字经济得到快速发展。中欧经济横向比较说明，中国经济发展速度快，而且经济发展质量高，中国相对于欧盟的经济优势和发展趋势更加明显。在自身经济实力发生显著下滑的情况下如何理解并应对日益强大的中国，成为欧盟迫切而重要的战略议题。另一方面，欧盟凝聚力显著趋弱。自2016 年英国举行退欧公投后，欧洲一体化的解构就成为悬在欧盟之上的最大危机。此后，尽管欧洲联盟通过协同成员国立场的方式，保证了对英国退欧谈判的优势立场，在一定时间内改变了欧洲一体化的原定方向，但 2020 年英国正式退出欧盟，仍然在客观上使得欧盟遭遇了一体化启动以来的最大挫折，这使得欧盟作为世界经济力量的资源和规模进一步弱化。欧盟内部凝聚力的减弱，突出地表现在不同群体国家的民众对一体化进程的态度差异上。21 世纪以来，加入欧盟的中东欧国家民众总体上对欧盟的整体架构仍具有更多的经济收益期待，而德、法、

---

① Alicia García-Herrero, Junyu Tan, "Deglobalisation in the context of United States-China decoupling", *Bruegel Policy Contribution Issue*, No. 21, December 2020, p. 4.

意、荷、比、卢等欧洲一体化的创始国民众则对经历多轮次扩张的欧盟的态度更为淡漠。自2008年国际金融危机以来，欧洲联盟对经济实力较弱的成员国的扶助政策引起了相对富裕成员国的普遍不满，批评前者"搭便车"的观念持续发酵，进而对欧洲联盟的凝聚力和发展潜力产生负面影响。金融危机与难民危机相互叠加，导致新加入欧盟的中东欧国家受到更加广泛的冲击。一系列危机中止了欧盟与中东欧国家的"蜜月期"，新老欧洲国家之间的潜在矛盾被公开化。① 一项调查显示，以欧盟历次扩大而吸纳的不同国家作为参照对象进行比较，2009年到2019年的十年间，6个创始成员国与英国、爱尔兰、丹麦等国民众对欧盟再次扩大的支持度持续稳定在30%左右，21世纪以来加入欧盟的中东欧国家大多在40%左右，而那些希冀申请尽快加入欧盟的西巴尔干国家民众的支持度则大多超过50%。针对未来欧盟走向是进一步扩大还是持续深化这一问题，不同国家群体之间清晰分明的支持度差距进一步揭示了欧洲联盟凝聚力的减弱。② 如若结合既有欧盟治理的机制和现实来看，英国退欧不仅挑战了存在40余年的一体化发展模式，也翻转了欧盟建设"更紧密联盟"的发展进程。

二　欧盟全球治理效能下降

随着国际力量对比的巨大变化以及欧盟国际地位的相对衰落，欧盟在全球治理领域的政策实践效能也显著下降。以应对气候变化为例，2009年哥本哈根气候大会使得欧盟气候外交战略遭到诸多国家的抵制与抛弃，长期以来充任全球气候治理领导者的欧盟成为被边缘化的角色。此后，尽管欧盟在气候治理领域仍持续推进战略调整与改革，但争夺话语权和主导权的条件已经不复存在。除气候外交领域之外，欧盟在推进全球贸易自由化、化解中东和北非难民危机等领域的外交举措也受

---

① 黄丹琼：《中东欧民粹主义兴起与欧盟内部分化》，《国际观察》2018年第4期。

② Tatjana Sekulić, *The European Union and the Paradox of Enlargement: the Complex Accession of the Western Balkans*, Palgrave Macmillan, 2020, p.26.

到了前所未有的考验，甚至在伊朗核协议等方面取得的既定成就也受到美国外交政策逆转的冲击。欧盟的全球治理观念广为人知，但却并未深入人心，这是欧盟最为突出的战略困境。当然，欧盟全球治理效能下降并非孤立现象，而是全球治理格局整体转变的一个侧面。进入21世纪以来，尤其是2008年国际金融危机爆发后，随着若干新兴国家和大量发展中国家的整体性崛起，国际权力结构发生了深刻的调整，二战结束以来所形成的由西方主导的全球治理体系面临空前严重的合法性危机。金融危机也暴露出西方发展和治理模式的弊端，使得由西方构建的全球治理知识体系、话语体系、制度体系都面临着严重的挑战。在世界大变局加速演进的背景下，西方极端民族主义、民粹主义等"逆全球化"思潮在全球范围内盛行，大国之间的地缘战略争夺加剧，国内国际的社会分歧和经济差距长期保持两极化趋势，国际协调与合作举步维艰。而自2020年以来新冠疫情的持续大流行，又使得越来越多的国家趋向于内部治理和保守主义，竞争意识增强而国际合作意向却持续低迷，欧美大国向全球提供公共产品的能力和意愿均普遍下降，全球气候变化、大规模杀伤性武器扩散、地区冲突不断等一系列全球性挑战变得更加严峻。在此形势下，欧美国家主导的全球治理体系面临巨大的改革与转型压力，全球治理的话语体系亟待重塑，包括欧盟在内的欧美国家或国际组织均深感国际格局变迁之剧烈与全球治理危机之严重，但与此同时，上述国家在全球治理领域的自主贡献也受限于多重因素而严重不足。

三　难民危机持续蔓延

　　数十年来，欧洲联盟一直是东南欧、欧亚地区、非洲和中东国家的经济及政治难民的主要目的地。2010年底爆发"阿拉伯之春"后，因数量激增的难民从中东、非洲和亚洲等地经地中海及巴尔干半岛进入欧盟国家寻求居留而产生移民潮，其中多数来自叙利亚、阿富汗和厄立特里亚。难民危机直接影响到欧盟的社会与经济秩序，且移民与难民身份混杂，但欧洲联盟彼时仍以移民方式对待这一现象，暴露了欧盟多年来在管理大量人口快速跨越边界问题的能力滞后。正是在这种巨大的压力之下，欧盟开始意识到"难民流"已然成为显著威胁。欧洲理事会在2014年6月的一项决议中，宣布"由于世界与各地区的紧张形势，不断攀升的移民流动将是欧盟的一大挑战"。[①] 不过，尽管意识到大量难民持续涌入欧洲是一大挑战，但欧盟若干成员国特别是德国和法国出于对补充劳动力的需求，排除其他成员国的质疑，决定敞开怀抱迎接难民入境。德国是接受难民最多的欧洲国家，默克尔（Angela Dorothea Merkel）政府在难民危机初期采取的开放边境欢迎难民政策在很大程度上主导了欧盟看待和处理难民流动的态度。2014年德国收容了20万名难民，人数较2013年多出60%。与德国、法国、瑞典等国政府对难民的欢迎态度相比，意大利、匈牙利等国家的政府与民间组织并没有对应对难民危机做好充足的准备，没有足够的住房和后勤供应，基础设施严重短缺成为难民危机之下暴露的显著问题。为保障难民生活而消耗的人、财、物力巨大，加剧了本身持续低迷的经济负担。急速涌入的大量难民挤占了设施和福利，引起了诸多国家民众的强烈抗议，丹麦、瑞典更是爆发了反难民冲突。身份复杂的难民群体也在驻留国制造了极大的管理混乱现象，部分自称难民的身份不明人士扰乱社会秩序或滥施罪行，引起当地民众恐慌和抗议，欧洲民众的安全感和对欧盟的信任度普遍下降。2017年初，民调公司Yougov发现81%的法国人、68%的英国人和60%的德国人悲观地预期他们的国家在未来一年中将发生一次重大恐怖袭击。[②③] 面对惊人的难民危机及其在欧盟各国之间普遍触发的社会及经济问题，不少国家及政治

---

① European Council, *Strategic Agenda for the Union in Times of Change*, 26/27 June 2014, p. 6.

② Mattew Smith, "People across the West Think We Are Close to a New World War", Yougov Research, http://today/yougov.com/news/2017/01/05/people-major-western-thin-world-close-maj/.

③ 邹志强、邢新宇：《全球难民危机与难民外交的兴起：土耳其的角色》，《当代世界与社会主义》2022年第4期。

代表人士严厉批评欧盟的难民政策，认为欧盟长年实行的人口自由流动及开放边界的政策是严重威胁欧洲安全的根源，也正因为如此，被欧盟引以为傲的申根签证制度也进一步向申根危机滑落。2022 年初俄乌冲突爆发后，欧洲的难民危机再次变得严峻。难民危机在多个层面对欧盟形成了威胁，特别是在 2008 年国际金融危机余波未消的大环境下，难民危机冲击了欧盟内部的边界管理和国家间合作，加大了以德国为代表的西欧国家和以意大利、希腊为代表的南欧国家以及以匈牙利为代表的中东欧国家的政治分歧。其中，作为欧盟边界国家的意大利和希腊，承接了巨大的难民压力，因而希望欧盟其他成员国能尽快分担其压力；而作为欧盟内部具有典型特征的维谢格拉德集团的成员国，匈牙利及其伙伴国波兰、捷克和斯洛伐克坚决抵制接收难民，因此上述两类国家之间在难民问题上的矛盾十分突出。匈牙利总理欧尔班（Orbán Viktor）对欧盟的难民危机政策的反应甚为强烈，甚至犀利批评主导难民政策的德国奉行"道德帝国主义"。① 多轮次的难民危机冲击了欧洲人对政治体系的信任，有相当比例的欧洲民众认为当前的危机是由精英阶层和具有部落意识的移民之间的阴谋而造成的。当然，难民危机并非一体化机制失灵的最严重表现，实际上在更多人看来，"难民潮只不过是该地区即将爆发更为严重的冲突的先兆，它触及了欧洲有关民族国家观念的核心"②。难民危机直接冲击欧洲的经济与社会安全秩序，其根本上则是暴露了深藏于欧洲一体化进程中的认同危机。一是在欧盟成员国内部，自 2008 年国际金融危机以来民粹主义运动和民粹主义政党得以滋生发展，通过难民危机获得了死灰复燃甚至持续扩张的条件；二是自身经济发展不力并受到经济危机严重冲击、处于欧盟地理边界的成员国，受难民危机事件冲击而激化了对欧盟机制的质疑和批评，进而导致欧盟不同类型的成员国

① 高歌主编：《中东欧转型 30 年：新格局、新治理与新合作》，社会科学文献出版社 2022 年版，第 172 页。
② ［美］乔治·弗里德曼：《欧洲新燃点：一触即发的地缘战争与危机》，王祖宁译，广东人民出版社 2016 年版，第 265 页。

之间产生了显著分歧。其中，德国与希腊的国家间观念和政策冲突最为明显。① 自欧债危机和难民危机发生后，欧盟未能及时调整宏观上的一体化制度和微观上的金融与移民管理政策，而是将上述两大危机形成的负担分包、转嫁给各成员国。中东欧国家原本期待加入欧盟后能够分享经济红利，但却在加入欧盟不久后即发现自己身处欧盟内"二等公民"的位置并承接了与自身实力不匹配的金融改革与移民管理压力，因而中东欧这些"新欧洲"更进一步降低了与"老欧洲"之间的文化认同和政治信任。难民危机导致欧盟及其成员国身份的责任能力和政治可信度均大幅受挫，成为欧洲一体化启动以来所遭遇的最复杂的政治危机，欧盟持续发展由此面临着大幅扩员并打开边界之门后所产生的深度裂痕。②

四　全球伙伴关系面临挑战

在一超多强的国际格局中，欧盟是一支主要的国际力量，但其综合实力存在着结构上的缺陷，也即经济强大而政治中庸、军事贫弱的客观现实。长期以来，欧盟主要通过规则与贸易影响国际社会，而在事关地区冲突与战争等诸多国际挑战方面，欧盟则需要借助多样化的全球伙伴关系来达成其全球治理的目的。欧盟所处的国际环境的变化，尤其是欧美伙伴关系的结构性变化是其面临的主要外部危机。进入 21 世纪以来，欧美之间在若干关键议题上面临利益与立场严重分歧的尴尬局面，美国同欧盟开展协商的自主意愿大大降低。在 2009 年哥本哈根气候大会上，欧盟本意通过借助其强势的气候外交和美国的支持来巩固自身在全球气候谈判中的领导者角色，但美国在欧盟近似凌厉的外交攻势之下直接放弃了同欧盟的协商，转而与同样被欧盟视为谈判对手的中国和其他发展中国家达成共识，导致欧盟在全球气候外交场

---

① Marianne Riddervold, Jarle Trondal and Akasemi Newsome, *The Palgrave Handbook of EU Crises*, Palgrave Macmillan, 2021, p. 780.

② Tatjana Sekulić, *The European Union and the Paradox of Enlargement：The Complex Accession of the Western Balkans*, Palgrave Macmillan, 2020, p. 15.

域中面临空前的挑战。① 唐纳德·特朗普（Donald Trump）就任美国总统后，大幅调整欧美之间的贸易、安全关系，其强硬推行的单边主义政策对欧盟形成了巨大的压力。在贸易方面，特朗普以贸易逆差、国家安全为由对欧洲联盟的钢铝产品加征巨额关税，使得欧盟推崇的全球贸易自由化和规制化发展指向受到挫折。在安全合作方面，特朗普治下的美国强势要求盟友分担更多责任，引发欧盟反感并加深了欧美之间的裂痕。此外，特朗普政府对欧洲一体化进程采取了对抗举措，突破了战后美国历届政府均支持欧洲一体化的对欧政策逻辑。在民粹主义思潮的推动下，美国政府采取强硬手段对欧盟连续施压，这样的举动毫无疑问破坏了以互信为基础的欧美同盟关系，"并使欧洲开始思考新的应对国际问题的思路以及调整过分依赖美国的国际秩序的途径"②。乔·拜登（Joe Biden）就任后，美国政府的外交政策进一步拉大了对华、对欧的战略关注差距。欧美关系虽然总体得到恢复并基本维持了价值同盟的整体格局，但其战略功能已经下降为支撑美国对华竞争的辅助功能。在欧盟看来，特朗普任期结束对日益紧张的大西洋关系而言仅仅是一种放松与缓释，绝非对欧美分歧及大西洋关系脆弱性的正面救赎，"（美国）总统人选的更迭并不会帮助大西洋关系找回旧日的时光……恢复欧美关系旧貌也不属于当前大西洋关系的议程"③。

五 新冠疫情全面冲击

新冠疫情导致全球经济出现了自第二次世界大战以来的最严重衰退。欧盟同样受到新冠疫情的广泛冲击。从经济层面来说，在疫情的

① European Union Institute for Security Studies, *A strategy for EU foreign policy Report No. 7*, p. 69.

② 简军波：《浅析欧洲的国际秩序观：演变、调整与挑战》，《复旦国际关系评论》2021年第1期。

③ "Between States of Matter, Competition and Cooperation", Munich Security Report 2021, June 2021, https：//securityconference. org/assets/02_ Dokumente/01_ Publikationen/MunichSecurityReport2021. pdf.

冲击之下，欧盟经济呈现显著衰退，根据欧盟统计局统计，2020年欧元区经济下滑6.8%，整个欧盟则下滑6.4%。新冠疫情危机与此前欧盟所遭遇的多重危机叠加，导致欧盟前行的动力更加薄弱，在欧洲范围内对欧盟发展前景的认知普遍悲观，即使在2021年初，也有舆论认为欧盟不是仍未走出危机，而是远未走出危机。细究而观之，新冠疫情为欧盟带来了复杂的挑战，不仅对欧盟公民的卫生健康带来了威胁，也对欧洲社会和经济造成了严重的负面影响，更对欧洲一体化机制和欧盟认同形成了显而易见的冲击。疫情突发时，欧盟各成员国之间因防护物资短缺引发恶性竞争，彼此间以邻为壑。部分成员国采取措施来限制个人防护设备出口，甚至部分成员国的防护物资被他国扣留、抢占为先的事件时有发生。与此同时，许多成员国也未能够遵照欧盟委员会要求而提供口罩储备的明确信息。疫情快速蔓延时，欧盟成员国之间仍然缺乏应有的协调行动，更未能取消疫情之初就已经实施的防控措施。以边境管控措施为例，疫情在欧洲暴发后的2020年3月，欧盟成员国中的捷克、塞浦路斯、丹麦、匈牙利、拉脱维亚、立陶宛、波兰、斯洛伐克和西班牙宣布对所有外国人完全封锁边境。疫情蔓延导致欧盟经济衰退明显，进一步引发了欧盟的认同危机。欧盟主要国家意大利、法国、西班牙、英国、德国等都相继受到重创，来自供给、需求以及供应链等各方面的冲击拖累了经济增长，并对金融系统产生了巨大的负面影响。为尽快遏制疫情对欧盟经济的冲击，欧盟采取了如下措施。一是启动欧洲稳定机制（ESM），发行小规模的低利率长期债券，为欧元区成员国提供低成本的资金；二是放弃长期以来试图建立的许多财政限制，在其预算规则中提供更大的灵活性，并承诺尽快批准对重灾国家的救助方案；三是欧盟各国财长就经济纾困方案达成协议，同意设立5000亿欧元救助资金，以帮助受疫情重创的欧盟国家。不过就实施效果来看，欧盟公民对于如此大数额、大力度的纾困政策并无真实的获得感和认知度，而是更加关注欧盟及其成员国如何化解严重超负荷的公共医疗体系、国境关闭、医疗用品和防疫物资的进出口限制等问题。① 显然，因新冠疫情形成的欧盟能力与认同危机，在事实上超越了欧盟化解应对此类危机的政策效能，更使得欧盟内部的认同危机不降反升。

　　长久以来，欧盟积极推动内部边界开放和统一大市场的深化，并对跨边界无障碍流动是欧盟最成功一体化机制的成就深以为傲。但新冠疫情所形成的公共卫生危机和抗疫物资短缺局面，多方面体现了欧盟在应对公共卫生危机方面的能力欠缺。在新冠疫情这类国际公共卫生危机的冲击之下，既需要欧盟和成员国以及地方政府的应对措施的自上而下的落实，又需要普通民众对防疫制度和社会管控规则的自下而上的认同与支持。在现实中，欧盟及成员国面临着推动经济发展与控制疫情蔓延的两难境地，各国政府被迫在两者之间做出选择，是以牺牲经济为代价遏制疫情的蔓延，还是为拯救经济付出更高的社会成本？欧盟及其成员国似乎并未达成共识。从疫情暴发之初的欧盟各国政策来看，显然过去 70 余年的一体化进程并未有效帮助欧盟各成员国建立起足够强大的应对公共卫生危机的战略能力，经济一体化建设的功能和成效也未如愿外溢到公共卫生领域。在欧盟层面，欧盟在疫情暴发之初也未能向成员国提供指导和协调等帮助，反而对成员国之间各自为政的离散局面显得局促犹豫，成员国之间虽然重视信息交流，但讨论和协调应对措施的动力却严重不足，各成员国在协调应对措施方面有诸多继续改进的空间。新冠疫情进一步凸显了欧盟内部跨边界协调能力的薄弱本质。此外，欧盟作为经济发展水平最高的地区之一，"健康和社会保障"是欧盟公民最关心的问题之一，在一体化机制之下，越来越多的欧盟公民支持欧盟更大程度地参与卫生和社会保障政策领域的工作，并相信欧盟机构应该且能够为欧盟提供相应的保障，但新冠疫情的暴发使得欧盟公民认识到，欧盟在健康和社会保障方面的行动还不够充分，其应对新冠疫情的举措远不能满足欧盟公

---

　　① Michael Kaeding, Johannes Pollak, Paul Schmidt, *European Solidarity in Action and the Future of Europe-Views from the Capitals*, Springer, 2022, p. vii.

民的期望。当然，期望的落差并不代表欧盟公民彻底丧失对一体化的认同。一项调查显示，大部分民众在疫情之后对欧盟内部的合作恢复了信心，尽管这一公众信心的长期效应有待观察，但也说明欧盟将会加大应对危机的一体化力度，且欧盟公民对欧盟应对危机举措的支持力度也会提升。① 从后期经济复苏的政策效果来看，总的来说，在欧盟层面，由于公民期望的压力增加，公民对欧盟参与的期望与他们对欧盟当前卫生和社会保障行动的评价之间的差距正在拉大。欧盟成员国之间的合作程度历来是决定欧洲一体化前行方向与进程的最核心因素。遍布于欧洲一体化政治、经济及社会各领域的辩论，莫不以欧洲一体化为重心。而新冠疫情的冲击，向欧洲彰显了各国之间共享卫生、研究能力的裨益，也揭示了欧盟集体决策迟缓所带来的巨大成本，因而更加强化了欧洲一体化作为核心议题的地位。② 从决策角度看，在欧盟层面进行信息共享、协调与合作对于疫情的应对至关重要。有效应对新冠疫情等公共卫生危机乃至更复杂、更具挑战性的危机，需要欧盟和成员国发挥团结精神，采取广泛而长期的协调措施。当然，在正视疫情所暴露的欧盟体制不足的同时，也应看到疫情可能为欧盟的未来发展带来的机遇：一方面，新冠疫情为欧盟提供了一次在其公民中建立一种共同命运感的机会；另一方面，疫情也会进一步推动欧盟内部权能的整合与让渡。

21 世纪以来的多重危机构成了欧盟当前的主要挑战，欧洲联盟及其所代表的地区一体化的合法性在欧洲内部和外界均成为被广泛批评的对象，疲于应付多重危机似乎已成为欧洲一体化的主要议程。随着欧洲一体化工程已经从英雄主义理想演变成解决问题和危机管理的工具，那

---

① Krastev I, & Leonard M., "Europe's Pandemic Politics, How The Virus Has Changed The Public's Worldview Policy Brief June 2020", European Council of Foreign Relations, June 2020, https://www.ecfr.eu/page/-/europes_pandemic_politics_how_the_virus_has_changed_the_publics_worldview.pdf.

② Simon Usherwood, *European Union in Brexit and Byond*, *UK in a Changing Europe*, Economic and social Research Council, King's College London, 2021, p. 145.

些曾经与"欧洲"字眼连在一起的浪漫和热情似乎已经消失了。① 2016年英国退欧公投是欧盟所遭遇的连续性危机的最严重一环。在英国退欧公投举行之后，欧洲的主流媒体、金融巨头，特别是极端势力政党均开始质疑欧盟的未来之路。在 2017 年的荷兰、法国、德国等国家大选中，民粹主义和极端势力十分活跃，均宣称要效仿英国举行退欧公投。"作为第二次世界大战以来以国家合作促进共同发展的欧洲一体化模式受到了严重质疑。欧盟生存危机的核心问题以及自由秩序不断下降所带来的问题，不是关于西方在努力改变世界的过程中做错了什么，而是过去30 年如何改变了西方自身，以及它输出价值观和制度的雄心如何导致西方社会出现深刻的认同危机"。② 当然，欧洲联盟所遭遇的危机并不能因此而成为否定其合法性和未来发展趋势的依据。实际上，欧洲联盟自其萌芽时起，就一直在经历和应对多重危机。正如曾任欧共体委员会主席的德洛尔（Jacques Delors）所言，"欧洲建设的成就来自不断克服无法回避的历史挑战，这就是整个欧洲建设的发展历程"。危机持续发生且难以顺利跨越是欧盟面对的客观挑战，但并不能将欧盟自身视为引发或延长危机的根本原因。为欧洲一体化及欧盟"正名"，强化欧盟的可信度是化解危机的关键步骤，而欧盟在 2016 年《欧盟共同外交与安全政策的全球战略》（以下简称 2016 年《全球战略》）中也为之做出了更为明确的规划：可信度对欧盟与世界负责任的合作至关重要，欧盟的可信度立足于欧盟的团结、多领域的成就、可持续的吸引力、政策的有效性和一致性以及对欧洲价值的秉持。③

欧盟可信度下滑是一体化合法性受到质疑的直接表现。但是，在本节前面所述的那些彰显度较高的五类挑战之间，是否在导致欧盟可信度

---

① ［德］乌尔里希·克罗茨、约阿希姆·希尔德：《锻塑欧洲：法国、德国和从〈爱丽舍宫条约〉到 21 世纪政治的嵌入式双边主义》，赵纪周译，中国社会科学出版社 2020 年版，第 294 页。

② ［保］伊万·克拉斯特耶夫：《欧洲的黄昏》，马百亮译，东方出版中心 2021 年版，第 28 页。

③ European Commission, *Shared Vision, Common Action: A Stronger Europe—A Global Strategy for the European Union's Foreign and Security Policy*, 2016, p. 44.

下滑方面存在差异化的作用机制呢？换言之，欧盟的内部治理和外部竞争成效均出现了相对衰退，那么欧盟成员国、欧盟民众以及国际社会是基于何种考虑而降低对欧盟的信任呢？根据欧盟成员国及民众在不同挑战上的反应来判断，那些与欧盟、欧盟成员国、欧盟民众的安全利益直接相关的挑战，是导致欧盟可信度下滑的最直接根源。也就是说，在国际竞争过程中，与欧盟的诸多行为体对他们在竞争中维持既有收益的关注度相比，那些对通过竞争获得更大发展收益的关注度仍处于较低位序。换言之，对欧盟的既有成就和生存现状产生威胁的挑战，更容易被视为一体化之合法性受损的危机。笔者认为，这一类危机主要包括如下三个方面。

第一类是长期横亘于欧洲一体化进程中的疑欧主义传统。疑欧主义最早是指称特定国家的政党对待欧洲一体化的立场和态度，在现代欧洲的政治体系中，通常指对待欧盟和欧洲一体化的一系列消极态度，其行为主体广泛分布在成员国、政党、社团和公众之间。英国是欧洲范围内疑欧主义的典型代表。在英国内部，很多人认为欧盟未来的一些政策趋势可能损害到英国的利益。而欧债危机的蔓延，不仅使英国的疑欧之心极速发酵，也加快了脱离欧盟的脚步。英国退出欧盟，是欧洲自启动一体化进程以来所遭遇的最大转折，将退出欧盟提升为所有欧盟成员国家的一种现实选择，大大加速了欧盟体制的碎片化。关系切割之后的英国与欧盟，均是这次去一体化危机的受害者。正如欧盟共同外交与安全政策高级代表莫盖里尼（Federica Mogherini）所指出的，2016 年《全球战略》出台的背景是由于欧洲地区的"不稳定和不安全"，使"欧盟的目标甚至存在本身都受到了质疑"，而英国退欧公投则将欧盟所受到的质疑提到了前所未有的高度。也有言论认为，离开欧盟的英国将会有更大的发展自主权和国际参与度，而欧盟也将避免类似英国等疑欧主义严重的成员国的牵制和羁绊。2019 年末，新任欧盟委员会主席冯德莱恩（Ursula von der Leyen）、欧洲理事会主席米歇尔（Charles Michel）和欧盟外交与安全政策高级代表博雷利（Jose Borrell）都公开表示，英国退

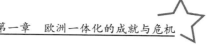

欧是欧盟所面临的最具挑战性的问题，但同时英国退欧也是一种刺激一体化继续向前发展的条件，将促使欧盟变得更为团结。但客观而言，自英国启动退欧进程至今，仍未有显著证据表示英国与欧盟谁从这次关系切割中获得更显著的收益，而缓解英国退出欧盟所激化的欧盟内部分裂，仍是欧盟的当务之急。欧盟决策程序中的摩擦也会加剧欧洲民众对于组织效率低下的猜想，同时也会增加民众对于无法影响欧盟决策的挫败感，并由此而产生"国家至上"的想法。正如美国学者弗里德曼（George Friedman）所说，"欧盟的问题在于，除一曲《欢乐颂》（即和平与繁荣）以外，无法为其人民提供其他任何东西"。① 在这种思想主导下，任何与欧盟的合作都会事先被打上问号。值得注意的是，疑欧主义在欧洲联盟范围内的蔓延是广泛而普遍的，并不会因各项欧洲一体化的融合措施、授权与组织制度而有所遏制。例如，即使是在担任欧洲联盟主席国期间，奥地利国内的疑欧派政党也表现得相当活跃，并可通过政党联盟方式而参与执政。欧盟低效率运转的现象与民粹主义力量的上升，进一步推动了成员国对于欧盟及其机构在民主框架内的合法性提出质疑，首当其冲的则是国家主权与欧盟权限的界限，此外，经济、财政政策和移民问题无疑是非常敏感的政治问题。欧盟与成员国家在各领域的权责划分成为欧盟领域关注的焦点。

第二类是欧洲经济发展过程中的大规模危机与持续性低迷。经济全球化与欧洲一体化在不同层面提升了经济增长的效率，但对与此相关联的经济收益分配则显得管控乏力。欧盟内相当比例的社会大众保有沉重的"被社会遗弃"的感受，他们因此而崛起并反对欧盟建制。相对缓慢的经济增速，在2008年爆发的国际金融危机中表现得更为低迷。激进左翼和极端右翼正是在经济收益失衡的不满情绪中得以联合。2008年金融危机之后，欧盟各国普遍采取的紧缩政策尽管节约了政府开支，但经济复苏依旧遥遥无期。对于成员国和银行的救助以及附加的限制条

---

① ［美］乔治·弗里德曼：《欧洲新燃点：一触即发的地缘战争与危机》，王祖宁译，广东人民出版社2016年版，第119页。

款遭受到了普遍的批评。西班牙的左翼政党"我们可以"（Podemos）得到大量失业者的支持，而在匈牙利和荷兰则有失业者支持既有民族主义情绪和民粹排外势力。但在另外一些国家，失业者则同时支持激进左翼和极端右翼。"福利国家"曾是欧洲的品牌和骄傲，但席卷全球的金融危机使得许多欧洲国家的福利体制遭受冲击。成员国普遍将自己看作道德上的受害者，而没有关注到审慎监管义务，同时共同分摊那些自食恶果的成员国债务也让整个欧元区如鲠在喉。这种互相之间的不信任在后续建立必要的财政框架和进行改革时使一体化存续问题变得愈加复杂。

第三类则是自西亚北非政局动荡以来欧盟周边的安全动荡以及由此而引发的欧洲难民问题。自 2010 年爆发西亚北非政局动荡以来，中东、北非等国移民大量涌入欧洲。默克尔执政时期的德国持开放的、宽容的移民政策，并因日益严重的老龄化社会结构而对外来移民持"欢迎文化"，强调德国社会是一个具有包容性的、反对反犹主义、反对排外的社会。① 正是在这种政治文化之下，德国政府秉持开放且欢迎的难民政策。但是大量快速涌入欧洲的难民，给目标地之一的德国及登陆入境欧洲地点的意大利、希腊和西班牙，都造成显而易见的经济、社会和安全冲击。对于那些处在直面难民潮前线的国家（意大利、希腊、西班牙），持续涌入的难民潮导致了从政府机构到社会公众的不满与愤怒。欧盟是否有处理此类问题的意愿和能力，其本身即成为关系到欧盟认同的关键所在。如果德国等对难民持欢迎、开放政策的国家应对大量难民涌入的政策速度和力度均较为迟缓，必将导致难民入境国对难民政策开放国家的极度不满；而如果德国等国拒绝履行其接受难民的最初承诺，对欧盟民粹主义运动来说则无异于火上浇油，同样危及欧盟的认同与安全。欧盟委员会主席冯德莱恩自 2019 年竞选成功后曾宣布，将以"人性而高效"的难民政策来解决难民危机，并让欧盟各国更加公平地分

---

① 孟虹：《历史记忆、难民危机与德国政府的应对与挑战》，《世界政治研究》2020 年第 2 辑。

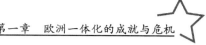

担难民问题的管理责任。实际上，自"9·11"恐怖主义袭击事件之后，欧洲国家就开始对移民现象抱以更加怀疑的态度。而欧洲一体化进程中带来的"边界"消失等问题，加之欧盟外围和周边地区的安全局势动荡，导致其所受到的移民压力持续走高，唯在不同时期表现为不同形式而已。

随着新一轮的经济全球化和技术变革的影响，欧洲面临着前所未有的新形态的挑战，欧洲各国与欧洲联盟的社会制度和经济发展尽显疲态。面对不断叠加的经济危机后果、日益严重的老龄化危机和难以有效阻断的难民危机，传统建制派的欧洲政党和政治精英应对乏力，为民粹主义思潮和力量留下大片空白的政治运作空间。欧洲范围内的中左翼政党正在失去选票，而极右翼政党正在获得更多的选票。在大多数欧洲国家，右翼民粹主义者通过大选进入议会，使右翼民粹主义政党成为一支不可忽视的政治力量。在 2017 年的选举中，作为欧盟核心国家的德国和法国均受到极端民粹主义政党的冲击。以法国为例，中左和中右两大传统政党在总统选举中均遭遇挫折，而当选总统的马克龙所属的"前进法兰西"成立时间也仅仅不到一年。即使在马克龙（Emmanuel Macron）执政并通过多项政治、经济与社会改革维护法国及欧洲一体化机制的努力之下，作为其最大政治竞争对手的玛丽·勒庞（Marine Le Pen）仍有通过政治形象再塑造而获得更大的竞争力的可能。右翼势力的存在和不断变革已经成为法国乃至欧洲政治生态中的固有标签。即使是德国，近年来的传统主流政党的得票率也显著下降，由于属民粹主义政党的德国选择党进入了议会，成为联邦议院的最大反对党，未来德国政府维持其法德合作、一体化轴心的传统功能的难度将显著增大。而在意大利，获得高支持率的"五星运动"和联盟党均为民粹主义政党，虽然右翼势力的政治组织形式不断发生变化，但其对意大利的政治走向所产生的操控力却在逐渐增强。2022 年意大利极右翼政党"意大利兄弟党"赢得大选，意大利对欧洲一体化的认同危机再次显著上升。除了法、德、意等国外，其他欧洲国家的民粹主义政党也处在迅猛发展中，以极端、强劲的政治影响力冲击着各自国家以及整体的政治体系。①

　　有欧洲政治家将持久高压的移民问题归咎于欧洲过度宽容的文化政策。早在 2011 年 3 月，荷兰自由党领导人海尔特·维尔德斯（Geert Wilders）就在罗马发表了一次演说，他在其中提及："由于未能保护好我们的文化，移民现象已经成为可以用来对付西方的最危险的威胁。多元文化主义让我们变得如此宽容，以至于我们能够容忍那些无法容忍的事……如果欧洲倒下也将不足为奇，因为就像古罗马一样，现在的欧洲已经不再相信其自身文明的优越性；同时也因为现在的欧洲愚蠢地相信所有文化都是平等的，并且因此认为没有任何理由为保卫我们自己的文化而斗争。"② 显然，欧洲认同危机的持续存在和迅速攀升，是 21 世纪以来欧洲联盟所面临的根本性障碍。作为一种政府间主义和超国家主义混合型的地区国际组织，欧洲联盟需要从自身的权能出发，既要回顾一体化的初心，也要考虑当前和未来的各种挑战，由此设计并推行系列应对多重危机的有效举措。欧洲联盟所面临的挑战形式多样，而最关键的则是欧洲联盟能否以一体化组织的形式来应对和适应多重危机。正如德洛尔所言，"欧洲建设本身并不是问题所在，它只是揭示了问题，问题来自民众对民主感到失望的时代里的政治演进状况"③。因此对欧盟来说，首要的问题是化解认同危机，强化欧盟认同。而作为解决当前欧盟多重危机的当务之急，其发展要务主要包括两个要义：一方面，欧盟将保持完整的单一市场和公平的竞争环境视为最重要的原则和最优先的目标，并面临应对气候变化、建设强劲公平的经济体系和提供更多稳定安全保障等三项任务；另一方面，欧盟需要采取更多的共同行动，在全球

---

　　① 张浚：《欧洲的国家转型及其政治图景：从欧洲民粹主义谈起》，载吴志成、李贵英主编《英国脱欧与欧洲转型》，中国社会科学出版社 2020 年版，第 210 页。

　　② 转引自［奥］露丝·沃达克《恐惧的政治：欧洲右翼民粹主义话语分析》，杨敏等译，上海人民出版社 2020 年版，第 79 页。

　　③ 欧盟委员会前主席雅克·德洛尔的发言，转引自马胜利、邝杨主编《欧洲认同研究》，社会科学文献出版社 2008 年版，第 240 页。

日益激烈的政治竞争中维护欧洲的国际话语权。

第三节 一体化危机的理论认知

自 20 世纪 80 年代末欧洲一体化快速发展之后，进入 21 世纪以来，欧盟宪法危机、欧债危机、难民危机接踵而至，而以 2016 年英国退欧公投为标志，欧盟及欧洲一体化进程受到了最为严重的挑战和冲击。纵观欧洲一体化的发展进程，危机频发几乎是欧洲政治的常态。欧洲一体化的设计者让·莫内曾经认为，欧洲一体化的动力来自危机的推动，特别是外部危机的冲击；欧洲将通过危机而得以发展，欧洲联合也可看作多重危机解决方案的总和。在国际关系理论的研究体系中，欧洲一体化一直是一个受到深度关注的议题，包括政府间主义、结构现实主义、新功能主义、建构主义在内的若干理论体系，均对欧洲一体化的动因、进程有深入探讨。当前，欧盟在面对系列危机过程中的各类因应之举，对其内部治理和外部关系的处理均有直接的指引作用，并对欧美、中欧、欧俄等国际政治双边关系和整体国际格局产生了不可忽视的影响。从理论层面进行回顾与反思，探究这些理论对欧盟认知和应对系列危机的探讨，同样具有积极的现实价值。需要说明的是，本书特别是本节所提及的是以欧洲一体化为核心问题的一体化理论。

一 功能主义、新功能主义与欧盟发展危机

功能主义与新功能主义是战后欧洲一体化理论的核心流派。如果说联邦主义的理论侧重点是对欧洲一体化未来目标的设计以及欧洲联合模式的终极选择，那么（新）功能主义的理论侧重点则是对欧洲一体化进展的动力机制以及联合步骤的解释，它强调首先应该加强各国间的功能合作，然后逐步实现一体化的最终目标。在某种程度上，（新）功能主义成为旧的联邦主义的一种理论替代。

　　功能主义是在反对联邦主义者建立世界政府的主张中出现的。与联邦主义"自上而下"完成一体化的政治主张相反，功能主义者视一体化为一个过程，认为只有从各成员国的共同利益出发，通过不断加强相互间的合作，一体化才有可能"自下而上"地逐步完成，公众对一体化的态度也才会日趋积极。功能主义的创始人是戴维·米特兰尼（David Mitrany），其代表作是于1943年出版的《有效的和平制度》。米特兰尼为国际一体化提出了另一种替代方法，即所谓的"功能化选择"（functionalalternative），从而建立一个基于解决"共同性问题"所需要的"与国际性问题相一致的国际政府"。在他看来，国家间联盟组织的形式太松散，难以完成这一使命，而区域化联邦又因过于紧密而难以真正实现。因此，必须敢于冲破旧有的法律观念并尝试新的和平，最终实现既定目标，这就是功能主义的方法。功能主义选择的实质内涵是，区域一体化不是要消除主权国家的所有权力去实现一个统一的政治联盟，而是允许它们继续保持其权威，以便在较小的范围内履行相应的管理与服务职责。一体化的最终结果是按照功能分别组织起来的技术化管理的国际社会。功能主义的一个重要观点是合作自动扩展，指某一部门的功能合作将会推动其他部门的合作，亦即一个部门的合作是另一部门合作的结果，同时也是第三部门合作的动因。比如，当几个国家建立了单一市场后，就会产生一定的内在压力与要求，推动它们在价格、投资、运输、保险、税收、工资、社会保障、银行以及货币政策等方面进行合作。最后，这些功能部门的合作将会形成一种功能性的互联网，逐渐渗透到政治部门。从根本上说，经济统一将为政治统一打下基础。在功能主义设想中，面对日益增长的功能性机构所带来的收益，人们会将针对国家的忠诚转移到国际共同体方面，也就是说，一体化会促使人们将原来对祖国的忠诚转变为对功能性组织的效忠。因此，开展功能性合作有利于一体化的完成。功能主义理论对莫内、舒曼等欧共体创始人产生了十分重要的影响，20世纪50年代初期"欧洲煤钢共同体"的建立就是按照这种方式进行的。不仅如此，当代政治一体化理论家的思想在很大程度上得益于"功能主义"概念。功能主义的方法开始体现为一种和平的革新方法，对国际组织和一体化研究而言，其后的贡献在于代表着一种走向现代全球政治并且具有较为广泛认同度的理论方向。

新功能主义作为20世纪五六十年代发展起来的一体化理论，是从功能主义理论中派生出来的，可以称之为一种介于联邦主义和功能主义之间的"折中"理论，它在很大程度上是对联邦主义和传统功能主义的融合。新功能主义的主要代表人物有美国布鲁金斯学会会长厄恩斯特·哈斯（Ernest Haas），哈斯以社会多元论和利益集团之间的竞争为前提，把社会因素和超国家机构视为一体化进程中的两个最重要的组成部分，并强调社会精英和政治家在这一进程中发挥着十分重要的作用，其基本分析单位是以领土为基础的国家体系。哈斯认为："政治一体化是一个进程，通过这一进程，几个处在不同国家环境中的政治行为体被说服将其忠诚、期望与政治行动转向一个新的中心，该中心的机构拥有或要求拥有对现存民族国家的管辖权。"利昂·林德伯格（Leon Lindberg）进一步指出，一体化是一个"各国放弃独立推行对外政策和关键性国内政策的愿望和能力、转而寻求制定共同决策或将决策活动委托给新的中央机构的过程"。但是，新功能主义低估了不同功能领域之间存在的本质差别，认为高级政治领域和低级政治领域只有程度上的分别，而没有本质上的不同。关于哈斯所谓的效忠转移和政治共同体的建立，60年代中期以后出现的是以戴高乐为代表的民族主义的重新高涨，国民对国家的忠诚并没有向共同体转移，甚至转向了相反的方向。超国家机构的权限没有得到加强，更不能奢望扩张至军事防务这样的高级政治领域。至于超国家机构推动一体化发展的理论设想也没有得到实践的支持。可以说，经典的新功能主义对欧洲政治合作的理论解释是颇具争议的。

"功能外溢"是功能主义与新功能主义解释一体化的关键术语，外溢过程表明一体化是一个导致政治共同体创立的过程，越来越多的国家主权将以国家间合作的方式被共享。因此新功能主义较为准确地表明了一体化过程本质是一种权力的共享，这对一体化的制度建设而言具有重大的阐释价值。但与之相比，新功能主义对于一体化过程的危机的解释力虽然显得相对局促但仍值得大力肯定。新功能主义并非以危机为阐释对象的理论体系，它对危机的理论解释赋予了相关的启示并塑造了一种可能通往危机解释的理论建构方向。这样界定的原因之一在于新功能主义对于分析重大话题、解释欧盟决策过程和政策产出提供了相应的分析工具；原因之二在于新功能主义不仅仅对危机形成过程的特定条件赋予相关性，更因为其理论的演化而使这些特定条件富有再建构的功能。此外，根据新功能主义的解释，欧盟在识别和应对危机过程中的若干政治与政策现象，也得以相对完整地解释了其功能外溢并推动一体化机制建设的若干重要案例。比如，欧债危机促使欧洲公众更加关注欧盟决策过程，大幅提升了赋权其利益代表和政党代表的程度，进而促使欧盟政治的"政治化"进程更为恒定，欧洲一体化程度由此得以大幅跃升；又如，在欧债危机的影响之下，欧元区商界领袖对于欧洲经济一体化的支持更加坚定，其中78%的商界领袖认可加入欧元的整体经济效能，94%的受访商界领袖支持欧元，而89%的商界领袖则支持更加积极的经济一体化。[①] 不过需要强调的是，就当前欧盟的危机复杂形态来看，新功能主义的理论架构在经济类危机议题方面具有较好的解释力，但在难民危机、申根危机等复杂性危机方面的解释力则相对逊色。结合多重危机的内在情势而观之，难民危机及与之紧密相关的申根危机的政治化程度更高但技术复杂性较低，且尝试通过难民分配等技术管制方式降低其政治化程度的政策措施因触及成员国核心政治利益而受到抵制，因此新功能主义在难民危机议题方面的理论解释压力更大。[②] 总体来说，作为一个开放式的、包容性的理论体系，新功能主义在未来发展和建构一

---

① Grant Thornton International Business Report, *The future of Europe*, http://www. internationalbusinessreport. com/files/IBR2013_ Future_ Europe_ FINAL. pdf. 2013.

② Niemann, A. and Speyer, J., "A Neofunctionalist Perspective on the 'European Refugee Crisis': The Case of the European Border and Coast Guard", *Journal of Common Market Studies*, Vol. 56, No. 1, 2018, pp. 23 –43.

体化危机方面仍具有较大的潜力。

二 政府间主义、自由政府间主义与欧盟发展危机

从20世纪60年代中期起，政府间主义继承了大量现实主义传统，作为新功能主义的主要竞争对手出现在欧洲一体化的理论群中。到70年代初期，政府间主义已经获得了长足的发展。在政府间主义对欧洲一体化的分析中，最具代表性的是斯坦利·霍夫曼的有关论述。该理论在分析欧洲一体化时，把成员国尤其是成员国政府当作首要的行为体，强调政府的优先选择和政府间的谈判。通过分析成员国政府采取的决策和行动，政府间主义对欧洲一体化进程的方向和速度做出了解释。政府间主义遵循现实主义的"国家中心论"传统，明确坚持以主权国家作为分析单位。其基本理论假定是：国际体系的本质是以民族国家为核心的自助式行为体系；在现实国际体系中只有国家是占主导地位的行为体，民族国家在欧洲国际关系中发挥着核心作用；一体化只有在符合参与这一过程的国家之利益条件下才能获得推动，而一体化的每一次实际进展都取决于成员国之间讨价还价的交易结果。政府间主义认为国家的权力依然关系重大。一体化反映了政府的意愿，服务于国家利益并受到各国权力机构的控制。换言之，国家利益决定一体化进程的范围和深度，各国政府保持着对一体化进程及相关机构的控制。政府的主要目的是保护其地缘政治利益，比如国家安全与国家主权。在政府间主义看来，一体化既不是经由学习和溢出效应而开始的自然生长过程，也不是在各种制度安排约束下的螺旋式发展过程，相反，一体化是各民族国家博弈过程的结果。政府间主义主要揭示出这样一个客观事实，欧洲一体化发展过程的关键在于各民族国家之间的讨价还价，因而最终达成的结果只能是各国政策的最小公分母。

自由政府间主义的创始人是美国哈佛大学教授安德鲁·穆拉弗切克（Andrew Moravcsik）。他对欧洲一体化较为系统的解释始于他对《欧洲单一法令》谈判的思考。1991年，穆拉弗切克在《国际组织》杂志上

发表了《欧洲单一法令的谈判：欧洲共同体内的国家利益和日常管理》。1993年，他又发表了《欧洲共同体中的优先选择与权力：一种自由政府间主义路径》，1998年，他还发表了《欧洲的选择：从墨西拿到马斯特里赫特的社会目标和国家力量》。穆拉弗切克将其理论称为自由政府间主义，把关于优先选择形成的自由主义理论同在成员国之间艰难讨价还价的政府间主义的关注进行了全新的综合，对斯坦利·霍夫曼等人的政府间主义进行了一定的修正，以解释在欧盟框架下进行的政府间谈判的性质和欧盟的发展演变过程。自由政府间主义有三个基本理论假设：（1）在政治体系中，基本行为体是理性的、自主的个人和集团，这些个人和集团在自利和规避风险的基础上相互作用；（2）政府代表的只是国内社会中的一部分人，在国际交往中这些人的利益决定着国家的利益和身份；（3）国家利益的性质与结构决定了国家行为以及冲突与合作的模式选择。在此理论假设的基础上，穆拉弗切克将自由政府间主义拓展为多层次研究欧洲一体化的理论体系，穆拉弗切克提出了一系列的论点，例如，他认为理解欧共体成员国的优先选择和权力是对欧洲一体化进行分析的逻辑起点，而"理解国内政治是分析国家间战略互动的前提条件而绝不仅仅是补充"，"优先选择和战略机遇的需求与供给之间的相互作用影响了国家的对外政策行为"。穆拉弗切克认为，成员国政府在国家间关系中发挥着核心作用，欧洲一体化即是在成员国政府间交易的推动下进行的动态过程。穆拉弗切克运用交易成本理论和非合作博弈理论对指引国家间进行谈判的政府间主义分析所得出的论点是，一体化不是自动成长的过程，而是成员国政府理性选择和相互交易的结果。相对于政府间主义而言，自由政府间主义关注到了国家之间相互博弈过程中非国家因素的相关作用，并指出一体化组织也是决定一体化进程的发展方向与发展速度的重要因素之一。

自由政府间主义主要关注的是欧洲一体化的进展，也即主要探讨的是成员国如何通过谈判而形成向上、向前的一体化机制与成果，因而在其理论框架下一体化的宏大决策更易受到重视，比如欧洲经济共同体的协定、共同农业政策、单一市场、欧洲经济与货币联盟，等等。自由政府间主义的理论始于主要欧洲国家之间的相互依赖和政策偏好，落足于一体化条约和政策机制，因此一体化危机不属于其理论关注范畴，因而也未对一体化危机的起源和成因做出正面的解析。但是，由于自由政府间主义并未声明政府有能力去预判和预防、躲避那些对一体化政策领域产生影响的重大危机，这在一定程度上避免了一种理论对于现实的解释缺陷，或者说，自由政府间主义是不否认自身局限性的一种理论体系。同时，由于政府间主义所倚重的"三段式"解释架构，关于一体化危机的理论阐释仍可在自由政府间主义的范畴中找到一定的发挥空间或借鉴。以一体化危机为例，当欧盟的政策机制受到去一体化的威胁时，成员国家的基本选择介于一体化与去一体化之间，以一体化选择为导向，成员国家将赋予欧盟及其机构更多的合法性权力和政治资源；而以去一体化选择为导向，成员国家可能在欧盟架构之外以国家或单边形式寻求解决危机的方式。如果成员国化解危机的自身能力偏弱且因去一体化导致成本增加，则成员国更倾向于通过寻求超国家机构的代表和资源调配来寻求并保障更大的收益。维谢格拉德集团作为欧洲联盟的次级组织，在经历 2008 年国际金融危机、欧债危机、乌克兰危机、难民危机和英国退欧等一系列危机后认识到欧盟并不能帮助它们有效解决所有的危机和问题，转而寻求适合自己的发展道路，即是自由政府间主义所解释的在一体化与去一体化之间寻找路径的典型案例。① 在一体化危机演进期间，成员国对其主权的保护意识越强，则危机本身所产生的成本越高。与此同时，一个成员国如果从一体化危机中的收益大于成本，则其对一体化成果的影响力则相应地上升。总体而言，自由政府间主义仍旧遵循国家是国际社会、国际组织和国际制度的基本单元的逻辑基础，欧洲联盟作为一体化程度最高的区域合作典范，其发展走向仍取决于其成员国，特别是核心主导成员国家的政策选择。从这一点来看，欧洲一体化

---

① 高歌主编：《中东欧转型 30 年：新格局、新治理与新合作》，社会科学文献出版社 2022 年版，第 174 页。

如果不能从理论研究中获得化解危机的启示，则必须依赖于自身的实践去化解危机并提升理论的解释力。

三　结构现实主义与欧盟发展危机

自肯尼斯·沃尔兹（Kenneth Waltz）1979 年出版了《国际政治理论》一书后，结构现实主义成为西方国际关系研究的一个主流理论。而在结构现实主义的基础上，又分流出了两个支脉，即防御现实主义和进攻现实主义。

沃尔兹是防御现实主义的代表人物，他在《国际政治理论》一书中，就已经从结构理论的角度分析了第二次世界大战后西欧一体化的成因，西欧一体化的出现主要是多极体系向两极体系转变的结果。在两极体系中，欧洲国家的主要安全威胁来自华约集团，而其最重要的安全保障来自美国。在这种背景下，欧洲国家对苏联威胁的安全忧虑取代了它们相互之间的安全忧虑；对合作所产生的绝对收益的追求取代了对相对收益的关注。欧洲国家无须担心合作带来的不均衡收益分配会增强另一个国家的实力，也不必担心他国实力的增强会对本国造成威胁。冷战格局解体之后的欧洲一体化走向如何？沃尔兹在 1993 年发表的《形成中的国际政治结构》中做了深入探讨。他认为，欧洲一体化也许不会"开倒车"，但因为"它已经走得那么远，以致它不能走得更远"。同时沃尔兹也指出，有三个因素可能会促使欧洲走上政治统一或者对外政策一体化的道路：对统一后德国强大的忧虑，与美国竞争的需要，与日本竞争的需要。① 沃尔兹认为，在冷战时期，即使欧共体只有 6 个或者 9 个国家并且面临苏联军事威胁的情况时，也不愿意去制定共同外交与安全政策，那么在比过去较少威胁以及有更多成员国的今天，更不能期待欧盟能建立高效的一体化的对外政策。② 所以，尽管单极系统存在着推

---

① Kennth N. Waltz, "The Emerging Structure of International Politics", *International Society*, Vol. 18, No. 2, Fall 1993, p. 70.

② Kennth N. Waltz, "Structure Realism after the Cold War", *International Security*, Vol. 25, No. 1, Summer 2000, p. 31.

动欧洲一体化的结构要求，但这种要求似乎还没有达到促使各个国家放弃外交与防务主权，并能够推进欧洲对外政策一体化的程度。沃尔兹的理论分析已关注到一体化的欧洲与冷战后美国霸权的相互关系，但没有明确指出两者之间的互动关系。

进攻现实主义的代表人物是美国芝加哥大学教授约翰·米尔斯海默（John J. Mearsheimer）。米尔斯海默在2001年出版的《大国政治的悲剧》一书中较为系统地阐述了进攻现实主义理论。如同防御现实主义一样，进攻现实主义也是国际政治的结构理论，强调国际政治的无政府状态、力量分布的重要性、无政府状态下的国家生存焦虑和自助原则，以及国家之间合作的困难。两者的不同之处在于，在防御现实主义看来，国际结构几乎不为国家提供任何寻求权力增生的诱因，相反，它促使国家维持现有的均势，守住而不是增加权力才是国家的首要目标；而在进攻现实主义看来，"国际政治中几乎看不到维持现状的国家，原因是国际体系为国家牺牲对手以获得权力创造了巨大的诱因，当利益超过成本时，它们就会努力抓住这个机会，可以说一个国家的中心目标即是成为世界的霸主"。米尔斯海默于1990年在《国际安全》期刊上发表《回到未来：冷战后欧洲的不稳定》一文，就两极格局终结对欧洲的影响描绘了一幅暗淡的前景。文章认为，苏联从中欧退出后，欧洲将从两极格局退回到多极格局。这个多极格局将和以往的多极格局一样成为地区不稳定的根源。就欧洲一体化而言，米尔斯海默认为，欧洲一体化在两极格局时代的发展主要是受两方面结构影响的产物：一是均势逻辑，一个强大和具备潜在危险的苏联迫使西欧民主国家联合起来对付共同威胁，使对相互之间绝对收益的考虑压倒了相对收益的关注；二是美国霸权，美国通过北约对西欧提供安全保障，不但为西欧国家提供了对抗苏联的保护，而且还保证了西欧国家之间不会相互为敌。米尔斯海默认为，美国在西欧地区的存在，避免了法国对德国在重新武装基础上再次发动侵略的担忧。美国霸权的存在既缓解了欧洲的无政府状态，又减轻了西欧国家之间对相对收益的关注，从而使得欧洲国家间合作变得比较容易实现。在米尔斯海默看来，冷战结束后，来自苏联的威胁不复存在，这同时意味着西欧通过联合以平衡苏联的需要也失去了意义；而一旦美国力量撤出欧洲，势必使得欧洲失去最后一个裁决人，欧洲国家将再次担心合作所带来的收益会产生分配不均和自主性丧失的问题，从而导致又一轮的国家间恶性竞争。

　　与防御现实主义对欧洲一体化的启示相比，进攻性现实主义着重关注欧洲各层面合作在冷战后进一步发展的可能性。进攻现实主义揭示了冷战后国际格局转变的不确定性，既可能向单一格局转变，也更有可能向多极格局转变；这一点揭示出，未来欧洲必须面对的国际环境是一种各个行为体之间彼此制约的多极环境，而欧洲为应对来自这一多极环境的挑战必须做出新的选择——是继续选择紧密的合作，还是放弃合作方式来依靠单边力量参与多极格局的竞争？进攻现实主义根据美欧之间关系的特征预测了欧洲政治合作的悲观前景。进攻现实主义认为，美国的参与及其带来的压力是保证欧洲合作存在的重要条件，当美国的力量消失之后，欧洲的合作也可能失去进一步发展的动力。这一预测的潜在含义是，美国保持对欧洲的压力不变是欧洲政治一体化建设的前提条件。与其他理论相比，结构现实主义在早期的欧洲一体化领域的关注视角均有偏差，其解释力也较弱，同时因结构现实主义在国际关系理论方阵中的主导地位，欧洲一体化甚至处于被理论研究忽视的状态。[①] 甚至于，结构现实主义者对进入 21 世纪以来的近 20 年时间中欧盟所发生的多重危机及其后果并不惊诧，而唯独令其惊奇的是英国退欧这类去一体化事件发生如此之晚，且相当多的欧盟成员国仍未意识到退出欧洲联盟的益处。[②] 作为一种宏观理论，结构现实主义关注的是欧洲联盟系列危机的历史背景与趋势，而不是危机本身。尽管结构现实主义的变量与认知、机制主义等相结合有助于理解欧盟危机的发生过程，但其仍不足以解释

　　① Pollack M. A., "Internatinoal Relations Theory and European Integration", *Journal of Common Market Studies*, Vol. 39, No. 2, 2001, pp. 221 – 244.

　　② Hubert Zimmermann, "Neorealism", in Marianne Riddervold, Jarle Trondal, Akasemi Newsome, eds., *The Palgrave Handbook of EU Crises*, Palgrave Macmillan, 2021, p. 107.

欧盟应对和管理危机的特定政治动力。

四　建构主义与欧盟发展危机

　　冷战结束后，一种着重从社会学角度解释世界政治的理论——建构主义开始出现，并逐渐在西方国际关系研究领域中占据一席之地。1999年亚历山大·温特（Aleksander Vinter）通过《国际政治的社会理论》系统地提出建构主义国际关系理论体系，确立了建构主义理论在国际关系理论群中的重要地位。建构主义认为国家行为体是国际政治理论的重要分析单位。民族国家关于身份的观念决定了国家利益的观念，而这样的利益观念又以决定性的作用影响着国家对外政策和行为。身份的观念是国家在社会性实践活动中习得、在国际体系文化中产生的认识。身份观念分为四种类型：团体身份（Corporate Identity）（指国家作为客观存在的意识认知）、类属身份（Type Identity）（意指"政权类型"或"国家形式"等标签式的意识判别）、角色身份（Role Identity）（基于自我和他者之间关系的意识）和集体身份（Collective Identity）（一种群体中的自我意识）。① 建构主义认为国家的这四种身份会在相关的国际合作中有所体现并决定国家间合作的方式和内容。

　　集体认同与国家间合作方式的选择是建构主义的主要探讨内容之一。建构主义认为，集体认同形成的主要变量包括相互依存、共同命运、同质性和自我约束等几方面的因素。第一，相互依存是构成集体认同的必要条件。在此基础上，建构主义进一步把相互依存分为客观与主观两大类。客观相互依存是形成集体认同的基础，而只有主观上的相互依存才能建构集体认同。促成国际间合作的关键步骤是把客观相互依存转化为主观相互依存。建构主义也提出，相互依存对集体认同的促进作用并非一成不变，集体认同的程度也并非越高越好。因为彼此之间不断增加的共同点可能让成员产生这样的担忧："如果同其他国家不再有区

---

① ［美］亚历山大·温特：《国际政治的社会理论》，秦亚青译，上海世纪出版集团2000年版，第282—290页。

别，那么国家就没有存在的目的或者理由。"① 第二，建构主义解释了导致国家合作的动因与观念之间的关系。建构主义认为，共同命运可以导致相关国家选择合作，而合作行为的多次重复则会增强彼此对合作者角色的认同，国家原先的利己身份会逐渐被削弱，集体认同中的合作关系将因此而得到内化。因为"反复合作会导致促进行为体合作的思维习惯"，这种反复合作主要体现为两种形式的相互依赖：一是促成互动的动力密度增加，例如贸易和资本流动；二是共同的外部威胁的出现，无论它是人格化的外部侵略者，还是像核战争那样较为抽象的威胁，抑或生态的毁灭。第三，建构主义认为观念引导国际关系变动存在很强的可操作性。在建构主义看来，国际关系在很大程度上是国家行为体互动与实践的产物，是一种"自我证实的预言"。当一种国际规范或集体记忆被假定，预言将呈现某种状态或向某个方向发展时，由于有关国家可能按照"语言的逻辑"进行相似的话语实践与外交互动，结果被预言的东西往往就变成了现实。建构主义通过对这种"自我证实的预言"的观点阐释，强调了话语实践与文化因素的独立甚至是比经济与政治因素更为深刻的作用。关于什么样的观念互动将会造成集体认同，建构主义认为，文化的（全球保护消费者权益活动的出现）和政治的（民主统治的广泛传播、福利的中央集权制、关注人权及其他）的价值观在国家之间的流动将促进集体认同。第四，建构主义指出，观念本身存在很强的可变化性，这也使得国际合作的形式多种多样。集体认同因事件、时间和地点的不同而发生变化，也因为自身是双边的、地区的或者全球的而有所改变。在不同的群体之间，观念的作用在于使一个群体区别于其他群体，并因而产生共同归属感。共同体的形成不仅要求共同体内部在各主权国家之间形成一种"我"与"他"不分彼此的集体认同，而且共同体对外要体现出它与国际社会在文化结构上的一定差异。也就是说，共同体的存在要以外来世界的差异与承认为前提。

———————

① ［美］约瑟夫·拉彼德、弗里德里希·克拉赫托维尔主编：《文化和认同：国际关系回归理论》，金烨译，浙江人民出版社 2003 年版，第 81 页。

　　总体来说，建构主义认为，观念是导致国际体系产生变化甚至形成新的国际格局的重要因素。观念是动态发展的，它可以直接通过国家之间的话语体系及其交流、沟通方式表现出来，也可以间接地通过共有的象征、符号和标志得到体现。观念赋予物质力量以意义，而物质力量则决定国际结构。在建立一体化的过程中，欧洲有意识地树立欧洲特性的价值理念，建设有别于他者的集体身份，试图以"价值共同体"的形式将欧洲打造成为强大的国际力量。建构主义的主张与欧洲一体化建设对观念因素的重视，其间存在着理论与实践的复杂互动关系。

　　在欧盟所面临的系列危机中，除应对金融危机引发的物质实力衰退、难民危机加剧的安全实力不足之外，对欧洲一体化产生实质性冲击的是合法性危机的普遍蔓延，如何维系并强化欧洲一体化、欧盟机构与决策机制的认同基础，成为决定欧盟未来走向的关键环节。化解合法性危机的核心步骤是发现并界定问题根源，在当前欧盟遭遇系列危机的情境下，界定危机的内涵及其影响范畴，具有显著的重塑欧盟合法性基础的意义。正如一体化进程的开创者所认为的那样，一体化的进程本身就是识别和克服危机的演进过程。构成危机的共同基础在于对威胁来源的"界定"和化解因威胁而导致的失序、重新建立秩序的"信念"。因此，客观上需要观念生产者、大众媒体、政治领导人、相关的社会行动者共同构建和解读危机的语言体系。建构主义为欧盟提供了识别和应对危机的路径，即为什么有些重大事件和问题会被界定为"危机"，而另一部分则未能被赋予同等的重要性，哪些行为体在构建"危机"语境过程中具有主导性的话语权力。比如，依据建构主义的分析逻辑，在由 2008 年国际金融危机引发的欧洲主权债务危机中，希腊等国的财政表现和一体化责任、北欧国家与南欧国家的彼此认同，全球银行体系的监管、不断扩大的贫富差距，均被大众媒体炒作为进一步引发欧盟解体的不可逆因素。① 从建构

---

① Mai'a K. Davis Cross, "Social Constructivism", in Marianne Riddervold, Jarle Trondal, Akasemi Newsome, eds., *The Palgrave Handbook of EU Crises*, Palgrave Macmillan, 2021, pp. 206 - 207.

主义的认识路径来分析欧盟的系列危机,同样有助于欧盟发现并塑造化解危机的政策路径,这在欧盟应对危机的决策过程和政策布局中得到了充分的体现。

综上所述,每种理论和流派都反映了欧洲一体化的部分现实,各种理论又都有不同的侧重点,从而在各个方面给予了更具体的分析研究。功能主义与新功能主义则从一体化的具体操作手段入手,关注发展模式选择;(自由)政府间主义关注欧洲一体化的内在范畴,分析了一体化发展进程的本质并提出了理性的警告。防御现实主义以及进攻现实主义则关注外部环境变化,并对其合理性以及发展进程的影响程度作出相关评论。虽然这些理论均有重要的参考价值,但同时它们也都有一定的局限性。从欧洲一体化本身来看,它是一个多层次、多方面的复杂演化过程,仅仅从一个角度进行静态观察,难以观测到其真实面貌,正是在这个意义上,众多流派的一体化学者们的研究工作如同盲人摸象,每个人看到的或者说能够解释的都只是一体化进程中的某个具体部分。客观来说,相比于地区一体化的复杂现状,理论研究的路径和成果解释能力均表现得较为苍白无力,当前欧盟发展所面临的多重危机是各理论流派所未曾充分预料的,而造成困境的系统原因也仍需要进一步探索,这赋予了各类理论更大的解释空间、压力和动力。当然,诸多理论流派对欧盟的危机所展开的研讨,仍具有显著的理论启示和现实镜鉴意义。

小结与思考

毋庸置疑,欧洲一体化的进程就是欧洲各国应对不同类型危机的过程。作为经济规模最大、技术发展水平最高、国际影响力最强的国际行为体之一,欧盟所面临的危机具有多重属性。从第一层面来看,欧盟所面临的危机普遍存在于世界其他国家和地区,而近年来的欧盟发展现状似乎说明欧盟缺乏足够的危机化解能力。从第二层面来看,欧盟本身不

断在发现、化解危机的过程中得到发展，欧盟本身的角色属性仍处于有
待发掘推进的状态。欧洲联盟在当前世界范围内的影响力和地位充分说
明了危机既是一种主观认知的威胁，也是一种客观存在的机遇。作为世
界上最大的区域性一体化组织，欧盟在政治、经济、文化乃至防务领域
均取得了令人瞩目的合作成就。欧盟发展的过程说明，地区一体化的基
本动力来自民族国家，而根本动力则来自世界发展形势变化所产生的国
际关系变革诉求。民族国家的主权和利益诉求是决定其对地区一体化之
态度的关键考量，而世界发展形势则要求民族国家对其主权和利益诉求
做出相应的调整和校正。第二次世界大战结束之后，地区合作崛起并迅
速扩大，而欧盟的发展则成为引领地区合作的主要代表性机制。在欧洲
学者看来，世界范围内的地区一体化不仅是欧洲一体化的范式引导，更
是其自 20 世纪 60 年代以来采取支持地区一体化的政策结果，这一趋势
自冷战结束以来尤为突出。① 在欧盟的示范下，东南亚、拉丁美洲、非
洲均发展了相应的地区一体化机制。地区一体化的成就被广泛认为是全
球合作、治理的筹备状态，而在全球化趋势遭到阻遏的情况下，欧洲一
体化作为国际社会的一种尝试，对其现实成效、历史价值及未来走向如
何评判，将是值得持续深入思考的问题。

---

① Roza Smolinska，"Discovering the Icebergs of EU Interregional Actorness in Asia：The EU
Unique Regional Integration Model in the Eyes of China and India"，in Astrid Boening，Jan-Frederik
Kremer，Aukje van Loon，*Global Power Europe-Vol. 2 Policies*，*Actions and Influence of the EU's Ex-
ternal Relations*，Springer，2013，p. 31.

第 二 章
欧盟的危机识别与应对战略

　　欧洲联盟是欧洲一体化发展至今的最高组织形态。作为若干民族国家的联合体，欧洲联盟的观念、制度及行为基础均源于成员国的授权和协作。因此，一体化危机归结为至关重要的一个症结则是欧盟的认同危机。而这一问题，可以表述为"什么是欧盟""欧盟的合法性何在""欧盟往何处去"等重大问题。欧洲联盟是否侵蚀了成员国家的主权、对成员国及其民众的权力和财富造成了损毁，尤其是在全球化竞争与合作均显著提升的时期，欧盟是否仍是确保和维护欧洲权益的政策选择路径，一直是伴随欧洲一体化进程的关键问题，而这一问题也直接关系到欧洲联盟的存续和发展。正如巴黎政治学院教授肖威尔（Louis Chauvel）认为，"建设欧洲认同是欧洲计划的先决条件，而不是预先假设"[1]。

第一节　英国退欧与欧盟危机认知

　　在欧盟所面临的诸多危机中，英国退欧的挑战性最为突出。如前所述，秉持疑欧主义的英国一直质疑欧盟的发展实力，因而也难以全面信

---

[1]　转引自马胜利、邝杨《欧洲认同研究》，社会科学文献出版社 2008 年版，第 253 页。

任欧洲联盟应对新型安全挑战的能力。冷战的结束在终结了两极格局的同时，也终结了以军事为主导要素的国际安全形态，大大拓宽了国际安全的范畴，经济、政治、社会和环境因素的安全价值得到显著提升，并成为构建国际安全议程的重要变量，同时既有的国际政治冲突的影响因素和发展维度也得以大幅拓展，对其进行更准确解读和应对的必要性也得到大幅提升。这一客观形势的变化对安全提供者形成了显而易见的挑战，安全提供者需跨越传统的以军事冲突为主的模式，向国际秩序之多重威胁的模式迈进。① 但是，与国际安全形势日益复杂的客观趋势相比，欧盟应对各类安全挑战的能力却并未得到有效的提升。一方面，尽管欧盟的经济实力居于世界前列，但这一物质优势并未带来相对的声望优势。正如我国学者陈乐民早前所言，"每当出现世界大事，欧盟便出现某种尴尬相，难以如宣布的那样，用一个声音说话"②。另一方面，各种分歧与矛盾长期伴随欧洲一体化进程，甚至对其生存与发展构成显著威胁。尤其是英国退欧，以近似釜底抽薪的方式和力度，迫使欧盟以更全面的视角、更长远的规划、更深入的程度、更宏大的力度来认知和应对多重危机。依笔者管见，欧盟对危机的认知过程具有渐进性和阶段性，分别体现为对英国退欧的本体矛盾的认知，对英国退欧的关联矛盾与派生矛盾的认知，以及对系列矛盾所形成的多重危机进而构成复杂风险的认知。

英国退欧引起了有关于欧盟政治命运的广泛争论与关注。英国退出欧盟这一逆转事件对于欧盟而言究竟意味着什么，也随之成为政治界、学术界持续讨论的重大话题。这类讨论主要从欧盟治理能力成效的角度来探究导致英国退欧的原因，总体而言，这类讨论主要从如下三个角度展开对英国退欧与欧盟之间关联的研究，也即是针对英国退欧所指向的本体矛盾的认知。

① Fergus Carr, *Theresa Callan. Mananging Confilict in the New Europe*, Plagrave, 2002, pp. 51－53.
② 陈乐民：《20 世纪的欧洲》，生活·读书·新知三联书店 2007 年版，第 3 页。

第一，信息迷雾和沟通不畅导致英国产生离心力。在一体化进程中，欧盟机构与欧盟民众之间的沟通并未随着一体化的进展而有所改变，而是长期停留在低层次的无效沟通层面。不仅欧盟机构和领导人没有足够的意愿、措施和精力同欧盟民众就一体化进程中的问题、应对举措和未来的发展目标做出解释与宣传，同时本应在两者之间形成信息传导路径的媒体也未能积极履行应有的职责，而是为博得新闻市场的关注而极力推广不利于欧盟发展的信息。也正因为英国退欧促使欧盟领导人意识到了信息沟通缺陷的严重性，在此后的若干次欧盟峰会上，欧盟机构领导人一致呼吁停止欧盟机构与欧盟民众相互诟病的恶性循环，在欧盟机构之间，特别是欧盟机构与欧盟民众之间展开更广泛、更深入的沟通。此外，作为欧洲一体化核心国家的法国与德国领导人，也开始尝试同全欧盟范围内的民众进行交流，将其所理解的欧洲一体化目标和路径传递出去。马克龙就曾于 2019 年 3 月 4 日以"为了欧洲复兴"为题，越过欧盟机构和各成员国政府，直接向全体欧盟公民发出公开信，阐述对欧洲一体化进程的设想。在这封公开信中，马克龙提出了三个核心观点：首先，民主制度仍是维系欧盟存在的关键价值观，要设立专门机构来保证和监督欧盟成员国选举的公平性，同时禁止外部势力干涉欧洲选举制度；其次，通过建立统一的欧盟边境防卫队和欧洲难民事务处，推动欧洲独立防务建设的突破；最后，重新设计申根制度以加强欧盟的边界管控能力。此后，马克龙推动的"欧洲未来大会"也意在增强欧盟机构与欧盟民众的沟通。

第二，欧洲联盟决策执行能力衰退导致英国退欧。欧盟意识到英国退欧不仅意味着欧盟内部的信息沟通不畅，更代表着一种包含多类问题的并发症。针对这一判断，部分欧盟成员国的领导人将其归咎于欧盟领导力的失败。捷克前总理博胡斯拉夫·索博特卡（Bohuslav Sobotka）认为，欧盟在 21 世纪以来不断为欧元危机、难民危机等多重危机所困，欧盟缺乏理性、系统的危机应对之道，这种系统性的路径匮乏和应激式的危机应对政策相叠加，最终导致了欧盟公信力的大幅下滑。① 具体到欧盟应对多重危机的政策，欧盟领导力和执行力的衰微现象似乎更加突出。面对形势逼人的危机压力，欧盟机构往往陷于冗长的形势判断和决策过程，同时其在应对危机的立场表达方面也模棱两可，语言缺乏足够的针对性。芬兰总统绍利·尼尼斯托（Sauli Niinisto）曾对此批评说："通常情况下，（欧盟）决策往往导致真正决策的滞后。即使做出决策并付诸实施，其实施过程也常常以偏离决策人初衷而收尾。长此以往，欧盟必然因失信于民、引发不满而损毁自身的未来。"② 实际上，除了上述对欧盟机构效率低下的批评外，还有更多的舆论认为，欧盟领导人避重就轻且缺乏决断力，才是导致欧盟效率低下的更主要原因。

第三，欧盟经济的整体竞争力下滑导致英国退欧。在英国退欧公投期间，一个值得关注的现象是，英国传统工业区的民众投票选择退出欧盟的比例普遍偏高，这意味着欧盟虽然积极倡导区域经济合作和全球经济竞争，但事实上欧盟却陷于内部的经济发展失衡和分配不公困境。在全球化过程中，欧盟不仅在经济增长方面逊色于美国和其他新兴经济体，同时在欧盟内部也形成了更为突出的贫富分化现象。意识到这一问题的欧盟也曾明确表示："欧洲得益于边界开放的经济一体化，但经济收益并非惠及全体，众多民众仍受到贫困或排外主义的困扰。"③ 由于欧盟对内对外的经济治理均不尽如人意，所以欧洲民众认为是其不合理的经贸政策导致了欧洲利益的极速流失，因而欧盟是将全球化引入欧洲的"特洛伊木马"。葡萄牙首相安东尼奥·科斯塔（Anotonio Costa）直言，欧盟对全球化的管理失利是欧盟最大的失败之一。④ 意大利总理恩

① Bohuslav Sobotka, "Our common path-EU Cohesion, not Trenches", *EU Observer*. September 16 2016, https://euobserver.com/opinion/135121.

② Sauli Niinisto. President of the Republic Sauli Niinisto's speech at the Ambassador Seminar on 23 August 2016. Office of the President of the Republic of Finland, http://www.tpk.fi/public/default.aspx?contentid=349929&culture=en-US.

③ European Council, *Strategic Agenda for the Union in times of Change*, 26/27 June 2014, p. 3.

④ "Portugal's PM: Failing to regulate globalization a 'great failure' of the EU", Euro News, November 17, 2016, http://www.euronews.com/2016/11/17/failing-to-regulate-globalisation-is-a-great-failure-of-the-european-union.

里克·莱塔（Enrico Letta）也批评欧盟既不能对内部的经济不公熟视无睹，更没有资格自诩为全球化的赢家。① 由于欧盟的优势和根基在于整合的经济实力，而日益扩大的经济不公和对外竞争的持久颓势，似乎更加说明了欧盟经济治理能力的重大缺失。加之 2008 年以来国际金融危机持续蔓延并引发欧债危机，而欧盟所采取的财政紧缩政策收效甚微，导致欧洲民众失业率居高不下。在诸多被金融危机强力冲击的成员国中，广泛的舆论认为欧盟所追求的社会市场经济模式已经被颠覆，未来的欧盟经济走势将更加糟糕，因此欧盟对当前及今后的发展不力亦负有重要责任。由于经济获得感锐减且社会安全度大幅降低，欧洲选民对欧盟的信任度、支持度均持续走低，欧盟的合法性已然成为一个严峻的问题，这是欧盟范围内的普遍现象而绝非英国独有。决意退出欧盟的英国，只是以明确而又激烈的方式提出了民众对欧盟合法性的质疑。

　　作为 21 世纪以来欧盟所经历的系列危机中的一个突出案例，英国退欧的特殊性在于它打破了欧盟既往的危机认知规律，同时也史无前例地强化了欧盟的风险意识。成员国退出一体化机制的危机形态对一体化模式提出了警告：如果缺乏应对经济失衡和分配不公的有效政策，将会加重欧洲一体化瓦解的趋势，那么在可预见的未来，欧盟必将被推向另一场危机。② 正如德国经济部部长西格马·加布里尔（Sigmar Gabriel）所强调，欧盟领导人必须正确地对待英国退欧事件，否则欧盟将陷入更加深重的麻烦。③

　　2016 年欧盟推出了以时任共同外交与安全政策高级代表莫盖里尼牵头执笔的《全球战略》，对多重危机影响之下的欧盟状态和发展路径给出了较为详尽的解释。需要指出的是，欧盟发展过程即是经历各类型

---

　　① E. Letta, "The EU must Relaunch or Die", *The Word Today*, August/September, 2016, p. 24.

　　② Chin-Mei Luo, "Brexit and its Implications for European Integration", *European Review*, Vol. 25, No. 4, 2020, pp. 519 – 531, 528.

　　③ Brexit weekly briefing, "Splits over timing of talks and single market membership", August 30, 2016, https://www.theguardian.com/politics/2016/aug/30/brexit-weekly-briefing-splits-over-timing-of-talks-and-singlemarket-membersh.

挑战的过程，欧盟素来具有深厚且持续的危机意识。尽管在英国举行退
欧公投之后，欧盟迅速推出了《全球战略》来传递其应对危机的能动
性和维护一体化进程的根本立场，但由于英国退欧的突发性和前所未有
的冲击力度，欧盟对其所关联的危机认知仍具有不可避免的应急属性。
此后，随着英国退欧谈判进一步暴露了系列矛盾的根源，加之难民危机
绵延不绝、美国单边主义等冲击，欧盟所面临的系列危机正呈现出向重
大复杂风险转化的显著特征，因而欧盟仍在实践过程中不断动态调整、
完善和丰富其危机认知和风险化解的功能体系。

　　所谓重大风险，是在全球化条件下所出现的具有高度不确定性的系
统性风险。风险是人类社会普遍存在的一种现象。而进入全球化时代
后，在现代社会里，由于科学技术的快速发展，全球社会风险、传统社
会风险以及地域性风险等复合性地在社会演变中凸显出来，并与政治、
环境、文化、宗教等领域关联起来构成了系统性风险。① 在"风险社
会"中，由于制度系统结构上的不科学、执行上的不合理，导致制度
的功能部分或完全失灵，进而又成为更多、更大风险的制度性来源，使
风险成为"制度化"风险，社会"制度性"地产生和制造出风险。在
这种情况下，传统的社会控制方式无法适应高复杂性和不确定性，它们
则以风险或危机的形式表现出来。因此，必须改变传统的社会控制方
式，摆脱控制导向下的社会治理，代之以复杂性风险的系统治理范式。
从全球化条件下的复杂风险角度来看，欧盟及欧洲一体化进程也具有了
更加复杂的多重特征。其一，欧盟是化解复杂风险的治理者，作为全球
主要经济体和科技实力雄厚的高地，欧盟在运用经济和科技实力化解复
杂风险方面承担了诸多责任。其二，欧盟是促成复杂风险的生产者，即
欧盟的治理能力不足导致风险扩张蔓延并催生新的风险，换言之，欧盟
所代表的一体化制度缺陷是导致新型风险持续发生的原因之一。其三，
更重要的是，欧盟是复杂风险的受害者，风险不断滋生蔓延必然导致欧

---

　　① 范如国：《"全球风险社会"治理：复杂性范式与中国参与》，《中国社会科学》2017
年第2期。

盟的生存与发展现状遭到破坏。欧盟是区域治理的最高典范，因此欧盟应对风险的模式和成效在很大程度上代表了国家与区域应对复杂风险的最高形态。

综合英国退欧公投以来欧盟应对多重危机的政策讨论和施策路径，基本上可以从如下几个方面明确欧盟应对复杂风险所遵循的基本逻辑。

第一，欧盟突出了对多重危机持续爆发的严峻性的认知。欧盟意识到，多重危机连续叠加对欧盟所产生的危害，已经导致了欧盟生存和目标广受质疑。一方面，欧盟的广阔疆域正变得越来越不稳定和不安全，发生于欧盟边界内外的系列危机直接影响到了欧盟公民的生存状态。[①]作为全球化的局部实验空间，欧洲地区最先接触到复杂风险，但自拟为欧洲代言人的欧洲联盟却并未随着复杂风险的到来获得相应的治理能力，事实上，欧盟仍在以缓慢的、陈旧的、传统的方式在识别和应对新形态的复杂风险。其结果是，随着欧洲内外部治理事务的日益庞大，以欧洲联盟为枢纽的控制过程越来越机械化，控制层级越来越繁多且控制人员队伍越来越庞大，控制成本越来越昂贵。这种现象反映在欧盟治理的过程中，即欧盟在面对不同于传统危机的新型风险时，欧盟的风险识别能力和化解能力仍停留在既往层面，因此欧盟现有能力与新型风险之间的距离显著扩大。在多重危机的压力下，化解风险的危机应对方案突破了单一功能的限制并具有环环相扣、彼此联动的特征。针对某一危机的解决方案迟缓或无效，将会导致相应的功能缺失现象长时间持续，进而增大对功能改革的系统性压力，甚至迫使整体机制面临从改革到变革的风险。因此，多重危机对欧盟的认知变化所产生的推动力迫切而宏大，这是欧盟走出危机并取得发展的首要前提。

第二，欧盟对多重危机的复杂关联机制的认知。随着全球化的发

---

① European Union, *Shared Vision, Common Action: A Stronger Europe-A Global Strategy for the European Union's Foreign and Security Policy*, June 2016, p. 3.

展，危机已经超越了既有的概念和范畴，并以复杂、联动、不确定的形式普遍存在于各类矛盾内部和彼此之间。高度复杂化的危机持续发生甚至同时存在，具有跨越政策功能领域和社会治理层面的辐射能力。比如，发生在利比亚和叙利亚的冲突虽然具有地域属性，但冲突事件所关联的国家、地区和全球外延却使其更加复杂。一方面，难民危机使得欧盟机构和欧盟民众之间的距离增大，导致欧盟民众对欧盟机构的政治和文化认同大幅下降；另一方面，难民危机拉大了不同群体的成员国之间的嫌隙。大量难民进入欧洲并经由欧盟分配而到达中东欧国家，在这些国家内部引起严重的恐慌和不满。波兰、匈牙利和捷克等国民众因难民危机的冲击而对欧盟机构产生了极为明显的抵触情绪，本已受到质疑的合法性基础更加衰微。由于欧盟治理不力的刺激，民粹主义在欧盟范围内普遍爆发，但在不同的政治环境中则滋生演化为不同类型的动向，其具体体现为右翼民粹主义和左翼民粹主义在同一国家内同时存在，但依附于不同的群体而推动该国的政治生态发生了显著变化。基于这样的治理现实，欧盟对 21 世纪以来高频率发生的危机联动机制进行了相应的解析。欧盟认为，系列危机以前所未有的挑战难度出现，"欧盟并不具备单独解决此类冲突的能力，因此欧盟将寻求在本地、国家、区域和全球等多个层面进行综合治理的应对方式"①。

　　第三，欧盟对重大复杂风险的应对路径的认知。在近年来应对多重危机的冲突过程中，欧盟的战略认知实现了从危机识别到风险识别的快速转型。构成这一转型的知识因素源于欧盟的庞大、持久且体系化、多维化的政策思辨与实践验证。概而言之，欧盟对多重危机的认知可以概括为：欧盟所处的生存环境面临多类型、系统性的重大危机，这些危机在类型上、时间上、空间上连锁联动、耦合叠加，共同形成一个重大复杂风险综合体。在重大复杂风险持续凸显的世界中，没有任何一个欧盟成员国拥有独自应对重大复杂风险和把握机遇的实力与资源，欧盟必须

① European Union, *Shared Vision, Common Action: A Stronger Europe-A Global Strategy for the European Union's Foreign and Security Policy*, 2016, p.29.

团结一致；只有真正团结、联合的联盟才拥有相应的实力，保障民众享有安全、繁荣和民主，亦因此而在世界上享有声望。① 重大风险的形成过程是危机的累积叠加过程，应对重大风险的过程则是局部化解与整体协调的系统过程。从历史发展的纵向角度来看，欧洲一体化自起步以来，其发展历程伴随着各类型危机的发生、演化和解决。往往在危机解决之后一体化进程也能获得重大突破。正如"欧洲一体化之父"让·莫内所言，在危机中得到锻造的欧洲将是各类型危机解决方案的总和，也是最伟大的联合者。故此，欧盟在 21 世纪以来面临多重危机的首要步骤，是从其历史发展过程中汲取更多的经验和更大的激励动力，将危机挑战与发展机遇联系起来，形成从识别危机到化解风险、从把握机遇到谋求发展的战略路径。实际上，欧盟以综合路径的方式应对多重危机，已经于 2013 年乌克兰危机爆发时起步，因此，欧盟应对重大风险的路径和过程是持续且递进的。从欧盟应对危机的成效来看，针对特定类型危机的解决方案也可能导致超乎预期的后果，由于危机的后果具有从某一领域转向另外领域的溢出效应，相应地，危机解决的方案也可能获得普遍支持，但同样可能受到广泛抵制，因而欧盟在某一层面所期待的某种"善治"方案也有可能因设计不周、环境变化或路径复杂而成为"恶政"，甚至于，特定的功能性的危机解决方案会在欧盟与成员国层面形成新的合法性危机，也即因多重危机化解不力导致重大风险应对溃败。总之，在应对多重危机形成的重大风险过程中，欧盟所提供的危机解决方案也应有系统性的、全局性的综合考量，以预防新的不确定风险的出现和蔓延，而从欧洲一体化的进程来看，应对近年来多重危机的战略路径，既要消除欧盟的生存危机，更要保障欧盟的发展前景。

　　当然，囿于国际社会现实状况尤其是欧盟自身的发展状态，我们很难判定欧盟对于系列危机和重大风险的认知及应对战略已经臻于成熟，

① European Union, *Shared Vision, Common Action: A Stronger Europe-A Global Strategy for the European Union's Foreign and Security Policy*, June 2016, p. 8.

正如卡内基欧洲研究中心于 2022 年 10 月发布的一项报告认为，危机对欧洲一体化产生了必要的促进作用，但危机远未将欧盟推动到转化为强大联盟的地步。当然，该报告对于欧盟应对系列危机和重大风险的战略思路仍做出了概括，无论对欧盟发展形势还是欧盟的学术研究，均有显著的借鉴意义。该报告认为，欧盟历年来经历并应对危机的经验主要包括四点。其一，在面对危机时需克服"国家优先"的反射性思维。国家天然倾向于自行应对关键挑战。当成员国在穷尽国家之力仍无法化解危机的挑战时，就会转向集体行动等政策选项。由于从个体行动转向集体行动的过程往往导致时效不佳，因此在危机早期阶段，欧盟层面的系统化应对危机模式将有助于预测风险并强化欧盟机构与成员国政府的沟通，进而有利于危机的识别与化解。其二，应对危机战略需解决失衡问题。多类型的危机往往在欧盟范围内产生非均衡的冲击，这种失衡现象也极易导致欧盟凝聚力受损，更易于在欧盟应对风险的过程中产生阻碍。危机非均衡冲击的解决难度远大于危机本身，难民危机、金融危机以及俄乌冲突都证明了危机冲击力非均衡分布的复杂性和挑战性。降低危机的非均衡冲击需通过多个路径进行，例如倡导成员国之间的利他主义，巩固欧盟单一市场，以及增强欧盟对非均衡冲击的评估和应对能力。其三，组建欧盟的政治与制度性领导力。法、德两国在历史上为欧盟提供领导力已经成为一项传统，而当前系列危机的复杂形态要求欧盟各成员均需为构建新的领导力提供必要的支持和贡献，且法、德两国与欧盟机构，特别是欧盟委员会亦需突破常规形成具有创新性的领导力。国家间关系框架中的个体利益认知并不能保证国家间合作的长久稳定，欧盟机构特别是欧洲理事会、欧盟委员会需在工作机制上进行必要的改革，其中欧洲理事会主席和欧盟委员会主席需在职能方面有必要的拓展。其四，通过建构战略互信来打造欧盟复原力。在欧盟体系中，成员国互信及其对各类欧盟机构的认可与依赖是确保欧盟成功应对危机的关键要素。通过深化经济一体化和相互依赖而形成的共同利益，对于树立战略互信具有不可替代的作用。同时，战略互信有助于欧盟有效形成和实施风险化解方案，反之亦然。①

从欧盟发展历程中的"多重危机"和"重大风险"等角度来看，它所具有的启示是不言而喻的。作为实力、互动和身份交织的复合网络，地区在去中心化的世界上提供了关键的治理空间，区域治理的自主形式为国家和民众提供了更好地管理安全关注、把握全球化经济收益、表达充分的文化与身份、在世界事务中投射影响力的机遇。这即是欧盟在 21 世纪享有和平与发展的基本根源。②

第二节　欧盟应对危机的战略设计

第二次世界大战给欧洲造成了无比沉痛而惨烈的冲击，也由此推动了欧洲一体化的起步。正如时任联邦德国总理康拉德·阿登纳（Konrad Adenauer）所言，"如果我们欧洲人不想在起了根本变化的世界里走下坡路的话……欧洲的联合是绝对迫切需要的。没有政治上的一致，欧洲各国人民将会沦为超级大国的附庸"。③ 欧洲一体化是欧洲为达到提升和巩固其国际地位这一终极目标而采取的方式。欧洲一体化启动以来所取得的每一项进展，都是在应对不同类型危机和从危机中复苏的大背景下完成的。欧盟在深刻反思多重危机之成因与影响的同时，也在积极利用危机来推动一体化的发展。面对自 2016 年英国退欧公投所触发的多重危机，欧盟发布了多项战略文件，推出多类政策举措来化解危机，提升复原力和竞争力。

第一，重塑欧盟政治自信。2016 年 6 月欧盟公布了《全球战略》

---

① Stefan Lehne, "The EU and the Creative and Destructive Impact of Crises", Carnegie Europe, October 18 2022, https://carnegieeurope.eu/2022/10/18/eu-and-creative-and-destructive-impact-of-crises-pub-88145.

② European Union, *Shared Vision, Common Action: A Stronger Europe-A Global Strategy for the European Union's Foreign and Security Policy*, June 2016, p. 32.

③ ［德］康拉德·阿登纳：《阿登纳回忆录》第 3 卷，上海人民出版社 1973 年版，第 1 页。

的政治文件，认为欧盟的主要目标是在内部确认共同威胁并寻求政策平衡，探索将确认成员国"意愿联盟"与欧盟协调作为主要决策和行动方式的可行性。该文件为欧盟外交政策确定了团结、融入、责任和伙伴关系等四个原则，同时建立"欧盟的安全、欧盟国家与社会的复原力、一体化的冲突和危机应对举措、合作的地区秩序以及面向 21 世纪的全球治理"等重要目标。《全球战略》首次提出了"战略自主"，并将包括建设军事硬实力在内的欧洲综合实力建设纳入发展议程。2017 年 3 月，欧盟委员会发布《欧盟未来白皮书》，为欧盟发展设置了"成员国延续现状、强化统一市场、建设多速欧洲、特定领域开展高效合作、推进一体化"等五种发展图景。与《欧盟未来白皮书》的发布相同步，欧盟对外行动署发布《欧盟六十年》公告指出，"国际体系的规制基础正受到广泛质疑，欧盟将会在维护、增强和扩大全球秩序方面扮演一个不可或缺的角色"。上述政治文件遵循的逻辑是，欧盟将强化内部治理和构建对外关系作为应对危机、强化一体化进程的两大重要目标。此外，关于英国退欧对英国和欧盟所产生的不同冲击力度也逐渐清晰。有学者认为，在退欧公投举行两年之后，"退出欧盟对英国产生的影响远大于欧盟"，而欧盟似乎已经从英国退欧的冲击中逐渐复苏了。[1] 作为欧盟核心成员国的法、德两国，对大国竞争特别是美国单边主义的感受尤其深刻。马克龙曾直言，美国在特朗普执政期间背弃了欧洲，而美国与中国、俄罗斯同时展开对抗的风险日益增加，在这种情况下，欧洲不仅需要作为一支独立的经济力量，更要作为战略力量进行思考并采取行动。默克尔也表示"我们（欧洲）完全依赖别人的日子结束了，欧洲需要掌握自己的命运"。2019 年履职的欧盟委员会主席冯德莱恩则宣称要打造一个"地缘政治委员会"，使欧洲成为大国竞争的"玩家"而非"玩物"。总之，欧洲联盟积极寻求以战略自主的思路来应对大国竞争，

---

① Risto Heiskala, "Future Challenges for the EU—FiveScenarios from Collapse and Marginal-isation to the Emergence of a Federal Empire", in Carlo Ruzza, Hans-Jörg Trenz, *Policy Design in the European Union*, *An Empire of Shopkeepers in the Making*?, Palgrave, 2018, p. 319.

特别是中美全面战略竞争带来的挑战，并力争使自己成为全球政治舞台上的自主性力量和关键性的国际格局塑造者。

第二，重启"多速欧洲"。为深化认知国家之间一体化程度的差异状态并维护欧盟的存续、夯实欧洲一体化进程、缓解民粹主义浪潮和英国退欧的冲击，欧盟提出了"多速欧洲"的口号。欧洲一体化的持续发展，在带来成员国数量、整体经济实力以及欧盟政治地理版图极大扩张的同时，也承接了各个成员国之间既有的发展水平和政策认知差异，其间的利益得失和身份差别错综复杂。一般来说，对欧盟发展做出最大财务贡献的是德国、法国、意大利和荷兰等，而西班牙、葡萄牙、比利时和东欧国家则为欧盟财政支出的净收益国。欧盟体制下的各国围绕收益差别产生了显而易见的观念分歧。高贡献国家与净收益国家之间的矛盾导致欧盟各国之间的合作意愿受到阻碍，进而使得欧盟实现其崇高愿景和政策目标的路途充满险阻。① 欧盟成员国的贡献与收益不均衡，加之主权让渡的失落感，强化了欧盟内部的离心力。英国决意退出欧盟即是显著例证。因而，面对去一体化危机等系列冲击，如何在承认欧盟内部发展不平衡的基础上巩固欧盟的凝聚力，考验着欧盟领导人的智慧，在这种背景下，"多速欧洲"成为欧盟应对系列危机的一种政策选择。仅仅从经济层面来看，按照欧盟领导人特别是德法等国领导人的观点，"多速欧洲"通过"选择性退出""强化合作""开放式协调"等路径，认可不同成员国接受一体化机制的程度差异，由此确保欧盟机制的吸引力与成员国之间自主程度的平衡。早在20世纪90年代，关于一体化发展方向的争论之中就曾出现"多速欧洲"的倡议。欧盟对于英国特殊诉求的许可与包容亦是"多速欧洲"的具体体现。但此后的英国退欧公投及退欧谈判过程说明，由于英国和欧盟内外部条件的变化，也由于英国政府公投时机选择和宣传不力等因素的影响，这一传统的"多速欧洲"解决方案未能达到欧洲联盟所预期的效果。可见，"多速欧洲"

---

① Simon Usherwood, *European Union*, *in Brexit and Byond*, *UK in a Changing Europe*, Economic and Social Research Council, King's College London, 2021, p. 146.

之成效的决定因素将是复杂而广泛的。未来的"多速欧洲"留给成员国在不同政策领域接受不同程度的一体化机制的权力，这意味着全面一体化的步伐将会放慢，而部分功能领域的一体化则会加强甚至成为欧盟的主要发展支柱，换言之，功能性的一体化将是近期欧盟发展的主导理念。也即，在"多速欧洲"的治理思想之下，欧盟将更加注重功能化的建设，在特定的功能性的政策领域中，以更大的力度推进一体化建设，而与此同时，将其他领域的放缓措施作为一种内在的平衡，以此寻求欧洲联盟整体上的发展优势。"多速欧洲"发展模式开启的同时，欧盟将会加紧对欧盟内部融合与团结的强调，进一步发展其融合政策下的多种政策工具，以安抚中东欧地区的成员国。但客观而言，"多速欧洲"在货币、经贸、旅行、社会等多个领域实施后，无疑会让欧盟内部的关系变得更为复杂，也因此而形成更多的次级群体。通过消除差异而寻求共识并推动政策实践，一直是欧洲一体化矢志不移的目标。但实际上，"欧洲国家之间根深蒂固的、长期存在的差异现在还没有消失，将来也不会消失"①。从欧盟实践来看，法国、德国、意大利等国家相对坚定地认同"多速欧洲"的概念，希冀可以找到欧洲发展的新出路，但在不同的发展程度和不同的利益领域，如何才能既谋求发展又维持欧盟的团结，这确实是一个考验欧洲领导人智慧并决定着未来欧洲走向的重大问题。

第三，推进欧盟防务建设。欧盟认识到，明确的边境和稳固的安全是维护欧盟自由与繁荣的前提条件，欧盟必须构建起防范恐怖袭击的力量，并在必要时将其投射到欧盟之外的区域。当前欧盟内部普遍认为，英国退出欧盟是欧盟发展独立防务的良好契机：一方面，对防务建设并无实质性贡献的英国退出欧盟，不会导致欧盟防务建设遭遇重大损失；另一方面，在英国退出欧盟之后，其他欧盟成员国将会积极践行一体化机制，以此来证明它们对防务建设的严肃态度。2016 年《全球战略》是在英国退欧公投的大背景下出台发布的，该战略文件特别强调，"可

---

① ［美］阿伦·利普哈特：《民主的模式》，上海人民出版社 2017 年版，第 37 页。

持续、创新和有竞争力的欧洲国防工业对于欧盟战略自主和可信的共同安全与防务政策至关重要"。此外，欧盟认为强化防务能力建设也是有效维护欧美伙伴关系的关键路径。自第二次世界大战结束以来，欧洲安全一直严重依赖于美国，欧盟"防务外包困局"的根源正是美国冷战后在欧奉行"自由主义"对外政策，试图把"跨大西洋联盟"建构成一个覆盖全欧洲但不包括俄罗斯的军事同盟，由此造成的危机成为欧洲防务"离不开"美国的根本原因。[①] 基于此，自英国启动退欧进程以来，欧盟也明显加快了建设独立防务的步伐。地缘政治环境的恶化促使欧盟对外政策向现实主义回归。欧盟将俄罗斯视为首要战略挑战的同时，也将中国定义为综合性、制度性的竞争对手，而最令其感到忧虑的，则是特朗普执政之下的美国单边主义重创了传统的大西洋关系。大国竞争模式的回归，要求欧盟明确其自身定位，并拥有维护自身利益的能力和手段。与冷战时期寻求美国保护的依附战略不同，如今的欧盟希望通过战略自主，在大国博弈中找到其自主和独立的空间，很显然，战略自主这一目标赋予了欧盟新的战略定位，促使其更加主动地参与世界范围的地缘政治博弈。值得注意的是，德国新政府在欧洲防务能力建设方面的战略决心和防务规划，都将对北约及欧洲产生重要的作用。德国总理奥拉夫·朔尔茨（Olaf Schulz）于2022年2月承诺，德国将动用1000亿欧元的特别基金对其武装部队（联邦国防军）进行现代化升级，每年的国防开支增加至国内生产总值的2%以上，以符合北约对成员国提出的军事开支目标。这意味着延续数十年的德国安全和防务政策方向发生逆转。而根据朔尔茨的设想，德国将很快拥有北约框架内的欧洲最大常规军队，这也将显著增强德国及其盟国的安全保障。

第四，强化整体经济实力。经济一体化是欧洲联盟最为成功的领域，也是其国际影响力的核心支柱。进入21世纪以来，特别是在欧债危机的持续影响之下，欧洲联盟的经济相对优势正在逐渐降低。而在沉重的经济压力之下，欧盟成员国对一体化的信心有所下降。因此，重振

---

① 田德文：《解析欧盟"战略自主"困局》，《欧洲研究》2021年第5期。

欧盟的经济实力构成了推动欧盟跨越障碍、保障自身实力和竞争力的核心目标与关键路径。重振经济实力的战略中心既包括同第三国之间贸易关系的拓展，更在于欧盟内部经济实力的复苏。在对外贸易方面，欧盟着力推进新的国际贸易协定的达成。除2017年7月欧盟与日本达成自由贸易协定并于2019年生效之外，2022年6月，欧盟与新西兰签订自由贸易协定，大幅削减了两个贸易伙伴之间的部分剩余关税，印度和欧盟也重启了停滞数年的自由贸易协定谈判。欧盟强化对外贸易的政策调整，还体现于贸易政策与其他外交政策的协调与配合。特朗普政府强力推行单边主义和保护主义，欧美之间关于贸易平衡问题的观念裂痕愈加明显，欧盟对美国的威胁性贸易政策采取了针锋相对的回应立场，与欧盟在其他关键国际议题上的对美政策相呼应，形成明确的回应式抗衡政策基调。在对内复苏经济方面，欧盟积极寻求通过发现并对接世界经济增长点，特别是结合生态保护、技术发展等理念创新欧盟的经济发展模式。当前，绿色经济与数字经济的挑战成为欧盟所面临的重大机遇，但如何掌握这一历史机遇并将之转化为欧盟的经济优势或新的经济增长点，仍是欧盟推进经济发展的关键环节。确立战略自主已成为欧盟国家特别是欧盟成员大国的基本共识，进而也成为强化欧盟经济实力的战略指向和发展目标。欧盟在推进绿色经济与数字技术创新等方面的探索的同时，也积极实现经济发展规划同战略自主的融合，这一趋势于2019年的欧盟治理文件中得到充分的体现。欧盟在2019年6月推出了《2019—2024年战略议程》。该战略议程是对自欧债危机发生以来，特别是英国退欧公投以来的欧盟发展走势的反思和展望下所做出的结构性调整安排。该战略议程强调，"在一个不确定性、复杂性和变化越来越大的世界中，欧盟需要采取战略性行动，提高自主行动的能力，以维护自身的利益、价值观和生活方式，并协同塑造全球的未来"。该战略议程指出了在2019—2024年欧盟的四项战略目标，分别是：保护公民和自由，涉及领土安全、移民问题、边界管理、反恐及网络安全等；发展新的、强大的和充满活力的经济基础，包括制定欧洲产业政策、发展数字经济和完善单一市场；建设一个"气候中立"绿色、公平和社会化的欧洲，重视可持续性、低碳技术创新和社会团结；在全球舞台上推进欧洲的利益和价值观，提高欧洲的金融和安全能力，保障并实现欧盟对外政策的一致性。

拜登执政后，欧美之间的经贸关系有所恢复，但欧盟的自由贸易诉求则更加强劲。新冠疫情发生以来，世界经济普遍遭遇挫折，疫情对欧洲一体化产生的倒逼作用，已超越此前的多次危机，且疫情的暴发直接触及各国的根本利益。欧盟对欧美关系、国际形势、技术发展的研判和对发展经济实力、增强战略自主的诉求，在疫情冲击下显得更为迫切，而欧盟民众对快速推进经济复苏的呼声也更为高涨。2020 年 10 月欧洲晴雨表发布的民调显示，经济问题已超过移民问题成为欧盟民众最为关切的议题。① 总之，确保经济增长和就业机会，推进绿色转型与气候治理，都将是欧盟、欧洲大国在制定经济治理政策时的主要考量因素。

第三节　欧盟应对危机的政策考量

进入 21 世纪以来，民粹主义政党活跃于欧洲政坛，使得欧洲进入了至为艰难的被民粹主义裹挟的时期，不仅欧洲一体化的前进方向受到巨大动摇，甚至在很大程度上威胁着欧洲一体化的存续。民粹主义的内涵并无明确的界定，其崛起路径则主要依存于文化冲突和经济失衡两个问题。从文化冲突的方面来看，20 世纪 60 年代以来的反对移民、反对性别变化和种族主义等是集中体现；而从经济失衡的方面来看，不断加剧的经济不平衡或经济风险、经济动荡则是其主要表征。民粹主义政党通过抓取热点问题、重大问题和社会关键问题的方式，渲染官僚体制的腐败和民众权益的流失，使得社会大众和政治精英之间的对立程度日益

---

① Standard Eurobarometer 92，Autumn 2019，https：//ec. europa. eu/ commfrontoffice/publi-copinion/.

加深。欧洲范围内的民粹主义广泛体现为奉行反建制、反精英的政治人物、社会运动和政党团体深刻渗透进了欧洲的民主政治体制，在民族国家和欧盟机构两个层面均形成蔓延态势。民粹主义的持续蔓延，导致成员国与欧盟之间的矛盾大幅显现，而欧盟及其机构则日益被刻画为新自由主义、专制主义和非民主治理体制的集中体现。[①]

　　2016 年，英国退欧派以微弱优势赢得公投，而其中的民粹主义政党英国独立党在公投过程中扮演了重要角色。英国退欧公投既是长期以来疑欧主义与民粹主义相结合的后果，也是欧洲联盟应对系列危机不力的体现，更是欧洲范围内引发更多民粹主义的新燃点。在 2017 年 4 月法国总统选举期间，极右翼政党"国民阵线"领导人玛丽娜·勒庞以第二名进入第二轮投票，与马克龙角逐总统宝座。截至 2017 年底，欧洲存在一个或多个民粹主义政党执政或联合执政的国家有 10 个，包括匈牙利、波兰、希腊、挪威、芬兰、拉脱维亚、保加利亚、斯洛伐克、瑞士以及奥地利。2018 年 3 月，意大利民粹主义政党五星运动获得 31% 的选票，一跃成为当时意大利国内最大的政党。在 2022 年 9 月 25 日举行的意大利议会选举中，极右翼政客乔治娅·梅洛尼（Giorgia Meloni）率领的意大利兄弟党赢得约 26% 的选票，为该党在议会占据多数地位奠定了基础；包括该党在内的中右翼联盟共获得了 43.8% 的选票，同年 10 月 21 日，梅洛尼被任命为意大利总理。实际上，自新冠疫情暴发以来，欧盟推出的多项经济复苏计划中，意大利是受益最大的成员国之一。在受益程度超越其他成员国的基础上，意大利国内反对欧盟机制的力量仍如此强大，足见欧盟政治生态之复杂、欧洲一体化前路之艰难。

　　与英国、法国、意大利等国内的右翼民粹势力发展趋势相对应，欧盟中小国家的民粹主义政党也在快速发展。极右翼的瑞典民主党在

　　① Pepijn Bergsen, Leah Downey, Max Krahé, Hans Kundnani, Manuela Moschella and Quinn Slobodian, "The Economic Basis of Democracy in Europe Structural Economic Change, Inequality and the Depoliticization of Economic Policymaking", *Europe Programme Research Paper*, Sep. 2022, p. 6.

2022 年 9 月的大选中成为议会第二大党，不仅超过了中间派力量，也终结了由左翼领导的政府的 8 年执政期。瑞典一举撤除了它历来给极右翼分子设置的民主警戒线。事实上，瑞典的竞选活动一直为围绕安全和移民的争论所主导。甚至连社会民主党也在其执政的两个任期中大幅收紧了对待移民的态度和政策。在极端民族主义者吉米·奥克松的带领下，瑞典民主党的政治议程聚焦于"再次让瑞典安全"，同时宣称将实施更严厉的刑罚，以限制难民入境。

民粹主义政党一般靠炒作社会问题批评政府而崛起，"反建制""反精英""反移民"既是民粹主义的主要特征，也是其进行政治动员的主要思想和舆论工具。[①] 民粹主义力量将这些问题打造为改变政治生态的工具，但并不能提供恰当的解决方案，在民粹主义政党获得执政地位以后，采取的执政方式同样不能解决问题，难免引发民众的失望情绪。

民粹主义在欧盟范围内大肆兴起的原因之一，在于全球化发展形势下欧盟收益降低及各国、各阶层之间分配不均衡的加剧。对于欧盟成员国而言，共同体虽然加强了国与国之间的经济联系，但也放大了单一国家的经济与安全风险，而这种风险在欧盟推出多项重大举措的背景下更具有冲击效果。自 2009 年起，欧盟相继受到欧债危机、难民危机、英国退欧等沉重打击，中东欧国家的民众对欧盟的态度也由此大幅改变，其中主体社会民众特别是中低收入人群对欧洲一体化的质疑再次被激活。自欧债危机发生以来，欧盟经济始终未能摆脱停滞和衰退局面，诸多投资者对其经济发展前景持怀疑态度，导致出现更高的利率、更高的失业率及更低的工资水准。欧债危机是作为欧盟新成员的中东欧国家入盟后遭遇的第一次大规模经济冲击。中东欧国家经济自欧债危机发生以来便陷入恶性循环，许多家庭的收入和生活水平降低，处于危机压力之

---

① Elisabeth Ivarflaten, "What Unites Right-wing Populists in Western Europe? Re-examining Grievance Mobilization in Seven Successful Cases", *Comparative Political Studies*, Vol. 41, No. 1, 2008, pp. 3 – 23.

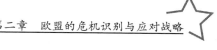

下的中东欧国家民众意识到，欧元区经济并未如他们所想象的一般稳定。与中东欧国家民众的不满相对应，作为欧洲一体化创始国的西欧国家也存在着显著的反对力量。在经历 20 世纪末期的经济大发展之后，21 世纪以来随着欧盟体制的改革，加之经济全球化的影响进一步深入，西欧国家的蓝领技术工人面临来自发展中国家的竞争和挤压，因此造成了制造业的衰败和破产。同时西欧国家社会保障及福利制度难以承受来自中东欧国家的移民冲击，针对移民和外来竞争的抵触情绪显著增加，并随着欧债危机和难民危机的加剧，长期受到主流政党忽视的欧洲一体化和难民问题日益凸显，成为民粹主义思潮和政治力量爆发的着力点。

　　由于民粹主义的兴起而导致部分成员国政府在一体化政策上出现迟疑或倒退，欧盟成员国之间的矛盾显著增大，欧洲一体化的发展势头也受到阻碍。尽管全球范围内的国际合作趋势不可逆转，但孤立主义、民族主义、保护主义仍强劲反弹，这一现象在欧美国家更为显著，而欧洲则在这一浪潮的冲击下显得更加脆弱。[1] 第二次世界大战给欧洲的教训是，欧洲的团结是其内部持久繁荣和对外部影响强大的保证，分裂乃至对立的欧洲并没有能力和优势在国际舞台上发出自己的声音。因而消除分歧和强化团结，成为欧盟在二战结束以来的关键共识，持续推进这一共识同样是欧洲一体化在新时期的首要议程。而民粹主义大肆上升的后果即是欧洲的政治生态发生显著变化，进而导致欧洲整体政治格局出现前所未有的分裂。

　　在民粹主义者看来，欧盟非但未能从经济全球化中给欧洲、特别是中下层民众带来利好，反而接连遭遇了经济危机和难民危机，且经济危机来源更加复杂，欧盟成员国之间容易受到彼此牵连，失去了共同发展和进步的良机。民粹主义在欧洲的表现形式就是在全球范围内否定既有的全球机制安排，且在欧洲范围内则反对欧盟和欧洲一体化。因此，对于欧盟而言，应对民粹主义的根本在于确保欧盟的国际收益及各国之间

---

① Algan Yann，Papaioannou，"The European Trust Crisis and the Rise of Populism"（February 22，2018），*EBRD Working Paper* No. 208，https：//ssrn. com/abstract＝3128274. p. 383.

的利益分配均衡。

信贷危机及由此引起的欧债危机导致了欧洲国家的高失业率。值得注意的是，尽管欧债危机对欧盟造成了普遍的经济冲击，但欧盟各国所遭遇的经济衰退在不同时空也是不均衡的，比如，欧盟范围内的失业率从2007年的7%增加到了2013年的11%，但是各国的失业率存在显著差异。德国失业率在2008—2009年出现短暂的冲高之后，快速回落到了危机之前的水平，而在希腊和西班牙，失业率则飙升到了20%。欧盟的核心成员国与边缘国家之间的失业率差距更为明显。2016年英国的失业率仅为5%，低于2007年的7%。但是在部分国家的失业率相较于危机之前更高，希腊北部在2012—2014年的失业率高达30%，而爱琴海与爱奥尼亚海区域由于旅游经济的贡献，失业率在15%—21%波动；意大利北部在2012—2015年的失业率在6%—7%，而其南部则达到了20%。① 受欧债危机的影响，希腊、意大利、西班牙、葡萄牙和爱尔兰五个国家甚至近似戏谑地被称为"欧猪五国"，欧盟内部的分歧可见一斑。

整合欧洲联盟经济资源并确保经济增长，是应对民粹主义影响的第一要务。如何界定民粹主义在欧洲一体化进程中的实际地位及作用，则是应对其影响的首要问题。从欧盟及其成员国来看，尽管深知民粹主义势力对传统政治体制的冲击，但欧洲主要政党及其领导人并无意与民粹主义政党形成对垒态势。实际上，传统主流政党与民粹主义政党之间的竞争，需是围绕争夺选民的竞争，而非彼此之间的政党纲领之争。此外，也有学者认为应理性看待欧洲民粹主义现象的功能，即民粹力量的兴起并非仅仅是破坏既有的政治生态，而是有其相对积极的纠偏功能。如果传统主流政党的经济政策与行为是导致民粹主义力量兴起的主要原因，则民粹主义的崛起将有助于传统主流政党修订其经济政策。换言

---

① Algan, Yann and Papaioannou, Elias and Passari, Evgenia and Guriev, Sergei, "The European Trust Crisis and the Rise of Populism", *EBRD Working Paper* No. 208, February 22, 2018, https：//ssrn. com/abstract＝3128274.

之，民粹主义的兴起并非自由民主体制系统性崩溃的危机，而是传统主流政党的危机。① 由于成员国国内民粹主义浪潮受到民众对国内经济的不满和被欧盟抛弃情绪的催化，欧盟开始致力于缩小成员国之间的经济差距，解决较弱国家被欧盟政策忽视的问题。在民粹主义政党崛起的背景下，欧盟的制度结构对公共部门的改革至关重要。在新的欧盟经济治理框架内，欧盟层面的行动者和支持欧盟的国内政党得以围绕一揽子改革联合起来，这些改革是国家复苏计划的重要组成部分。欧盟推进经济复苏和政治体制改革的努力获得了相应的回报，在一定程度上，民粹主义受到了建制派及相关支持力量的阻滞。2019 年 5 月举行的欧洲议会大选最终形成了一个亲欧政党虽占多数但也更为分散的政治格局，欧洲人民党和社会民主党两大传统主流亲欧政党席位减少，同时，绿党和"更新欧洲"的两个亲欧党团影响力上升，有力地遏制了疑欧主义和极右翼政党的扩张。

限制互联网对民粹主义的宣传功能，是应对民粹主义势力的直接举措。进入 21 世纪以来，意大利五星运动党、兄弟党、英国独立党等民粹主义政党的宣传攻势，正是借助互联网技术得到了超乎预期的扩张。从近年欧洲的民粹主义发展趋势来看，民粹主义在与互联网技术形成密切结合之后，具有极为广泛的动员范围，其组织结构呈现扁平化特征。民粹主义运动一旦在某个特定地区范围内兴起，经由互联网的传播与扩散，极易影响到欧洲其他国家和地区。例如 2015 年兴起的反对外来移民和难民的佩吉达运动②，很快从德国的德累斯顿蔓延到欧洲其他城市，而法国的"黄马甲"运动也是同样快速蔓延到欧洲的其他城市。

---

① Pepijn Bergsen, Leah Downey, Max Krahé, Hans Kundnani, Manuela Moschella and Quinn Slobodian, "The Economic Basis of Democracy in Europe Structural economic Change, Inequality and the Depoliticization of Economic Policymaking", *Europe Programme Research Paper*, Sep. 2022, p. 7.

② 全称为"爱国欧洲人反对西方伊斯兰化"，是经由难民危机引发的极右组织，势力范围主要在德国东部地区，德语全称为"Patriotische Europäer gegen die Islamisierung des Abendlandes"，简称"Pigeda"，旨在反对中东难民涌入欧洲，其政治主张具有同新纳粹主义类似的特征。

互联网技术推动之下的民粹主义运动有别于传统的政治运动，既无明确领袖也无固定组织，且没有工会和政党背景，甚至不具备能够同政府和民众进行政治对话的谈判代表，因而也被称为社交媒体时代的"三无运动"。而这种群众性的特点更凸显了其民粹主义的特质，表达了对精英的不信任，将越来越体现在今后的民粹主义运动中。因而如何实施有效的互联网治理，进而提升应对民粹主义的政策成效，已然成为欧盟需长期关注的关键议题。

欧洲一体化的基本路径在于通过国家联合而形成超越单一国家的地区整体实力。这一路径所遵循的逻辑是，一体化的发展会逐步培养起民众对共同体的忠诚感，而这种作用机制体现为两个方面，以一系列确保欧洲安全的经济手段为共同体广泛的合法性前提，且一体化的制度允许国家干预和国家在社会领域进行再分配。而从时间维度来看，欧盟自金融危机之后所采取的复苏战略及其成效则可提供相应的例证，尤其值得注意的是，欧盟应对多重危机的发展战略的探索阶段与其在 2010 年制定的"欧盟 2020 发展战略"实施阶段高度融合，因而在很大程度上对后者实施成效的回顾与反思，构成了欧盟应对多重危机的政策构思的基础。

自 2008 年国际金融危机以来，欧洲经济的萎靡不振导致一体化前景黯淡。为恢复欧盟成员国的经济活力，欧盟委员会于 2010 年 3 月发布了"欧盟 2020 发展战略"，提出了三大战略优先任务、五大量化目标和七大配套旗舰计划。一方面，金融危机凸显了欧盟经济的结构性缺陷，欧洲主权债务危机亦有蔓延之势，欧元区分裂风险加剧，内部发展差距扩大，社会动荡此起彼伏，多年发展成果面临损毁的危机。另一方面，全球金融体系仍在缓慢复苏中，美日等发达国家经济复苏疲软，新的增长机会尚待开拓。在这一背景下，欧盟既须应对全球化、能源危机和人口老龄化等日益严峻的长期挑战，同时也面临着来自美日等发达国家和中印等新兴经济体的全方位竞争。为破解困局，提升影响力，欧盟推出"2020 发展战略"，力求依靠科技创新来加快经济社会转型步伐，从而占据未来长远发展的战略制高点并掌握主动权。这些发展指标与计划对应了金融危机冲击之下的欧盟整体经济状态和面向未来的发展诉求，因而形成了自 2008 年国际金融危机以来欧盟发展成就的检验明证，同时也对欧盟应对多重危机过程中的战略和政策设计提供了相应的决策标准。"欧盟 2020 发展战略"提出了三大战略优先任务。任务之一是智能型增长，即在知识和创新的基础上发展经济。与之相配套的计划有创新联盟、青年行动、欧洲数字化进程。任务之二是可持续性增长，旨在推动资源利用更高效，更加注重绿色发展和经济竞争力，从而推动社会的发展。与之配套的计划包括高效利用资源的欧洲和产业政策全球化。任务之三是包容性增长，努力培养高就业的经济，形成社会和地域凝聚力。相关的配套计划包括新技能和新工作计划以及消除贫困的欧洲政策平台。相应地，五大量化指标分别是：（1）20—64 岁的劳动人口就业率从 2010 年的 69% 上升到 2020 年的 75%；（2）研发投资从占欧盟总 GDP 的不足 2% 提高到 3%；（3）实现"20/20/20"气候/能源目标，即温室气体排放至少比 1990 年减少 20%，若条件许可则温室气体排放比 1990 年减少 30%，可再生能源使用比例达到 20%，总体能源利用率提高 20%；（4）欧盟范围内的辍学率从 15% 降到 10% 以下，青年人口中完成高等教育的比例从 31% 提高到 40% 以上；（5）贫困线以下人口减少 25%，即减少 2000 万贫困人口。

2019 年 10 月 7 日，欧盟统计局发布了"欧洲 2020 战略"的 2019 年度进展报告《更智能、更绿色、更包容》，该报告根据"欧洲 2020 战略"的五个指标及其进展做了相对全面的评估，指出了如下五点问题。

第一，欧盟在就业保障方面进步与不足并存。自 2002 年以来，欧盟范围内的就业率呈上升趋势。相比于 2017 年，2018 年欧盟的就业率提高了 1 个百分点，新增就业人数 230 万人。2018 年就业率达到 73.2%，就业人口数为 2.2 亿人。全欧盟范围内的失业率则于 2018 年 4 月回落到了 7.1%，基本相当于 2007 年的水平。[①] 成员国间的就业率差

---

① "Jobs, growth and budgets: how the EU is bouncing back", Financial Times, https://www.ft.com/content/718c3892-73c5-11e8-aa31-31da4279a601.

距大。2018年欧盟成员国就业率从希腊的59.5%到瑞典的82.6%不等，最高就业率国家与最低就业率国家间比率相差悬殊。从地理分布情况来看，欧洲就业率最高的地区分布在西北部和中部，特别是德国、瑞典、英国、荷兰、奥地利和捷克。瑞典斯德哥尔摩地区的就业率最高为85.7%，其次是芬兰的阿尔兰为85.1%，德国的奥贝拜仁为84.1%。地中海周围地区就业率最低，特别是意大利南部、希腊和法国海外地区。此外，虽然性别就业差距在逐年缩小，女性就业率仍然较低，尽管女性的素质越来越高，甚至在教育程度方面超过了男性。值得注意的是，来自非欧盟国家的移民就业率相当低，其中2018年的非欧盟移民就业率比总就业率低8.7个百分点，仍低于2008年国际金融危机前的水平。

第二，研发创新进展相对较缓。"欧洲2020战略"的研发和创新目标是"改善创新、研究和发展的条件"，尤其是"到2020年将公共和私人研发投资增加到GDP的3%"。自该战略出台以来，欧盟研发支出增长缓慢，截至2017年，欧盟研发支出占GDP总数的2.06%，相比于2008年只上升了0.23个百分点，很难实现到2020年研发投资增加到GDP总数的3%的目标。另外，这种增长停滞也使得欧盟越来越落后于其他发达经济体，如美国、日本和韩国。从区域来看，欧盟研发强度最高的地区集中在少数几个成员国，研发资源聚集呈现显著的不平衡状态。

第三，气候与能源目标进展仍有差距。"欧洲2020战略"的气候和能源目标是与1990年水平相比，温室气体排放量减少20%，可再生能源占能源消耗总量的比例提高到20%；与2020年商业正常发展的预测值相比，能源消耗减少20%。截至2017年，欧盟整体温室气体排放量较1990年减少了21.7%，实现了欧盟温室气体减排目标。2017年可再生能源占总能源消费的比重达到了17.5%，所有欧盟国家在最终能源消费中可再生能源的份额都有所增加。不过，在能源方面，欧盟的进展相比"欧洲2020战略"目标仍有差距。欧盟的能效目标是到2020年将一次性能源消耗量降低 20%。自"欧洲 2020 战略"推出以来，欧盟的能源消耗已经连续 4 年下降，但在 2014 年这一趋势发生了逆转并再次出现持续增长，每年增长达 0.6%—1.7%。因此欧盟强调需要进一步提高能源效率。

第四，教育发展均衡有待加强。"欧洲 2020 战略"制定的目标是到 2020 年确保未能完成基础教育的人数比例降到 10% 以下，使接受过高等教育的 30—34 岁人口比例提高到 40%。欧洲在 2018 年提前实现了欧盟 2020 战略的高等教育发展目标，其中北欧和中欧地区的高等教育人口比例最高，有 19 个国家超过了欧盟 40% 的总体目标。相比于高等教育的发展成果，欧盟各国的基础教育进步存在明显差距。到 2018 年时，在克罗地亚、斯洛文尼亚、立陶宛、希腊和波兰等南欧、东欧国家，高中毕业前离开学校的人口比例最低，不足 5%；而西班牙、马耳他和罗马尼亚等国家提前离校的比例则达到 17.9%、17.5% 和 16.4%。

第五，社会发展风险防控仍需强化。在经济发展及社会排斥风险方面，"欧洲 2020 战略"提出的目标是，与 2008 年相比，2020 年至少让 2000 万人口摆脱贫困或社会排斥风险。而战略评估报告则指出，在大多数欧盟成员国中，虽然面临贫困或社会排斥风险的人口比例已经下降，但 2017 年仍有 1.13 亿人（占欧盟人口总数的 22.4%）面临贫困或社会排斥风险，其中贫困人口的总数距离完成"欧洲 2020 战略"目标还有 1600 万人。[①]

2020 年暴发的新冠疫情已经从根本上冲击了欧洲和世界，给医疗保健和福利制度带来了极大的压力，考验着欧洲的经济、社会以及共同的生活、工作方式。为了保护生命健康，维护统一市场，以及实现持久和繁荣的发展，欧盟推出多项扶持政策力促经济复苏。2020 年 3 月，欧盟公布了新的产业政策，重点加大对钢铁、水泥等能源密集型工业领

---

① Smarter, Greener, More Inclusive? Indicators to Support the Europe 2020 Strategy? Printed by Imprimerie Beitlot in Belgium, https：//ec. europa. eu/eurostat/documents/3217494/10155585/KS-04-19-559-EN-N. pdf/b8528d01-4f4f-9c1e-4cd4-86c2328559de.

域实行现代化升级改造力度，同时通过可持续产品政策，提高纺织品、塑料、电子产品等领域的回收率和重复使用率。欧盟还公布了旨在提高存量建筑能源效率的建筑翻新计划，计划在未来 10 年内对 3500 万栋建筑进行节能改造。2020 年 5 月，欧盟委员会宣布了总额为 7500 亿欧元的"欧盟下一代"复苏计划和 2021—2027 年 1.1 万亿欧元的预算提案，用于帮助整个欧盟地区实现经济复苏。

为应对新冠疫情带来的经济放缓，世界各国都开始引入经济刺激措施，如果能够在这些刺激措施中考虑到环境与技术因素，并采用更多的刺激政策，或许将成为转型升级的重要机遇。21 世纪以来的世界经济发展轨迹表明，环境友好和数字创新是有效的经济发展路径。电子商务、远程医疗、远程办公等新经济模式和新型业态迅速崛起的同时，加速推动传统产业向数字化转型，使数字经济快速成为促进全球经济发展的新引擎。欧盟对发展数字经济的战略设计具有显著的战略追随和时事因应特征。在数字化发展浪潮中，中国与美国牢牢把握了数字技术和数字经济的发展先机，成为世界范围内的数字潮流引领大国，而欧盟则处于相对且显著的弱势地位。欧盟数字经济发展整体滞后、区域发展不平衡，数据基础设施落后且数据可用性不足。2018 年欧洲 IT 业数字经济占 GDP 比例约为 1.7%，大大低于美国的 3.3% 和中国的 2.1%。经由 2019 年 5 月欧洲议会大选后，亲欧政治力量稳定了其主导地位，这一得之不易的大选结果使得未来的欧盟发展议程恢复了乐观前景，但与此同时，欧洲议会的结构碎片化意味着欧洲治理问题将变得日益复杂，并有可能增加欧洲政治的不稳定性。在一定程度上，欧盟暂时摆脱了英国退欧所带来的生存性危机，但其发展挑战仍客观存在。因此，推进欧盟体制改革仍是欧洲一体化持续发展的关键所在。欧洲议会大选结束之后，欧洲理事会和欧盟委员会等机构陆续迎来新的领导人和执政方案，这些领导人的执政理念和方案均在很大程度上对发展与改革等基本诉求做出了积极的回应。2020 年 2 月 19 日，欧盟委员会接连发布了《塑造欧洲的数字未来》《欧洲数据战略》《人工智能白皮书》三份文件，形成了系统性的数字转型战略。其中，《塑造欧洲的数字未来》提出了"科技为人服务""保障公平和有竞争力的经济""建设开放、民主和可持续的社会"三大目标，实现具有全球竞争力、基于价值观与包容性的数字经济和社会，从而把欧洲打造为一个值得信赖的数字经济领跑者；《欧洲数据战略》以打造数据增强型社会为目标，在欧洲建立单一数据市场，促进数据的充分利用和自由流动；《人工智能白皮书》提出了一个基于卓越和信任的值得信赖的人工智能框架，并提出要对高风险和低风险人工智能系统区别对待。该战略涵盖了从网络安全、关键基础设施、数字教育和技能到民主和媒体等各个方面。① 欧盟委员会主席冯德莱恩表示："希望这一数字战略能够反映出欧洲所能提供的最好的东西——开放、公平、多样性、民主和信任。"当前，欧盟在推动数字经济发展的主要举措包括四个方面，分别是制定一系列数字转型战略法规、大力发展工业数字化和企业数字化、提升劳动者数字技能、打造一体化的欧盟数字投资和监管能力。

　　绿色经济和绿色转型是欧盟推动经济迈向更高水平的另一重要举措。以气候治理和低碳减排为核心的新能源、低碳经济，构成了欧盟实现经济复苏和能源经济转型的另一核心动力。自 2015 年巴黎气候大会之后，欧盟在推动绿色转型领域的雄心战略更加稳健。欧盟委员会主席冯德莱恩也认为，欧盟把绿色转型作为欧洲经济新的增长战略，将促进自身向更加公平、高效和可持续的方向发展，有助于欧盟整体竞争力的提高。欧盟在"绿色新政"框架下持续推出多项新的政策举措，旨在进一步提升经济增长的韧性和可持续性。2020 年 11 月，欧洲议会与欧盟成员国就"下一代欧盟"复兴计划达成一致，在这项总额超过 1.8 万亿欧元的长期投资计划中，37% 的资金将投入到与绿色转型目标直接相关的领域。推动经济绿色转型不仅可以减少欧盟对外依赖程度，提升经济的韧性和供应链安全，还将为欧盟带来巨大的发展潜力和空间。有

---

　　① 《疫情考验下的欧盟数字战略》，2020 年 8 月 12 日，同济大学德国研究中心（https：//german-studies-online. tongji. edu. cn/a8/3f/c20a174143/page. htm）。

相关研究表明，发展绿色经济将使欧盟对外出口每年至少增加250亿欧元，每年可节约能源成本高达3500亿欧元。资源效率的提升将大幅降低产品的生产成本，有效提升欧洲企业的国际市场竞争力；同时，绿色转型还将带来整条价值链的升级整合，创造数以百万计的新的高质量就业机会。当然，欧盟在力推绿色转型过程中也将面对资金不足等制约困境，欧盟各机构均对其展开了相应的分析。根据欧委会的评估，倘若如期达到2030年气候目标，欧盟平均每年需要增加2600亿欧元的额外投资，而欧盟自身的公共财政支持力度在每年1000亿欧元左右，需通过鼓励成员国政府和私营企业加大投资来弥补资金缺口。此外，民众对欧盟相关政策的接受程度也对绿色转型能否成功至关重要。

总之，综观21世纪以来的欧盟多重危机及其应对举措可以发现，欧盟立足于国际社会的最大优势是其整体经济实力，而作为一个复合型的全球性地区组织，欧盟的最大弱势也在于其经济实力的"一体化"实质。因而，欧盟往往通过从危机体验中鉴别其经济发展的软肋，并顺应时代发展从而发现并把握推动经济发展的创新路径。就这一点来说，欧洲一体化发展尽管是充满坎坷与挑战的，但其应对挑战的思路和模式仍是当今国际社会需正视、重视和检视的最关键战略资源。

小结与思考

欧洲一体化进程是致力于欧洲联合的民族国家通过多种形式应对层出不穷的危机与挑战的过程。21世纪以来的欧盟如何在面对系列危机的情势下推进欧洲一体化的持续发展，实质上是作为当前欧洲一体化代言人的欧盟如何"接手"应对危机之任务，并在多个领域开展改革以确保欧盟内在实力和国际地位得以强化的动态发展过程。如果说欧盟此前应对危机的抓手在于政治信任与经济联合，那么当前欧盟在文化、气候、安全、科技等方面的举措则同样是随着欧盟自身与外界的体系性变革而不断拓展的应对危机阵地。换言之，欧盟化解危机和推进发展的过程，需要其自身获得并持有多元的、务实的、清晰的战略视野。以综合的、系统性的路径来救赎欧洲一体化于危机困扰，要求欧洲能够通过及早发现、及时修正的方式来设计其发展战略。正如 20 世纪 90 年代初欧洲一体化进入快速发展阶段时，由于意识到欧洲一体化的建设历程重经济联合而轻政治与文化认同，曾任欧盟委员会主席的德洛尔就提出并强调重视欧洲的政治和文化建设。德洛尔指出，"如果欧洲建设只是以经济和法律为基础的话，是不能取得成功的……在接下来的十年里，如果我们不设法赋予欧洲一个灵魂，赋予其灵性与意义，那么这场游戏将出问题"。[1] 于当下欧盟所经历的多重危机而言，德洛尔之警告言犹在耳，欧盟及其所代表的欧洲一体化正在经历痛苦的观念分歧和认同分解。既然两次世界大战是促成欧洲一体化意识升华为实践行动的关键阶段，那么当前日益严酷的大国竞争是否也会对欧洲的一体化意识产生新的推动力呢？欧盟在促成地区和平方面是国际社会的成功典范，而其经济危机则揭示了欧洲一体化政治与经济机制的缺陷。欧洲公民对本国、欧盟的政治精英和政治机制均存在或多或少的不满情绪，这种不满情绪，促进了政治极端主义思潮的崛起。[2] 当重要成员国面临来自国内的反一体化群体的政治压力时，欧盟将会采取调整性的政策，这一功能具有强大的历史基因。欧盟面对挑战不会坐以待毙，而将从多个层面展开认知、适应和化解。当然，在英国酝酿退欧公投和推进退欧谈判的过程中，欧盟所表现出来的调整态度和政策力度，并不能代表欧洲一体化在机制上具有充分的可调整空间。部分欧洲学者认为，欧洲联盟面对去一体化危机的强硬态度，实质上是对民主的忽视，其根源则在于长期盘亘于欧盟体制内的官僚主义，因而欧盟已经成为不合理制度和破坏性规则的捍卫

① 德洛尔于 1992 年 4 月 14 日在布鲁塞尔的讲话原文：If in the next ten years we haven't mananged to give a soul to Europe, to give it spirituality and meaning, the game will be up. 转引自马胜利、邝杨主编《欧洲认同研究》，社会科学文献出版社 2008 年版，第 176 页。

② *The European Trust Crisis and the Rise of Populism*, Brookings Papers on Economic Activity, Fall 2017, p. 310.

者。这意味着，欧盟发展的根本保障，不仅在于对去一体化思潮和运动的直面应对，更在于其自身的发展与适应变局之能力的长久保持。欧盟曾被视为国际关系的创新实验室。作为一个创新规模和力度前所未有的地区一体化组织，欧洲一体化的发展动力、欧盟的发展战略，均需要在实践中不断探索与试错，唯有如此，才能应对不断出现且类型多样的危机。

第三章
百年变局下欧盟发展的外部环境

当今世界正经历百年未有之大变局，各国各地区生存及发展的内部条件和外部环境正在发生深刻而复杂的变化。作为当今世界上一体化程度最高的区域性组织，欧盟具有雄厚的经济实力和广泛的国际影响力，在世界多极化、经济全球化、社会信息化、文化多样化进程中扮演着重要角色。欧盟所主导的欧洲一体化是国际社会大系统的子系统之一，处于一体化进程中的欧洲既是构成国际格局的主要力量之一，也受到来自外部的国际格局的影响。当前，中美关系是国际格局中的主要动力轴。中美战略竞争关系的形成深刻影响和改变着国际战略格局，同时，美欧战略关系亦在进行深刻的调整与重组，中美欧之间在政治、经济、科技、文化等各领域的战略互动明显增强。随着中美战略竞争加剧，欧盟特别是欧洲大国的战略取向备受关注，而影响并塑造欧盟战略发展取向的，则是源于构成并持续推动世界格局发生重大转变的各类关键性议题。

第一节　中国崛起与国际格局变迁

冷战结束以来，伴随着两极格局的解体和在单极力量主导下的多极世界的出现，全球政治、经济及安全基本布局出现了重大调整，"东升西降"成为国际格局变迁的首要特征。以中国为代表的新兴经济体在新一轮科技革命和产业变革中获得了长足的发展，特别是中国的国家实力得到稳步增长，国际地位显著提高，国际理念大幅彰显，进一步深化巩固了百年未有之变局的根本形态和发展趋势。作为国际社会中"守成国家"的集合体，欧盟的发展在得益于同中国长期合作的同时，也面临着如何认知和提升中欧双边关系与多边合作的问题。

中国国家力量稳定而快速的增长是提升中国国际地位的首要推动力。得益于对21世纪初战略机遇期的充分把握及国家发展战略的稳定推进，中国实现了国家实力的持续快速增长。以美国为对比参照，中国的国家力量提升具有更为直观的发展态势。从纵向增长的角度来看，中国经济在冷战结束以来的30余年时间实现了质的飞跃。相比于1991年中国GDP仅占世界的1.6%，2021年中国GDP规模为17.73万亿美元，占世界比重达20%，在全球经济体排名中仅次于美国而居全球第二。需要特别注意的是，在新冠疫情的冲击之下，中国依然保持了平稳持续的经济增长，2021年中国人均GDP从2020年的7.2万元提升到了8.09万元（约为1.225万美元），超过了世界人均GDP水平并接近高收入国家门槛。从横向比较的角度来看，中国在冷战结束以来的30余年中，经济总量连续攀升，不断缩小与发达国家之间的差距。进入21世纪以来，中国经济保持平稳快速发展，中国经济总量连续超越法国（2005）、英国（2006）、德国（2007）、日本（2010），成为塑造和引领世界经济的关键大国。2021年中国GDP达到17.73万亿美元，占世界比重达20%，达到美国的77.1%，比2012年提高了24.6个百分点，是日本的3.6倍。党的十八大以来，中国日益走近世界舞台中央。中国在保持经济平稳快速增长的同时，对科技、教育、产业等领域的支持度也显著提升。从2012年到2022年，全社会研发投入占国内生产总值（GDP）的比重由1.91%提高到2.44%，接近经合组织国家的平均水平，全球创新指数排名也从第34位上升至第12位。同期，中国的科技、教育实力也实现了质的飞跃。当前中国在数字发展浪潮中掌握了主动权，成为全球 5G 行业的领头者，在数字经济市场中的所占份额居于世界前列。中国高等教育进入了世界公认的普及化阶段，一大批高等教育机构及学科处于世界领先行列。值得注意的是，在近年来的新冠疫情冲击和全球化发展受阻的形势下，中国仍然保持了高速平稳的增长态势，其作为世界经济稳定器的意义和贡献更为突出。

新兴大国力量在推动国际格局力量对比发生变化的同时，也显著地撬动了传统大国力量的战略认知变化。以美国为代表的西方大国认为，新兴力量的崛起将会改变既有的国际规则，对国际体系形成全方位的威胁。从奥巴马政府时期开始，伴随着中国国力的持续上升和对国际关系理念的创新，美国的对华战略观念变化主导了当前国际格局转型过程中的政治观念。在奥巴马执政的 8 年期间，中国 GDP 由 2008 年的 4.6 万亿美元增长到 2013 年的 9.49 万亿美元，如果与美国同期的 GDP 进行对比，中国国家经济实力的增速更为明显，由 2008 年的 31.27% 增长到 2013 年的 56.5%。中国经济的快速增长和美欧经济的增长乏力形成了鲜明对比。在此背景下，奥巴马执政期间的美国对华政策出现了总体平稳但稳中趋硬的态势，其政策倾向在保持接触与强硬对抗之间徘徊。一方面，奥巴马政府认为贫穷、混乱的中国不符合美国的全球利益，因此美国总体上欢迎一个和平、稳定、繁荣的中国崛起。另一方面，美国又对中国的快速发展抱有警惕、防御甚至敌视的态度。在美国看来，中国极有可能在全球舞台上挑战美国的优先地位。特朗普执政后对华采取强硬的"竞争战略"，拉开了中美战略竞争时代的序幕。以 2017 年版的《美国国家安全战略报告》为代表的四份特朗普政府官方文件为基础，将中国定位为美国的"战略竞争对手"，以中国"经济入侵"为由挑起对华经贸摩擦，同时也在科技、政治和人文等领域展开竞争关系。至此，中美全面战略竞争成为当前国际格局的基本矛盾。2020 年新冠疫情暴发后，美国的对华战略理念进一步恶化，弥漫全美的"对手中国"（Bad China）政治叙事话语蒙蔽了美国的知华视角，美国朝野全面了解中国之复杂国情、和平崛起、国际理念和合作机遇的路径受阻，美国的大选走向和特朗普之后的继任总统将中美关系推至冷战状态的可能性大大增加。① 拜登政府上台后，美国对华政策中的强硬与遏制成分有增无减，防止所谓的"中国经济胁迫"、强化对华竞争成为拜登政府的核心政策目标。中美战略竞争的态势、格局和物质基础得到了强化，中美竞争已经成为主导世界形势的基本范式，既在观念层次上塑造了国际战略认知，也深刻地推动着经济、政治、军事等领域的力量变革。②

从欧盟的角度来看，国际格局转型的走向和影响更加复杂。自进入21世纪以来，欧盟各国的经济增长普遍低迷，作为欧盟"三驾马车"的英、法、德三国经济增速长期低于3%。自2008年国际金融危机爆发并引发欧债危机以来，欧洲多国的GDP出现负增长，而中国经济发展依旧强劲，增速依然保持在9%以上。在这一过程中，中国的GDP连续超越意大利、法国、英国、德国和日本，总量则日益接近并于2021年超越欧盟27国的GDP总和。因此，从全球层面的国际格局中来观察，作为世界三大力量之一的欧盟，处于经济实力无法超越美国，同时也未能维持对中国优势的"夹层"状态，且欧盟与中国之间的经济差距仍有可能进一步拉大。而从区域层面的国际格局来看，欧盟内部同样经历了欧洲国家之间力量对比变化的转型过程。德国实现统一后，经济实力大增并一跃成为欧洲联盟实力最强的国家，冷战期间欧洲范围内的英、法、德三方平衡的格局也由此被打破。德国在欧洲联盟内的实力变化引发了其他成员国，特别是英、法两国的疑虑，德国日渐被视为一个欧盟的支配者，一个利用经济资源和欧盟机制扩充其影响力并将自身的经济模式强加在其他欧洲盟国之上的"霸主"。尽管欧盟不断推进欧洲一体化进程、身份认同和机制建设，但不同成员国在欧盟政治、经济、

---

① Robert Daly, "Bad China" Now Established in America's Political Psyche, in *Is COVID-19 a Game Changer for Transatlantic Narratives on China*?, June 2020, https://www.chatham-house.org/2020/06/covid-19-game-changer-transatlantic-narratives-china.

② Volker Perthes, "Dimensions of Rivalry: China, the United States, and Europe", *China International Strategy Review*, Vol. 3, 2021, pp. 56-65.

对外关系领域的不同权重和彼此制衡依然限制了欧盟的整体发展和竞争实力。进入 21 世纪第二个十年以来，欧盟自身的国际形势更加艰巨，多重危机相继爆发，由欧债危机引发的欧元区财政责任与经济政策危机；由难民危机引发的欧盟边界管理与政治认同危机；由地缘政治恶化引发的欧盟外交政策与安全危机，都对欧盟核心成员国和欧盟机构提出了巨大的挑战。各成员国在应对危机过程中的政策局限于维持国家权益和欧盟共同权益的牵扯中，难以转化为欧盟应对危机的一体化合力。如果说国际格局转型对中国与美国而言体现为力量增速的对比，那么对欧盟而言则意味着力量的相对下滑和多重制衡。

对欧盟而言，国际格局的转型同时意味着欧美关系的转化甚至是退化。自 2003 年美国以反恐为名发动伊拉克战争以来，欧美之间的国际观念分歧不断加深，双方在外交问题特别是对华军售问题上更存在着显著的政策冲突。美国决策层认为应将中国视为未来的首要竞争对手且必须加以遏制，欧盟则认为强大的中国并不必然导致同西方利益的冲突，融入国际规则体系的中国可以与西方共处并实现共赢。美国并不排斥欧盟参与亚洲事务，但处在新保守主义指导下的美国政界也不愿意看到欧盟在亚洲地区提出迥异于美国理念的外交主张甚至与美国分庭抗礼。作为以维持全球霸权为核心目标的世界唯一超级大国，美国更希望在政治上保持对不同社会制度和意识形态的绝对优势，同时通过与盟友开展民主合作来保持自己的相对优势。2005 年 5 月，时任欧盟共同外交与安全政策高级代表索拉纳（Javier Solana Madariaga）与美国国务卿赖斯（Condoleezza Rice）正式启动跨大西洋涉华对话机制，并于同年 11 月集中对中国和亚洲议题进行了战略对话。第一轮对话并没有解决美欧双方在应对中国崛起等全球问题上的战略分歧，随着欧盟对华军售问题的搁置，美国外交重点转向中东地区，第一轮跨大西洋涉华对话机制被置于非官方层面并逐渐消沉。2008 年以来国际金融危机的冲击，以及多年来全球化价值分配的不均衡后果愈加复杂化，激化了发达国家内部的极右势力和民粹主义，欧美国家内部和彼此之间呈现出巨大的政治与社会分歧。一方面，第二次世界大战结束以来被视为国际合作典范的欧洲一体化进程因英国退出欧盟而遭遇极大的挑战。另一方面，美国国内的贫富差距日益拉大并导致民众对精英体制的不信任，特朗普当选后推行的美国优先政策极大地冲击了大西洋合作模式和价值基础，对第二次世界大战以来所形成的多边秩序也造成了全面的颠覆和破坏；欧美之间在彼此诟病的同时又担忧和抵触中国的持续崛起，特朗普政府更是对中国与欧盟连续实施贸易战、科技遏制与政治攻击的打压目标相同，唯其力度及方式不同而已。

　　国际格局的转型同时也意味着欧盟在全球舞台上的战略自主受到大幅度限制。中美关系的全面竞争对欧盟而言则意味着更为艰难的选择，即安全保障受到影响或者经济利益遭受损失，而欧盟并不情愿做出选择。[1] 作为一个集群式的国际行为体，欧盟的优势在于维持和主导国家间的相互依赖关系，但却也不得不应对地缘政治的竞争，欧盟虽有意愿在促进国际合作中发挥积极作用，但也不得不在应对大国均衡的游戏中面临诸多挑战。更进一步而言，大国政治挑战了欧洲联盟的根本所在，暴露了其弱点。[2] 因此在日益激烈的大国竞争背景之下，欧盟面临着"选边站队"的巨大压力，一边是为欧洲众多国家提供长期安全保障支持的传统盟友美国，另一边则是为欧洲提供经济增长机遇和共同支持多边秩序与全球治理的合作伙伴中国。简言之，中美欧三边格局中既存在"西方的缺失"的安全焦虑，又面临着中美全面脱钩乃至发生冲突的风险，作为规范性力量的欧盟的安全焦虑更为突出，在中美之间开展等距离外交的政策显然不适用于欧盟及其成员国。目前来看，随着中国的实力和国际地位的日益上升，欧盟越来越强调从全球战略的高度理解和建设中欧关系，强调利用其他大国关系，尤其是美欧之间的协调来规制中国的"过激"行为。欧盟这一对华政策思路的转化后果是，欧盟将美

---

① 宋芳：《欧盟在中美之间的艰难选择——基于"蛋糕主义"视角的分析》，《国际展望》2021 年第 3 期。

② European Union Institute for Security Studies，*A strategy for EU foreign policy Report*，No. 7 2010，p. 25.

国和北约视为建立基于规则的全球秩序的核心伙伴，而不再高度重视同中国的战略伙伴关系，并降低了对华政策在其全球外交版图中的定位。

冷战结束奠定了国际格局转型的系统基础。"西方外交从东西方关系的框架中摆脱出来，力图转向组织以美欧起主导作用的全球外交方略，力图把全世界的焦点地区和问题都置于西方外交体系的关注范围之内。"① 进入 21 世纪以来，随着全球化进程持续深化，世界政治、经济、社会与文化等领域及其运作形态均发生了巨大变化。欧美国家在力图维持既有国际政治经济秩序的同时，却对全球问题和全球治理的制度创新与政策投入长期乏力，导致了全球范围内的治理失灵和治理赤字。以中国为代表的新兴经济力量保持了平稳快速的发展势头，国际影响力和话语权持续上升，对国际政治经济秩序的改革诉求也更具有冲击力和建设性。西方国家自二战结束以来长期主导国际体系的优势进一步衰退，其作为一个阵营的整体性和向心力也出现了显著的下滑。

国际格局转型过程中，欧盟因其战略立场和盟友伙伴的限定，在开展国际合作方面受到美国的多方面影响和限制。中美欧三边格局出现了中国力量显著上升、美欧力量相对下降、欧洲力量下降幅度超过美国的变化趋势，中国已经从欧美需要共同"确保稳定的国际角色"转变为正在"改变基于规则的国际秩序"的新型挑战性力量。中国与欧盟之间不存在根本利益冲突，合作远大于竞争，共识远大于分歧，具有广泛的合作基础和发展前景。在国际格局中处于优势主导地位的美国，对作为其盟友的欧盟之发展动向保持高度的警惕甚至戒备。美国高度关注中国影响力在亚洲的快速提升，与此同时，美国也对欧盟的一体化进程和欧盟在亚洲的战略需求与实力延伸抱以高度的战略警惕。综合来看，欧美对华政策上的共识在于"世界需要一个稳定的中国"并将之作为对华政策的底线。② 当欧美认为中国保持"稳定"的角色预期时，欧美之

---

① 陈乐民：《欧洲与中国》，生活·读书·新知三联书店 2012 年版，第 364 页。

② Werner Weidenfeld, "Asia's Rise Means We Must Re-think EU-US Relations, with Commontary by Marcin Zaborowski", *Europe's World*, Spring, 2007.

间的合作意愿也会相对持平甚至下降，而当欧美对中国的角色认知出现显著变化时，欧美合作意愿也将快速提升。欧美伙伴关系受制于美国如何在全球范围内界定其竞争对手的制约，欧盟虽保有美国的盟友和伙伴的角色身份，但其作为美国全球战略的工具性和不平等性日渐凸显。欧美之间在国际格局转型过程中的差距不是缩小，而是被无可挽回地拉大了。出于对欧美关系"仍旧是维护西方价值与利益最佳机遇"的政治判断，[①] 欧盟外交与安全政策高级代表博雷利于 2020 年 6 月建议启动跨大西洋涉华对话并得到美国的积极回应，由此形成了在涉华问题上进行双边协调的基础。此后，双方于 2020 年 10 月共同讨论了跨大西洋伙伴关系中的系列问题，尤其对中国崛起的话题给予重点讨论。在延续此前美欧双方涉华对话共识的基础上，美国国务卿布林肯（Antony Blinken）与博雷利于 2021 年 3 月 24 日举行会谈并发表联合声明，强调美国与欧盟均认识到与中国的关系是一种涉及多方面内涵的复合体，包括合作、竞争和"系统性对手"等；美欧双方在推动大西洋合作关系恢复与强化的过程中，也一致将应对中国崛起、调整中美欧三边格局列为重要的战略议程；美欧双方决定继续在对话框架下举行高级官员和专家级会议，讨论包括经济问题在内的多领域议题，新一轮的欧美涉华对话机制得以正式重启。在新一轮跨大西洋合作进程中，欧盟积极主张重塑而不是修复跨大西洋关系，强调制定新的合作内容而不是延续之前的合作事项，欧盟显然正在避免盲从于美国。在科学技术和经贸投资等领域，欧盟不仅战略自主意识明显增强，同时还努力通过制定国际规则来提升话语权。欧盟的战略观念变化和自主意识提升，既是欧洲大国战略互动的合力体现，也对欧洲大国的战略自主产生了系统性、整合性、方向性的塑造与规范作用。

综上所述，从世界整体格局来看，中国、美国与欧盟构成了当今国际格局的三支主要力量，其中欧盟因力量发展的结构性失衡和欧美之间

---

① Hilde Vautmans, Nicolae Stefanuta, *A renewed EU-US relationship for a positive global change*, March 23, 2021, https://euobserver.com/stakeholders/151310.

的价值观趋同而处于三边关系中更加亲美的位置，中国与美国在国际格局理念和大国外交思维上具有典型性和代表性，因而也构成了当今世界最重要的双边关系。中国具有独特的政治意识形态和文化传统，政治战略自成体系，政治外交艺术娴熟。[①] 近年来，面对国际局势急剧变化，特别是面对外部的讹诈、遏制、封锁、极限施压，中国坚持国家利益为重、国内政治优先，保持战略定力，发扬斗争精神，展示出了不畏强权的坚定意志，在斗争中维护国家尊严和核心利益，牢牢掌握了中国发展和安全主动权。[②] 总之，21 世纪以来的国际格局成型过程中，中、美两国一直是具有显著自主能力和引领能力的大国，美国将国力持续上升的中国界定为强大的竞争对手，而欧盟则在日益凸显的中美竞争中面临如何应对新形势的巨大压力。正是在这一格局之下，欧盟对外决策也步入了多线并合的轨道，即欧盟不得不在适应国际格局变迁的战略主线上，同时满足维护欧美价值同盟、确保对华合作收益与提升自身战略自主能力的两个战略支线的需求。

第二节　美国霸权主义与对欧施压

在冷战时期，美国同苏联的关系是世界上最重要且辐射力最广的双边关系，美国同苏联的竞争决定了国际格局的基本走势。随着冷战结束和传统对手消失，美国由此成为世界唯一的超级大国。美国对手的消失并不直接导致美国霸权地位的再度攀升，相反，在诸多国家发展持续推进的同时，美国的霸权地位也呈现出不可避免的相对衰落趋势，迫使美国以更长久的战略考量、更雄厚的战略转型来强化其全球霸权布局。必须看到，在相当长的时间内，美国仍将是世界上最发达的经济富国、最

---

① 梁守德、洪银娴：《国际政治学理论》，北京大学出版社 2013 年版，第 118 页。

② 习近平：《高举中国特色社会主义伟大旗帜　为全面建设社会主义现代化国家而团结奋斗——在中国共产党第二十次全国代表大会上的报告》，人民出版社 2022 年版，第 4 页。

大的军事强国和最完整的政治大国，其综合国力仍居于世界首位，因而也将是国际政治格局中的头等重要角色。苏联解体之后，俄罗斯继承了苏联的政治遗产，美俄关系取代了美苏关系，但美俄关系的重要性已然急剧下降，不再是具有影响世界全局之能力的全世界最重要的双边关系。美国的霸权主义思维和政治传统仍在世界范围内以对抗、遏制、竞争的方式，防范并冲击着新崛起的国家，尤其是那些对美国实力逐渐靠近的国家。"对美国权力精英而言，持续时间最长、最重要的外交目标之一，是防止任何一个可能成为替代资本主义模式的良好范例的社会的崛起。"①

中国是世界上最大的发展中国家，也是最大的以社会主义为主体、实行"一国两制"的国家，由于具有独立、自成体系的世界价值观和对外战略，因而成为当今世界舞台上具有引领作用的政治大国。进入21世纪以来，中国经济发展保持稳定、长期、高速发展的良好势头，并稳步成长为世界第二大经济体。近年来随着中国战略自信的增强，融入国际体系和技术创新力度的提升，遭到了以美国为首要对手、以脱钩为极限形式的国际挑战。中美战略竞争已然成为当前主导国际格局的主要矛盾之一，欧盟的当前整体形势和未来发展态势同样不可避免地受到中美战略竞争的影响。

客观而言，中美关系之间的外交价值差异，是当前战后世界最重要的基本矛盾之一，即不同国家对于国家和国际权益的诉求差异而形成的矛盾。从国家角色来看，这一类型的矛盾体现为守成大国与崛起大国之间的竞争状态。从战略目标来看，这一矛盾则表现为是要维持和固化国际政治经济秩序，还是要创新和改革国际政治经济秩序的两类观念与行为的碰撞。自21世纪初以来，美国借助多次"反恐战争"所创造的政治机遇和经贸、技术竞争优势，在对华政策上持续提升对抗力度，中美之间逐渐呈现全方位、多领域的竞争关系，而"美国的空想战略家越

① ［美］威廉·布鲁姆：《民主：美国最致命的输出——美国外交政策及其他真相》，徐秀军、王利铭译，中国社会科学出版社2016年版，第5页。

来越把中国视为一种需要对抗和遏制的威胁"①。中美战略竞争在特朗普执政时期达到了冷战结束以来的顶峰，极度破坏了中美关系的整体建构和成果。拜登政治上台后，在若干局部领域调整了美国外交政策，但在对华政策上则有过之而无不及。中国国家发展和外交战略以权利为主题，赋予权利以全面的科学内涵。以权利为基点的外交战略观，是以人的全方位需求为出发点，要求国家之间的互动与合作既要服务于人的全面发展，又要发挥人的集体作用。中国推动的"人类命运共同体"观念，是顺应国际社会历史发展的必然途径，也是国际政治运行的内在要求。以人为本就是使国际政治顺应历史潮流，沿着和平、发展、合作、共赢的道路，树立全面、协调、可持续的发展观，处理好政治、经济、文化的关系，实现世界各国日益增多的共同利益和广大人民群众的根本利益，促进国家的繁荣和人类社会的全面发展。② 中国通过"一带一路"倡议与沿线国家的发展战略对接，寻求最大公约数，扩大利益汇合点，打造人类命运共同体，实现各国共同参与、共同建设、共同分享的新愿景。③ 在美国霸权主义的解读和渲染中，中国提出的"一带一路"倡议和"人类命运共同体"理念，被编造成了挑战基于规则的国际秩序的"威胁"。在美国看来，如果"一带一路"倡议这个庞大的——人类历史上规模最大的——基础设施计划成功地将三大洲的贸易和运输一体化，那么金融力量和全球领导地位将会像自然法则一样，越过一切困难，势不可当地花落北京。④ 因此，中国所开展的"一带一路"倡议和"人类命运共同体"理念被美国的霸权主义思维理解为对美国所依赖的国际秩序的颠覆性挑战。

欧洲同美国是世界上具有最多共同性的两个地区，无论从历史文

---

① ［美］傅立民：《有趣的时代：美国应如何处理中美关系》，王柏松、王在亮译，社会科学文献出版社 2018 年版，第 190 页。

② 梁守德、洪银娴：《国际政治学理论》，北京大学出版社 2013 年版，第 308—309 页。

③ 姜志达：《中美规范竞合与国际秩序演变》，世界知识出版社 2018 年版，第 135 页。

④ ［美］阿尔弗雷德·W. 麦考伊：《美国全球权力的兴衰》，金城出版社 2019 年版，序言部分。

化、社会制度还是价值等方面来衡量，欧美之间的共同性都显著高于世界其他地区。这种共同性既是欧美在国际舞台上开展合作的基础，也是美国推行霸权主义时最为得力、成本最低、效能最大的政策工具。在霸权主义思维的牵引下，美国拉动以欧洲国家为主的盟友和伙伴，对中国采取若干竞争政策形成对抗阵势。2020 年 5 月，《美国对华战略方针》（*United States Strategic Approach to the People's Republic of China*）进一步提出了将中国视为威胁和竞争性对手的判断，特别提到要发挥盟友和伙伴的作用，要让他们一道应对来自中国的威胁。该报告同时也指出，欧盟于 2019 年 3 月发布的《欧盟—中国：战略展望》（*EU-China：A Strategic Outlook*）是对中国采取的更加明确和有力的措施。[①] 2020 年，经由欧盟与美国的沟通，欧美双方重新启动了欧美涉华对话，在机制设计上突破了 2005 年第一轮涉华对话的单维结构，结合此后欧美双方的政治发展轨迹及国际环境变化，依托于欧美峰会、七国集团峰会、慕尼黑安全会议和北大西洋公约组织形成了多维式的大西洋沟通机制。一个以欧美涉华对话为核心，多种国际合作机制为外围的遏制中国战略网络正在逐步形成和强化。正如拜登政府于 2021 年 3 月颁布的《临时国家安全战略指南》宣称，"我们将重振和更新我们在世界各地的联盟和伙伴关系。几十年来，我们的盟友与我们站在一起，对抗共同的威胁和对手，并携手合作，促进我们的共同利益和价值观。他们是我们力量的巨大源泉，也是美国独特的优势，帮助承担起维护国家安全和人民繁荣的责任。我们的民主联盟使我们能够提出一个共同的阵线，产生一个统一的愿景，并汇集力量来促进高标准，建立有效的国际规则，迫使像中国这样的国家承担责任"。在欧洲看来，由中美主导的世界秩序之下，欧盟只能在中国与美国之间保持一个中立但绝非等距的地位；欧盟试图深化与中国经济合作的努力必然会引起欧美之间的紧张关系。[②] 忌惮于欧

---

① 孙恪勤、侯冠华：《德国对华政策中的美国因素》，《国际展望》2020 年第 5 期。

② Pepijn Bergsen，"The EU's Unsustainable China strategy"，*Chatham House Europe Programme Research Paper*，June 2021，p. 1.

美政治盟友关系和密切经济联系的欧盟，必然在制定其国际战略尤其是对华战略时，充分考虑甚至遵循美国的对华决策路线。显然，若要了解当前欧盟对外政策特别是对华政策的走势与意向，美国霸权主义是一个无法回避的结构性因素。

美国秉持的霸权主义外交理念对欧洲产生了长期遏制效应。在冷战时期，囿于共同面对苏联威胁的战略需要和对美国的防务依赖，欧共体各国虽积极倡导以联合求强大的发展理念，但整体上保持了对美国的战略追随。冷战结束后特别是进入 21 世纪以来，欧盟作为欧洲一体化的主导者，以更为积极的外交意识寻求战略自主。出于对维持全球绝对优势的战略考量，美国并不希望欧盟实现真正的战略自主和独立，而是力图通过多重制度设计，确保将欧盟作为其盟友和伙伴，避免欧盟因增强自主意识而削弱美国的主导优势。因此，处于新型竞争态势下的欧盟，因其战略自主诉求受到美国的压制，其最大的竞争者仍是美国，倚仗超级大国优势和霸权主义理念的美国，尽管以盟友和伙伴的角色定位来看待欧盟，但其"竞争的主动权至少在可以预见的未来不可能从美国转手给欧洲"。[1] 概要而言，霸权主义理念推动之下的美国对欧关系将主要服务于美国的全球竞争战略，具体来说就是，确保欧洲盟友不会让中国在关键技术方面取得优势，确保欧洲国家在印太地区的活动支持美国的战略目标，对抗中国在欧美之间寻求新的大国平衡关系的战略努力，防止俄罗斯与中国走得太近，由此最终服务于美国的全球主导优势。[2] 实际上，欧盟范围内普遍流行的观点也认为，在美国强势拉拢欧盟以应对中美竞争的情况下，欧盟试图在经济与安全领域保持中立的设想并不现实。[3] 因此，即使经历多重危机的冲击并力图寻求突破困境的欧盟，

---

① 陈乐民：《20 世纪的欧洲》，生活·读书·新知三联书店 2007 年版，第 38—39 页。

② Simón, L., Desmaele, L., Becker, J., "Europe as a Secondary Theater? Competition with China and the Future of America's European Strategy", *Strategic Studies Quarterly*, Vol. 15, No. 1, 2021, pp. 90 – 115.

③ Pepijn Bergsen, "The EU's Unsustainable China strategy", *Chatham House Europe Programme Research Paper*, June 2021, p. 22.

仍需在构思和推行其全球发展战略的过程中，将来自美国的政治影响视为仅次于甚至是等价于欧盟自身发展的关键要务。当然，美国对欧盟的影响不仅体现在源于霸权主义思维和西方价值观的政治约束，更在于其所主导的北约对欧盟的安全约束，这即是下一节要探讨的问题。

第三节　北约全球扩张与战略转型

北约是目前全球最强大、拥有大量核武器且仍不断扩张的军事联盟，也是美国自第二次世界大战以来借以拉拢盟友伙伴来推行全球战略的首要军事组织。北约与欧盟的联系始于美国与欧洲国家的安全防务合作，但随着国际形势的发展特别是美国的战略推动，北约对欧盟的影响已经超越了安全防务领域，形成了立足欧洲而辐射全球、保护欧盟又制约欧盟的多重复合机制。欧洲对于北约而言，既是安全生存空间，更是战略拓展空间，而欧盟则是北约巩固其欧洲安全版图的合作伙伴。截至2020 年 3 月，北大西洋公约组织有 30 个成员国，其中除美国、加拿大、土耳其外，其他成员国均为欧洲国家。英国、德国、法国等欧洲大国均为北约的主要成员国。

第二次世界大战后，美国为了遏制苏联，维护其在欧洲的主导地位，联合西欧一些国家于 1949 年 4 月 4 日正式成立了北大西洋公约组织。北约拥有大量核武器和常规部队，是西方的重要军事力量。这是第二次世界大战后资本主义阵营在军事上实现战略同盟的标志，是美国"马歇尔计划"在军事领域的延伸和发展，使美国得以控制欧洲盟友的防务体系，也是美国作为世界唯一超级大国而居于世界霸主地位的工具和标志。20 世纪 90 年代，随着华沙条约组织的解体和冷战的结束，北约迅速调整战略，以"全方位应对危机战略"取代"前沿防御战略"，通过持续东扩和推行"和平伙伴关系计划"等多种形式，竭力向中东欧和原苏联地区拓展影响力，在欧洲安全议程中发挥着与冷战期间类似

的作用。北约在全球范围内特别是欧洲空间的战略扩张，是其对国际环境变化认知的直接反应。实际上，第二次世界大战后推动北约成立的意识形态与地缘政治竞争环境，已然被日益多元化的全球安全格局取代，以生物技术和数字技术为代表的科学技术进步的持续演化、以国际组织为代表的非国家行为体的大量出现与消亡，使得当前国际竞争中地缘政治优先性和塑造国际联盟的多元因素，均已经超越了北约的传统安全范畴。冷战格局的解体导致了北约的传统战略对手消失。20世纪90年代，北约继承了欧洲既有的安全成果，推动欧安会建构欧洲安全秩序，确立了以对话与合作为主导的安全建构方向。北约在1991年11月的罗马峰会上提出"战略新概念"，更明确提出将合作、对话、集体防务、危机管理、预防冲突等作为维护欧洲和平、确保北约安全的政策基础。北约在1995年9月推出的《东扩计划研究报告》中提出建构欧洲安全秩序的新思路，即通过扩大其联盟体系，将除俄罗斯以外的原苏联和东欧国家纳入其中，加以北约的政治与安全规则约束，突出北约在欧洲安全秩序建构中的主导作用。北约战略转型与东扩对冷战结束以后欧洲安全秩序的建构产生了重大影响，这不仅直接涉及欧洲安全的走向，而且影响到了整个大西洋区域。

一方面出于对自身战略能力优势的自信，另一方面也出于对未来国际安全挑战的遏制与预防，北约开始持续推行全球范围内的战略扩张，这也是21世纪以来世界格局中最为显著的特征，主要表现为如下几个方面。第一，推动行动空间与行动能力扩张。随着苏联解体和华约消失，作为确保西方集体安全和对苏战略优势的北大西洋公约组织，持续扩张成员国数量和组织规模。美国前国防部部长威廉·佩里（William James Perry）认为，冷战后"北约成员国面临的头等威胁不再是对它们集体领土可能的侵犯，而是对于它们集体利益的威胁，这些利益涉及的范围有时超出了北约的边界"。[1] 基于这样的战略认知，北约自2014年

---

① Ashton B. Carterand and William J. Perry, *Preventive Defens: A New Security Strategy for A-merica*, The Brookings Institution Perss, 1999, p. 56.

以来经东向扩张，触及俄罗斯地缘政治及安全的警戒范围，更在 2019 年成功吸纳马其顿为成员国，进一步改变了同俄罗斯之间的力量平衡格局，将俄罗斯的影响局限在塞尔维亚和波黑塞族共和国。同时，北约在拉丁美洲也发展了新的合作伙伴，2018 年 5 月哥伦比亚正式成为北约在拉美地区的首个全球合作伙伴国。北约在全球范围内大力发展合作伙伴国、对话国以及联系国，变相地建立了一种体制相对宽松但幅员遍布世界的特殊类型准联盟体系，北约的战略扩张全球化已经初现端倪。与扩张行动空间同步进行的是北约行动能力的提升。在兵力部署层面，针对俄罗斯在乌克兰和叙利亚的干预政策，北约采取强硬的集体防务和遏制等对抗行为，不仅派遣新部队进入巴尔干地区和波兰，还增加了欧洲区域的航空警卫巡防力量；在中东地区部署了全天候导弹防御系统；在阿富汗、约旦、突尼斯等国增加了全球反恐力量；增加了在格鲁吉亚、乌克兰、黑海地区的防务部署；向伊拉克派遣新的部队。北约在全球范围内扩展行动空间的基础上，同时敦促所有成员增加军事防务领域的投资。[①] 在机制能力层面，北约对指挥体系进行了现代化改革，开设两个新的司令指挥部；将快速反应部队的规模扩大至三倍；创建了"矛尖部队"，通过了应对混合战争与网络安全的新战略。自 2014 年威尔士峰会上为应对乌克兰危机推出"战备行动计划"以来，北约不断加强在其东部防线的军事部署，并强化快速反应能力。在 2018 年的布鲁塞尔峰会上，北约提出简称为"4 个 30"的战备计划，即在 30 天之内将 30 个机械化营、30 支空军中队和 30 艘海军舰艇部署到位并做好战斗准备。正如在 2018 年北约布鲁塞尔峰会声明中所指出的："北约应坚持推进联盟的现代化进程，为应对当前挑战，北约应采取步骤以确保能够以必需的速度做出回应。"[②]

第二，成员国责任分担压力持续增强。冷战结束后，美国作为唯一

① Sarah MacIntosh CMG, "*NATO at 70: New Perspectives on Shared Security?*", Chatham House, https://www.chathamhouse.org/event/nato-70-new-perspectives-shared-security.

② Brussels Declaration on Transatlantic Security and Solidarity, July 11, 2018, https://www.nato.int/cps/en/natohq/official_texts_156620.htm?mode=pressrelease.

的超级大国，除了强化对欧洲盟国的控制之外，还欲以北约为依托重新塑造欧洲，建立单极化的国际秩序。① 进入 21 世纪以来，借助反恐战争的推动力，北约在全球范围内的行动力度增加，美国对维持北约的存在和运转所承担的责任愈加沉重。自 2007 年开始，美国正式提出要求其他成员国家承担更多的责任。2011 年，时任国防部部长的罗伯特·盖茨在布鲁塞尔演说中警告那些"享受北约成员国待遇……但不想承担风险和成本"的国家，批评一些国家"愿意并渴望由美国纳税人承担欧洲国防预算削减所带来的日益增长的安全责任"。在民粹主义的推动下，特朗普于 2016 年美国大选期间提出"北约过时"论，要求盟友"全额报销"美驻军费用，将盟友分担责任情况与美国履行北约承诺挂钩，不断在防务责任分担问题上施压。事实上，由于美国持续施压和 2014 年俄罗斯吞并克里米亚的冲击，多个欧洲国家已经在逐步增加军费开支，但由于欧洲经济疲软且各国安全立场不尽相同，欧洲国家的军费增幅难以满足美国的要求。特朗普在 2018 年北约布鲁塞尔峰会上激烈抨击欧洲盟友"不作为"，美欧之间防务责任分担的分歧既带有明显的特朗普执政色彩，更有源于北大西洋关系裂痕的深层次原因。与特朗普政府宣称退出北约、拒绝承认保卫盟友义务的胁迫式外交形成鲜明对比，拜登政府承诺将坚持履行《北大西洋公约》第五条义务，重申"对其中一个国家的攻击就是对所有国家的攻击"。2021 年慕尼黑安全会议期间，拜登宣称，特朗普时代奉行的"美国优先"政策分裂了盟友，伤害了美国的实力和影响力；而当下美国与欧盟的重新接触，可以"赢回我们可信任的领导地位"。美国试图巩固其主导的欧美同盟关系。在拜登筹备竞选美国总统期间，就对特朗普卸任后的美国外交做出了相应的调整，即"拜登外交政策将推动美国回到谈判桌的首位，牵头带动盟友和伙伴，以共同行动对抗全球挑战"②。因而拜登在执政后即以

① 曾晨宇、许海云：《冷战结束后欧洲安全秩序建构中的北约角色》，《国际展望》2018年第 3 期。
② Joseph R. Biden, "Why America Must Lead Again: Rescuing U. S. Foreign Policy After Trump", *Foreign Affairs*, March/April 2020, pp. 64 – 76.

此为战略观念基础，积极向欧洲国家传递大国竞争思维，敦促欧洲以一种"不使东西方陷入对抗或回到冷战"的新方式，配合美国应对来自中俄的挑战。美国将欧盟视为全球棋局中的外交资产，而欧盟则成为辅助性的战略盟友，北约成了美国调动和管理其外交资产的战略性工具。

第三，树立并强化战略对手的认知。北约并未因冷战的结束而放弃寻找对手的生存战略，而是依然在新的时代环境中通过战略再造而树立新的战略对手。进入 21 世纪以来，北约将恐怖主义和网络攻击并列为重大安全问题，但在战略实践中仍将俄罗斯确立为主要对手，并经乌克兰危机的激化而持续增强对俄罗斯的压力。2018 年北约布鲁塞尔峰会的联合声明指出："俄罗斯非法吞并克里米亚对基于规则的国际秩序形成严峻挑战；俄罗斯违反了国际法，采取了挑衅性的军事活动，且试图摧毁我们的机制并催生裂痕。"① 2019 年 4 月，北约欧盟最高司令柯蒂斯·斯卡帕罗蒂（Curtis Scaparrotti）公开坦言北约与俄罗斯彼此之间缺乏对对方信号的理解是导致对话进程破裂的根本原因。北约内部对俄罗斯之挑战及共同应对的认知并不一致，这意味着北约成员国在若干问题方面存在观点分歧，其中包括俄罗斯在欧洲安全秩序中的位置、如何处理同俄罗斯的接触政策等。北约对俄罗斯的定位长期保持强硬的对抗态势，势必使欧盟的安全战略和对俄政策处于困境。一方面，北约不会在短期内改变对俄罗斯的强硬政策，欧洲安全秩序将会长期受到北约与俄罗斯对峙、美国与俄罗斯对抗的不利影响。② 而由于北约内部难以达成一致会强化俄罗斯对北约的试探意图，欧洲国家将直面由此带来的风险。值得注意的是，近年来北约随着中国国家力量的增强而将中国界定为重要的安全治理客体，也即北约在若干报告中所指向的"竞争对手"或"系统性挑战"。北约秘书长斯托尔滕贝格（Jens Stoltenberg）曾在2019 年 2 月发言认为，由于中国在军事和网络活动上的支出，以及在

① "Brussels Declaration on Transatlantic Security and Solidarity", July 11, 2018, https://www. nato. int/cps/en/natohq/official_ texts_ 156620. htm? mode = pressrelease.

② 曾晨宇、许海云：《冷战结束后欧洲安全秩序建构中的北约角色》，《国际展望》2018 年第 3 期。

北极和非洲等地区的参与，中国正成为一个更重要的安全问题。在北约
看来，中国的国防预算排名世界第二，加之中国拥有了全新的现代化军
事能力，包括能射程覆盖整个欧洲和美国的导弹，由于担忧中国崛起正
在改变全球力量平衡，斯托尔滕贝格坦言"中国的崛起对所有北约盟
国都有安全影响"①。

　　第四，拓展新的防务功能领域。冷战结束以来的北约不断扩展其安
全空间并在此基础上拓展同盟友与伙伴的合作领域。随着网络应用的日
益广泛，民用基础设施和军用武器装备都更加依赖网络控制，网络安全
已成为一个牵一发而动全身的全局性问题，加之北约认为俄罗斯近来频
频利用网络对北约成员国发动非对称攻击，2016 年北约华沙峰会因此
把网络防御提升到一个更加重要的位置，将网络空间确立为与海、陆、
空并列的第四大防御空间。在战略指导方面，北约一直致力于建立一个
为所有成员国所接受并且能够统一指导各成员国网络安全行动的政策。
实际上，北约将防务功能拓展至网络的起始时间远早于 2016 年华沙峰
会。继 2008 年 1 月出台首部《网络防御政策》之后，北约就于 2014 年
将网络安全列为集体防御的核心部分，宣布网络攻击可能引发北约使用
《北大西洋公约》集体防御第五条。而根据这一规定，任何一个成员国
遭到的外部攻击都将被视为对整个联盟的攻击，北约全体成员国将对其
发起反击并进行报复。北约持续加强对网络安全领域的功能扩张，于
2016 年 7 月提出"网络防御承诺"，北约各成员国国防部部长于 2017
年 2 月一致通过《网络防御行动计划》以及将"网络空间纳入作战领
域"的行动路线图。随着社会与技术的高度发展，北约更紧迫地意识
到了早期预警、通信和导航等领域面临的新挑战。北约也更加重视同盟
友在除网络安全之外的其他领域的合作，并在 2019 年伦敦峰会上正式
批准把太空纳入北约防务领域，与陆、海、空和网络并列为五大战场。

　　① Questions and answers by NATO Secretary General Jens Stoltenberg at the NATO Engages: Innovating the Alliance conference, Dec 03 2019. https://www.nato.int/cps/en/natohq/opinions_171550.htm? selectedLocale = en.

北约自称是维护成员安全的防御性军事组织，但事实上却多次违反国际法和国际关系基本准则，频繁挑起地区矛盾、争端与冲突，肆意对主权国家发动战争，严重破坏了世界与地区和平稳定，导致相关国家长期分裂和政局动荡，大量无辜平民丧生或流离失所。瑞典和平与未来研究跨国基金会主任创始人简·奥伯格（Jan Oberg）曾于 2022 年 6 月北约峰会后指出，欧洲和整个世界现在正处于比以往任何时候都更危险的境地，北约应为其无限扩张导致的潜在冲突负责。① 作为冷战的产物，北约一直充当美国维护自身霸权的军事工具。美国通过北约在世界各地制造安全威胁，甚至不惜挑起冲突和发动战争，目的就在于展示其所谓的强大霸权实力，在遏制对手的同时也加紧对盟友的控制，在后冷战时代对冷战思维抱残守缺。北约是美国实现其全球霸权版图的战略工具，自冷战结束以来，美国更加倚重北约来巩固和拓展战略空间，通过北约的安全界定而实现自身的全球势力。相比于北约对美国全球霸权的维护功能，对于欧盟以及欧洲大国特别是英、法、德三国来说，北约在国际安全及外交战略方面的限制作用是一种客观存在，既表现为对过去及当前的安全支持，更表现为对未来外交自主性的限制。近年来，北约对中国的战略定位日益强硬，北约协同美国和中国展开战略竞争的态势已经成为定局。因此，在若干影响欧盟与英、法、德三个欧洲大国的对华决策意向的因素中，北约对在有关中国问题上的"安全化"操作也成为不可忽视的重要一环。

新冠疫情在全球范围内的普遍暴发与持续蔓延，对国际社会形成了从健康到经济、从政治到军事的全面冲击。作为世界最大的政治军事组织和跨大西洋联盟的核心机构，北约也受到了新冠疫情广泛而深刻的影响。不过，北约也采取多种方式对新冠疫情做出了反应及防控，在将疫情视为复合型威胁的同时，借助与疫情同期的国际政治局势而持续推动战略扩张与能力升级。北约的疫情防控政策既有对遏制公共卫生危机的

---

① 《新战略文件暴露北约好战本性》，新华网（http：//www. news. cn/2022 - 06/30/c_1128793579. htm）。

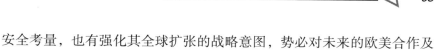

安全考量，也有强化其全球扩张的战略意图，势必对未来的欧美合作及国际形势产生不可忽视的影响。

　　新冠疫情的全球蔓延对北约战略扩张造成了一定的阻碍，但北约也将其作为重构和升级其扩张战略的一次机遇。北约在疫情期间维持战略扩张的动力主要来自三个方面，第一动力是维持北约的根本目标与核心要务，即《北大西洋公约》规定的缔约国须实行"集体自卫"，"保持并加强单独及集体抵抗武装攻击的能力"。2010 年 11 月，北约发布了战略概念文件《积极接触、现代防务》，将合作性安全、集体防御、危机管理列为北约三大核心任务。而在新冠疫情传播形成典型的综合性危机挑战时，北约将执行"危机管理"等核心任务视为维持北约根本立场和拓展新的行动能力，尤其是应对突发性危机之行动能力的根本前提。北约在疫情期间维持战略扩张的第二动力是维持欧美国家对俄罗斯的长期对抗态势。尽管俄罗斯在疫情初期提出暂停军事演习的倡议并向意大利等国提供了抗疫援助，但北约仍保持对俄罗斯的战略警惕和高压。北约秘书长斯托尔滕贝格于 2020 年 4 月明确宣布北约部队将保持战备状态，确保在联盟东部地区部署多国作战部队、进行空中侦察和海军巡逻等多项核心任务持续平稳运行。欧盟委员会也以同俄罗斯的战略抗衡为前提在 2020 年 5 月提出预案，要求 2021 年列编 80 亿欧元的"欧盟防务基金"，用以提升欧盟国家军事实力，促进武器装备研发、兵力联合部署和军事系统整合。2020 年 6 月，北约启动了原定于 3—5 月举行的"欧洲捍卫者—2020"军事演习，尽管规模有所缩小，但其针对俄罗斯的演习目的仍十分突出，即通过向欧洲迅速部署美国部队，加强战略战备与协作，并由此检验东道国对盟军支持的接收能力。此外，北约也基于疫情期间网络安全的战略考虑而加速完成了通信与信息培训机构的迁址和改造，于 2021 年 5 月在葡萄牙建立了北约通信与信息学院（NATO Communications and Information Academy），其信息化教育、训练和数字化转型能力得到显著提升。北约持续其扩张战略的第三动力来自以摩尔多瓦为代表的中间地带国家的政策摇摆。自 2020 年 12

月桑杜执政后，摩尔多瓦外交政策由亲俄急剧转向亲西方，在要求俄罗斯军队撤出的同时邀请北约部队进驻摩尔多瓦。北约成员国在支援摩尔多瓦的议题上迅速达成一致意见，由欧洲—大西洋灾难应对协调中心负责对接服务工作，通过卢森堡和挪威提供资金支持，大流行病应对信托基金在北约保障与采购局的协助之下向摩尔多瓦捐赠了 25000 套一次性防护设备。摩尔多瓦外交政策的急剧摇摆为北约提供了新的战略扩张机遇，而疫情防控的安全考量则已经成为其附属品。

北约对于欧洲及欧盟而言具有多重属性，它既是安全保障，也是战略依托，更是能力限制。更进一步而言，北约是通过欧美合作而实现欧洲和平的防务机制，但由于美国的霸权主义特别是美国对欧洲的绝对优势，北约实际上也大幅限制着欧盟的战略自主能力。北约前秘书长索拉纳就认为，北约扩张并在亚洲加强存在将使北约成员国与其他国家的关系更加艰难，这些国家不认为中国与俄罗斯是敌人或对手，不想在中俄与西方国家之间站队，而"北约将触角伸向全球将制造一个分裂的世界"。[①] 实际上，近年来围绕中国崛起和中美战略竞争的话题，北约场合中也出现了多次关于中国角色定位、欧美对华政策的争论。2021 年北约峰会期间，默克尔和马克龙都认为西方国家不应过分解读"中国威胁"，而应在全球性问题上与中国合作。德、法两国对华合作的主张虽然客观存在，但也无法摆脱美国霸权在北约内部的结构性控制。自 2022 年以来，美国一直在游说北约盟国对中国采取更严厉的措施，并积极筹划共同行动以遏制中国在印太地区和全球其他地区的存在。尤其在俄乌冲突的冲击下，北约加大了对欧洲安全的干预力度，而欧盟在降低建设自主防务力度的同时也更加依赖北约。2022 年 6 月的马德里峰会上，北约推出了新版的战略概念文件并将中国界定为对北约盟国的"安全、利益和价值观的挑战"。2023 年 1 月，北约与欧盟签署了第三份《北约欧盟合作联合宣言》，更加突出强调北约和欧盟之间在防务

---

① 《新战略文件暴露北约好战本性》，2022 年 6 月 30 日，新华网（http：//www. xinhua-net. com/2022 - 06/30/c_ 1128793579. htm）。

和安全方面加强合作的"重要意义",强调北约是"盟国集体防御和安全的基础",而加强欧洲防务在"补充北约所有成员国共同安全"方面具有重要的作用。这就从定位上把北约和欧盟更加紧密地捆绑在一起,满足了美国多年来胁迫北约的欧洲成员国增加军费,为"集体防务"分担费用的要求。以俄乌冲突为契机,美国通过北约再次限制了欧盟的战略自主意愿和能力。与此同时,北约的战略定位与中国致力于"世界和平的建设者、全球发展的贡献者、国际秩序的维护者"的外交定位形成了显著反差,同时也罔顾中国推动构建人类命运共同体、推进高质量共建"一带一路"、提出并践行全球发展倡议和全球安全倡议的国际贡献。北约在推动新冷战形成、强化美国控制欧洲盟友以对抗中国的道路上迈出了更大的步伐,在今后很长的时间内,都将是欧盟及其成员国特别是法、德等国外交决策和战略形成的重要变量。

如前所述,尽管英国已经于2020年退出了欧盟,英国与法国、德国等作为欧洲大国,其共同身份仍具有显著的重叠性,其中包含北约成员国的政治身份,英、法、德等欧洲大国在北约—欧盟—欧洲—欧美多重格局中仍存在着高度复杂交织的利益交互关系。在北约不断寻求新的对手和战略目标、全球空间扩张和功能扩张的战略发展趋势日趋高涨的格局之下,欧洲联盟与欧洲大国的战略自主空间势必受到北约的挤压和塑造。当前,受到俄乌冲突的影响,瑞典和芬兰申请加入北约,而这一北约扩员计划如得以完成,意味着将有更多的欧盟国家以北约成员国的身份被绑上美国"战车",美国霸权主义及全球战略将对欧盟产生更大的限制作用。此外,如果瑞典和芬兰加入北约,北约将在陆地和海面对俄罗斯形成新的战略钳制,从欧洲东部、东北、东南三个方向对其形成军事安全压力,俄罗斯与北约的对抗将更为激烈,波罗的海乃至整个欧洲的安全形势将趋于恶化,而北约作为欧洲防务与安全主要支撑的地位也将必然得到进一步的强化,欧洲战略的自主前景更加渺茫。从理论上来说,欧盟只有在防务行动、防务政治和军事工业三个维度上同时实现自主，才谈得上真正的欧盟"战略自主"。① 而在目前来看，这三大维度的战略自主仍是欧盟"可望而不可即"的目标。在绝大多数成员国都加入北约的情况下，北约进一步掌握欧洲安全主导权，将从外部对欧洲自主安全架构的建设形成掣肘，欧盟在自主安全架构建设上将面临与北约之间的关系定位、职能协调等更多障碍。相应地，欧洲大国的战略自主诉求也将长期受限于美国对华竞争态势的总体格局。正如欧盟委员会主席冯德莱恩在 2021 年 9 月的盟情咨文中所强调的那样，欧盟并不缺乏实现战略自主的能力，而是缺乏实现战略自主的政治意愿。② 近年来，处于艰难困境中的欧洲正通过结构性改革而重建全球竞争力，今天的欧盟依然是全球三大经济体之一，也是全球最具创新能力的地区之一。未来欧盟的全球角色和能力建设成效如何，需从北约对欧盟的多方面影响等角度进行深度观察。

第四节　数字技术与数字经济竞争

进入 21 世纪以来，围绕高科技而进行的国际竞争方兴未艾，数字技术则成为大国竞争的核心主题。随着数字技术的发展及第四次工业革命的到来，人类社会正在进入数字社会及智能社会时代，国际社会发展与演化表现出了新的特征，世界各国共同面临着数据与数字技术发展带来的新问题和新挑战。③ 数字经济是现代化经济体系建设的重要支撑，是培育高质量发展新动能、提升国家综合实力的关键组成要素。当前，数字经济发展速度之快、辐射范围之广、影响程度之深前所未有，已成为重组全球政治格局、重塑全球经济结构的关键推动力量。世界主要大国都在利用自己的实力和优势组建数字经济联盟，由此所产生的"分

---

① 田德文：《解析欧盟"战略自主"困局》，《欧洲研究》2021 年第 5 期。
② 《冯德莱恩发表年度"盟情咨文"促欧盟加强军力》，新华网（http://www.news.cn/world/2021-09/17/c_ 1211373393. htm）。
③ 保健云：《世界各国面临数据与数字技术发展的新挑战》，《人民论坛》2018 年第 4 期。

割化"和"联盟化"并存的趋势更加明显。① 为抢占新一轮科技革命和产业革命潮头,大国竞争的焦点越来越集中于数字产业领域,争夺数字产业的科技主导权并实施技术保护成为大国科技竞争的基本手段。

美国是全球最早布局数字化转型战略的国家。美国商务部早在1998年就发布了数字经济的专题报告,指出信息技术、互联网和电子商务的发展会产生新的数字经济形态。进入21世纪以来,美国数字经济蓬勃发展,年均增速达到6%以上,是整体经济增速的3倍。由技术创新驱动的美国数字经济具有领先世界的核心竞争力,从基础技术到前沿应用都具有大幅超前的优势。在计算机、人工智能等芯片市场以及手机、计算机操作系统等领域,美国仍处于垄断地位,英特尔、微软、苹果等数字科技巨头占据着全球市场的主导份额。近年来,中国大力推进数字经济的战略决策,使数字技术和数字产业获得了长足的发展。中国的数字经济规模连续多年位居世界第二位,但在多个关键指标上与最高水平相比仍存在较大差距,存在有待补齐的短板。

为确保美国继续保持在信息技术领域的全球领导者地位,美国政府制定以"数字现实政治"为基础的大战略,力图通过传播美国数字创新政策体系,与盟国合作甚至在必要时施加压力,用以约束以中国为代表的数字经济领域的竞争对手,全面保障美国利益。当然,囿于当前世界范围内数字技术高速发展、各国参与数字竞争意图积极的事实,美国试图长期维护数字领域霸权的战略正在受到挑战。美国希望通过拉拢盟友集体与中国脱钩的方式来遏制中国的高技术发展,但也不得不接受中国在高技术国际合作领域参与度和领导力日渐提升的客观事实。数字科技与数字经济的重要性日益凸显,并成为中美战略竞争的重要组成部分。

中、美、欧构成了全球数字经济发展的三极格局。2021年美国数字经济整体规模居世界第一,数字经济总量达15.3万亿美元,中国以7.1万亿美元的规模居于世界第二位。中、美两国在数字科技领域的领

---

① 吴泽林、王健:《美欧全球基础设施投资计划及其对中国的影响》,《现代国际关系》2022年第3期。

先地位和竞争关系让欧洲国家处于较为尴尬的境地：欧洲的数字技术水平和应用相对落后，正在失去技术优势地位；欧洲拥有大量的宝贵数据，但是这些数据依赖于美国的数据存储且主要被美国大公司利用；欧盟具备良好的数字经济发展潜力，但其内部数字经济发展水平并不平衡协调。更为关键的是，欧盟对美国的数字依赖现象十分严重。德国软件公司 SAP 的专家发表的报告指出，大多数欧洲数据存储在欧洲之外，即使存储在欧洲，也在非欧洲企业的服务器上。这些情况对欧洲创新和增长不利，对欧洲数字产业形成挑战。[1]

数字技术的发展带动了大国博弈的政治意图，而大国博弈则进一步加剧了数字技术竞争的广度、烈度和深度。当前，世界经济已然进入了新一轮的科技革命和创新阶段，各个国家都高度重视技术的发展和竞争功能，全球范围内贸易保护主义显著回潮，技术民族主义也大有再度兴起之势。而即便从技术民族主义视角出发，不同国家技术民族主义的诉求也各不相同。以欧盟为例，目前其数字科技领域相对落后，因而在中美博弈中采取平衡策略，虽然短期内有追随美国限制高技术公司的行动倾向，但长期而言还是更强调其自身的"技术主权"。[2] 欧盟为应对世界范围内的数字竞争而推行以数字主权建设为核心的数字转型战略。本书将在第五章专题分析欧盟实施数字转型的战略选择和政策布局，故本节仅以芯片为例，对欧盟适应数字竞争和发展数字主权的战略涉及做出扼要介绍。

数字竞争是中美当前最为显著的高技术领域竞争话题，更是欧盟短期内难以胜任却又无法回避的关键挑战。欧盟数字经济发展在一定程度上落后于中、美两国，缺乏领先的科技企业，在数字经济国际竞争中处于劣势，特别是数字技术的普及率和应用度相较于中、美、韩等国而言存在显著差距。对欧盟而言，参与数字竞争是一个时间跨度大且胜任难

---

① 邱静：《中美数字科技博弈中的欧洲策略》，《现代国际关系》2020 年第 9 期。

② 林娴岚：《技术民族主义与美国对苏联、日本的高技术遏制》，《世界经济与政治》2021 年第 12 期。

度高的发展过程。即使欧盟领导人对数字技术发展早有战略觉醒，但欧盟发布的 2022 年"数字经济与社会指数"显示，欧盟已然在当前数字竞争中并不具有领先优势。尽管芬兰、丹麦、荷兰、瑞典等国的数字化水平在世界范围内名列前茅，但就欧盟整体而言，其全域范围内的数字技能、中小企业数字化转型乃至 5G 领域都仍处于落后地位。其中除爱沙尼亚和波兰之外，欧盟成员国仅有 56% 的 5G 频谱资源得到分配，导致 5G 商用潜能无法被充分释放。

中美芯片之争更是加剧了欧洲时不我待的危机感。在当前地缘政治关系紧张的背景下，欧盟积极寻求突破困境的方法，通过加强"数字主权"而促进自身创新，以减少对外国技术和公司，特别是对美国技术与公司的依赖。芯片被誉为数字产业的"石油"和现代制造业的"明珠"，半导体已成为大国争相发展的重点产业，保证其供应和产业链主导权受到主要经济体的普遍重视。作为全球第三大经济体的欧盟，同样将数字转型作为经济复苏和重构竞争力的重要抓手，亦提出了自主发展欧盟芯片的政策框架。全球数字经济的快速发展离不开数字技术的支持，半导体芯片是数字技术的核心，对于包括汽车、通信、数据处理、智能设备等在内的各行业都至关重要。欧盟近年来一直寻求"战略自主"，半导体芯片作为数字技术的核心，对于欧盟工业和社会发展至关重要，对于推动欧盟绿色和数字化转型不可或缺。但是就欧盟的芯片技术和产能优势来看，欧盟所产芯片占全球份额不到 10%，远低于其经济体量并且严重依赖于第三方供应商。新冠疫情进一步暴露了欧洲半导体芯片供应链的脆弱性，芯片供应短缺威胁到一些重要部门，并且在短期内难以得到改善。2022 年 2 月欧盟委员会通过《欧洲芯片法案》，旨在加强欧盟半导体的产业生态系统建设，确保芯片供应链弹性和减少国际依赖。《欧洲芯片法案》的出台亦是欧盟寻求技术"战略自主"政策的一部分，有助于提升欧盟数字技术和数字经济竞争力，在中美之间维持一定的"战略自主"，在全球数字经济格局中发挥更大作用。欧盟在数字主权的战略推动之下采取在中美之间相对独立的立场，其本质成因是中、美、欧三方之间围绕科技竞争而形成的数字权力博弈格局。政治格局、经济利益和技术竞争等若干因素相叠加所形成的复杂环境，是欧盟在推行技术竞争过程中所必须适应的外在条件。《欧洲芯片法案》推动半导体芯片业发展是数字经济全球化大背景下的顺势之举和战略抓手，对于推动欧盟数字化转型极为关键。

《欧洲芯片法案》聚焦三大重点内容：第一，提出"欧洲芯片倡议"，支持大规模的技术能力建设和尖端芯片创新。第二，设立一个新框架吸引大规模投资，提高芯片生产能力，确保供应安全。第三，建立一个成员国和欧委会之间的协调机制以监测市场发展和预测危机。除上述内容外，法案提出通过此前开展的"数字欧洲计划"和"地平线欧洲计划"，资助"欧洲芯片倡议"的实施。"数字欧洲计划"为数字化转型提供支持，确保民众和企业尤其是中小型企业获得高质量的公共服务；"地平线欧洲计划"重点投资于半导体材料和竞争前期的产学研合作，为一些高风险初创型企业提供担保资金和初创支持。

在数字技术激烈竞争的浪潮下，欧盟实现数字技术与产业战略自主的必要性更加突出，但《欧洲芯片法案》的出台和实施也有赖于欧盟内部的战略诉求和美欧之间的合作意愿。欧盟近年来逐渐从强调"规范"向更注重"实力"转变，技术上的"战略自主"有利于提升其在地缘政治上的自主性。欧洲社会对芯片法案持积极态度，各国民众普遍认为欧盟在地缘政治冲突时期采取减少对外工业和技术依赖的战略是合理的选择。当然，欧盟在强调芯片领域的战略自主之外，也通过加强欧美之间的政策协调来强化芯片"战略自主"的成效。美国与欧盟在 2021 年 9 月举行贸易和技术委员会（TTC）的首次会晤时提出要加强半导体供应链的跨大西洋合作，从侧重缓解短期供应瓶颈到检视中长期脆弱环节，从研究、设计到制造等各阶段，大力强化半导体的产业供应链以提高其韧性。值得一提的是，欧盟推出的《欧洲芯片法案》在一定程度上是对美国众议院于 2022 年 2 月通过的《美国芯片法案》的呼应，富含了欧美之间在芯片领域既竞争又合作的复杂认知。

《欧洲芯片法案》对欧洲对外战略的影响也是多方面的。纵向来看，法案在短期内有助于避免供应链中断，提高欧盟对未来危机的抵御能力，但法案对缓解当下欧洲各行业尤其是汽车行业芯片短缺的效果有限。因为欧盟当前汽车行业生产需要的主要是14—28纳米的芯片，但法案锚定的则是5纳米以下的尖端芯片，因此法案也难以在短期内缓解欧洲汽车行业的严峻需求。从资金层面看，欧盟能否切实投入所需资金存在不确定性。此外，欧盟各成员国从法案中获益的情况不同，拥有较多资源的德国、法国、意大利等欧盟大国预期将从中获益最大，这也将影响各成员国对落实法案的意愿。从企业层面看，欧盟仍然缺乏吸引关键芯片企业的能力。欧盟缺乏半导体领域的关键技术，需要吸引尖端企业入驻对其进行投资。但除了英特尔之外，其他企业如三星等对投资欧洲的兴趣寥寥。从全球竞争角度看，美欧之间在芯片领域的竞争难以回避。虽然美欧早在贸易和技术委员会首次会晤声明中就指出，将努力避免为吸引芯片投资而形成补贴竞赛，并寻求"正确的激励措施"，但双方在落实法案过程中都将出台补贴优惠以吸引相关企业和人才入驻，加之美欧于2022年2月相继推出相关的芯片法案，这在事实上已经形成了双边竞争的基本格局。当然，欧盟出台《欧洲芯片法案》，寻求科技领域的"战略自主"，对中国来说既有机遇也有挑战。一方面，欧盟寻求"战略自主"有助于保持欧盟对华政策的独立性，推动其真正独立自主发展对华关系与合作。另一方面，欧盟"战略自主"范围的扩大可能导致对华经济的依赖程度削弱和对华政策的"安全化"与保护主义倾向，进而对中欧合作构成一定挑战，中国对此也应做好充分准备。

小结与思考

在全球化的世界中，欧盟是一个典型的带有"中观"特质的行为体，或者说，欧盟所代表的欧洲一体化是地区一体化的典型范例，在世界和民族国家这两个层面之间构成了具有"中介"性质的联系纽带。观察和分析欧盟在当今世界所面临的挑战，实质上是从多个层面进行分析国际社会正在经历的变化以及这些变化在地区性多边组织和民族国家等层面所产生的影响。因此，欧盟所面临的挑战，即是从其内在的一体化过程和参与全球化进程中所表现出来的各种挑战，既有欧盟内生的欧洲地区联系机制的变化，更有外在的全球社会联系机制的变化。而相比于欧盟内生的欧洲地区联系机制变化，全球社会联系机制的变化则是一种根本性的驱动因素，也即欧洲所处的外部世界的挑战是唯一能使欧洲国家维持其合作机制的动力来源。相对于欧盟内部的障碍而言，明确来自外部环境的挑战是更具意义的话题。正如德国政治学家赫弗里德·明克勒（Herfried Münkler）认为，在一个专注于自身事务而未受到外界逼迫的欧洲，旧有分裂和对峙再度爆发的风险最大；外部挑战存在与否，是重新激活欧洲内部既有分裂线和对峙线的重要因素，"认为这一天生特征会随着时间推移而褪去的想法是错误的"。唯有外部威胁方可使得欧洲人放下对彼此的原有保留，迫使他们将精力集中于其共性。①故而，了解欧盟、正视其危机来源和发现其化解危机的首要步骤，则是明确并界定这些外在挑战的形态与作用机制，而这也是欧盟应对系列危机的战略性前提。如果从短期来看，欧盟所面临的系列危机主要源于21世纪以来20余年时间内，特别是欧债危机发生以来的国际秩序剧烈变革；而如果从长期来看，欧盟当前经历的系列危机，实则是全球化发展进程中的波动起伏在欧洲地区的具体表现。故此，欧盟解析其所面临危机的来源、形态和影响，实则是欧盟调整其适应全球变革之能力与机制的必要环节。正是在这个意义上，欧盟化解危机并推动发展的全过程，不仅仅是欧盟内部治理的过程，更是其与世界互动的过程。总之，在世界百年未有之大变局下，国际格局"东升西降"的态势明显，欧

① ［德］赫弗里德·明克勒：《执中之权：德国在欧洲的新使命》，李柯译，当代世界出版社2022年版，第18页。

美主导的国际制度体系、治理体系和价值体系遭遇困境，以中国为代表的非西方国家实力不断上升。在此背景下，处于历史十字路口的欧洲一体化建设所经历的"危机十年"也是其"失去的十年"。欧洲一体化的设计者让·莫内曾将欧洲一体化的动力归结为危机的推动，他认为外部危机的冲击将是推动欧洲向前发展的关键因素。换言之，欧洲将通过危机而得以建立和壮大，欧洲联合将是各种危机之解决方案的总和。如果欧洲内部存在的相关结构性矛盾无法得到妥善解决，加之法德轴心的作用被进一步弱化，那么欧洲一体化建设恐将在较长一段时期内减速慢行甚至出现逆向后退的风险。

第 四 章

欧盟安全的战略构建与实践

　　欧洲曾饱受两次世界大战的冲击，欧洲一体化即是欧洲各国为铭记历史教训、避免无序竞争，经由国家间联合而形成较大实力与安全保障的合作进程。这一合作进程在冷战期间得以发生并被逐步推进，冷战结束后则进入了快速发展阶段。欧洲及周边地区的安全局势是欧盟安全战略的基础。近年来的乌克兰危机突破红线演化为军事冲突，欧盟境内外连续不断的恐怖袭击、耗费大量政策与精力却依然严峻的难民危机，以及英国退欧、民粹主义上升等一系列事件，都令欧盟的不安全感剧增；此外，近年来国际形势中的竞争大于合作，众多新兴经济体的综合实力特别是安全防务力量获得显著提升，如上全球安全格局的结构性变化加剧了欧盟对自身国际地位的担忧。随着欧洲局势的变化，欧盟安全战略也在进行相应的调整，特别是在一体化危机发生以来，这一战略调整的幅度与方向，更具有深度的政治、军事等安全价值。

第一节　欧盟安全的战略构建

　　20 世纪 90 年代之后的欧洲一体化进入快速发展通道，单一市场、统一货币以及申根区等一系列一体化举措得以相对顺利地落实。但与此

同时，这也意味着持续扩大、不断深化的欧盟会成为重大威胁的目标甚
至是产生安全问题的基地。欧盟内部与外部的利益高度交织，而保持其
生存与发展的利益维护机制越来越复杂，欧盟的安全保障能力面临着空
前挑战。一方面，冷战后的欧洲安全格局发生剧变，以苏联和美国为首
的两极格局彻底崩溃，东西欧对峙结构瓦解；但同时欧洲出现多个双边
和多边安全机制，① 其安全环境更加复杂化和分散化，即使是来自最大
安全对手的俄罗斯的学界也认为，冷战后欧洲被分为了四个部分，即西
方的"稳定极地"——西欧与北欧地区，"俄罗斯＋"（"＋"指独联
体国家中的俄罗斯联邦周围地区），具有"西方倾向的"中欧和"中间
地带"的东欧，以及巴尔干和东南亚区域的"柔软的欧洲下腹部"。②
另一方面，欧盟与美国的安全依赖联系更加单向化。以美国为首的北约
构成了欧盟的最大安全保障。作为一个"全球角色"，欧盟所面临的安
全问题范畴远超过领土防御和政治军事安全，其安全威胁的来源范围也
不局限于周边地区，而是已经扩展到了全球。

　　冷战结束后，安全环境的实质性持续恶化是促使欧盟增强自身安全
能力建设的根本原因。1991 年 12 月 10 日通过的《欧洲联盟条约》（也
称《马斯特里赫特条约》）确定了欧盟的三大支柱：欧洲经济与货币联
盟、欧洲共同外交与安全政策和欧洲共同内政与司法政策。1997 年 6
月制定的《阿姆斯特丹条约》明确指出，欧盟共同外交和安全政策应
涵盖同联盟有关的所有问题，其中包括采取共同防务行动的共同防务政
策，由欧洲理事会制定的包括防务内容在内的共同外交和安全政策原则
及基本指导方针。③ 1998 年 12 月，英、法两国联合发表《圣马诺宣
言》，呼吁欧盟建立可靠的军事力量和自主行动能力以应对和处理国际

　　① 张东升、巩乐：《冷战后欧洲安全的新特征——安全治理》，《南开学报》2008 年
第 3 期。
　　② ［俄］B. M. 库拉金：《国际安全》，钮菊生、雷晓菊译，武汉大学出版社 2009 年版，
第 197 页。
　　③ 欧共体官方出版局编：《欧洲联盟条约》，苏明忠译，国际文化出版公司 1999 年版，
第 213—219 页。

危机，实现了欧盟共同防务政策的巨大突破。1999 年 6 月，欧盟首脑峰会通过发表《关于加强在安全与防务领域的共同欧洲政策的宣言》正式启动"欧盟共同安全与防务政策"，在同年 12 月的欧盟赫尔辛基峰会上重申了其发展欧洲自主防务能力的决心，宣布建立以民事力量为基础的综合危机管理手段，提高联盟应对地区安全挑战、国际安全威胁的能力，同期也通过了建立欧洲快速反应部队的提案。随后召开的费拉首脑会议和哥德堡首脑会议，分别对欧盟的民事力量和警察力量的发展进行了规划。欧盟的安全能力建设得以实现纵深但有限的发展。

"9·11"恐怖袭击事件严重冲击了西方的安全观，也正是由于世界范围内反恐形势的骤然趋紧，新旧世纪之交的欧盟安全观念迅速跃升至全球安全层面，而安全能力建设的理念也进一步向全球、综合、多元的方向转化。欧盟认为欧洲所面临的安全威胁是多层次、多元化的，威胁来源主要是恐怖主义、大规模杀伤性武器扩散、"失败国家"和有组织犯罪。2003 年《欧盟安全战略》即指出，欧洲所面临的安全环境发生了变化，非传统安全威胁已经取代了传统安全威胁占据主导位置，主要包括恐怖主义、大规模杀伤性武器、区域冲突、国家失败和有组织犯罪，以及一直困扰欧盟的移民问题。相应地，欧盟也提出实现其战略目标的政策路径，分别是在欧洲周边扩大安全区，构建基于多边主义的国际秩序，应对各种威胁。① 欧洲面临的国际安全环境日益复杂，美国作为全球唯一的超级大国和西方阵营的主导者，以战略安全的底线模式强化对欧洲盟国的控制，以北约为安全框架重塑并控制欧洲，试图建立单极化的国际秩序，美国战略重心的转移使得美欧共同防务政策具有不确定性。因此，在安全观念迅速转变的同时，欧盟仍持续寻求推进欧洲安全与自主防务一体化建设。

困扰欧洲安全的一个关键难题是北约与俄罗斯的结构性安全矛盾。自冷战结束以来，北约持续扩张并不断挤压俄罗斯的安全空间。2008年，时任美国总统小布什有意接纳格鲁吉亚、乌克兰加入北约，后在俄

---

① 葛建华：《欧盟共同外交与安全决策机制》，社会科学文献出版社 2020 年版，第 74 页。

罗斯极力反对之下暂时搁置了该计划，同年俄罗斯与格鲁吉亚冲突爆发，欧美国家由此展开了同俄罗斯的安全博弈。欧美与俄罗斯之间的安全博弈呈现出显著的双向刺激特征。在俄格冲突余波未消的情况下，乌克兰自 2013 年发生"广场革命"后急剧扭转其原有的亲俄政策并迅速转向西方，克里米亚危机由此于 2014 年爆发，欧洲安全也由此进入了敏感而危险的时期。北约持续强化自身东扩的步伐和力度，俄罗斯的战略危机感日益增强并保持强硬的安全维护立场，处于美俄安全博弈前线地带但防务能力严重依赖于美国的欧洲安全秩序更加严峻。乌克兰危机的持续发酵是欧盟强化其安全风险意识的最直接因素，加之欧洲周边地区的局势不稳定，恐怖袭击更迭不断，既有混合攻击和网络攻击等新威胁的出现，也有更多传统安全威胁的回归，当前欧盟所面临的安全挑战处于冷战结束以来的最高峰。

　　美国保障欧洲安全的不稳定性和来自俄罗斯威胁感的持续增强，使得欧盟不得不从全球安全格局角度审视自身的安全保障。[1] 欧盟意识到，"欧洲人必须全力以赴的是确保其周边地带的政治稳定和社会稳定，而且将不得不比早先预计的还要更快、更好地实现这一目标"。[2] 全球安全形势的巨变对欧盟所形成的挑战，可谓冰冻三尺非一日之寒。在欧盟强化安全自主意识、应对外来威胁挑战的过程中，内部的各类矛盾仍然不断叠加并导致欧洲安全格局出现逆转，而英国退欧即是这类矛盾的集中体现。作为一体化进程启动以来的最大逆转，英国退欧意味着欧盟的整体安全和协同运作力量在客观上遭受巨大损毁。长期处于严重安全威胁下的欧盟需要反思其安全建设成效，重新建构具有更高远站位、更宏观视角、更有效举措、更有力保障的安全战略。针对内外安全威胁相互交织的安全新形势，欧盟在安全战略建构领域做出了一系列反应，指引这些变化的思路集中地体现在 2016 年 6 月发布的《全球战

---

　　① Simon Usherwood, "European Union, in Brexit and Byond, UK in a Changing Europe", Economic and Social Research Council, King's College London, 2021, p. 146.

　　② ［德］赫弗里德·明克勒：《执中之权：德国在欧洲的新使命》，李柯译，当代世界出版社 2022 年版，第 4 页。

略》，该战略分别从欧盟外交与安全政策的时空背景、利益界定、基本原则、优先领域和实际行动等诸方面探讨了未来欧盟全球战略的转型与发展。

在时代背景方面，《全球战略》对欧洲安全的新时空背景的各类要素做了较为明确的分析。该文件强调，欧盟是世界三大经济力量之一。发生在欧盟内部和边界之外的多重危机直接影响到了欧盟民众的生活。因受到多重危机的冲击，欧洲联盟的发展目标和生存现状备受质疑。致力于推进全球化的欧盟处于不确定的风险时代。在这一时代背景下，全球化并不仅仅体现在地缘层面，而是同时关涉到全球战略的政策与工具等诸多方面。要应对和推进全球化，就必须在致力于增强军事能力和打击恐怖主义的同时，保障就业机会、社会包容和人权发展。推进全球化意味着应在欧洲内外致力于维护和平，增强国家与社会的韧性。欧洲各国均不具备独自应对风险和把握机遇的能力与资源。欧盟长期以来对自身规范性实力引以为傲，而在应对多重危机的挑战下，欧盟不仅要保持世界最佳实践的软实力，更要超越"民事力量"的范畴，培育更大的战略雄心；既要保护欧洲民众的共同利益，更要保护欧盟的原则与价值观。为此，该战略文件指出，在 21 世纪的第二个十年及今后的时期内，欧盟需要集中精力"确保自己的边界，阻止潜在的侵略者，消除恐怖主义的威胁"。

在利益界定方面，欧盟对事关欧洲一体化生存与发展的各项条件做了系统的分析。《全球战略》指出：和平与安全、繁荣、民主以及规则导向的全球秩序是支撑欧盟外部行动的关键利益。欧盟内部安全和外部安全高度复杂地交织在一起，因此其自身的安全与周边和地区的和平利益须相向而行，这是实现欧洲和平与安全利益的内在要求；一个繁荣的欧盟要依赖于内部强健的市场和外部开放的国际经济体系及可持续使用的全球公域；为守护欧盟民主的品质，需要尊重欧盟各国内部、欧盟层面以及国际领域的法律规范，欧盟内部价值的实现和保持将决定其外在的公信力和影响；欧盟将会推动以多边主义为关键原则和以联合国为核

心的规则导向型全球秩序的构建，而根植于国际法的多边秩序是欧盟内外和平与安全的唯一保障。

　　在基本原则方面，《全球战略》全面反思了欧盟外部安全环境与自身安全政策之间的现实差距，并对欧盟既往所采取的以经济和价值为中心的外交政策进行了深刻反思，转而强调以"有原则的实用主义"（Principled Pragmatism）来指导此后的安全战略建设。这意味着，欧盟的安全战略将以重振自身实力、确保自身安全为基本目标，通过与伙伴的合作、与对手的谈判等方式，包容而坚定、灵活而持久、迂回而有效地实现欧盟的安全目标，以此提升欧盟对不断变化的安全环境的适应能力。在务实主义的原则之下，保证成员国立场的联合一致、体现欧盟的国际责任意识、勇于参与危机应对等，成为更加具体也更为直接的安全战略理念。①

　　在行动议程方面，《全球战略》同时强调，为促进共享的利益，坚持清晰的原则，欧盟的外交与安全行动需要从五个优先领域入手。第一，欧盟自身的安全。欧盟的全球战略始于自身，加强欧盟的集体安全至少需要防务安全、反恐、网络安全、能源安全和战略沟通五项行动。第二，欧盟东部和南部的国家与社会弹性。弹性（Resilience）是一个宽泛的概念，弹性国家与社会要突出民主、制度信任和可持续发展，这要求欧盟重点推行四项政策，即扩大政策、睦邻政策、周边政策和移民政策。第三，应对冲突和危机的集成方式。《全球战略》指出，欧盟将采取多维度、多阶段、多层次和多向度的方式应对冲突和危机，在实践中具体体现为事前维和、供给安全、冲突解决、和平维护等四个方面。第四，合作的地区秩序。地区治理提供了管理安全事务、分享全球经济收益、充分表达文化和认同以及在世界事务中施加影响的机会。地区治理是体现欧盟面向 21 世纪的和平与发展等基本理念的首要场域，并具体地分布于各类地区合作事务之中。更进一步而言，欧盟安全战略中的

---

　　①　中国国际问题研究院：《欧盟全球外交安全战略及其影响》，《CIIS 研究报告》2017 年第 18 期。

具体地区治理应该包括欧洲的安全秩序，地中海、中东和非洲的和平与繁荣，更加紧密团结的大西洋，与亚洲的联通以及北极合作。第五，面向21世纪的全球治理。《全球战略》强调，欧盟将致力于推动以国际法为基础的全球秩序的建设承诺，这种承诺将转化为一种变革而非仅仅维持现存体系的抱负，这要求欧盟必须做到重点支持联合国（包括安理会和国际金融机构）的改革，继续通过共同安全与防务政策等行动，为联合国的维和、斡旋、和平建设和人道救援做出贡献；引导并执行在可持续发展和气候变化议程中所作出的承诺，深化自身的经济外交，同时确保与贸易紧密关联的海运水道的开放和安全；拓宽国际规则和机制的可达空间，促进和保障全球公域；建设一个团队网络的议程塑造者、联系人、协调者和服务商的四重角色，与国家、社会组织、私人部门和公民社会保持合作伙伴关系。

　　在实际行动方面，以现实能力为基点展开构建欧盟安全的战略行动，成为欧盟实现欧盟安全战略目标的实践路径。欧盟在充分利用自身既有优势的基础上，通过查漏补缺而完善行动路径，最终实现基于自身能力优势且有充分实力保障的安全战略。除长久以来的安全防务能力不足之外，欧盟在网络安全、技术竞争等方面也处于相对弱势，且发展形势迫切，因此以安全为目标的自主防务、网络安全和技术发展等均被欧盟列为优先领域中的重要行动目标。作为面向新安全形势的回应，欧盟在应对气候变化、推动可持续发展等非传统安全领域素有经验及规则优势，且具有持续稳定的国际话语环境，因而构成了欧盟建设安全战略的基本盘。此外，《全球战略》指出，安全是经济繁荣与发展的关键所在，同样欧盟所拥有的经济实力和规则优势也应成为构建安全的有效工具，因此以欧盟经济为核心要素的贸易、援助、制裁等政策工具也相应地被纳入欧盟安全战略的工具箱。综上所述，基于安全战略而设定的实际行动领域，将是围绕自主防务、网络安全、技术竞争、气候治理、经济援助和经济制裁的多元行动领域。

　　如果将上述要点进行概括，大致可以从三个层面来理解欧盟安全战略的整体思路。在环境层面，《全球战略》强调欧盟所处的地缘政治环境全面退化，近邻地区也变得更加不稳定和不安全。因此，欧盟将外交重心重新部署回到欧盟周边地区。在能力层面，《全球战略》重点强调欧盟建立战略自主，呼吁成员国通过更紧密的合作，开展跨国防务合作，逐步加强欧盟自主行动能力，通过全面发掘欧洲防务局的潜力以发展自主防务工业。在政策层面，《全球战略》强调以多重、复合、系统的政策组合方式来应对多重危机挑战，致力于先发制人的和平建设、复原力和人权保护的长效政策应与通过人道主义援助、共同安全与防务政策、制裁和外交所开展的危机应对紧密联系。与 2003 年《欧盟安全战略》相比，2016 年《全球战略》更加突出了欧盟在全球治理中的独立角色，其指导思想、原则以及具体的政策主张都以实用主义为导向，相对而言脱离了理想主义色彩。此后，欧盟安全能力建设围绕着自主防务建设和安全战略发展在多个维度上进入了快车道。

第二节　欧盟安全与防务建设

随着欧洲安全形势的变化，《全球战略》所具有的战略指导价值也不足以应对日渐复杂的挑战，尤其是随着英国退欧的推进、俄罗斯与乌克兰冲突危机的加剧、新冠疫情的暴发，同时也伴随着美国政府的更迭，此类混合式威胁的层出不穷，使欧盟越发感觉到需要突破欧盟的能力限制，通过更具有适应性、指导性的安全战略来提升欧盟的安全保障能力，尤其是要增强欧盟的综合实力。莫盖里尼也曾表示，"欧盟一直为自己的软实力感到自豪——而且它将继续这样做，因为我们在这一领域是最好的。然而，认为欧洲是一个完全'公民力量'的想法，并不能公正地看待不断演变的现实。对欧洲来说，软实力和硬实力应该是齐头并进的"。①

---

① EEAS, EU Battlegroups, October 09 2017, https：//www. eeas. europa. eu/node/33557_ en.

国际安全局势变得更为复杂，客观上为欧盟成员国的防务合作与创新迎来了窗口期，使得 2016 年成为促进欧洲防务合作的关键一年。通过 2016 年 11 月举行的欧洲防务局年会，欧洲突出聚焦欧洲安全和威胁新形势下的防务技术创新，重点研讨开展防务工业供给侧和战略政策需求，强力呼吁加强防务领域创新的合作；同时该次会议也指出提高欧洲防务领域创新能力的三个途径：一是寻找和引入商业领域创新模式，快速发展新作战的概念；二是联合私营部门的创新资源和能力并将其转化为防务应用；三是通过跨国竞争为中小型企业打开市场。同样在这次防务局年会上，欧盟披露了欧洲防务行动计划的目标及框架内容。欧洲防务行动计划的目标是通过为防务产业链提供支持，确保提升欧洲战略能力。防务计划则主要由四个方面组成。一是投资于防务技术研发。欧盟为防务技术研发的先导计划投入了大笔资金，消除了此前的研发计划仅限于民用或者两用技术的限制，并首次授权欧洲防务局管理这笔预算资金。二是启动对防务供应链的投资。该计划以确保防务供应链的竞争力为目标，同时将国防工业骨干企业、富有活力和创造力的中小企业作为投资对象，确保防务工业的规模增长，避免了此前中小企业投资来源较少的局面。三是成立欧洲防务基金。欧洲防务基金的成立将有助于防务工业实现规模经济、避免重复建设和资金的低效率配置。四是建设适应未来能力发展需要的防务市场和工业体系。为确保强大的工业基础支撑以激励研发，建立统一且高效的欧洲防务市场以发展防务工业，欧盟积极针对采办和技术专业两项防务倡议进行评估，并确保评估结果可应用于防务行动计划决策过程。

确保欧洲安全是欧洲一体化进程中的永恒主题。进入 21 世纪以来，欧盟对安全的关注程度大幅提高。2016 年英国的退欧公投，促使欧盟加快防务一体化的步伐。同年 9 月初，时任欧盟外交与安全政策高级代表的莫盖里尼就提出在部分成员国组建永久性军事机构，代表欧盟采取军事行动。随后于当年的欧盟秋季峰会，讨论了包括"组建永久性欧盟军事指挥部"和建立"欧洲军队"的防务一体化路线图，并计划于

2016 年底制订具体方案。① 2017 年 12 月，欧盟理事会正式通过《关于建立"永久结构性合作"的决定》。成员国在启动"永久结构性合作"的联合通知书中共提出 20 项共同承诺，大致可分为五类：（1）欧盟防务支出。成员国需定期增加防务预算，并将其中的 20% 用于防务设备投资、2% 用于防务技术研发，必要时"永久结构性合作"可以获得欧洲防务基金的资助。（2）防务资源共享。成员国应在包括年度防务协调审查在内的欧盟能力发展项目中积极发挥作用，帮助欧盟获得足以实现其防务目标的能力；同时积极参与欧洲防务基金中带有明确欧盟附加值的联合军备采购计划，为所有防务能力发展行动设定统一标准，对现有防务资源进行系统性整合。（3）军队协同行动。除能够满足欧盟战斗群所提出的基础行动要求外，成员国的防务力量储备、技术标准和行动资金还需满足实现欧盟理想化防务目标的要求：具体包括设置独立的防务资源数据库，成员国需提供更多可利用、可派遣的防务力量，将国内防务技术标准与北约标准对接，积极参与欧盟现有对外防务行动以及加大对此类行动的资金投入。（4）强化战略自主。成员国应优先通过欧盟国家间合作对欧盟及本国现有防务能力缺陷进行弥补，尤其要重点弥补能力发展计划和联合年度评估所划定的能力欠缺，并保证成员国至少参与一个能力发展项目，借此增强欧盟的战略自主，巩固欧盟的防务技术和工业基础。（5）强化防务技术与产业合作。为避免在防务技术与产业合作中出现重复建设的情况，成员国应尽可能选择欧洲防务局和欧洲共同军备合作组织所提供的框架进行合作，以确保合作项目对于欧盟防务技术与工业基础具有积极影响。②

在《里斯本条约》附件关于永久结构性合作的议定书中，规定建立永久结构性合作的主要目的是通过参与合作提升成员国的防务能力，

① 赵怀普：《欧盟政治与外交》，世界知识出版社 2021 年版，第 78 页。

② Notification on Permanent Structured Cooperation（PESCO）to the Council and to the High Representative of the Union for Foreign Affairs and Security Policy. November 13，2017，pp. 3 – 5，https：//www. consilium. europa. eu/media/31511/171113-pesco-notification. pdf. 转引自赵怀普《欧盟共同防务视阈下的"永久结构性合作"机制探究》，《欧洲研究》2020 年第 4 期。

永久结构性合作被认为是欧洲防务一体化的重中之重，其合作项目涵盖领域广泛，涉及军事能力建设的多个方面，包括除了丹麦和马耳他之外的全部欧盟成员国。① 永久结构性合作使有意愿和能力的成员国能够共同规划、开发和投资于共享能力项目，并提高其武装部队的战备状态和贡献，最终目标是优化可用资源并提高其整体效率，以满足最苛刻的任务和行动。② 但是，永久结构性合作的实践仍面临着诸多现实障碍，例如"菜单式合作"导致成员国的合作意愿松散，截至 2021 年 5 月，"永久结构性合作"框架下的 47 个项目中仅有 6 个项目拥有 9 个或以上参与国，约三分之二的项目仅有 5 个或以下参与国。除了法、德、西、意等几个防务领域的"优等生"国家外，其他国家参与的项目并不多，北欧和东欧国家的参与热情更是明显不足。2021 年 11 月 16 日，欧盟理事会通过决定，启动第四批共 14 个永久结构性合作项目。此外，欧盟理事会还为 2021—2025 年永久结构性合作第二个初始阶段制定了更为精确的目标，同时公布了项目成员国在履行 20 项具有法律约束力承诺方面的进展，包括增加防务开支，与其他成员一起规划和发展防务能力，尽可能提高现有防务能力的互操作性和联合使用率。③

在 2016 年 11 月 30 日启动的"欧洲防务行动计划"中，欧盟委员会承诺将强化、利用和巩固成员国在发展防务技术和工业力量方面合作努力，同时宣布将支持在欧盟建立一个更加一体化的防务市场，促进欧洲防务产品和技术在国内市场的吸收，从而增加对非欧盟来源防务产品的获取途径。为此，委员会特别提议设立欧洲防务基金，以支持对联合研究和联合开发防务产品与技术的投资，从而促进协同增效和成本效

---

① 《欧洲联盟基础条约：经〈里斯本条约〉修订》，程卫东、李靖堃译，社会科学文献出版社 2010 年版，第 229—230 页。

② PESCO：https：//www. pesco. europa. eu/about/.

③ EDA, 14 New PESCO Projects Launched in Boost for European Defence Cooperation，November 16，2021，https：//eda. europa. eu/news-and-events/news/2021/11/16/14-new-pesco-projects-launched-in-boost-for-european-defence-cooperation#.

益，并促进成员国联合购买和维护防务装备。① 2017 年 6 月欧洲防务基金正式成立。根据欧盟委员会的规划，该基金将用于协调、补充和扩大成员国的防务研发投资以及国防设备与技术的采购，帮助成员国减少防务领域的重复投入，提高经济效益。欧洲防务基金被称为欧洲安全合作的"游戏规则改变者"，它的成立标志着欧洲防务合作的"范式转换"。② 作为欧盟层面资助各成员国防务工业的预算，该基金的意义已超出了单纯的安全与军事能力范畴，被视为欧盟整合其防务工业的重要支柱和实现欧盟"战略自主"的重要基础。此外，为确保欧洲防务基金的可操作性，欧盟委员会强调防务基金应用领域为产业政策而非防务政策，避开了将欧盟预算用于资助防务工业可能产生的法律争议，也由此突破了欧盟共同安全与防务政策所受的"政府间合作"的性质限制。欧洲防务基金由欧盟委员会直接执行，其年度工作计划是在防务基金计划委员会内与成员国代表密切合作制订，包括欧洲防务局和欧洲对外行动局的参与。在规则和标准层面，欧洲防务基金确定的优先事项考虑的是成员国在共同安全与防卫政策框架内，特别是在能力发展计划范围内商定防务能力优先事项，适当时也考虑区域优先事项和其他国际组织如北约的优先事项。自 2021 年 6 月 30 日正式启动以来，欧洲防务基金于2022 年公布了首批 61 个投资项目，总金额 12 亿欧元的 70% 用于提高作战能力，30% 用于相关研究。"欧洲巡逻护卫舰计划"是欧洲防务基金投资的重点项目之一，目前有法国、意大利、西班牙、希腊、丹麦和挪威 6 国的 14 家企业参与。该项目旨在研制一种长 110 米、排水量3300 吨的新型模块化护卫舰/巡逻舰，分为反舰防空强化型、远洋反舰巡逻型和近海巡逻型 3 个版本。作为欧洲防务基金的试点项目，"欧洲国

① European Parliament and of the Council of the European Union, *Regulation（EU）2021/697 of the European Parliament and of the Council of 29 April 2021 establishing the European Defence Fund and repealing Regulation（EU）2018/1092（Text with EEA relevance）*. November 2021, https://eur-lex.europa.eu/eli/reg/2021/697/oj#ntr5-L_ 2021170EN. 01014901-E0005.

② Michael Barnier, *Stepping-up European Security and Defence*, *European Defence Matters*, No. 10, 2016, p. 37.

防工业发展计划"投入大量资金组建财团,以推进"未来增强高机动系统"发展,研制欧洲下一代地面作战车辆,包括全地形车、轻型装甲车等。另外,欧洲防务基金也支持欧洲导弹集团研制超视距反坦克导弹。

除欧洲防务基金投资于欧洲联合军工项目外,欧盟也敦促欧洲各国的军工企业进行合作,并鼓励欧洲国家购买欧洲研制的武器装备。法国积极倡导欧盟成员国应从欧洲战略自主角度出发,强化欧洲技术和军工基础,改善合作伙伴关系,提高自主性。法国呼吁欧盟成员国增强合作意愿,共同支持欧洲军工业发展,建立标准体系,提高欧盟军工产品在国际市场上的竞争力,同时减少购买非欧洲军工产品。作为防务产业的回应,众多欧洲军工企业也呼吁欧盟将采购资金用于购买欧洲武器装备,欧洲导弹集团首席执行官埃里克·贝朗格(Eric Beranger)认为欧盟购买欧洲武器装备是加强欧洲独立自主的重要举措,如果购买非欧洲军工产品,结果可能适得其反甚至具有极大破坏性。总体来说,欧洲国家特别是大国与军工产业巨头在防务自主议题上达成了一致,这是欧盟发展独立防务的一大有利条件。

在当前安全形势日趋严峻的情况下,欧洲防务工业领域和政策制定者意识到了欧盟安全形势的紧迫性和自身安全保障能力与体系的短板,而以防务创新为主题的政策尝试则集中体现了欧盟当前的安全规划与决策意向。当然,囿于北约对欧洲安全的结构性影响,欧盟和欧洲防务局官员也刻意强调加强欧洲层面的防务能力建设,并不意味着降低北约的重要性,促进欧盟成员国防务合作亦有益于北约的发展,但同时也强调防务能力建设事关欧洲的战略自主,没有强大的、敏捷的创新性防务技术和防务工业,就没有战略自主。为此,欧盟外交事务委员会于2021年5月提出,欧洲防务局须进一步加强防务创新;在2022年3月欧盟理事会提出设立欧盟防务创新中心等一系列优先行动事项。2022年5月17日,欧洲防务局部长级会议批准在该局下设立欧盟防务创新中心,旨在推动各成员国间及与欧盟各利益相关方之间的密切合作,促进欧盟内部国防科技创新,尤其是新兴技术和颠覆性技术的创新,以进一步提升欧洲防务能力。2022 年 5 月 31 日，欧盟在布鲁塞尔启动了第一个欧洲防务创新日，也标志着欧洲防务创新中心的正式启动。① 根据欧洲防务局现有计划，新设立的欧盟防务创新中心将历经三个发展阶段。一是在欧盟层面激励和促进防务创新。该阶段主要聚焦于网络与态势感知领域，充分利用欧洲防务局现有的举措与资源，加强创新交流沟通，构建创新机构与人员合作网络，就欧盟防务创新的现状与未来发展达成一致意见。二是加强各成员国和欧盟机构之间的协同创新。主要是进一步发挥欧洲防务局国防创新奖、"创新挑战"行动、防务创新展览等举措的作用。三是建设欧盟的防务技术合作设计与实验平台。该阶段将深度支撑能力开发，具体活动与工作还有待欧盟防务创新中心进一步发展后再做推进。

随着新兴和颠覆性技术的快速发展及其在国防领域的广泛应用，创新已成为塑造国际安全环境和军事力量平衡态势的重要因素。欧盟在安全、防务、军事等各方面的能力发展均与其国防科技创新密切相关，由此，技术与机制创新成为欧盟防务能力建设的突破口。当前欧盟防务创新中心的工作重点聚焦于防务能力开发、防务研究、工业能力等六个优先领域。第一，构建并形成欧盟防务创新的"共同愿景"。邀请各成员国防务创新专家参与，围绕科技创新的政策举措及经验教训、新兴与颠覆性技术的发展现状和趋势、未来投资项目重点等进行广泛交流，推动各成员国就现状与未来达成共识。第二，扩展并升级欧洲防务局防务创新奖。该奖项主要面向研发军用颠覆性技术与产品的非传统供应商和研究机构，该中心将进一步扩大奖项的覆盖范围，增加奖项数量，并加快获奖技术的开发应用速度。第三，开展"创新挑战"行动以加快从创新理念到能力开发的进程。具体包括组织挑战赛、黑客马拉松等活动，以吸引非传统供应商参与，依据各成员国自身实际能力差距选择合适的创新解决方案，并对解决方案的开发与试验进行设计、监督与管理。第

---

① EDA：*First European Defence Innovation Day marks launch of HEDI*，https：//eda. europa. eu/news-and-events/news/2022/05/31/first-european-defence-innovation-day-marks-launch-of-hedi.

四，强化创新概念与技术的演示验证。采取利用欧洲防务局的特别计划预算来给予资助、设立灵活的资助合同条款等有力措施，谋求挖掘科技创新的最大应用潜力，以从潜在买方获得更多支持。第五，提高欧盟防务创新成果的宣传展示力度。该中心将每年围绕研发项目成果、获奖成果等组织一系列展览，并选择年度核心主题，组织会议和小组讨论，以改善外界对欧盟防务创新生态系统的认知。第六，加强各成员国创新活动的统筹协调。统筹考虑各成员国的重点关注领域与事项，以及条令、组织、训练、装备、领导与教育、人事、设施、互操作等各个方面的工作，探索协调各成员国的概念设计、开发与实验活动，提升欧盟整体能力开发效益。

由于多方面的限制，欧盟独立防务合作进展仍然较为迟缓。首先，成员国在具体的防务合作政策上仍存在多种分歧，政治合作意愿相对薄弱。比如意大利芬坎蒂尼集团曾计划并购法国大西洋造船厂，但因法国政界强烈反对而放弃。又如，德国采取严格的武器出口政策，限制了同其他成员国合作研制武器装备的外销前景，经常引起欧盟其他成员国的不满。其次，欧洲军工产品规模及品类尚难以满足欧洲各国需求，而各国为寻求战略优势和安全保障，仍在大量购买非欧洲生产的军工产品。欧洲军工合作中存在着与独立防务相矛盾的种种现象，例如，由于欧洲研发战斗机的计划迟迟难以实现，导致德国持续从美国购买 F－35 战斗机，从以色列购买陆基反导系统；基于类似的理由，波兰从韩国采购 K－2 主战坦克、K－9 自行火炮和 FA－50 战斗机。此外，受新冠疫情影响，很多欧盟成员国更加在意本国技术主权，倾向于在本国研发生产。可见，虽然欧洲国家积极推动军工合作并筹集大笔资金予以支持，但由于种种复杂问题导致良好意愿和资金投入并不能如愿转化为实际效果，欧洲军工合作前景仍有待观察。再次，欧盟防务合作机制的复杂性导致各国合作意愿有所迟疑。2022 年公布的《2022 年度协同防务评估报告》显示，欧盟多数成员国认为欧盟防务合作的框架机制、方式方法较为复杂，需要耗费大量的时间和精力，因此欧盟各成员国更倾向于依托已有的防务合作框架，与相邻成员国开展小范围合作。最后，美国在北约的地位和其在武器装备研发上的技术优势，在一定程度上影响了欧盟成员国间的防务合作。由于大部分欧盟成员国也是北约成员国，部分欧盟成员国还与美国有着双边或多边军事关系，加之美国的军事技术优势，导致部分欧盟成员国更愿同美国开展防务合作。不过，欧盟防务合作投资的趋势依然代表了其建设自主防务的战略雄心，尽管近年来欧盟成员国防务合作的投资比例并未增长，但2021年欧盟成员国的防务预算总和达2140亿欧元，预计到2025年将达2840亿欧元。此外，欧盟多个防务合作项目仍在积极推进，包括主战坦克模拟测试中心、中型半自主化水面舰艇、大型战略运输机和未来中型战术运输机、新一代小型无人机、地球卫星图像和网络方面等合作项目。

作为地区一体化的典型代表，基于欧洲各国所具有的高度复杂的国际联系和地缘关系，欧洲联盟面临的安全挑战也是多样的。因此，欧盟的安全运行机制既要依赖于欧盟和成员国的自身实践，也要依赖于同第三国等国际行为体的跨国合作，而事实上，由于两次世界大战及战后雅尔塔体系的制度安排，国际合作在欧盟安全体制中具有较高的比重。2016年发表的《全球战略》也指出，为在全球治理中发挥更好的作用，欧盟必须做到重点支持联合国的改革、继续通过共同安全和防务政策等行动与联合国进行合作。① 欧盟和联合国危机管理指导委员会每年定期进行两次高层对话，从总部层次开始，双方保持着军事行动和民事任务的持续互动。在欧盟目前进行的11项民事任务和7项军事合作中，有13个特派团与联合国并行部署。② 2018年9月18日欧洲理事会批准联合国—欧盟关于2019—2021年和平行动和危机管理优先事项的战略伙

---

① European Union, *Shared Vision, Common Action—A Stronger Europe, A Global Strategy for the European Union's Foreign And Security Policy*, June 2016, https://www.eeas.europa.eu/sites/default/files/eugs_review_web_0_0.pdf.

② EEAS, *Reinforcing the EU-UN Strategic Partnership on Crisis Management*, September 2020, https://www.eeas.europa.eu/sites/default/files/factsheet_1eu_un_missions_september-2020.pdf.

伴关系。① 这些优先事项所涉及的领域包括：（1）妇女、和平与安全合作平台；（2）加强特派团与各行动之间的合作；（3）支持维持和平行动倡议；（4）强化运用预防性机制；（5）扩大在治安、法治和安全部门改革方面的合作；（6）支持非洲和平行动并深化欧盟、联合国与非洲联盟的三边合作；（7）加强培训与能力建设方面的合作。②

与北约合作是欧盟参与国际安全的另一个重要领域。欧盟与北约有21个成员国重叠。北约与欧盟于2001年正式建立制度化的合作伙伴关系，该合作关系随着北约扩张而不断获得实质性的提升。欧盟理事会主席、欧盟委员会主席与北大西洋公约组织秘书长于2016年7月在华沙签署第一份联合声明。声明指出双方在应对混合威胁、海上和移民方面的业务合作、网络安全与防御、防御能力、国防工业及研究、协同演习、支持东部和南部伙伴的能力建设7个领域达成合作。③ 欧盟与北约分别于2016年12月6日和2017年12月5日批准了一系列共同提案，在7个领域共有74项具体行动。欧盟和北约针对这一系列共同提案发表了多次进度报告，其中2017年12月的"第六次进度报告"批准了在反恐、妇女、和平与安全军事机动性领域采取具体行动的新提案。2018年7月欧盟和北约签署了第二份联合声明，提出欧盟和北约共同应对安全威胁的愿景，双方合作重点集中在军事机动性、网络安全、混合威胁、反恐、妇女与安全等几大领域。随着国际安全形势的不断变化，欧盟对于北约开展安全合作的战略认识不断提高。欧盟共同外交与

---

① Council of the EU, *Multilateralism*：*the Council endorses the UN-EU Strategic Partnership on peace operations and crisis management priorities for* 2019 – 2021, September 18, 2018, https：//www. consilium. europa. eu/en/press/press-releases/2018/09/18/multilateralism-the-council-endorses-the-un-eu-strategic-partnership-on-peace-operations-and-crisis-management-priorities-for-2019-2021/.

② Council of the European Union, *Council Conclusions-The UN-EU Strategic Partnership on peace operations and crisis management priorities for* 2019 – 2021, Brussels, September 18, 2018, https：//www. consilium. europa. eu/media/36432/st12264-en18. pdf.

③ Council of the European Union, *Council Conclusions on the Implementation of the Joint Declaration by the President of the European Council*，*the President of the European Commission and the Secretary General of the North Atlantic Treaty Organization*, Brussels, December 6, 2016, https：//data. consilium. europa. eu/doc/document/ST-15283-2016-INIT/en/pdf.

安全政策高级代表博雷利强调"欧盟与北约的合作对欧洲防务、欧洲和全球安全至关重要"。在 2022 年 6 月 20 日的"第七次进度报告"中，特别强调了欧盟和北约之间的信息共享得到进一步加强，政治沟通在不同的环境下继续快速发展，包括欧盟政治与安全委员会和北大西洋理事会之间的定期会议，以及在各自的委员会和工作组中频繁的交叉简报，达成了一致的合作工作链并继续取得具体成果。[1] 继 2016 年和 2018 年欧盟与北约发布两份联合声明之后，2023 年 1 月欧盟与北约发布了第三份联合宣言。在美欧关系缓慢复苏、俄乌冲突持续胶着的形势下，这一份联合声明对欧盟的安全战略和自主防务能力建设而言具有更大的影响力。联合声明第 8 条宣称"北约仍是盟友集体防御的基石，对欧洲—大西洋安全至关重要"，而欧盟是"北约的补充"；此外，联合宣言尽管"承认一个在防务上更强大、更有能力的欧盟的价值"，但并无支持欧盟战略自主的意思，意味着北约实质上依旧反对欧盟开展战略自主建设。更重要的是，第三份联合声明针对中国做出了美欧之间妥协式的表态，声明"在未来几十年间，西方将共同努力应对中国的挑战"。

相比较于长期存在的安全困境，2016 年出台的《全球战略》及其后的各项安全建设文件，仍在若干层面存在不足，例如该战略对欧盟普遍存在的威胁和风险给出了重点关注，但各成员国仍旧对威胁来源缺乏共识；此外，由于战略本身制定过程的客观限制，该战略并没有充分讨论近年来频频出现的"黑天鹅事件"，相应地，对于系列安全危机的应对和灵活决策也没有给予充分的考量。事实证明，欧洲共同安全与防务政策的发展是一个艰难的过程，欧洲防务能力在短期内很难出现突破性提升。[2] 欧盟委员会主席冯德莱恩在 2021 年度国情咨文中呼吁欧盟将防务工作提升至新水平，从"防务生态系统"转变成真正的"防务联

---

① Council of the EU, *EU-NATO cooperation: seventh progress report*, June 20 2022, https://www.consilium.europa.eu/en/press/press-releases/2022/06/20/eu-nato-cooperation-seventh-progress-report/.

② 赵晨等：《跨大西洋变局——欧美关系的裂变与重塑》，中国社会科学出版社 2021 年版，第 137 页。

盟"。欧洲理事会主席查尔斯·米歇尔宣布 2022 年为"欧洲防务年",指出需要政治意愿和政治勇气来维护强大而长期的安全局面,欧盟机构和成员国采取行动刻不容缓。欧盟于 2020 年 6 月启动制定《安全与防务战略指南针》的准备工作,继 2021 年 11 月出台草案之后,2022 年 3 月出台了正式版本。

《战略指南针》描绘了未来 5—10 年欧盟的安全与防务愿景,提出了欧盟合作应对外部挑战的新思路,力促欧洲共同的战略文化发展,提高其捍卫自身安全的集体能力。《战略指南针》首先分析了当前欧盟安全与防务行动所处的战略环境以及欧盟面临的威胁与挑战,并将威胁界定为如下几个方面。(1)强权政治在竞争激烈的多极世界的回归。"俄罗斯采取的入侵乌克兰、军事侵略格鲁吉亚、吞并克里米亚等激进和修正主义行为,严重和直接地威胁着欧洲的安全秩序以及欧洲公民的安全"。中国正越来越多地参与国际和地区性事务、寻求在全球范围内推广自己的标准、大幅发展其军事力量,影响到了地区和全球安全。(2)国际社会中仍然存在着地区性的冲突和紧张局势,导致了全球层面的跨国威胁和复杂安全环境。目前欧盟面对的是武装侵略、非法吞并、脆弱国家、修正主义、独裁政权的混乱危险环境,这种环境会滋生恐怖主义、暴力极端主义、武器扩散、有组织犯罪、非正常移民、混合冲突和网络攻击等跨国性非传统安全威胁,金融不稳定、极端的社会与经济分离会进一步加剧这种状态。

面对欧盟所处的复杂国际安全环境,《战略指南针》提出,未来十年中欧盟共同安全与防务政策将围绕"四大支柱"展开构建。第一,重视"行动"支柱,要求欧盟具有在危机爆发时迅速而有力地采取集体或单独行动的能力。围绕这一支柱,《战略指南针》对欧盟做出如下建议:组建兵力约 5000 人的欧盟快速部署能力部队;在 30 天内部署能适应复杂环境的 200 名装备齐全的 CSDP 任务专家;定期在陆地和上海进行实战演习;提高军事力量的机动能力;促进快速和更灵活的决策过程,以更有力的方式行动,确保更大的财政合作强化 CSDP 框架下的军

事和民事行动；充分利用欧洲和平基金（European Peace Facility）支持
合作伙伴。第二，确保综合安全。《战略指南针》要求加强欧盟预测、
威慑和应对当前快速变化的威胁和挑战的能力，以维护欧盟的安全利益
以及保护公民安全。欧盟需建立多元化、综合性的应对威胁"工具
箱"，其中包括提高欧盟情报收集和分析能力，组建复合机制以检测和
应对混合威胁，制定网络防御政策以应对网络攻击，强化海上、太空领
域的行动战略和能力。第三，保障防务投资。欧盟应加强欧洲防务技术
和工业基础建设，减少对外特别是对美国的依赖，充分利用永久性结构
合作和欧洲防务基金发展尖端军事能力、推动防务技术创新。第四，加
强伙伴合作。这一支柱旨在加强欧洲的伙伴关系，应对共同的威胁和挑
战，如通过与北约、联合国、欧安组织、东盟、美国等伙伴的合作，在
不同的挑战领域应对共同的挑战。《战略指南针》特别强调，四大支柱
的目的在于加强欧盟的战略自主权。

相对于 2016 年《全球战略》所存在的诸多不足，《战略指南针》
的出台在一定程度上进行了反思和完善。需要注意的是，《战略指南
针》从整体上来说，是体现欧盟安全和防务雄心的中期战略，为未来
的欧洲防务建设提供了路线图。《战略指南针》以成员国对多层次威胁
的共识为基础，关注传统安全和网络攻击、气候变化等非传统安全问
题，更为详细地界定了部署行动的目标和实现手段，也在一定程度上强
调对决策、行动效率及其最终成效的重视，这说明欧盟的安全观念进一
步向更务实、可操作、多元化、系统化等方向演化。欧盟对《战略指
南针》抱有很高的期待，将出台《战略指南针》的目的定位为加强欧
洲现有军队之间的合作，促进欧盟与北约的联合，推动高技术武器的联
合研发，提高共同防御能力，最终提高欧盟的战略自主能力。更直接地
说，欧盟希望通过这一份文件的出台，更加有力地避免欧盟从"游戏
玩家"沦为"游戏场"，从全球竞争舞台的"参与者"沦为"旁观
者"。《战略指南针》为欧盟提供了强化欧盟安全和防务政策的宏伟计
划，未来欧盟将以更大的力度和参与度强化欧洲防务和全球安全。显

然，空前复杂的安全处境极大地提升了欧盟的安全保障意识和战略规划期望，但《战略指南针》的效能仍需欧盟在实践中逐步验证。

自 2003 年 12 月欧洲理事会通过第一份安全与防务领域的战略文件之后，迄今为止，欧盟已经出台了多份战略报告。近年来的安全战略包括 2015 年取代《欧洲内部安全战略》的《欧洲安全议程》、2016 年《全球战略》、2020 年 7 月 24 日发布的《欧盟安全联盟战略（2020—2025）》、2022 年 3 月 21 日最新通过的《战略指南针》，明确了欧盟 2030 年前的安全与防务政策。这些安全战略文件都是基于特定的欧盟地缘政治、内外安全环境和国际局势而制定的，是欧盟阶段性安全观的最直接反映，为欧盟发展共同防务力量、维护内部安全稳定、制定对外行动和全球安全治理政策提供了整体框架和原则指导。其中 2016 年《全球战略》和 2022 年新出台的《战略指南针》的影响最为显著，且明确了欧盟在自身安全建设和全球安全治理中的最新角色界定。客观而言，欧盟在共同防务政策上确实取得了一定的进展，但总体上仍然是一支民事力量，欧盟的防务计划与欧洲自主防务之间存在着显著的差距。在很长一段时间内，欧盟所希冀的欧洲安全，仍将在北约实质性的总体掌控与欧盟意图上的战略自主之间摇摆。虽然欧盟追求的综合安全与安全自主具有积极的战略自主意义，但能否实现这一目标，仍受限于欧盟如何处理自身与北约、美国及俄罗斯的安全关系。2022 年初爆发的俄乌冲突是对欧盟安全战略与能力的一次极限考验。北约的持续扩张压力导致了俄罗斯的强力反击，普京在 2021 年 12 月的一次讲话中强调"乌克兰不能加入北约"，并宣称乌克兰东部地区"不能再继续流血"。而作为俄罗斯的主动举措，俄罗斯宣布承认乌克兰东部的顿涅茨克、卢甘斯克两州"独立"，发动对乌"特别军事行动"的第一步。俄乌冲突直接冲击了本已脆弱的欧洲安全秩序，欧洲安全格局也由此发生重大变化：欧盟和俄罗斯的关系走向严重对立并直接导致了欧洲安全秩序的高度紧张。一方面，欧盟与北约的合作得以快速提升，欧洲国家客观上接受了北约与美国对欧洲安全的主导地位；另一方面，欧盟高调宣布欢迎乌克兰加入欧洲联盟，在力证欧盟与北约立场高度趋同的同时，也加剧了欧盟与俄罗斯的战略对立程度。俄乌冲突的爆发，直接揭露了欧洲安全秩序的脆弱性，也凸显了欧盟对欧洲安全的自主掌控力度的严重不足。而更为严重的是，俄乌冲突使得中东欧国家的脆弱感陡升，安全感下降，"更多的中东欧国家将其与美国的关系视为抵御俄罗斯威胁的关键所在，因而中东欧国家更愿意选择追随美国观念而不是欧盟观念来进行外交决策"①。

第三节　欧盟安全与反恐行动

自"9·11"事件以来，恐怖主义袭击成为困扰国际社会的一大恶疾，预防和打击恐怖主义势力成为保障欧盟发展的关键要务之一。尽管美国组建了国际反恐联盟并发动了大规模的反恐战争，但全世界范围内的反恐形势仍异常严峻，尤其是欧美国家所面临的恐袭压力居高不下，欧盟所承受的恐袭压力与其安全保障能力形成鲜明对照。欧盟以反恐为契机深化成员国的安全合作，推动形成了欧盟范围内的反恐模式，反恐也逐渐从欧盟边缘性的事务上升为重要议题之一。2003年12月欧盟通过《欧洲安全战略》，将恐怖主义定为欧盟共同的三大战略威胁之一。2005年11月欧盟出台了《欧盟反恐战略》，全面而清晰地阐述了欧盟的反恐政策，强调欧盟将在欧洲乃至全球范围内打击恐怖主义。欧盟层面的反恐举措聚合了欧洲各国的反恐能力，在很大程度上化解了欧盟各成员国独自面对恐怖袭击的压力。正如时任欧洲社会党主席拉斯姆森（Poul Nyrup Rasmussen）在《欧洲与全球新秩序》报告中所言："区域主义在国家与全球之间引入了中间政策层面，通过区域内合作创造出新

---

① Pepijn Bergsen, Antony Froggatt, Raffaello Pantucci, "China and the transatlantic relationship—bstacles to deeper European-US cooperation", *Briefing Paper Europe Programme*, June 2022, Chathamhouse, p. 10.

的政治潜力，是一种加强多边治理的方法。"① 在欧盟治理的情势中更具体地来看，欧洲一体化是解决欧洲范围内恐怖主义泛滥的基础平台，只有通过情报分享、执法合作与国土安全协作，推动各国全面融入反恐斗争，欧洲才有可能取得最终的胜利。但是，欧盟机制的先天性弊端仍然是阻碍其快速提升反恐能力的重要因素。一方面，欧盟各国不愿意完全让渡国家安全的相关主权，而且囿于政治理念、体制、国家利益等各方面原因，各国在反恐政策模式上仍常存分歧。另一方面，由于欧盟机构多头管理且彼此间职能重叠，而在情报分析、危机应对、多方协调方面能力有限，导致成员国和欧盟机构之间也难以快速形成有效的反恐决策和合力。

2015 年以来，欧盟遭受恐怖袭击的形势达到了新的高度。2015 年1 月针对法国《查理周刊》的袭击，揭开了欧洲系列恐怖袭击的序幕。2015 年 11 月 13 日晚，巴黎法兰西体育场、巴塔克兰剧院以及数家餐厅、酒吧遭遇系列自杀式袭击和枪击事件，共造成来自 26 个国家的130 人死亡，超过 350 人受伤。这一次恐怖袭击不仅是法国自二战结束以来遭遇的最严重恐怖袭击，也是极端组织"伊斯兰国"在欧洲制造的伤亡最惨重的恐怖袭击事件。包括此次巴黎恐袭在内，欧洲的多个城市如布鲁塞尔、尼斯、柏林、伦敦、斯德哥尔摩、曼彻斯特和巴塞罗那等陆续在 2015—2017 年遭到恐怖袭击，造成了 300 余人死亡和 1100 余人受伤的惨烈后果。系列恐怖袭击的连续发生，暴露了欧盟范围内安全机制的软肋。与恐怖袭击的严峻压力相比，欧盟反恐袭的能力建设仍有待大幅提升。同时期内，日渐严峻的难民潮和混杂其间的恐怖袭击隐患也显著增加，引发欧盟国家的强烈关注。2015 年巴黎遭遇恐袭之后，法国决议宣布进入紧急状态并关闭边界，同时获得了其他若干国家的效仿，恐怖袭击的连续发生挑战着欧盟内外边界与申根区的建设成效。

在一体化过程中，欧盟各类机构之间曾加强了反恐信息共享，积极

---

① ［丹］保罗·尼若普·拉斯姆森：《欧洲与全球新秩序：缩小全球差距》，齐心译，当代世界出版社 2004 年版，第 133 页。

推进反恐信息资源整合，但其时效性仍未达到及时共享的理想状态。欧盟长期饱受恐袭事件困扰仍有更深层次的原因，而这类原因与近年来国际安全形势有着密切关联。一方面，其外部因素是"伊斯兰国"势力在中东地区遭受沉重打击后利用难民潮的机遇向欧洲快速渗透；另一方面，内部因素则在于欧洲各国政府政策失当，尤其是右翼势力与激进势力的恶性互动，导致极端分子制造的恐怖袭击成为难以根除的痼疾，并借用技术进步、公共卫生事件等刺激因素，呈现出愈演愈烈的态势。当前欧盟整体经济发展趋缓，贫富分化的问题长期存在，涌入欧盟的移民基本处于失业、半失业状态，各类群体对未来的担忧情绪上升，对经济社会不平等的不满增加。恐怖主义势力同难民危机相叠加并衍生出"独狼式"恐怖活动，成为令欧盟最为棘手的恐怖威胁。值得注意的是，这一形势的冲击在新冠疫情发生以来更为突出，欧洲遭受了严重的疫情影响，国际恐怖组织利用民众对疫情的恐惧和忧虑心理，宣扬极端思想，对欧盟及各成员国民众造成了新的威胁，导致欧盟社会安全指数长期低迷。

　　欧盟长期饱受恐怖主义困扰的成因是多方面的，因而其反恐的战略思路也须注重全面性、系统性和适应性。正如欧盟委员会的内政事务委员阿夫拉莫普洛斯（Dimitris Avramopoulos）所言："安全体系的问题导致整个欧盟都处于脆弱的环境之中。安全环境变化速度极快，涉及的范围也广。构建一个有效的安全联盟，需要从多方面入手。"① 基于系统性治理的思路，欧盟于 2015 年 4 月启动了《欧盟安全议程》的建设计划。该计划提出了欧盟安全的三个优先事项，分别是：对欧洲的恐怖袭击、重大有组织跨境犯罪和网络犯罪。该计划特别指出，针对这三种威胁，应立即采取行动。它们显然是相互关联的跨境威胁，需要在欧盟层面做出有效和协调的应对。2016 年 10 月，欧盟发布了首份关于如何构建有效且可持续发展的欧盟安全月度报告，其中大部分内容涉及应对恐

---

　　① 《欧盟发布首份安全报告，内容涉及反恐工作细节》，中国新闻网（http：//www. chi-nanews. com. cn/gj/2016/10-13/8029659. shtml）。

怖主义、有组织犯罪及网络犯罪的工作细节。同时欧盟决定每月发布一份类似的安全报告，并逐月审视欧盟面临的安全漏洞，提供需要改进的意见。由此开始，欧盟的反恐能力和安全机制建设以较大的力度和幅度展开，其中反恐政策重点体现为整体部署能力的加强和在线反恐、网络安全的推进。

随着网络技术的兴起，欧盟境内恐怖主义传播转向互联网的趋势更加突出。恐怖袭击煽动与恐吓的信息经由网络传播，成为安全建构的重大威胁来源。随着网络技术和社交媒体的广泛兴起，恐怖分子逐渐将其活动方式和目标与网络相结合，利用网络这一新生技术平台，开展网络恐怖活动，网络监管在应对恐怖袭击中的必要性也随之大幅提升。2018年9月，欧盟委员会发布了《防止恐怖主义在线内容传播监管条例》，其中包括一小时规则、网络平台的责任意识、托管服务提供商、成员国和欧洲刑警组织之间加强合作的框架、有效的投诉机制等。欧洲联盟基本权利署建议修改恐怖主义内容的定义和打击恐怖主义指示的术语。2019年4月，欧洲议会通过提案，规定谷歌、脸书等社交媒体巨头必须在一小时内删除极端主义的内容，否则将面临约占其全球营业额4%的罚款。虽然这些科技巨头在删除反恐言论方面做出了一定努力和贡献，但在线恐怖主义的治理仍然存在着包括外联技术、机器学习算法的不准确识别等在内的重大挑战。若要切断恐怖主义势力与网络技术的联系，势必需要与大型网络平台及其他成员国达成协议。欧盟各国的网络媒体发展水平整体较高，而各国对网络恐怖主义内容的界定存在差异。例如，由于脸书、亚马逊、谷歌等大型科技公司将欧洲区数据中心设在爱尔兰，即使某个欧盟成员国主管部门发出删除指令，也需要爱尔兰方面配合，因此很难做到在短时间内删除。互联网反恐的压力在全球范围内普遍存在，欧盟亦然。

在2020年7月出台《欧盟安全联盟战略2020—2025》的基础上，作为对既有反恐政策体系的完善，欧盟于2021年初出台了《欧盟反恐议程》。该议程包括安全、教育、社会、文化、反歧视等各个方面，举措更为全面，所涉利益相关方也更为多元化。议程重点在于采取针对性措施遏制极端思想蔓延，切实提高对多种威胁和新型恐怖主义的应变、防范和响应能力。一方面，议程提出大力发展现代化边境管控系统，对所有进入欧盟的人员进行数据库比对检查，实现边境信息系统和移民管理信息系统的协调机制，同时强化对欧洲刑警组织的授权，推动其与欧洲各国警方开展执法合作。另一方面，议程提出清除网络恐怖主义内容的规则，明确互联网公司在打击恐怖主义方面应负起更多责任，避免极端思想对部分群体的渗透。打击网络恐怖主义的行动具有显著的连续性。欧盟理事会于 2021 年 3 月通过《在线恐怖主义法案》，欧盟委员会在未经欧洲议会全体会议最终表决的情况下于次月推出该文本，该法规于同年 6 月生效并于 2022 年 6 月开始实施。此外，《欧盟反恐议程》也加大了对公共场所的保护力度，要求提高交通枢纽、电力系统、医院等关键基础设施的安全防御能力，同时加强航空路线及工具的安全保障。根据《欧盟反恐议程》的计划，欧盟将为 10 个项目注资 2300 万欧元，用于保护宗教场所及公交系统、运动场馆等其他公共场所免受恐袭，其中还包括提高针对无人机袭击的侦察能力。《欧盟反恐议程》在一定程度上有助于促进外来移民融入欧洲社会，为他们提供教育、就业、文化、体育等各种机会，及时建立统一的难民和移民转移安置机制，构建包容性社区，通过培训帮助激进化群体重返社会。欧盟持续推进应急管理方面的安全保障工作。从 2022 年开始，欧盟着手强化建立一个名为 rescEU 的共同应急储备体系，当前储备内容主要包括消防车队和医疗储备，未来储备范围还将进一步扩大到应对化学、生物和核事故的资源方面，以及避难所和发电机等与应急物流和能源供应相关的设备。扩大增强消防救护能力是另一项应急管理的优先目标。欧盟的惯例是在每年夏季组建一支由多国组成的消防部队，欧盟委员会和成员国共同负责部署消防力量。2022 年的欧盟消防能力增量来自由克罗地亚、法国、希腊、意大利、西班牙和瑞典提供的 12 架飞机和 1 架直升机。上述国家将与欧盟委员会共同享有飞机部署的决定权，同时欧盟也积极推进成员国之间的调集合作能力，计划在 2030 年之前拥有调动 12 架消防飞机和 9 架直升机的能力。

《欧盟反恐议程》的出台与规划，在很大程度上体现了欧盟反恐政策的延续性，强化了跨境反恐合作的力度，同时更注重利用大数据、人工智能等现代技术来预防恐怖主义活动，在情报共享、反洗钱、遏制极端思想传播等方面取得了一定进展，这是当前欧盟整体反恐机制和能力提升的积极之处。但从整体来看，目前欧盟国家的政策协同度仍存在短板，各成员国仍需进一步加强反恐合作，《欧盟反恐议程》的有效落实还面临着多重考验。欧盟的反恐压力与全球反恐议程存在着不可切割的联系，甚至可以说欧盟承受了全球反恐的最大压力，但其自身并不具备充分的应对实力。此外，全球反恐议程仍旧由美国主导，而欧盟反恐则在事实上存在着显著的对美依赖。

从欧盟反恐实践和全球反恐形势来看，未来的区域性反恐合作将成为未来全球治理的基础。在全球化时代，欧盟凭借其对恐怖主义的有效治理，已经成为全球反恐运动中不容小觑的参与性力量。进而言之，欧盟唯有凝聚成员国的战略共识，加强在不同层面的反恐机制之间的协调，尤其需要在情报和预警、预防和威慑、危机处理以及共同获得设备和技术等方面不断深化合作，唯此方可更积极、更有效地开展反恐斗争，而这也是确保欧盟尽快摆脱在全球反恐斗争中长期处于能力劣势和依附地位的务实路径。

第四节　欧盟安全与对外援助

冷战结束以来的国际安全形势更加复杂，因财富分配不均或经济发展两极分化而形成的恶性竞争，则是造成冲突的关键诱因之一，因而通过支持贫困地区或国家发展经济、缓和社会矛盾，成为欧美国家借以稳定安全局势的重要政策工具。自 1999 年欧盟获得外交和安全授权、启动安全与防务政策后，欧盟更加注重综合手段在安全事务领域的运用。欧盟作为一个整体是世界上最大的对外发展援助提供者，援助政策也成为欧盟发挥政治外交影响、实现安全目标的重要工具。在欧盟层面，由欧盟委员会管理的发展援助资金的用途主要分为三大方向，分别是发展合作援助、人道主义援助以及对入盟候选国的援助。从欧洲安全的视角而观之，上述三个方向的援助均具有积极的安全建构价值。2003 年发布的《欧盟安全战略》明确指出，为在源头上应对安全威胁，必须协调运用包括政治、外交、贸易、援助、人道主义与危机反应在内的所有手段。《里斯本条约》也强调需利用所有手段和资源，使欧盟的国际行动更具有一致性、战略性和有效性。自难民危机发生以来，欧盟对援助政策的战略期望也大幅提升。默克尔等领导人曾多次强调需通过更好的外部边界保护机制来消除各类危机困扰，而对外援助则是其构成要素之一。

欧盟十分重视对外发展援助在地区安全问题上的作用。冷战结束之初，出于地缘安全战略的考虑，欧盟始终将援助特定地区作为稳定安全局势、防止外部危机蔓延至欧洲的关键路径。欧盟认为原苏东地区、地中海地区都是对欧盟安全至关重要的周边地区。20 世纪 90 年代初期，脱离冷战格局束缚的中东欧国家纷纷要求"回归欧洲"，申请加入欧共体。一方面为巩固冷战结束的西方与苏联抗衡胜利之成果，另一方面也为帮助中东欧国家实现转型，从而在经济层面帮助中东欧区域牢固树立西方价值观，欧共体及后来的欧盟均对原苏东地区积极推行援助政策。地中海地区的和平、稳定和繁荣也是欧洲最优先考虑的问题之一。在西班牙政府倡议下，于 1995 年 11 月举行了首届欧盟—地中海国家部长级会议，提出了"欧盟—地中海伙伴关系计划"。该计划也被称为"巴塞罗那进程"，其目标是通过政治和安全对话实现地区和平，通过经济和财政合作，争取在 2010 年前逐步建立一个自由贸易区，通过加强各国社会、文化和人员交流，进而实现地区和谐与共同发展。面向上述两个区域的政策事实上构成了欧盟于 2004 年启动的以"繁荣和睦邻友好"

为目标的欧盟邻国政策的基本框架。

在援助方面，欧盟是最早将援助与实现其安全战略目标联系在一起的行为体。援助政策被视为欧盟提升安全利益、输出制度和价值观的有效手段。欧盟发展援助的主要对象依次是欧洲地区、非洲、中东地区，这一地理布局也反映了欧盟外交和安全的重点区域。尽管欧盟援助政策出现了因政治附加条件而难以推动、机制烦琐、项目重叠以及协调不力等缺陷，但援助政策仍是欧盟在其安全战略重点关注地区发挥政治和安全影响力的重要手段。援助政策既能体现欧盟的优势，也能彰显其政策目标，因而在其安全战略中仍是重要的综合型工具。不过，也有学者认为，相比于欧盟层面的总体援助水平和欧盟的贸易及联系协定，欧盟用于反恐等领域的安全援助依然十分受限。①

在 2005 年之前，用以指导欧盟对外援助活动的指导理念是"华盛顿共识"。然而，由于在此理念指导下的援助活动并不能有效地实现欧盟预期的援助目标，同时也为了建立自己的独立援助活动指导理念，在 2005 年 12 月召开的欧盟理事会会议上，欧盟理事会、欧盟成员国政府代表、欧洲议会和欧洲发展政策执行委员会共同发布了《欧洲发展共识》的联合声明。从此，《欧洲发展共识》就成了欧盟用来指导对外援助的理念，而该声明则成为欧盟向海外国家提供政府开发援助与制定合作战略的基本依据。从欧盟为发展共识所确立的总体目标来看，虽然它同样强调民主、人权等价值观在实现发展中国家的繁荣和稳定方面所具有的重要作用，但欧盟相对务实地把这些带有西方色彩的价值观念放在发展的总框架下，而不是像"华盛顿共识"一样把价值观念视为高于一切的东西，将之视为不容妥协的援助条件而强迫受援国接受。② 与欧盟对外援助的机制建设成就相比，囿于欧洲一体化客观现实而衍生的限

---

① Raphael Bossong, "The Fight Against Terrorism: A Key Global Objective for the EU?", in Astrid Boening, Jan-Frederik Kremer, Aukje van Loon, *Global Power Europe-Vol. 2 Policies, Actions and Influence of the EU's External Relations*, Springer, 2013, p. 31.

② 曾向红、孟赵：《论欧盟中亚援助政策的制度框架及其演变》，《俄罗斯研究》2007 年第 4 期。

制也显而易见。由于欧盟机制的复杂性和行为体的多元化，对外援助领域长期存在着因彼此重复，甚至冲突而导致的碎片化现象。这种现象集中表现为，基于各个成员国双边援助优先战略的客观存在，欧盟难以在对外援助领域实现集中统一管理和实施。为了破解成员国在对外援助领域各自为政的难题，也为了确保欧盟和成员国按照比较优势进行援助分工，从而更有效地分配欧盟对外援助资金，实现交易成本最低、减少重叠以及援助效果最大化的目的，2007 年欧盟出台了《关于援助互补性和分工的行动准则》，援助分工由此成为欧盟强化援助政策协调性而采取的一个折中选择。

　　难民危机与去一体化危机相互叠加，使得欧盟的安全感知陷入 21 世纪以来最严重的低潮。内外部多重危机叠加之下的欧盟生存与安全压力大增，尤其是作为其根基的单一市场也受到巨大冲击。为此，欧盟于 2015 年启动欧盟邻国政策的修订工作，修订后的政策结构包括了东部伙伴关系（Eastern Partnership）、地中海联盟（Union for the Mediterranean）、跨境合作（Cross Border Cooperation）、欧盟北极政策（EU Artic Policy）等，其中地中海联盟政策着重对难民问题做出了安置与权益保护等相应的部署，以缓解南地中海国家的环境、气候变化和安全压力。欧盟迫切希望消除冲突的政治经济条件、巩固其合法经济的基础与运行空间。为此，2016 年推出的《全球战略》指出欧盟应"把互助和团结化为行动，通过安全与防务、反对恐怖主义、网络安全、能源安全、战略沟通等五条行动路线，为欧洲集体安全做出更大贡献"。欧盟在 2016 年《全球战略》中提出，应积极协同人道主义援助和发展援助，为推动卫生、教育、基本物资和就业提供支持。① 该战略也进一步强调："欧洲人必须有能力保护欧洲，应对外部危机，并协助合作伙伴发展安全与防卫能力。欧盟需恪守承诺，开展双边援助与稳定行动，积极应对恐怖主义、混合风险、网络与能源安全、有组织犯罪、欧盟边界管理等

① European Union, *Shared Vision, Common Action: A Stronger Europe—A Global Strategy for the European Union's Foreign a nd Security Policy*, 2016, p. 31.

内部与外部威胁。"① 基于这一战略认知，欧盟针对 21 世纪以来的难民危机等系列挑战，展开了对外援助的政策革新，而其革新重点则在于人道主义援助。

由于历史原因，战后的非洲大陆国家间边界争端、国内部族冲突不断，由此引发了大量战争移民并冲击到作为非洲近邻的欧盟的安全，难民移动体量在 2014 年达到高峰并绵延不绝。即使从未来的中长期时段来看，这一轮从非洲向欧盟的移民也可能是世界历史上规模最大的一次移民。这些移民对欧盟的边界安全、政治稳定和可能导致的冲突压力的影响仍呈现上升趋势，并且也关系到欧盟的能源供给路线安全。冷战结束后非洲集体安全机制中的自主维和原则得到了强化和凸显，这不仅对其近邻欧洲的和平有一定的影响，而且也增加了欧盟人权条款有效实施以及人道主义援助的压力。非洲经济的依附性和脆弱性、战乱和疾病的困扰以及沉重的债务负担使非洲难以聚合足够的资源和能力对战争根源与难民问题进行自主管控。如果没有联合国及西方大国的适当援助和技术支持，非洲国家开展维和行动和政治协调时会遇到更多的困难。就欧盟与非洲关系而言，欧盟发展援助是其最强有力的对非政策工具，也是欧洲与非洲之间合作最早、延续性最强的政策领域。② 欧盟是非洲最主要的官方发展援助来源，大约有 60% 的对非全球官方发展援助源于欧盟。西欧国家是欧盟对非洲投资的主体。从 2015 年全球十大对非投资大国来看，意大利、法国、英国、德国和芬兰对非洲的投资总量达到了228 亿美元，占到全球对非直接投资的 34%。③ 长期以来，欧盟及其成员国普遍认为，受援国腐败和治理能力低下是造成援助无果而终的根本性原因。然而欧盟的发展援助政策并未在非洲取得良好的效果，地区战乱依旧频发，大量难民外溢并波及欧盟。非洲对欧盟形成的安全影响使

---

① European Union, *Shared Vision：Common Action：A Stronger Europe—A Global Strategy for the European Union's Foreign and Security Policy*，2016，pp. 19 – 20.

② 赵怀普：《欧盟政治与外交》，世界知识出版社 2021 年版，第 379 页。

③ https：//www. camara. es/sites/default/files/publicaciones/the-africa-investment-report-2016. pdf.

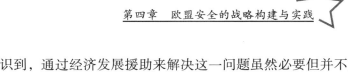

得欧盟意识到，通过经济发展援助来解决这一问题虽然必要但并不直接有效，在人道主义危机和难民危机的冲击之下，人道主义援助仍是缓解难民危机和欧盟安全危机的必要工具。因此，欧盟从战略高度重视非洲的安全价值和欧非合作等意义。2016 年《全球战略》指出，对非洲的合作即是对欧盟安全与繁荣的战略投资。① 2020 年，欧盟委员会发布《对非洲全面战略》的政策文件也指出，非洲是欧盟天然的伙伴和邻居，与非洲的合作能够为欧非双方打造共同繁荣、安全和可持续的未来。② 该战略提出了欧非之间的五大合作领域：能源绿色转型、数字化转型、可持续增长和就业、和平与治理、移民和人员流动。

在欧盟不断强化对非援助以缓解难民压力，增强自身安全的战略演进过程中，欧盟持续推行并加大其援助力度，形成战略与实践并轨运行的人道主义援助发展态势。2004 年启动的"非洲和平基金"和 2014 年启动的"泛非方案"构成了对非援助的两大基本方案。此后，随着非洲发展形势和难民危机的外溢，欧盟持续提升其对非援助战略。

由北非经地中海是 2014 年以来非洲难民进入欧洲的主要通道。自2016 年起，欧盟联合国际移民组织，通过设立总额为 1 亿欧元的非洲援助计划，由德国和意大利分别承担 4800 万欧元和 2200 万欧元，欧盟希望能够通过设立新援助基金，阻止从非洲前往欧盟的移民潮。这个新倡议主要针对北非，共涉及 14 个国家（布基纳法索、喀麦隆、乍得、冈比亚、加纳、几内亚、几内亚比绍、马里、毛里塔尼亚、尼日尔、尼日利亚、塞内加尔、科特迪瓦和利比亚）。除提供人道主义援助和辅导外，该计划也展开了教育活动，告诫上述国家的难民跨海前往欧洲的危险性。2015 年 11 月，欧盟委员会设立了"非洲之角"地区信托基金，欧洲发展基金及欧盟各成员国都向该信托基金注资。在此基础上，欧盟于 2016 年推出了面向难民源头国的援助计划，计划在"非洲之角"地

---

① European Union, *Shared vision*, *common action*：*A stronger Europe. A global strategy for the European Union's Foreign and Security Policy*, 2016, p. 36.

② European Commission, *Toward a Comprehensive Strategy with Africa*, March 2020.

区开展累计 11 项的援助项目，总投资大约 1.7 亿欧元，试图通过发展当地经济，从根源上解决欧洲面临的难民危机。欧盟委员会国际合作和发展委员奈文·米米卡（Neven Mimica）曾直言欧盟投资"非洲之角"地区的目的，就是希望从源头上解决非法难民涌入的问题。根据欧盟的计划，相关信托基金面向警力培训、跨地区经合发展、年轻人教育就业、难民接待中心等方面进行投资，以期进一步稳定当地的局势。

相比于欧盟从源头上稳定非洲难民的计划和援助力度，"非洲之角"的发展与安全形势仍是一个长期存在且不断反复的巨大难题。2021 年以来，"非洲之角"地区的人道主义形势持续恶化，例如，由 2020 年 11 月埃塞俄比亚北部提格雷州爆发武装冲突而引发的新一轮难民潮持续存在，根据欧盟统计，"非洲之角"地区逾 1150 万人流离失所，其中 400 多万人沦为难民。除地区武装冲突和战乱之外，"非洲之角"也连遭新冠疫情和严重蝗灾打击，尤其是蝗灾加剧了"非洲之角"的粮食危机；据联合国方面统计，蝗灾导致"非洲之角"地区 3500 多万人处于饥饿的威胁之下。为此，欧盟于 2021 年 3 月再度推出援助项目，向该地区追加 1.49 亿欧元人道主义援助，帮助索马里、肯尼亚、吉布提、苏丹、乌干达等国渡过难关。其中索马里获得 4250 万欧元援助，肯尼亚获得 1400 万欧元援助，吉布提获得 50 万欧元援助，苏丹获得 5200 万欧元援助，乌干达获得 3200 万欧元援助，另有 800 万欧元援助用于防治蝗灾。

作为欧洲门户与中东边界的土耳其，是难民进入欧洲的主要通道和中转站，仅 2015 年就有约 150 万人通过非法途径经由土耳其进入欧盟，因而是欧盟阻止难民持续北上进入欧洲的关键防线。欧盟在 2015 年 11 月双边峰会中宣布支付 30 亿欧元，用以向土耳其教育及医疗部门提供资助，帮助土耳其接收叙利亚难民，支付难民儿童在当地入学的费用以及难民在当地寻求医疗支持的费用，来换取该国妥善处置滞留在其国内的 220 万叙利亚难民，使其考虑返回故土或者选择继续停留在土耳其境内。对于欧盟各国来说，既要安置在欧洲的难民，解决难民无序流动的问题，同时还要从根本上大幅降低难民流向欧洲的意愿，即希望土耳其能够"内部消化"难民，以防止难民继续向欧洲转移。当然，土耳其是北约成员国、欧洲安全与合作组织成员国，也是欧盟联系国，这种特殊身份使土耳其成为欧盟借以遏制难民危机的安全屏障之一。除了支持化解难民危机之外，欧盟的另一政策目标还在于通过援助土耳其，支持因 2015 年土耳其击落俄罗斯军机而恶化的安全局势。同时值得注意的是，欧盟向土耳其提供人道主义援助支持，是欧洲一体化过程中利用其与土耳其接壤的地理便利和土耳其申请加入欧盟的政治便利而采取的一种策略性手段。因此，作为这一手段的配套举措，欧盟还同意加快土耳其入盟谈判的节奏，提速实施签证自由化路线图。由于难民危机引发的各类问题复杂交织在一起，且来自国际社会的物资、财政支持长期匮乏，约旦、黎巴嫩、埃及、伊拉克等国纷纷调整难民政策，并加强边境管控以减少入境难民数量。在上述收容国的难民政策收紧、居住条件恶化、救助资源减少等困境下，大量难民选择转往邻近的土耳其，客观上增加了土耳其的难民数量。大量难民涌入土耳其，导致其人口数量猛增、物价明显上涨，其中食品、住房及运输成本上涨最快；来自叙利亚的资本输入也在短期内刺激了土耳其的经济增长。但与短期内的经济指标相对应，土耳其政府为安置难民花费了大量资金，致使国家财政负担过重。正是出于强化土耳其处理难民问题之能力的政策初衷，欧盟于2021 年通过"紧急社会安全网"再次向土耳其支援 3 亿欧元，以满足难民的基本生活需求。显然，欧盟向土耳其提供的援助资金，既具有交易性质，也具有安全维护意义。

此外，值得注意的是，新冠疫情暴发带来了全球范围的经济衰退和健康风险，世界各地的人道主义形势变得更加不容乐观。作为全球治理的重要行为体，欧盟也在自身应对疫情的基础上，积极开展针对疫情控制和疫后复苏的人道主义援助。由于疫情的冲击，加之欧盟自身经济实力下滑且在援助领域附加大量政策限制，导致其人道主义援助成效十分有限。此外，自新一届欧盟领导人就职以来，继续强调人道主义援助与其他对外政策目标的协调，从而更加凸显了人道主义援助的工具属性，这可能会使人道主义援助成为欧盟追求自身利益和地缘政治目标的手段之一。对于一直高举"人道、中立、公正和独立"原则的欧盟来说，这种政策转向将有损其长期以来建立的政治形象，进而损害其在全球人道主义援助事务中的主导地位。

作为《国际粮食援助公约》的成员之一，欧盟在人道主义危机发生之前、期间和后期均提供粮食援助，其目的在于通过提供人道主义粮食援助，为处于危机中的饥饿与脆弱民众提供安全和富有营养的食品。与去一体化危机等挑战相并行，自 2016 年以来，国际军事冲突、经济衰退和气候变化等现象频繁出现，导致世界粮食危机一直未能得到有效缓解。而 2022 年初爆发的俄乌冲突则更令粮食危机的规模和严重性达到了史无前例的程度，全球范围内有共计 36 个国家超过一半的小麦进口都依赖于乌克兰和俄罗斯。俄乌冲突直接影响了粮食供应、能源和肥料价格，导致供应链中断，进一步加大了粮食危机。有关全球粮食危机的报告显示，全球至少有 2.05 亿人处于粮食危机状态，急需大规模紧急援助。人道主义粮食援助是当前欧盟主要推行的对外援助，欧盟对其也寄予了较高的安全期待。欧盟委员会负责危机管理的委员莱纳尔契奇（Janez Lenarčič）在 2022 年 1 月关于人道主义援助的公告中称，当前除武装冲突和战乱之外，气候变化、新冠疫情等正在不断推高全球人道主义需求，欧盟 2022 年的安全目标是不仅应对突发危机和重大危机，更要确保应对久拖不决或反复发生的危机。值得注意的是，遭受粮食危机困扰的国家也是此前冲击欧盟的难民危机的主要来源国。根据相关分析，阿富汗、埃塞俄比亚、肯尼亚、索马里、萨赫勒等地区对食品紧急行动的需求日趋严重。其中埃塞俄比亚、肯尼亚和索马里三国由于多年来一直处于严重干旱状态，而 2022 年的粮食运输链断裂，更令上述三国面临饥饿的民众总数达到 1800 万，其中 2022 年约 97 万人处于灾难级的粮食不安全状态，也即最高级别的粮食安全危机状态，因而粮食危机令欧盟的安全担忧更为紧张。

为强化外部安全，欧盟积极开展粮食援助，并在两个方面做出调整。第一，加大援助力度。一般情况下欧盟为粮食短缺民众提供人道主义食品援助，或提供投资以降低饥荒风险。2010 年以来，欧盟不断推出人道主义粮食援助政策，受援助的民众总数累计达到 1 亿。2021 年 8 月，欧盟宣布将在 2021—2027 年投入 115 亿欧元用于人道主义援助，并将 1/4 的年度人道主义财政预算用于提供紧急食品与营养。随着新冠疫情暴发与气候变化的加剧，全球人道主义危机形势也进一步恶化，2021 年时全球每 33 人中就有 1 人需求人道主义援助，比新冠疫情暴发之前增加了 40%，接近 2014 年水平的 3 倍。[①] 2021 年，欧盟将 2022 年人道主义援助预算增至 15 亿欧元，其中非洲和中东地区获得 8.2 亿欧元援助。值得注意的是，另有 3.7 亿欧元预算被列为"机动援助"，专用于应对突发危机或现有危机突然加剧等情况，易受气候变化影响的国家也将获得这笔援助，以应对可能发生的洪水、森林火灾、地震、飓风等自然灾害。作为《国际粮食援助公约》的成员，欧盟致力于每年提供 3.5 亿欧元用于解决粮食危机，2022 年欧盟用于人道主义粮食援助的资金达到 7.7 亿欧元，其中包括非承诺性的欧洲发展基金储备 1.5 亿欧元，用于向非洲、加勒比和太平洋地区最脆弱国家提供粮食援助。此外，欧盟于 2022 年 5 月宣布向叙利亚额外增加 10 亿欧元的人道主义援助，年度总额达 15 亿欧元，用于缓解由于俄乌冲突所导致的粮食危机，同时计划 2023 年的援助额度为 15.6 亿欧元。值得注意的是，从 2017 年起，欧盟委员会和联合国每年共同举办一次主题为"支持叙利亚和地区未来"的会议，旨在为叙利亚危机寻求解决方案。这一举动与欧盟应对系列危机的战略运作时间线高度重合，也充分说明了应对难民危机以维护欧洲安全的重要性。第二，实施精准援助。欧盟的人道主义食品援助根据危机形态与不同群体的需求做出相应的调整。欧盟要求向处于危机状态中的最脆弱群体提供急需的、有营养的食品。例如，对 5 岁

---

① Statement by the High Representative/Vice-President Josep Borrell and Commissioner Janez Lenarčič on World Humanitarian Day 2021, European Commission.

以下儿童的援助显著区别于其他受援群体。又如，人道主义食品援助主要以现金支付的形式开展。欧盟认为，处于危机状态下的各地区，商店与市场的粮食供应不足，而受灾民众也无足够资金去购买粮食，因此欧盟认为现金支付相比较于在全球范围内大量运输粮食而言，是更为有效的援助方式。再如，欧盟将提供可持续的解决方案和恢复粮食供应韧性、保护粮食危机之下的受灾民众和家庭列为优先目标，其方式包括向农民提供粮食种子和耕种工具，以助其恢复生产。①

　　除了上述以对外援助为主的安全举措之外，对外制裁也是被欧盟赋予高度期待的一种政策方式。尤其对欧盟这样长于经济运作而弱于军事维护的国际行为体来说，对外制裁的运用至少有助于维护欧盟的安全和发展，更能直接地体现欧盟的政治立场和国际形象。因此，下面一节将针对制裁问题做出阐述。

第五节　欧盟安全与对外制裁

　　21 世纪以来，欧洲的安全形势日益复杂艰难，客观上要求欧盟采取超越单一武力对抗的多元化措施，而对外制裁作为一种相对消极且低成本的安全措施，被欧盟视为可行度更高的政策选择。对外制裁是欧盟实现外交目标、保障自身安全与国际安全的手段之一，欧盟对外制裁的制度设计符合共同外交与安全政策框架，欧盟法律也规定对外制裁必须置于共同外交与安全政策之下进行。近年来，欧盟对外制裁的频率和数量显著提升，制裁对象主要集中于欧盟周边的同时也广泛分布于全球，被制裁对象则既包括主权国家，也包括非政府组织、企业等各类主体，而制裁目的则包括控制武装冲突、人权保护、反对恐怖主义等多个方面。从整体实践来看，对外制裁在欧盟构建自身与国际安全领域中的战

---

　　①　"European Civil Protection and Humanitarian Aid Operations"，https：//civil-protection-humanitarian-aid. ec. europa. eu/what/humanitarian-aid/food-assistance_ et#ecl-inpage-705.

略价值得到了高度重视，因而也是欧盟应对危机的一项有效工具。

随着欧盟的整体能力和全球利益持续提升，源于其内部与外部的安全威胁也在不断增长，这种形势客观上增加了欧盟在对外关系领域采取制裁方式以寻求安全和发展的战略动机。一般来说，欧盟采取对外制裁措施的主要目标是：维护欧盟的价值观、根本利益和安全；维护和平；巩固与支持民主、法治、人权和国际法原则；预防冲突和加强国际安全。

作为一体化程度最高的国际组织，欧盟积极推行多边主义、平等、协商谈判等价值观念。与此同时，作为非国家行为体，欧盟在传统的军事安全领域不能与国家行为体进行竞争，将自身塑造成一种规范性力量可能是欧盟取得更大影响力的最优路径。人权、民主和自由等价值观在欧洲有深厚的历史渊源并已形成了根深蒂固的影响，欧盟作为欧洲文明的传承者与弘扬者，对外推广人权和民主等价值观自然是其使命所在。伴随欧洲一体化推进和欧盟国际影响力的提升，人权与民主不但成为欧盟重要的对外战略目标，而且以条款和规则的形式广泛渗入欧盟的国际协定中。1991年通过的《关于人权、发展与合作的决议》规定，人权是影响欧盟及其成员国与发展中国家关系的重要因素。1995年的《"人权条款"通讯》指出，将"人权条款"引入双边条约是欧盟缔约的前提条件。《赫尔辛基最后文件》也集中强调了对人权民主的保护。在双边关系中，第三国若违反欧盟有关人权与民主的规定，将受到欧盟不同程度的制裁。作为价值观外交的重要辅助手段之一，对外制裁是欧盟实现推广价值观、彰显其价值取向的一项有力工具。维护欧盟安全和推广欧盟价值观是欧盟对外制裁的重要目的。[①] 同时欧盟对外制裁也受到地理因素的影响，欧盟更加关注地理邻近的事务，对距离较远的地区事务关注较少。有学者对欧盟在哪些情况下采取制裁措施进行了分析，并提出了几条假设：第一，欧盟为了实现安全目标而增加了对外制裁措施；

---

① Francesco Giumelli, Fabian Hoffmann, Anna Ksiazczakova, "The when, what, where and why of European Union sanctions", European Security, Vol. 30, No. 1, 2021, pp. 1–23.

第二，欧盟也采取措施实现与安全间接相关的目标，比如，人权和民主；第三，距离欧盟越近的区域，受到欧盟制裁的频率越高；第四，欧盟在邻近的区域采取制裁措施更多是为了实现安全目标。① 也有学者根据欧盟对外制裁的动机和地理因素提出了类似的假设：首先，欧盟更倾向于实施与安全领域间接相关的领域的制裁；其次，距离欧盟越近，越可能受到欧盟制裁；再次，与欧盟距离越近的目标国，受到欧盟制裁的原因越可能与安全有关；最后，距离欧盟越远的国家，其受到欧盟制裁的原因越可能与安全目标间接相关。②

欧盟的对外制裁通过两种方式来实现：一是依据联合国的制裁措施而参与多边制裁；二是针对特定对象发起自主制裁。③ 其中欧盟在配合联合国的制裁行动过程中的决策程序较为简洁：联合国安理会根据《联合国宪章》第四十一条出台制裁决议；欧盟理事会依据《欧洲联盟条约》第十五条做出共同实施制裁的决定；欧盟的条例理事会采纳了该决定，并由欧盟成员国直接付诸实践。在欧盟看来，联合国有责任和义务维护世界和平与安全，欧盟成员国应当积极响应，参与联合国的制裁行动不仅是欧盟的义务，更是欧盟扩大国际存在感和影响力的途径。为推进欧盟对外制裁的实施，欧盟曾经分别于 2003 年和 2004 年出台了《关于在欧盟共同外交与安全政策框架下限制措施（制裁）实施和评估指南》（以下简称《评估指南》）与《关于限制措施（制裁）实施的基本原则》两份文件，前者主要就有关设计与实施制裁的技术层面提出指导性意见，后者主要明确了欧洲理事会关于实施制裁的政治决定。这两份文件的出台，使欧盟对外制裁在整体上有了较大的发展，不仅增强了对外制裁的规划与规范治理程度，更为进一步完善与发展欧盟对外制裁奠定了基础。《评

---

① Portela Clara, *Where and Why Does the EU Impose Sanctions? Politique Européenne*, No. 17, Oct. 2005, pp. 83 – 111. EBSCOhost, https://search.ebscohost.com/login.aspx? direct = true&db = edsjsr&AN = edsjsr.45017751&lang = zh-cn&site = eds-live.

② Hörbelt, C., "A Comparative Study, Where and Why Does the EU Impose Sanctions", *UNISCI Discussion Papers*, 2017, No. 43, pp. 53 – 71.

③ Giumelli Francesco, "How EU Sanctions Work", *Chaillot Papers*, No. 129, 2013.

估指南》规定，欧盟成员国应依据《欧盟联盟条约》第十九条，在不损害《联合国宪章》赋予其相关责任的前提下，最大限度地配合联合国的制裁政策。① 如果联合国采取的制裁措施能够充分体现欧盟的意愿，则欧盟不必采取额外的制裁；当联合国不采取制裁措施或者采取的制裁措施无法完全体现欧盟的意愿，则欧盟需采取自主制裁以作为弥补。② 在实践中，联合国的制裁主要集中在金融制裁、武器禁运、战略物资禁运、木材禁运和石油禁运。当然，随着欧盟对外联系的日益复杂化，欧盟的制裁路径和政策选择也更加多样化，尤其在近年来欧盟安全形势进一步恶化的情况下，欧盟在对外制裁的政策方式上有了更多的投入和变化。

　　作为一个特殊的国际行为体，欧盟同时兼具了超国家主义和政府间主义的双重特征，在对外制裁的实施过程中有其自身的特点。欧盟对外制裁的具体方式大致有六种：（1）抵制文化与体育赛事；（2）贸易制裁，包括一般性的进出口贸易限制或武器禁运；（3）取消与第三国的合作；（4）金融制裁，包括冻结资产、禁止金融交易、限制出口信用或投资；（5）外交制裁，包括驱逐外交官、断绝外交联系、取消官员访问等；（6）限制旅行与航运，包括航班禁运、限制特定身份人员入境等。③ 欧盟对外制裁实施的最大特点在于"双重实施"，在欧盟职能范围之内的制裁措施由欧盟统一负责，那些属于各成员国职权范围的制裁措施由欧盟各成员国依据欧盟对外制裁决议采取行动。从《罗马条约》到《里斯本条约》，欧盟与其成员国在对外制裁实施的权限划分上经历了不断演化的过程，大体上可以确定其权限划分：欧盟主要负责与投资、金融、贸易等领域的对外制裁，欧盟成员国负责武器禁运、旅行

---

① Weber, Patrick M. Gerald Schneider, "How Many Hands to Make Sanctions Work? Comparing EU and US Sanctioning Efforts", *European Economic Review*, Vol. 130, Nov. 2020. EBSCOhost, https://doi.org/10.1016/j.euroecorev.2020.103595; Biersteker, Thomas J. and Clara Portela, "EU sanctions in context: three types", *European Union Institute for Security Studies*, 2015.

② Guidelines on Implementation and Evaluation of Restrictive Measures (sanctions) in the Framework of the EU Common Foreign and Security Policy, https://data.consilium.europa.eu/doc/document/ST-5664-2018-INIT/en/pdf.

③ 冯存万：《欧盟安全视阈中的对外制裁》，《外交评论》2010 年第 5 期。

禁止等领域的对外制裁。① 在欧盟实施的自主制裁中，理事会决定的适用期限是 12 个月，在延长期限之前，需要对限制性措施进行审查。根据形势的发展，理事会可以随时决定修正、延长或中止相关建议，而理事会指令是无限期的。被制裁者可以向欧盟理事会提出解除制裁的请求，欧盟理事会相关部门收到请求后，将重新审议制裁措施。② 此外，《欧洲联盟条约》第 275 条和第 263 条规定，被制裁的个人或实体可以经由欧盟普通法院质疑欧盟理事会的制裁决议。

　　冷战结束、两极格局瓦解和欧洲一体化快速推进，为欧盟的对外战略和能力提升提供了广阔的实验空间。在这一前提下，欧盟的对外制裁有了新的发展，制裁对象增加，范围扩大且手段更加多样化。从安全目标的设定到安全政策的实施，体现了欧盟对国际安全走势的认知与判断。欧盟在治理恐怖主义的过程中也非常注重运用制裁手段。③ "9·11"事件以来，打击恐怖主义成为欧美国家的重要政策目标。作为地区一体化组织的最高表现形式，欧盟的安全关注是多元化的，而应对和打击恐怖主义则是其中的关键内容。欧盟制定了"恐怖分子名单"，旨在公布参与恐怖行为并受到制裁的个人、团体和实体。2016 年以来，欧盟开始冻结与基地组织和"伊斯兰国"有关的恐怖分子的资产并对其颁布旅行禁令。欧盟对外制裁也随之出现了新的趋势，继恐怖主义之后，网络安全、人权问题和化学武器等三个方面也被欧盟列为制裁对象。虽然武器和人权等问题早已成为欧盟的制裁对象，但以往主要把它们与某个特定的主权国家联系在一起，而当前的欧盟在对外制裁中更多地首先强调人权或武器，而不是某个国家。此外，网络制裁是近年来欧

---

① Guidelines on Implementation and Evaluation of Restrictive Measures（sanctions）in the Framework of the EU Common Foreign and Security Policy，https：//data. consilium. europa. eu/doc/document/ST-5664-2018-INIT/en/pdf.

② "Adoption and review procedure for EU sanctions"，https：//www. consilium. europa. eu/en/policies/sanctions/adoption-review-procedure/.

③ "EU fight against terrorism：one group and two individuals added to the EU sanctions list"，https：//www. consilium. europa. eu/en/press/press-releases/2022/05/30/eu-fight-against-terrorism-one-group-and-two-individuals-added-to-the-eu-sanctions-list/.

盟为适应互联网技术发展而频繁采用的新制裁形式，是一种用于威慑、约束和惩罚网络空间中恶意活动的传统措施，包括旅行禁令、资产冻结等手段。总体而言，网络问题、人权问题和化学武器本身成为欧盟近年来的主要制裁对象，代表了欧盟在制裁领域的最新进展。

2017年6月，欧盟理事会通过了"网络外交工具箱"决议，以保障欧盟及其成员国免受网络威胁。2018年6月，欧盟成员国在欧洲理事会上呼吁通过新的旨在解决化学武器的使用和扩散的限制性措施。同年10月，欧洲理事会通过了防止化学武器使用和扩散的限制措施，并在实践中加以运用，受到制裁的对象包括叙利亚和俄罗斯等国的个人和研究所。① 2019年5月，欧盟引入了新的针对性制裁措施，这些措施包括冻结资产和旅行禁止。其中旅行禁止的实施对象主要是对发动网络攻击负有责任的个体或实体，参与或为网络攻击提供资金、技术或物质支持的个人或实体，以及协助、鼓励、帮助或与网络攻击有关的个人或实体。② 受到欧盟网络制裁的实体和个人主要来自俄罗斯、朝鲜、韩国等国。2019年12月，欧盟理事会鼓励欧盟外交和安全政策高级代表制定针对严重侵犯和践踏人权行为的制裁政策。2020年11月，欧盟理事会通过了《欧盟2020—2024年人权与民主行动计划》，规定了欧盟与第三国关系中的优先事项。2020年12月，欧盟理事会通过了面向全球范围的人权制裁决议并付诸实践。③ 2022年5月16日，欧盟宣布将针对欧盟及其成员国的网络攻击的制裁措施延长三年，期限至2025年5月18日。

① European Council, Council Decision（CFSP）2018/1544 of 15 October 2018, https：// eur－lex. europa. eu/legal－content/EN/TXT/PDF/? uri＝CELEX：02018D1544－20211013&qid＝1687495152093.

② European Council, COUNCIL REGULATION（EU）2019/796 of 17 May 2019, https：// eur－lex. europa. eu/legal－content/EN/TXT/PDF/? uri＝CELEX：02019R0796－20201124&qid＝1687495769995.

③ European Council, Council Decision（CFSP）2020/1999 of 7 December 2020, https：// eur－lex. europa. eu/legal－content/EN/TXT/PDF/? uri＝CELEX：02020D1999－20211213&qid＝1687495430529.

　　由上述可知，近年来欧盟实施对外制裁的原因包括安全、价值观、核不扩散和国内政治稳定等多个方面。根据有关资料统计，世界范围内被欧盟列为制裁目标的国家已经多达 51 个，① 这些国家以欧盟为中心逐渐向外扩散，欧洲东部、地中海沿岸、亚洲西部和非洲国家是欧盟对外制裁的重点地区。由于受欧盟制裁的国家数量繁多，难以在有限的篇幅中分析欧盟对外制裁的每一个案例。鉴于此，兼顾制裁动因和地理因素，选取欧盟对俄罗斯、伊朗、缅甸等三个国家的制裁作为案例分析。欧盟对俄罗斯的制裁主要是出于周边安全考虑，对伊朗的制裁主要是出于核安全的考虑，对缅甸制裁主要是出于人权和民主等价值观的考虑。

　　欧盟因乌克兰危机而对俄罗斯采取的制裁，是近年来欧盟对外制裁的标志性举措，其力度之最，时间之长，政治效应之广，几成欧洲一体化启动以来的最突出制裁举措，由此而形成的欧洲安全裂痕，亦为冷战结束以来欧洲安全的最大危机。需要指出的是，欧盟与俄罗斯之间的关系实质上是欧洲三组力量（作为全欧洲组织的欧洲安全与合作会议、作为西欧组织的欧洲联盟、作为跨大西洋组织的北约）同俄罗斯的关系。这一现象所导致的结果是，自进入 21 世纪以来，欧盟与俄罗斯的关系进入了历史上最为复杂的合作阶段，这一合作的广度和深度为历史之最。② 但是，从复杂合作阶段转向最复杂对峙阶段的过程也是相当急速的，且欧盟在这一转向过程中并不具有战略自主能力。2014 年 3 月

---

　　① 欧盟对外制裁的国家指欧盟成立后的制裁对象国，不包括欧共体时期的制裁对象，但包括欧共体后期发起而主要制裁阶段在欧盟时期的制裁对象。另外，曾经受到制裁而如今已是欧盟成员国的国家也包括在内，共计 51 个国家。这些国家有：俄罗斯、乌克兰、白俄罗斯、南斯拉夫（已解体）、摩尔多瓦、波黑、黑山、塞尔维亚、克罗地亚、北马其顿、斯洛文尼亚、土耳其、阿富汗、中国、朝鲜、伊朗、伊拉克、叙利亚、也门、缅甸、黎巴嫩、乌兹别克斯坦、马尔代夫、印度尼西亚、亚美尼亚、阿塞拜疆、利比亚、苏丹、南苏丹、津巴布韦、突尼斯、几内亚、埃及、科特迪瓦、厄立特里亚、刚果、马里、布隆迪、几内亚比绍、中非、索马里、科摩罗、埃塞俄比亚、塞拉利昂、南非、美国、古巴、尼加拉瓜、委内瑞拉、哥伦比亚、海地。
　　② 陈新明：《合作与冲突：2000 以来俄罗斯与欧盟关系》，中国社会科学出版社 2018 年版，第 9—11 页。

16日克里米亚举行公投，美国对此表示强烈抗议，当日时任美国总统奥巴马签署了13661号行政命令，决定对俄罗斯采取制裁措施。3月17日，在美国施压和克里米亚并入俄罗斯的双重影响下，欧盟开始了对俄罗斯的首次制裁。此后，随着2014年4月6日乌克兰东部的哈尔科夫、卢甘斯克和顿涅茨克等三个城市宣布脱乌入俄，欧盟就开始了新的制裁并持续加大制裁力度。尽管欧盟多次表明对俄制裁不是目的而是手段，仍希望通过政治手段来化解问题，但处在复杂新形势下的欧盟与俄罗斯已经踏入了积重难返的对峙阶段。2014年7月，马航MH-17航班经过乌克兰时坠毁于俄罗斯边境，再次加剧了俄欧关系的紧张。西方国家对俄罗斯发出强烈谴责，认为俄罗斯践踏人权、违反人道主义原则。[1]欧盟认为，俄罗斯的行为不仅严重违背了人权民主等价值观，更是关切到欧盟的安全问题。如果说此前欧盟对俄罗斯采取的制裁是象征性的，那么马航事件则成为欧盟由象征性制裁转向实质性、针对性制裁的转折点。2014年7月29日，欧盟加大对俄制裁力度，采取最为严厉的措施，对俄罗斯发动的制裁涉及金融、能源等领域。欧盟的制裁对俄罗斯经济造成了显著的负面影响。2015年俄罗斯国内生产总值增速为-3.7%，通货膨胀率为13%。从2014年初到2015年底，卢布大幅贬值，对美元贬值72.2%，对欧元贬值51.7%。但制裁所引发的双向反应对欧盟也产生了不可忽视的影响。俄罗斯的反制裁措施也让欧洲经济遭受重创，2013年12月到2015年6月，对俄制裁的欧洲国家损失约500亿美元。[2]作为制裁的附带效应，欧盟也因对俄制裁而失去了大量的就业机会，其中德国超过6000家在俄经营的公司损失惨重，牵涉到50万个就业机会。自2022年初俄乌冲突爆发以来，欧盟对俄罗斯实施了多轮次制裁。制裁包括禁止与俄罗斯国有军工企业进行交易，进一步限制向俄罗斯出口可用于军事用途的产品和服务；禁止向俄罗斯能源业追加投

① Inna Šteinbuka, Satenik Avetisyan, "The Effectiveness of The EU Sanctions: The Cases of Russia and Belarus", in Andris Spru-ds, Sintija Broka, eds., *Latvian and Security Policy Yearbook* 2021, Latvian Institute of Intenational Affairs, 2021, p. 110.

② 吴大辉:《制裁与反制裁: 欧俄相互经济加害难长久》,《当代世界》2016年第10期。

资，全面限制向俄罗斯出口能源装备、技术及服务；禁止向俄罗斯个人和实体提供信用评级服务；禁止进口俄罗斯钢铁；进一步限制向俄罗斯出口豪华汽车、珠宝等奢侈品。此外，欧盟也对俄罗斯的更多个人和经济实体实施制裁，如商人、国防科技工业从业人员乃至俄罗斯民航、军民两用、造船、机械制造等行业的龙头企业，冻结他们在欧盟司法管辖范围内的财产，禁止他们入境欧盟，禁止欧盟成员国公民和实体向他们提供资金。但是，正如此前的欧盟对外制裁总是面临着内部成员国意见分歧的尴尬，因俄乌冲突而加剧的欧盟对俄制裁也同样存在着内部纷争。比如，多个欧盟成员国曾对俄制裁方案中的石油禁运存有顾虑并提出反对意见，而匈牙利的反对声音最为强烈，匈牙利总理欧尔班直言欧洲联盟对俄罗斯施加制裁无异于"矮子制裁巨人"，而且对俄罗斯制裁必将对欧盟经济产生致命的威胁，无异于朝自己（欧盟）的肺部开枪。①

　　欧盟将伊朗核问题视为对欧亚大陆的重要安全威胁，同时也将之视为展示欧盟安全观念和能力的重要实验场。2011 年以来，欧盟就针对伊朗的人权问题采取了相关制裁措施，包括对特定经济实体和个人实施资产冻结、不予发放签证，禁止向伊朗出口特种设备。欧盟对伊朗的制裁源于核问题本身的特殊性和伊朗的相关国际举措。伊朗采取了一系列措施来应对欧盟及其他国家的强硬制裁，首先是间断地加大核开发力度。伊朗自内贾德 2005 年当选总统后即加大在核研发方面的投入，进行铀浓缩活动。到 2013 年，伊朗已经可以生产丰度达 20% 的浓缩铀，其间在俄罗斯的帮助下建成了布什尔核电站。其次，通过外交斡旋抵制制裁。伊朗始终对外宣称，核能开发的目的是和平利用核能，不研发核武器，坚持核不扩散，部分地接受国际原子能机构的核查。在受到欧盟等西方国家制裁后，伊朗积极发展同中国和俄罗斯等大国的关系，以开拓市场和获得资金、技术等方面的支持。欧盟特别是英、法、德等三个

---

① 《匈牙利强烈反对制裁俄罗斯能源部门》，新华网（http://www.xinhuanet.com/world/2022-03/25/c_1128503875.htm）。

成员国为解决伊朗核问题付出了巨大的外交努力，2015 年 7 月，伊朗与伊核问题六国（美国、英国、法国、俄罗斯、中国和德国）达成伊核问题全面协议，签署《联合全面行动计划》并于 2016 年 1 月生效。在美国特朗普政府多次对伊核问题表示怀疑并威胁退出伊朗核协议的过程中，欧盟认为，伊朗核协议是多年来各方外交取得的重要成果，是维护地区安全的关键之所在，只要伊朗仍然完全承诺并履行该协议的规定，欧盟就会留在协议中并将继续充分有效地执行该协议。① 2018 年 5 月美国宣布退出伊朗核协议，沉重地打击了欧盟在伊核问题上的外交努力和成就。作为对美国单边主义措施的回应以及对伊核问题外交的挽救，欧盟于 5 月 22 日更新《阻断法案》，禁止欧盟的公司和其他行为体遵守美国的域外制裁，该法案在美国 2018 年 8 月 6 日第一批制裁生效之前生效。此外，欧盟委员会加强了与伊朗能源部门和中小型公司的合作，还鼓励各成员国研究向伊朗中央银行一次性转账的可能性，以帮助伊朗在受到美国制裁的情况下获得与石油相关的收入。② 2019 年 4 月，欧盟以"人权问题"为由再次宣布继续延长自 2011 年就已开始的对伊朗的制裁，此后每年延长一次。③ 从欧盟对伊朗的制裁中可以看出欧盟外交的务实特征，没有将人权问题和伊朗核问题捆绑在一起，而是按领域分别予以解决。这一实践操作也说明，人权和民主等问题并不占欧盟的制裁政策主导地位，欧盟对外制裁中首先关注的是因核扩散问题引发的地缘安全问题。此外，从对伊朗制裁的历程来看，英、法、德三国协

---

① "Iran：Council extends restrictive measures by one rear on human rights concerns"，European Council，April 11，2016，https：//www.consilium.europa.eu/en/press/press-releases/2016/04/11/iran-restrictive-measures-extended/.

② "European Commission acts to protect the interests of EU companies investing in Iran as part of the EU's continued commitment to the Joint Comprehensive Plan of Action"，European Commission，May 18，2018. https：//ec.europa.eu/commission/presscorner/detail/en/IP_18_3861.

③ "Iran：Council extends by one year sanctions responding to serious human rights violation"，European Council，April 8，2019，https：//www.consilium.europa.eu/en/press/press-releases/2019/04/08/iran-council-extends-by-one-year-sanctions-responding-to-serious-human-rights-violation/.

同和对美依赖是推动欧盟对伊制裁的最大政治动力。[①] 随着英国退出欧盟，今后欧盟整合成员国力量以凝聚政治共识制裁伊朗的政治能力也将有所下降，当然，这种下降应当不会破坏欧盟在应对伊朗核危机过程中业已形成的英、法、德三国合作的 E3 模式，有关问题将在第五章有所论及。

　　欧盟对缅甸的制裁是其为推行价值观外交而开展制裁的典型案例。1988—1996 年，欧盟开始了对缅甸的制裁，其间欧盟于 1988 年对缅甸实施武器禁运，1991 年开始停止与缅甸的防务合作，同时对缅甸开始进行有条件援助。2012 年 4 月，欧盟认为缅甸的议会选举具有合法性，肯定了缅甸的政治民主化进程，因此对缅甸的制裁暂停一年。2013 年吴登盛总统访问欧盟，标志着欧盟与缅甸的关系进入了新的阶段，不过欧盟并没有完全解除对缅甸的制裁。2018 年 4 月 26 日，欧盟决定对缅甸武装部队和部分边防警察的侵犯人权行为实施武器禁运和冻结资产等限制性措施，必要时为受害平民提供人道主义援助。[②] 2021 年 4 月 29日，欧盟宣布对缅甸直接参与 2 月军事政变的个人、暴力镇压和平抗议者的相关人员、侵犯罗兴亚人和其他少数民族人权的负责人的制裁延长一年。[③] 2021 年 6 月 21 日，欧盟对缅甸实施军事政变后的第三轮制裁，限制从缅甸进口宝石和木材，以削弱缅甸军政府从自然资源中获利的能力。[④] 2022 年 1 月 31 日，欧盟强烈谴责缅甸武装部队对平民采

———————————

　　① Raphael Bossong, "The Fight against Terrorism: A Key Global Objective for the EU?", in Astrid Boening, Jan-Frederik Kremer, Aukje van Loon, *Global Power Europe-Vol. 2 Policies, Actions and Influence of the EU's External Relations*, Springer 2013, p. 25.

　　② Council of the EU, *Myanmar/Burma: Third Round of EU Sanctions over the Military Coup and Subsequent Repression*, https://www. consilium. europa. eu/en/press/press-releases/2018/04/26/myanmar-burma-eu-extends-and-strengthens-its-arms-embargo-and-adopts-a-framework-for-targeted-measures-against-officials-responsible-for-serious-human-rights-violations/.

　　③ Council of the EU, Myanmar/Burma, *Council Extends Sanctions for Another Year*, https://www. consilium. europa. eu/en/press/press-releases/2021/04/29/myanmar-burma-council-extends-sanctions-for-another-year/.

　　④ Council of the EU, *Myanmar/Burma: Third Round of EU Sanctions over the Military Coup and Subsequent Repression*, https://www. consilium. europa. eu/en/press/press-releases/2018/04/26/myanmar-burma-eu-extends-and-strengthens-its-arms-embargo-and-adopts-a-framework-for-targeted-measures-against-officials-responsible-for-serious-human-rights-violations/.

取暴力行动、侵犯人权以及造成严重的人道主义灾难，并表示随时对相关人员采取制裁措施。① 2022 年 2 月 21 日，欧盟对缅甸实施第四轮制裁，制裁对象包括 22 人和 4 个实体，制裁措施包括资产冻结、旅游禁止和入境限制。2022 年 4 月 27 日，欧盟就昂山素季被判处 5 年徒刑一事发表声明，欧盟认为此审判是出于政治动机，严重侵犯了人权和民主。2022 年 11 月，欧盟启动对缅甸的第五轮制裁，对缅甸最高法院首席大法官和缅甸对外投资与经济部部长等 19 人和 1 个实体实施制裁，制裁措施包括冻结上述个人和实体在欧盟的资产和禁止赴欧旅行等。至此，受制裁的共有 84 名个人和 11 个实体。

　　从改变被制裁方行为的角度看，欧盟对外制裁在大多数情况下未能实现目标。对外制裁是介于政治谈判和使用武力之间的外交手段，只能发挥有限的威慑功能，未能改变制裁国行为的情况占欧盟对外制裁的大多数。在核不扩散方面，欧盟未能阻止朝鲜的核计划进程；在人权和民主等价值观方面，欧盟未能通过制裁措施在缅甸、古巴和部分非洲国家建立起其所预期的政治体制，民主、人权政策目标未能实现，在改变目标国政权当局的行为方面作用有限。最突出的案例是欧盟对俄罗斯的制裁，欧盟认为俄罗斯侵犯了乌克兰主权而对其制裁。在乌克兰危机的刺激下，欧盟增强了在外交与安全领域各类政策的协调性和一致性。俄罗斯面对欧盟的制裁不但没有屈服，反而采取了一系列的反制裁措施。不过，从是否成功宣示其价值观的角度看，欧盟仍然在一定程度上实现了其既定目标。虽然在非洲和亚洲等地区，欧盟并未显著地成功地推广其价值观，但是欧盟在周边地区特别是东欧地区，体现出了极大的吸引力，并成功推广了价值观。所以，如果从宣示欧盟立场和释放外交信号的角度来看，欧盟也可以被认为在一定程度上实现了既定的制裁目标，其制裁政策的功能虽有限，但也相对有效。

---

① Council of the EU，*Myanmar/Burma*：*Declaration by the High Representative on behalf of the European Union*，https：//www. consilium. europa. eu/en/press/press-releases/2022/01/31/myan-mar-burma-declaration-by-the-high-representative-on-behalf-of-the-european-union/.

　　此外，对国际制裁的效用评估是一项非常复杂的工作，因为在不同评估标准下必然得出不同的结论。制裁时间的长短可以更为客观地成为一项评估标准，也就是说，制裁时间越短，制裁越有效；制裁时间越长，制裁效率越低。欧盟的对外制裁时间持续较长，比如，从1989年开始的对中国实施的武器禁运措施延续至今；从2006年开始的对朝鲜的制裁不但没有解除反而逐渐强化；从2014年开始的对俄罗斯的制裁在2022年2月爆发俄乌冲突后也一直延续；从2006年开始的对白俄罗斯的制裁也尚未解除。欧盟因核问题对伊朗的制裁始于2010年，结束于2016年，一方面虽取得良好成果，但同时也受到特朗普政府退出伊朗核协议的巨大冲击。总体而言，欧盟对外制裁延续时间较长，也从一个侧面反映了制裁政策的效果之有限。也正是在这个意义上，欧盟被视为全球范围内对外制裁活跃度最高的行为体，但其实际效果甚为模糊。

　　总体而言，在多重因素的共同作用下，欧盟对外制裁的功效存在多种被影响、被牵制的可能与因素。第一，欧盟一体化程度影响其对外制裁。欧盟内部的结构性矛盾影响了欧盟对外制裁的实施机制。一方面，欧盟版图扩大以及成员国数量增加，欧盟协调成员国外交立场的难度也前所未有地增大。新旧成员国、大国与中小国家之间，可能因某项具体的对外制裁议题各执一词，从而无法形成统一的立场，这将为欧盟制定与执行对外制裁政策带来一定的阻碍。另一方面，欧盟的国际经济合作诉求与其政治诉求之间存在矛盾。欧洲经济资源相对稀缺的客观现实，在很大程度上决定了欧盟对资源富足国家的政策走向。在决定是否制裁那些资源丰富但"麻烦不断"的国家时，欧盟的决策过程将更加艰难。2022年2月俄乌冲突爆发之初，欧盟成员国在对俄制裁问题上尚能达成基本共识。但随着对俄制裁的持续推进和制裁领域逐渐触及能源领域时，欧盟内部则产生了分歧。作为欧盟成员国的匈牙利就对欧盟的对俄制裁措施持有异议，其原因在于，俄罗斯与欧盟双方在能源领域形成了非对称性的依赖，俄罗斯在石油、天然气和煤炭等能源领域占有绝对优势，作为俄罗斯的重要商业伙伴，匈牙利不仅不将其视为威胁，而且进一步加强了同俄罗斯的政治与经济合作。

第二，欧盟战略自主性影响欧盟对外制裁。在一定程度上，欧美安全纽带将限制欧盟自主推行对外制裁的力度。欧盟认为，美国在解决当前国际安全威胁方面的主导作用不可忽视。因此，尽管欧美对外关系理念分歧有增大趋势，但在国际安全合作方面欧盟不会与美国分庭抗礼。此外，出于维护自身国际霸权的战略需求，美国一再强调欧美的盟友关系，也不会放弃引导乃至控制欧盟对外制裁政策的机会。欧盟在实施对外制裁时，若事关美国利益，也必然顾及美国的战略需求。可以预见，在未来美欧实施对外制裁的过程中，欧盟的制裁行动可能迟于或少于美国，但不会与美国政策对立。在针对重大国际问题的制裁政策方面，欧盟极有可能会因美国的强大影响力而采取配合甚至妥协的姿态。

第三，欧盟对外制裁受到发起制裁的目标影响。实现自身经济利益和打击第三国经济并不是欧盟对外制裁的直接目的，欧盟坦言"欧盟的限制性措施没有经济动机"①。正如前文已经论述的，欧盟对外制裁的动力在于提升欧盟国际影响力、维护欧盟及其成员国的安全和推广西方价值观。欧盟对外制裁的目标设置在一定程度上限制了制裁目标的实现。对外制裁是欧盟追求外交目标时倾向于使用的最强硬手段之一，从而试图扩大欧盟的国际影响力。从制裁政策的效果而观之，制裁时间越长乃至被制裁国通过特定的途径规避制裁时，对外制裁反而有损欧盟的形象。在维护安全方面，欧盟以对外制裁这种非武力手段来实现安全目标存在着明显的局限性，与直接使用武力手段相比，欧盟对外制裁的威慑力不足。欧盟打击恐怖主义的效果有限，在推广西方价值观方面的效果最不明显。其原因在于，价值观念的形成受到历史、地域、传统文化和习俗、最高政治权力的教化和宣传等多重因素的影响，不可能在短时间内通过对外制裁这类单一的手段而完成价值观的传输与渗透。

---

① EU Commission, *Guideline on Implementation and Evaluation of Restrictive Measures*（*Sanctions*）*in the Framework of the EU Common Foreign and Security Policy*, https：//data. consilium. europa. eu/doc/document/ST-5664-2018-INIT/en/pdf.

　　第四，欧盟制裁对象实力强弱及其与欧盟相互依赖程度影响目标实现。一般来说，一国的实力越强，欧盟对其的依赖程度越高。欧盟一贯主张多边主义并在国际社会中推行自由贸易，客观上形成了世界范围内紧密而庞大的相互依存关系，这是欧盟实施对外制裁时不得不考虑的因素。被制裁方的实力强弱、国内政治也影响制裁目标的实现。一般而言，实力较强的国家不会轻易因欧盟的制裁而寻求妥协，它们往往可以利用国内资源和市场、与其他国家的贸易、与欧盟的相互依赖来规避欧盟的制裁。实力相对较小但国内凝聚力强大的国家也不会轻易屈服于欧盟的制裁措施，这些国家可以利用当局的政治威信来赢得国内民众的支持，形成对外部压力的抵抗。欧盟对国家实力较小且国内各政治势力分歧较大的国家的制裁目标更容易实现，不同的政治势力有不同的主张，欧盟的制裁措施可以起到离间不同政治派别的作用。此外，欧盟对某些实体或个人制裁的同时也对民众施以人道主义援助，可以激发民众对当局的不满与愤怒情绪，让掌权者在承受来自内外双重压力的情况下做出改变。不过，从国际实践来看，欧盟很难通过制裁从根本上改善第三国的人权、民主状况，人权、民主在本质上属于内政问题，建立维护人权与民主的政治体制和经济基础是一个循序渐进的过程。在促进民主方面，制裁所产生的功效几乎可以忽略不计，至多只是表达了欧盟的立场而已。

　　第五，欧盟的能源依赖现状限制欧盟的对外制裁政策。相对而言，欧盟对伊朗的制裁总体上实现了目标，但这一制裁成效与美国的对外战略不无关系。奥巴马政府时期，美国推行"亚太再平衡"战略，导致其在中东地区推行"离岸平衡"战略，加快了《全面联合行动计划》的达成。欧盟对伊朗的制裁效果与俄欧（甚至俄国与美欧）的能源战略竞争密不可分。2014年乌克兰危机后，欧盟开始对俄罗斯采取制裁措施，俄罗斯与欧盟关系急速下滑，但值得注意的是，欧盟的制裁方案却绕过了能源领域，俄罗斯对欧盟的能源出口没有受到太大的影响，显然对俄罗斯的能源依赖严重影响了欧盟制裁的决心和力度，从而影响其制

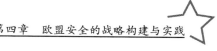

裁目标的实现。伊朗与俄罗斯均为欧盟的能源供应国，出于安全目的而同时采取对俄、对伊的制裁政策，将导致欧盟的能源供应安全大大受限，因此欧盟不可能同时与两个能源大国为敌，必然要缓和与某一方的关系。

第六，欧盟定向制裁的手段影响制裁目标的实现。欧盟在对外制裁过程中采用聪明制裁、综合施策等手段，意图避免在制裁过程中造成人道主义灾难，客观上限制了对外制裁的影响力。定向制裁缩小了制裁的规模和力度，可能给第三国形成欧盟制裁决心不强的印象，导致欧盟对外制裁的可信度降低。不过，欧盟的对外制裁功效不仅受到定向制裁的影响，更可能是对外制裁这一外交工具本身的局限性。从欧盟的角度看，欧盟实施定向制裁之前需要对特定的制裁对象展开精确的调查，这一过程需要投入大量的外交资源，因而也对欧盟的对外制裁政策能力提出了更高要求。而在被制裁方看来，欧盟在实施制裁过程中为了避免人道主义灾难而采取援助措施，这不但没有影响整个国家的经济形势，反而提升了部分群体的经济福利，不能起到降低被制裁方政府合法性的作用。例如，欧盟在对缅甸、委内瑞拉和利比亚等国家的制裁过程中实施相应的援助措施，但制裁的实际效果相当有限。有学者甚至提出观点认为，定向制裁未必能够避免人道主义灾难，反而可能加剧被制裁方的国内动荡。①

在国际舞台上发出欧洲国家"统一的声音"是欧盟重要的战略目标，也是欧洲一体化的初衷。通过对外制裁彰显欧盟实力、表达政治意图、展示行动决心，是欧盟提升国际影响力的重要方式，或者说，作为"民事力量"而存在的欧盟，对外制裁是其能够使用的强制程度最高的外交手段。欧盟与主权国家不同，无法通过发展和使用军事力量来体现其在国际社会中的存在。欧盟对外制裁在共同外交与安全政策的框架下展开，是欧盟对外交往的多种手段之一，对特定的国家（或是国家中的个人、实体，或具体的事项）实施制裁是欧盟彰显其自身实力和国际影响力的重要方式。尽管欧盟的对外制裁在多数情况下未能实现最终

---

① Tostensen Arne, Beate Bull, "Are Smart Sanctions Feasible？", *World Politics*, Vol. 54, No. 3, 2002, pp. 373 – 403.

目标，但通过对外制裁能有效地表达欧盟在相关问题上的态度和立场。欧盟对外制裁与美国对外制裁的一个重要不同点在于，相对于美国对外制裁的"长臂管辖"特征，欧盟对外制裁只针对目标国，而不会波及其他国家与欧盟制裁目标国之间的关系。在当前国际竞争加剧、安全形势复杂的大背景下，作为规范性力量的欧盟的安全忧虑更加显而易见。当然，基于欧盟自身的规则优势来看，欧盟可以通过完善法律框架、增强对外制裁的国际合法性、制定合适的目标、减少价值观因素的作用等手段来提升对外制裁的功效。正如欧盟在2016年《全球战略》中所强调的，欧盟的和平政策必须避免危机循环中的能力空白，确保从短期危机管理到长期和平建设过程中的无缝衔接；在先发制人、复原力和人权等领域的长期举措必须通过人道主义援助、共同安全与防务政策、对外制裁和外交等相互衔接，积极应对系列危机。①

由于欧盟的战略自主性有限，其对外制裁往往受到国际形势的影响，特别是在中美全球竞争加剧的国际背景下，欧盟很可能迫于美方的压力而以人权、网络安全等方面为由对中国发起制裁。一方面，中国应该认识到，在中国不对欧盟安全构成威胁以及中欧双方相互依存度较高等因素的作用下，欧盟对中国的制裁更多是为了释放信号，而采取实质性措施的可能性以及实际效果不大。因此，中欧关系整体向好的客观趋势不会改变。但另一方面，中国也要谨慎对待欧盟利用人权、民主和自由等价值观干涉中国内政，要有理有据地给予回应，唯此方可促进中欧关系行稳致远。

小结与思考

冷战期间，美国主导下的北约保障了欧洲一体化进程的总体安全依

---

① European Commission, *Shared Vision, Common Action: A Stronger Europe—A Global Strategy for the European Union's Foreign And Security Policy*, 2016, pp. 50 – 51.

赖，也客观上形成了对欧洲安全的限制。美苏两极对峙的冷战格局彻底崩溃后，全球化的进程加快，科技和经济的发展使得全球各区域之间的距离缩短，流通更快速且便利的不只是资本、商品和人口，随之而行的还有各种安全威胁，如毒品、武器、疾病和有组织犯罪等，全球化以更快速、更复杂的形态影响和塑造着国际关系与国际安全。"饥荒、疾病、污染、毒品走私事件、恐怖主义、种族争端和社会解体不再是孤立的事件，它们既不会局限在国界内，而是其影响会传遍全球。"① 欧洲一体化建设虽在经济发展方面获得了巨大成就，但其安全受威胁感却从未消失甚至愈加迫切。新旧世纪交替之际的欧洲联盟，既见证了自身一体化进程的快速发展和成就，也经历着从战略自信到安全危机的急剧转折。一方面，包括恐怖主义和地区冲突等在内的挑战长期困扰着欧洲；另一方面，气候变化等非传统安全问题的体现度日趋高涨。在当前，欧洲所处的安全环境更加令欧盟的安全焦虑突出。欧盟周边的安全动荡在很大程度上构成了其生存及发展环境的不确定性。近年来，日益恶化的西亚、北非局势和叙利亚内战、利比亚冲突引发的难民危机挑战着欧洲国家的非传统安全；欧盟及其周边地区饱受极端势力和恐怖主义的侵袭，欧盟面临的安全挑战堪称近年来最艰巨的系统威胁。如果从全球安全的格局来看，欧洲安全形势似乎已经成为全球安全地图的缩微版，而欧盟化解欧洲安全危机的路径选择，也在很大程度上决定着全球安全构建的前景与成效。不过，从各类安全危机与欧洲安全的关联度以及欧盟的反应能力来看，欧盟更多地将安全关注放在自身的防务能力建设和对周边地区安全秩序的维护，这是国际格局变迁与欧盟自身实力的变化使然。尤其是随着英国退出欧盟，英、法、德之间进行欧洲安全合作的机制延续性受到干扰，加之北约及美国的全球扩张动能增强，欧盟参与国际安全的力量将会显著收缩。也正是在这个意义上，"未来国际安全领

---

① United Nations Development Programme. Human Development Report 1994：New Dimensions of Human Security. New York，January 01，1994，https：//hdr. undp. org/system/files/documents//hdr1994encompletenostatspdf. pdf.

域中的欧盟，更有可能成为一个地区力量，而不是全球角色"①。在这种趋势下，欧盟的安全战略与欧洲安全建设机制，将主要聚焦于欧洲自身和周边，这也将限制其在国际事务中的声音和举措。遭受连续性、多重性危机困扰的欧盟，在识别和化解安全风险方面需立足于自身的综合实力及多元化的政策工具，单一、阶段性的安全举措并不能有效消除风险来源。如前所述，对外援助是欧盟用以缓解安全危机的政策选择，对外制裁是欧盟宣示价值观与维护其安全利益的政治手段，但两者均非可彻底消除危机源头的根本路径。简言之，欧盟保障其安全的必要路径是全面梳理危机来源和可资运用的手段，多方入手并系统整合政策资源，以化解近期危机和消除远期威胁。简要回顾21世纪以来欧盟的安全战略规划与安全实践，可以发现欧盟的安全视野愈加全球化，凸显其作为全球重要力量的战略雄心。但是，欧盟自身能力的局限性与周边安全特别是欧洲安全的现实挑战，仍在客观上对欧盟的安全能力建设形成了框架性的牵引作用，也即欧盟安全能力建设进程务必以化解自身安全危机、维护欧洲安全秩序为前提。

---

① Astrid Boening, Jan-Frederik Kremer, Aukje van Loon, *Global Power Europe-Vol. 2 Policies, Actions and Influence of the EU's External Relations*, Springer, 2013, p. Viii.

第 五 章

数字竞争与欧盟数字化转型

数字技术和数字经济在推动国际社会发生重大变化的同时，也催生并塑造了更为复杂的国际竞争结构与环境。欧盟是国际社会中对数字问题反应最为迅捷的行为体之一，继其核心成员国法国率先提出"欧洲数字主权"的战略概念及实践路径之后，2019 年，新一届的欧盟委员会明确将数字化转型作为战略发展中心，与应对气候变化并列为两大首要战略之一，雄心勃勃地试图将欧洲打造成为数字化转型的全球领导者。欧盟于 2020 年 12 月出台《数字服务法》和《数字市场法》，进一步明确了近年来酝酿的数字主权战略。数字主权战略既是欧盟应对多重危机、稳固一体化进程和重振国际影响力的最新举措，也是当前国际社会中数字技术、经济快速发展并推动欧盟全面参与国际政治竞争的集中表现。"如果充分了解权力的内涵，一旦国家为权力而竞争，我们对竞争的属性就懂得更多，进而得知国家展开竞争的原因。概言之，更多地了解权力的真实本质有助于揭示大国之间如何竞争。"① 欧盟数字主权的发展不仅会影响未来的欧洲一体化走向，也会推动数字技术牵引全球治理及大国关系的方向。本章就此展开论述，以求对欧盟的数字主权战

---

① ［美］约翰·米尔斯海默：《大国政治的悲剧》，王义桅、唐小松译，上海人民出版社 2015 年版，第 10 页。

略建构及其政策实践做出尝试性的解析。

第一节　全球数字竞争与欧盟发展

自进入 21 世纪以来，世界范围内的数字技术和经济发展日益更新，引发了欧盟对数字问题的高度关注。当前作为世界主要经济体之一的欧盟处于复杂多变的数字发展环境中，因其技术创新的整体竞争力相对落后而面临着各种挑战。

欧盟面临着因数字技术发展而产生的新型安全挑战。数字技术在迅猛发展的同时也催生了诸多的安全问题。继 2008 年《欧洲安全战略实施报告》正式将"网络安全"列为全球性挑战以来，欧盟持续强化对数字安全等系列问题的认知和应对举措，并于 2013 年出台《网络安全战略》，将网络犯罪行为、出于政治不满或恐怖主义动机抑或经由国家发起的网络攻击行为、网络经济间谍行为、源于非欧盟国家的网络监控等现象列为对欧盟国家和企业的安全威胁，由此提出五大战略重点，要求在内部安全、执法、外交与防务等领域对网络安全进行综合治理。[①]近年来，数字技术发展所产生的挑战仍远远超出欧盟的安全预防及应对机制，其中最大威胁来源莫过于欧盟市场中的美国数字垄断。欧盟数字

---

①　五大战略分别是：（1）实现网络恢复能力，包括成员国发展国家能力（以避免薄弱环节问题）和网络安全文化；（2）大幅减少网络犯罪，包括需要"强有力的有效立法"，以及改善欧盟层次上的协调；（3）制定共同安全与防务政策（CSDP）相关的网络防御政策和能力，包括欧盟和北约之间更好地合作；（4）发展网络安全的工业和技术资源；（5）为欧盟建立连贯一致的网络空间国际政策，推广欧盟的核心价值，包括需要深化与第三国——"特别是与欧盟有共同价值观的志同道合的伙伴"——和国际组织的对话，以及加快第三国的能力建设（有时需与其他利益攸关方合作）。该战略指出，指导欧盟及国际上网络安全政策的原则包括：欧盟核心价值同样适用于物理世界和数字世界；保护基本权利、言论自由、个人数据和隐私；所有人都能接入；民主有效的多利益攸关方治理；共享责任，保障安全。参见 Cybersecurity Strategy of the European Union: An Open, Safe and Secure Cyberspace, Brussels, 7 February 2013, JOIN（2013）1 Final。转引自中国国际问题研究院 2017 年报告《欧盟全球外交安全战略及其影响》2017 年第 18 期，第 15 页。

行业的市场份额主要被美国数字巨头企业占据，且美国在奥巴马政府时期以安全为名通过"棱镜计划"监听欧洲盟国，2018 年 3 月特朗普批准《澄清境外数据的合法使用法》，将美国政府从美国企业调取境外涉案个人数据合法化，进一步加剧了欧盟的数据安全担忧。"美强欧弱"的西方数字秩序使得欧盟深感发展失衡，而美国日益突出的单边主义行为则更加挑战了欧盟的安全底线。欧美之间的共同价值观并不足以弥补双方在数字问题上的分歧，数字技术所带来的各类型挑战迫使欧盟一再提高安全警惕。此外，数字及网络技术的快速发展和不当运用也导致欧盟的凝聚力受到威胁。欧洲一体化的前提是欧洲国家之间的合作与信任，欧洲一体化得以持续巩固的基础在于欧盟成员国民众对欧盟机构、制度和一体化进程的认同与支持。随着数字与网络技术的快速发展，欧盟在欧洲民众中的形象塑造和传播机制受到显著改变，欧盟如何影响成员国主权以及民众权益，也快速发展成为互联网领域的关键话题。在 2016 年英国退欧公投中，"退欧派"以微弱优势获得了决定性的话语权，而在公投结束之后则有若干项指控互联网公司在退欧公投筹备阶段通过涉嫌违规的技术运用，误导了特定群体的投票立场，进而导致"退欧派"赢得公投的结果和欧洲一体化首次出现逆转的局面。其中部分指控认为，退欧阵营中的两个活跃团体"投票退欧"和"相信退欧"在公投前的宣传活动中瞒报并违规使用资金，英国剑桥分析公司利用美国社交媒体平台脸书公司的 5000 万用户数据进行大数据建模，以便影响英国公众在公投中的政治选择。去一体化的思潮运动运用新型技术阻碍甚至破坏欧洲一体化进程，已经成为令欧盟不得不正视的安全威胁。来自数字技术的挑战导致欧盟的安全受到规模空前的隐形威胁，而被其冲击的欧洲认同则是欧洲一体化赖以存在的根本。

欧盟相对落后的数字发展实力客观上要求重视数字主权建设。为破解当前欧盟内部在线购物比例偏低、互联网公司难以利用在线增长机遇、中小企业跨境销售比例偏小的困局，欧盟于 2015 年出台《数字化单一市场战略》，并持续在战略和政策层面对发展数字技术做出多重部署。但相较于其他主要经济体而言，欧盟在数字领域的发展及获益程度难以令其乐观。[①] 一方面，欧盟在世界数字经济发展中处于相对落后地位。联合国贸易和发展会议（UNCTAD）发布的《2019 年数字经济报告》显示，全球 70 个最大的数字平台中，中、美两国所占市值总和达到 90%，而欧洲仅占 4%；特别是在占据全球总市值约 2/3 的前七大互联网科技巨头公司中，有微软、苹果、亚马逊、谷歌和脸书等 5 家美国公司，而欧洲公司个数为零。欧盟委员会指出"众多的欧洲公司特别是中小规模公司在数字解决方面行动迟缓，未能从数字发展趋势中获益，也失去了扩展规模的机遇"。[②] 另一方面，欧盟的数字市场处于碎片化且严重失衡的不利局面。虽然欧盟拥有总数近 5 亿的互联网用户，但欧盟各成员国之间仍存在较多跨境壁垒，在版权法规、电子商务、个人信息保护等市场规则方面仍有显著差异。从各国数字经济发展水平来看，丹麦、芬兰、瑞典、法国、德国等国家实力强劲，是欧盟数字经济发展的领先者，而罗马尼亚、保加利亚和希腊等国在数字化程度上与之相差甚远。总之，欧盟认为在数字领域缺乏同美国及中国相匹敌的竞争力，必然导致未来欧洲经济遭受更大负面影响，甚至导致新兴技术发展出现严重滞后，为此欧盟高度重视数字竞争的安全意涵，试图从主权层面加快自身的数字能力建设。

新冠疫情强化了欧盟发展数字主权的战略决心。欧盟的经济发展和欧洲一体化进程是相互促进的关系。欧盟经济低迷会导致各国推动一体化进程的意愿下降，甚至为求自保而推行国家优先的思维，这必然会为欧盟内部一体化制造障碍，进一步阻碍经济的发展。[③] 自新冠疫情发生以来，欧盟遭遇了严重的经济停滞和信任危机。成功有效的疫情防控是经济复苏的根本前提，如何刺激经济复苏已经成为欧盟发展议程中的核

---

① European Commission, *Science, Research and Innovation Performance of the EU 2020, A fair, green and digital Europe*, October 12, 2020, p. 24.

② European Union, *Shaping Europe's Digital Future*, Feberary 2020, p. 5.

③ 房乐宪、狄重光：《新冠疫情下的欧盟：应对措施及未来走向》，《当代世界与社会主义》2020 年第 3 期。

心目标。对照欧洲各国特别是西欧国家健全的医疗体系和公共卫生机制，新冠疫情的扩散更加凸显了欧盟公共卫生危机应对机制的缺陷。根据欧洲中央银行在疫情初期的评估，新冠疫情将导致 2020 年欧元区经济增长率下降约 8 个百分点，即使欧盟一度放松社交管制措施并在 2020 年第三季度拉动经济反弹，但总体上欧盟经济复苏的势头偏弱；此外，新冠疫情的未来发展路径非常不明朗，欧盟经济仍面临明显的下行风险。① 事实上，欧盟的经济状况十分糟糕。据欧盟委员会的相关统计，2020 年爱尔兰以国内生产总值（GDP）增长了 3% 而成为 2020 年唯一增长的欧盟经济体，欧盟整体下降 6.3%，欧元区则下降 6.8%。作为第一欧盟经济强国的德国 2020 年经济萎缩了 5 个百分点，法国经济萎缩 8.3 个百分点，意大利经济萎缩 8.8 个百分点，而希腊和西班牙的经济分别下降了 10 个百分点和 11 个百分点。世界范围内的疫情防控实践，特别是取得较好防控成就的国家经验则说明，发展数字技术和数字经济是应对新冠疫情的有效途径。由此欧盟意识到，尊重科学、优化技术、升级数字基础设施是部分国家成功防控新冠疫情的有效路径，欧盟应以此为契机迎接全球化的挑战，塑造更具开放性和建设性的全球风险治理模式，发展灵活而可持续的转型经济。② 因此，欧盟领导人通过多个政策平台强调对数字技术的重视，以推动欧盟从疫情冲击中尽快得到复苏。从当前的欧盟政策布局来看，其对新冠疫情防控战略的反思对发展数字技术、强化数字主权有直接的政策驱动功能。

在数字经济快速发展的背景下，欧盟在直面美国强势数字垄断的同时，也坚信欧盟在数字领域拥有创建和推行国际规则的发展潜力和话语权优势。尽管欧盟在数字经济发展首轮浪潮中没有获得足够的竞争力，但可以通过数据监管来获得领先世界的数据控制权。欧盟认为，数据战

---

① Keynote speech by Luis de Guindos, Vice-President of the ECB, at the 23rd Euro Finance Week, The euro area financial sector in the pandemic crisis, https://www.ecb.europa.eu//press/key/date/2020/html/ecb. sp201116 ~ 36fba64064. en. html.

② European Commission Directorate-General for Research and Innovation, Protect, Prepare and Transform Europe, *Recovery and resilience post COVID*-19, ESIR Policy Brief No. 1. P1.

略的起点始终是个人保护，而欧洲已经拥有了世界上最严格的数据保护规则。欧盟也积极筹划采取新的措施，计划将大型科技集团完全排除在欧洲单一市场之外。如果境外科技巨头的市场主导地位威胁到欧洲客户和较小竞争对手的利益，则欧盟有权迫使其分拆或出售部分欧洲业务。当然，欧盟能坚定推行数字主权战略，离不开如下若干关键要素的支撑。

首先，核心成员国积极支持欧盟建设数字主权。作为欧洲一体化的核心力量，法、德两国对建设欧盟数字主权具有不可替代的政治支持作用。马克龙指出，"我们所进行的战斗同样关乎国家主权……如果我们不能培育出自己在数字、人工智能等领域的冠军企业，我们的选择将受制于他人"。[①] 由于德国内政部和大众汽车等政府部门及巨型企业的数据存储严重依赖微软、谷歌、亚马逊等美国大公司的服务器，默克尔政府坚持欧洲必须降低对谷歌和微软等公司云服务的依赖，并于 2019 年 11 月明确表示欧盟需要追求"数字主权"和"数据库的控制权"，通过开发欧洲数字平台来减少对谷歌和微软等美国公司提供的云服务的依赖。自 2020 年 7 月起担任欧盟轮值主席国之后，德国更是致力于促进欧盟机构在经济和社会复苏计划的战略一致，并将应对气候变化、推进数字主权、提升欧盟的全球角色作为重点议题。[②] 法国在 2022 年上半年担任欧盟轮值主席国期间，积极推动欧洲数字市场法案和数字服务法案在更大范围落地，并力图打造更多欧洲"数字冠军"企业。因此，德、法两国对数字竞争的战略关注积极推动了欧盟在数字竞争领域的举措。

其次，欧盟具有长期积淀的技术监管优势。虽然欧盟在数字经济规模和技术创新实力等方面落后于中、美两国，但由于数字技术及经济在

---

① Waving the flag of digital sovereignty, https：//www. atlanticcouncil. org/blogs/new-atlanti-cist/waving-the-flag-of-digital-sovereignty/.

② 《德国接任欧盟轮值主席国，力求推动欧盟经济走出困境》，中国新闻网（http：// www. chinanews. com/gj/2020/07-02/9227113. shtml）。另参见 Paola Tamma，"Europe wants stra-tegic autonomy—it just has to decide what that means"，Politico，October 15，2020。

客观上所具有的延展性，特别是得益于欧盟近年来在数字经济规则领域的系列立法及管制行动，欧盟的制度性监管优势仍十分突出。欧盟领导人也意识到，欧洲制定的电信标准已经成为主导世界电信领域的规则，欧盟也可以在5G网络标准方面复制这一成功模式。2018年，欧洲理事会、欧盟委员会、欧洲议会就欧洲电子通信规范（EECC）达成共识，决定采取措施促进欧洲5G相关行业在数字单一市场中的竞争力，支持5G网络的部署和应用，特别是强化无线电频谱的及时分配和可用性，激励并创造有利的投资条件。此外，欧盟也出台互联网开放规则，为部署5G应用程序提供了法律保障。尽管欧盟发展和打造科技巨头的数量及优势不及中美，但欧盟在实现技术进步等方面仍有显著的比较优势，在关键的技术领域仍可建立欧洲主权。[①]

最后，欧盟具有突破多重危机的战略决心。自进入21世纪以来，欧盟深陷接踵而至的多重危机之中，特别是2016年的英国退欧公投更使得欧盟一度面临一体化被解构的风险。在通过改革一体化机制、协调内部立场并相对有效地巩固了欧洲一体化之后，新冠疫情的全球蔓延再次迫使欧盟提高了应对多重危机的战略警惕。欧盟强调"（新冠）危机的持续存在不仅会对经济产生长期的压力，社会福利、税收、公共基础设施和自然资源等方面也必将遭遇气候极端事件、健康流行疾病和经济衰退等组成的综合性挑战，因此必须通过基于'欧洲价值'的决策，以集体性的、系统化的危机管理模式阻止危机的更广泛蔓延。"[②] 此外，欧盟已经具备了一定程度的新技术研发政策传统。欧盟曾于2014年推出研究和创新计划"地平线2020"（Horizon 2020），在7年内（2014—2020）提供近800亿欧元的公共资金用于纳米电子学、光子学、机器人技术、5G、高性能计算、大数据、云计算和人工智能等关键技术的研究。此后，欧盟计划在2021—2027年直接投资20亿欧元，带动成员国

[①]　Ursula von der Leyen, *A Union that strives for more My agenda for Europe*, *Political Guidelines for the next European Commission* 2019 – 2024, p. 13.

[②]　European Commission Directorate-General for Research and Innovation, Protect, prepare and transform Europe, *Recovery and resilience post COVID*-19, ESIR Policy Brief No. 1, May 2020, p. 1.

投资 40 亿—60 亿欧元，强化多个欧洲人工智能研究中心之间的协同，意图将欧洲建设成为人工智能领域的全球标杆。2019 年欧盟机构领导层换届后，新任的欧盟领导人将重振欧盟的国际地位和话语权作为重要战略目标，通过凝聚成员国共识并激活社会资源，在发展数字经济和技术、建设欧洲数字主权方面达成战略共识。

"欧洲一体化中的权力让渡与共享，既是主权行使方式或形式的局部改变与创新，也蕴含着主权的内涵和性质的变化"。[①] 正是出于对数字时代的欧盟外部挑战和内部优势的综合衡量，欧盟提出建设数字主权，并希望通过发展和部署数字自主技术能力，增强在数字经济、关键技术和基础设施方面的战略自主能力，从而减少对外国关键技术的依赖，在创造具有欧洲特质之数字竞争路径的同时打造专属于欧洲的数字时代。在 2020 年 7 月欧盟发布的《欧洲数据主权》报告中，冯德莱恩将数字政策作为其任期内的重要政治优先事项，主张欧洲必须在关键领域实现"技术主权"。目前，欧盟所希冀的"战略自主"意图在数字竞争领域表现最为突出，也成为欧盟应对新技术发展之挑战的全面回应。由此，以"数字主权"为核心指引的数字转型成为欧盟在变革时期的战略发展议程。

第二节　欧盟数字转型的战略目标

近年来，以马克龙为代表的欧洲领导人多次提倡"欧洲主权"，欧盟机构也频繁发布政策文件以促进数字技术及经济发展，欧洲数字主权的战略概念和整体架构得以逐步清晰。欧盟于 2018 年 4 月发布《欧盟 AI 战略》，同年 11 月马克龙在联合国互联网治理论坛（IGF）年会上提出要建立有别于"加州模式"与"中国模式"的第三种互联网治理模

---

① 黄正柏：《欧洲一体化进程中的国家主权问题研究》，湖北人民出版社 2011 年版，第 517 页。

式，欧盟进一步凸显其在全球数字竞合格局中的独立主张。此后，欧盟通过 2020 年 2 月发布《人工智能白皮书》，将发展人工智能上升到欧洲主权的高度，宣布将强化对人工智能、数据中心、计算基础等下一代技术和基础设施的投入，提升欧洲在数字经济领域的"技术主权"。至此，欧盟数字主权战略虽无明确针对性的政治文件，但其战略意图和政策部署已昭然明示。总体来看，欧盟的数字主权战略主要有三大目标，分别是致力于建设全球数字经济的示范角色，在数字化过程中支持发展中经济体，发展并实现数字标准的国际化。

战略目标之一，建设强大的欧洲数字技术监管及经济发展能力。通过发展数字经济而强化欧盟的经济实力是建设数字主权的根本目标。2015 年 5 月欧盟委员会通过的《数字化单一市场战略》提出了三大战略重点：第一，使消费者和企业更容易获得欧洲各地的电子商品和服务；第二，为数字网络和创新服务创造良好的发展空间和公平竞争的环境；第三，实现数字经济的增长潜力最大化。2016 年，欧盟推出《欧洲 5G 行动计划》，旨在提升欧盟在数字单一市场中部署 5G 基础设施和服务的能力，争取到 2025 年各个成员国在城区和主要公路、铁路沿线能够提供 5G 服务。近年来，随着在世界范围内经济优势的相对下滑，欧盟也将数字经济列为经济及投资安全的重要考量。2017 年 9 月，欧委会提出建立外商直接投资审查框架，以加强欧盟层面对外资的安全审查力度。欧洲领导人普遍认为，避免过度依赖任何外国公司将有效支持欧盟在数字时代的"战略自主"和欧洲经济的可持续发展。为此，欧盟通过强化和拓展欧洲网络安全局的职能来应对日益严重的网络攻击，同时帮助欧盟成员国降低对境外 5G 设备的依赖。在上述若干项举措的基础上，欧盟委员会进一步夯实数字发展战略，于 2020 年 2 月 19 日公布了一系列向数字化转型的战略规划，包括促进欧洲适应数字化时代的总体规划《欧洲数据战略》和《人工智能白皮书》两份文件。欧盟委员会在有关公报中指出：恰当地使用数字技术将使企业和民众在多方面受益。未来 5 年在数字化转型方面欧盟委员会将聚焦三个目标：一是积极发展以人为本的技术；二是发展公平且具有竞争力的数字经济；三是通过数字化塑造开放、民主和可持续的社会。《欧洲数据战略》特别指出，当前少数几家领先的科技企业掌握了全球绝大部分数据，这种垄断局面不利于欧盟在数据领域的创新与发展。为了提高竞争力，欧盟将建立真正的"欧洲数据空间"，推动欧盟单一数字市场发展，提高尚未被使用的数据应用效率，为跨行业、跨地区的数据自由流动创造条件。[①]在完善数据治理规则体系的基础上，欧盟围绕三个数字化目标提出了更详细的数据共享应用和投资政策，以进一步消除内部的数字市场壁垒，在欧盟层面整合资源并强化"单一数字市场"建设，通过资源共享来提高其整体竞争力。2020 年 5 月，欧盟通过了总额度达 1.8 万亿欧元的经济复苏和财政计划，其中和发展数字主权相关的项目有三个，包括用于研究和创新预算的"地平线欧洲"计划，用于欧盟各地区交通、能源和数字领域基础设施建设的"连接欧洲设施"计划，用于保持数字领域核心竞争力的专门基金"数字欧洲"计划。当然，谋求数字发展的战略自主绝非一日之功，欧盟通过建设数字主权进而实现经济竞争力提升的目标尚需时日，当前欧盟所公布的各项战略计划也需要进一步整合凝练。

　　战略目标之二，在数字发展过程中援助发展中经济体。通过援助发展中经济体而建立和发展数字国际伙伴，也是欧盟当前在国际合作与发展领域的五大优先目标之一。[②] 实现这一目标的政策平台主要依托于欧盟委员会的国际合作行动计划，其参照目标则主要是联合国 2015 年峰会通过的《2030 年全球可持续发展议程》和同年签署的《亚的斯亚贝巴行动议程》。《2030 年全球可持续发展议程》包括零贫困、零饥饿、良好健康与福祉、优质教育、性别平等、清洁饮水与卫生设施、经济适用的清洁能源、气候行动等多项可持续发展目标，大致可归类为经济发展、社会进步和环境保护三个核心目标。发展数字主权与开展国际援助

---

① 《欧盟公布数字化战略及白皮书·提升数字经济竞争力》，http：//www. tradein-vest. cn/information/5341/detail。

② 其余四个优先目标分别是非洲—欧洲伙伴关系、绿色方案、和平与安全、移民与被迫迁徙等。参见 https：//ec. europa. eu/international-partnerships/our-work_ en。

是欧盟近年来同步推进的政策要务。一方面，欧盟认为数字化建设广泛渗入了健康、性别平等、就业和经济增长、环境保护与气候变化、建设公正与有效机制等治理领域，是实现全球可持续发展之目标的关键组成部分。① 另一方面，欧盟认为世界范围内的"信息革命"和数字化转型面临着发展迅速但全球分布失衡的客观挑战，仍需要巨大的政治、经济和技术投入来促进数字资源的均衡配置。以非洲为例，其互联网用户从2005 年的 1700 万跃升到 2018 年的 3.3 亿，② 但数字技术与资源仍未有效发挥其经济建设和社会治理功能。在实践中，欧盟国际数字援助通过欧洲一体化机构和成员国及其跨国公司两个渠道进行。以德国为例，自2015 年以来，大众、西门子、思爱普等德国公司以"数据化和环保转型"为目的在卢旺达合作推出"移动卢旺达"项目，同时在首都基加利开发与电动汽车共享的汽车模型，支持本土软件开发商提供相应的数据服务。此后，德国公司从 2017 年开始在卢旺达筹建非洲数字转型中心，支持青年技术人员和创业者开发创造性的数字解决方案和商业模式的联络点，进而强化非洲各国建立发展、实施和传播数字解决方案的体制和能力，由此逐步构建涵盖全非洲的合作网络。欧盟层面的对非数字援助既包含了促进欧盟单一市场发展、提升市场监管能力的内容，也包括了提升非洲数字技术和经济水平、带动疫后经济复苏等计划。其中"数字非洲政策和监管倡议"于 2018—2023 年累计向非洲提供了 1000万欧元的援助，用于开展网络治理、可持续发展，等等。③

战略目标之三，在欧盟价值及标准优势的基础上建设数字化国际领导者角色。欧洲一体化的首要目标是在国际社会中保持强大而统一的声音，这一目标在不同时代融合了相关要素以适应变化的环境，欧盟也力

①　International Cooperation and Development, Digital Partnerships, https：//ec. europa. eu/international-partnerships/topics/digital-partnerships_ en.

②　European Commission, *Toward a Comprehensive Strategy with Africa*, March 2020, Towards a comprehensive strategy with Africa（europa. eu）.

③　European Commission, *Policy and Regulation Initiative for Digital Africa*. https：//international-partnerships. ec. europa. eu/policies/programming/programmes/policy-and-regulation-initiative-digital-africa-prida_ en.

弨构建数字领域的国际领导者角色以适应和引导日益激烈的数字经济和技术竞争。完善数据治理规则体系并构筑数字经济发展的安全保障是实现这一目标的第一步骤。自 2016 年以来，欧盟相继出台了《通用数据保护条例》《非个人数据自由流动条例框架》《网络安全法案》《开放数据和公共部门信息指令》等法规政策，建立体系化的数据安全、网络安全管理制度，为后续推进数字化转型设置了市场规范和安全发展底线。保护欧盟公民的数据安全是这一政策的基本立足点。其中，《通用数据保护条例》对所有在欧盟市场的产品及服务提供商、处理欧盟公民个人数据的组织机构进行监管，力求实现对欧盟公民个人数据安全的有效保护。《人工智能白皮书》提出建立统一的欧洲人工智能监管框架，对算法使用的数据进行测试和认证，减少人工智能的技术歧视和应用风险。第二步骤是通过征收数字税确保欧盟的经济收益和数字安全。长期以来，以谷歌、苹果为代表的美国科技巨头垄断了欧盟市场上的数字商品和服务交易，同时向爱尔兰、卢森堡等低税收国家转移利润以便避税，因此欧盟试图通过征收数字服务税等方式，实现欧美之间数字经济收入的格局平衡。第三步骤是依托欧盟在全球气候治理领域的规范优势强化欧盟数字主权的国际影响力。作为全球气候治理的先行者和主导力量，欧盟希望将气候治理领域的系统优势转化为发展数字主权的先导条件，同时发挥传统工业基础底蕴，以差异化的战略定位把握未来发展机遇，支持建立涵盖工业、绿色交易、健康、能源等九大领域的公共数据空间，打造数字经济应用创新的全球领导者角色。

不难看出，欧盟推行的数字主权是一个较新的国际政治话语设计，它不同于传统意义上的国家主权概念，而是基于欧盟权力机制的独有现象，但它所蕴含的权力竞争本质和政治内涵十分突出，也即欧盟力图通过内部一体化和外部合作及竞争，推动国际规则主导权重新回归欧洲。数字时代的"权力竞争仍是国际政治的本质"[①]，欧盟也仍将以权力竞争模式来解读和建构数字主权。

---

① 阎学通：《数字时代初期的中美竞争》，《国际政治科学》2021 年第 1 期。

第三节　欧盟数字转型的建构路径

数字主权是传统的政治权力在新技术领域的延伸与进化，具有持续发展和不断丰富的内涵和外延。综合近年来欧盟的运作实践，其依托于数字主权建设的数字转型路径有如下几个方面。

首先，基于战略自主而制衡美国数字霸权。应对美国的数字霸权垄断并提升欧盟的数字战略自主是欧盟建设数字主权的核心战略诉求。作为当今世界唯一超级大国的美国在全球建立起了"数字霸权"，并在事实上形成了对其他国家的数字霸凌，比如美国颁布的《澄清境外数据的合法使用法》规定，美国政府拥有调取境内外数据的法律权限。美国的"数字霸权"与欧盟的安全观念形成了尖锐冲突，因而欧盟将建立数字主权的首要战略诉求付诸全方位应对美国数字霸权的政策实践。大体观之，欧盟采用了"内松外紧"的双轨应对体制，即一方面积极推动内部成员国之间的数据自由流动，通过多种措施激发数字经济活力，培养单一数字市场；另一方面则严格管控欧盟境内数据的跨境传输，甚至为维护欧洲的数字主权而通过启动司法程序废除既有的欧美之间的数字协议。2020 年 7 月欧洲法院作出判决，认定欧盟与美国 2016 年达成的用于跨大西洋传输个人数据的《欧美隐私盾牌》协议无效，其理由是欧盟认为在美国服务器上存储欧盟居民的信息可能使美国政府监控欧洲人，而欧洲人没有"可起诉权利"来应对这种监控。依托于市场及技术监管的法律手段是欧盟应对美国数字霸权的主要路径。欧盟计划制定一份针对大型互联网科技公司的监管"黑名单"，在监管范围内涉及美国的脸书、谷歌、苹果、亚马逊等 20 余家科技巨头，在监管内容上则包括要求与竞争对手共享数据、确保信息收集更加透明等。反对美国数字霸权的政策实践贯穿于欧盟及成员国两个层面。在欧盟层面，为加快通过诉讼途径实施反垄断的进程，尽快限制美国科技巨头在欧洲的市场力量，欧盟反垄断监管机构采取了新的策略，例如为加快调查进度而缩小了对亚马逊的调查范围。在成员国层面，法国与荷兰等国发布联合声明支持欧盟成立新机构，专门监管谷歌和脸书等美国大型科技公司，以求在遏制美国数字垄断地位的同时增强欧盟的数字战略自主。当前，欧盟对美国科技巨头的惩罚主要体现为大量的反垄断、打击避税等措施，同时也借助欧盟单一市场的经济实力和客观需求，通过引入监管标准和推行数字征税等方式来应对挑战。鉴于美国作为超级大国的整体实力优势和欧美之间的高度相互依存关系，欧盟抗衡美国数字霸权的历程势必道阻且长。

　　第二，基于经济需求而推行数字征税。在经济层面，欧盟对数字主权的战略诉求体现为提倡并坚持征收数字服务税。数字技术和经济的普及，使得全球税收呈现异常复杂的态势。由于美国数字技术和高科技公司的绝对优势，全球数字服务的税收流向更加集中于美国。英国纳税认证组织"公平税号"（Fair Tax Mark）的调查结果显示，谷歌、苹果等美国六大科技公司自 2010 年起在全球范围成功规避税款超过 1000 亿美元。[1] 据欧盟委员会估算，科技公司的平均实际税率仅 9.5%，远低于传统企业约 23% 的平均水平。根据欧盟此前的税收规定，跨国企业可选择在欧洲总部所在地一次性交税。而大部分在欧洲开展业务的美国跨国科技企业，大多选择在欧洲税率较低的国家申报企业所得税。也正因为如此，爱尔兰、卢森堡因其低税率等优势成为美国跨国科技企业注册总部的热门地点。谷歌等互联网科技公司在欧洲国家大幅盈利的同时，也通过把利润转移到爱尔兰和卢森堡等低税率国家来避税，从而招致诸多欧洲国家的不满。2018 年 3 月，欧盟委员会提议欧盟各国统一对互联网巨头按其营业额的 3% 征税，以打击互联网巨头利用欧盟税法漏洞而避税的行为。法、德等部分国家积极支持该提议，但丹麦、芬兰、爱尔兰、瑞典等国则因企业税率较低而吸引大量国际互联网企业向其转移

---

① Fair Tax Mark, *The Silicon Six and Their ＄100 Billion Global Tax Gap*, 2019, p4. https：//fairtaxmark. net/wp-content/uploads/2019/12/Silicon-Six-Report-5-12-19. pdf.

利润，因而对其采取抵制态度。不过，部分成员国的反对立场并不能影响欧盟征收数字服务税的意志。欧盟委员会副主席玛格丽特·维斯塔格（Margrethe Vestager）也强调欧盟应该在征收数字服务税的问题上起带头作用；在竞选欧盟委员会主席纲领中就明确提出支持征收数字服务税的冯德莱恩则继续坚持其征税立场。① 同时，以法国、荷兰为代表的成员国积极推动国内立法启动征收数字税，并希望以此为杠杆在经合组织内形成统一的法律文本。法国在 2019 年 7 月通过征收数字税法案后，已经于 2020 年 12 月起对美国高科技企业征收数字服务税。从征税愿景来看，欧盟首先通过在经合组织提起讨论，以保证其作为国际合作之成果的合法性，同时也希望通过非欧盟国家的参照及模仿而起到全球示范的作用。② 从征税功能的角度来看，欧盟提倡并推进数字税一方面是为了尽快遏制大量税金流向美国的趋势，另一方面则是为了把征收数字税作为新的财政收入来源，用以偿还因应对新冠疫情危机而启动的欧洲复苏计划所需的贷款。也正是基于这种全面的财税需求，欧盟征收数字税的意图十分强烈，即使在美国于 2020 年 6 月宣布退出经合组织框架下数字税的谈判之后，欧盟经济事务专员保罗·真蒂洛尼（Paolo Gentiloni）和欧洲产业政策负责人蒂埃里·布雷顿（Thierry Breton）依然坚持既有立场，宣布"即使无法达成全球统一的数字税，欧盟也将单独征税"③。推行数字征税在满足欧盟财政需求的同时，也强化了欧盟的战略自主能力，这种相辅相成的功能匹配，客观上决定了欧盟必须面对并逾越当前障碍，坚持执行数字征税的发展方向。欧、美双方虽然在

---

① Ursula von der Leyen, *A Union that strives for more*, *My agenda for Europe*, *Political Guildlines for the Next European Commission* 2019 – 2024, p. 12.

② Theodore Christakis, *European Digital Sovereignty-Successfully Navigating Between the Brussels Effect and Europe's Quest for Strategic Autonomy*, *Multidisciplinary Institute on Artificial Intelligence/Grenoble Alpes Data Institute*, December 2020, https：//ssrn. com/abstract = 3748098 & https：//airegulation. com）, p. 28.

③ EU Ready to Go It alone on Taxation of Digital Firms, https：//www. reuters. com/article/us-usa-trade-digital-eu-idUSKBN23P1AX. See also：*Europe Will Have a Digital Tax*, *No Matter What*, *Says Breton*, https：//www. bloomberg. com/news/articles/2020-06-20/europe-will-have-a-digital-tax-no-matter-what-says-breton.

2021 年 10 月达成全球最低税率协议，但这一妥协结果并不能从根本上代替并保障欧盟的数字税收诉求。也正因为如此，当全球最低税率协议久拖不决时，欧盟即准备重启数字征税。

第三，基于价值保护而实施数字内容审查。保障欧洲公民权益是欧洲一体化的合法性基础，也是巩固欧盟机制和提升欧盟权能的核心目标。由于美国数字霸权的客观存在，美国大型互联网数字平台的垄断行为已然成为欧洲公民隐私等领域的重大威胁来源。隐私权是欧盟政治体系中的一项基本人权，《欧盟基本权利宪章》第 7 条和第 8 条为保护隐私和个人信息提供了直接依据。欧盟高度重视从公民权益保护层面开展数字主权建设。在 1995 年通过《个人数据保护指令》之后，欧盟于2016 年通过《通用数据保护条例》（GDPR），并于 2018 年生效，强化了个人数据主体的权利，加强了数据控制者和处理者的责任，进一步拓宽了数据跨境传输原则。欧盟认为，任何对欧洲公民个人数据和欧洲商业敏感数据的获取行为，均须遵守欧盟法律和欧洲单一市场的监管机制。此外，欧盟提倡在相互信任的国家间进行数据共享和转移，寻求为跨国数据合作现象制定全球化标准，打造经济技术繁荣发展的市场环境。但近年来，脸书等美国的科技巨头却屡屡突破欧盟对公民隐私的保护规范，欧盟和美国签署的《欧美隐私盾牌》也因缺乏明确界定而频繁出现争议，并最终被欧洲法院判决撤销。欧盟坚持数字转型过程和目标应该体现欧洲的价值属性：开放、公平、多样化、民主和自信。[①] 欧盟对数字技术领域的内容审查不仅是出于对公民隐私权的保护，更是出于对欧洲价值观的维护。在欧盟看来，数字转型应有助于欧盟从非个人数据中获得新知和洞见，使得欧盟公民能够做出更好的决策，并有助于确保欧盟的根本利益和价值观。欧盟在隐私保护方面一直处于全球领先地位，而在数字转型的宏观驱动下，欧盟不仅将数据保护作为欧洲价值

---

① "Shaping Europe's digital future：Commission presents strategies for data and Artificial Intelligence", Parlementaire Monitor, February 19, 2020, https：//www.parlementairemonitor.nl/ 9353000/1/j9tvgajcor7dxyk_ j9vvij5epmj1ey0/vl6ai4u1i8z5？ctx = vg9pj7ufwbwe.

的实践路径，更视之为区别于中、美两国的战略特色。正如冯德莱恩分析中、美、欧三方在数据领域的价值差异时所言："美国将商业利益摆在第一位，中国以国家利益为重，而欧洲则将个人本身放在首位。"① 概而言之，欧盟希望通过增加对包括数字技术及其应用在内的技术研发投入，创造新产品和服务，从而支持欧洲的社会模式、价值观和生活方式。②

　　第四，基于气候治理而强化数字主权的战略韧性。后疫情时代的欧盟自主竞争战略，有效地兼容了气候变化与数字转型等两个关键范畴。欧盟是应对全球气候变化的积极践行者，并通过持续参与、规范引领、技术创新及道德牵制等多种形式影响和塑造全球气候治理进程，获得突出的制度及技术优势。欧盟认为，欧洲事实上已经掌握了通过沿袭绿色转型轨迹，将环境问题转化为促进经济增长和增加就业的竞争机遇；绿色转型则为欧盟提供了发挥技术能力优势并提高能源和资源产出率的机遇，也有助于拓展未来的市场空间。③ 简言之，欧洲能够引领世界潮流的一个领域在于进一步推进生态现代化。④ 特朗普政府于 2017 年 6 月宣布美国退出《巴黎气候协定》后，全球气候治理进程及欧盟的气候变化领导力均遭受重创。可见，如何在既有的国际机制和技术条件下界定并构建生态现代化，这是欧盟必须首先解决的问题，更进一步而言，欧盟还需要通过对国际气候治理的技术维度的升级运筹，在提振全球气候治理之信心的同时，预防不可逆转的环境恶化和治理难度叠加等问题。数字技术既属于绿色经济的重要类别，同时又能为其他产业的清洁化发展提供技术支持。欧盟只有通过同时有效解决绿色转型和数字转型的问题，才能将自身打造为现代化的、有竞争力的资源节约型

　　① 中国社会科学院欧洲研究所：《欧委会主席冯德莱恩谈后美国大选时代》，2020 年 11 月，http://ies.cass.cn/wz/yjcg/qt/202011/t20201125_ 5221554.shtml。
　　② 曹慧：《欧委会新纲领："绿色"与"数字化"的双转型》，《世界知识》2020 年第 1 期。
　　③ European Commission, *Science, Research and Innovation Performance of the EU 2020 A fair, Green and Digital Europe*, 2021, p.575.
　　④ ［英］安东尼·吉登斯：《全球时代的欧洲》，潘华凌译，上海译文出版社 2015 年版，第 171 页。

经济体。① 在 2020 年 2 月推出的《人工智能白皮书》中，欧盟将人工智能视为最关键的数字经济应用领域之一和实现《欧洲绿色计划》目标的关键使能技术。② 在此基础上，欧盟进一步提出"生态福祉"概念，并将其列为人工智能发展的核心原则之一。需要注意的是，应对气候变化、实现绿色转型已经成为欧洲公民的普遍共识。欧委会及欧洲晴雨表的调查数据显示，95% 的欧洲民众认为保护环境非常重要，欧洲公众总体上积极支持欧盟环境立法和环保融资。从更广泛的数字技术应用领域来看，欧盟针对新冠疫情而推出的经济复苏计划也融合了欧盟此前设定的全球气候治理战略目标，在 2014 年设定的温室气体减排 40% 的目标基础上，再次提高到 2030 年减排 55%。概而言之，欧盟高度重视提倡数字技术和绿色转型的发展前景和战略价值，这为夯实数字主权的公民认同、把握数字主权的发展路径，进而强化其战略可行性及韧性提供了明确的导向。

　　由于数字技术和数字经济本身处于持续发展的动态变化过程，欧盟数字转型的战略设计也需在目标和路径等多个层面进行适时调整，但欧盟数字转型的总体认知则在这一过程中逐渐清晰，即以参与数字经济竞争和监管数字技术为抓手，以全球治理为平台，提升欧盟自身的数字实力和国际竞争能力，打造具有优势的欧洲数字主权。正如欧盟委员会副主席维斯塔格在致欧洲议会的信函中所言：欧盟需加强其在全球层面的经济领导地位，积极融入全球化、数字化潮流，促使欧洲经济向"碳中和"和可持续的方向转型。③

---

　　① European Commission, *Science*, *Research and Innovation Performance of the EU* 2020, *A fair*, *green and digital Europe*, 2021, p. 13.

　　② 目前国际、国内并无严格的"使能技术"（enabling technology）相关定义。一般而言，使能技术是指一项或一系列的、应用面广、具有多学科特性、为完成任务而实现目标的技术。

　　③ Answers to the Euroepan Parliament Questioinaire to the Commissioner-Designate Margrethe Vestager Executive Vice-President-designate for a Europe fit for the Digital Age, https://ec. europa. eu/commission/commissioners/sites/comm-cwt2019/files/commissioner_ ep_ hearings/answers-ep-questionnaire-vestager. pdf.

第四节 欧盟数字转型的发展趋向

当前以技术竞争为主要表达途径的国际格局，仍处于旧体制犹存、新规范待生的转型时期，客观上为欧盟所提倡的技术监管、数字主权等战略主张提供了发展空间，中、美两国在竞争过程中也必须倚重于以欧盟为代表的决策选择。因此，尽管欧盟数字主权战略具有一定的早期阶段特征，其内涵和外延仍需在建设过程中进一步厘清，但其作为世界重要力量的一种规范主张，必将依托于欧盟庞大的市场力量和机制优势而产生广泛且深远的影响。这是我们必须客观认知的一种未来场景。大体上来看，欧盟的数字转型将呈现出如下几个方面的发展趋向。

首先，数字转型将成为欧盟参与全球治理的重要路径。欧盟在全球治理领域具有雄厚的技术优势和经验积累，但同时也面临着综合实力相对下滑、理念转化能力偏弱、政策创新能力不足等困境。欧盟对新时期的全球挑战具有积极推动治理的战略信心，同时也持有谨慎的战略忧患意识。冷战结束以来，欧盟在全面发展并评估自身实力的基础上，将积极参与和引领全球治理作为影响国际社会、强化国际秩序、提升国际地位的战略选择。全球治理因数字技术及数字经济的迅猛发展而变得更加富有挑战性，但对欧盟而言，数字推动的全球治理则意味着全新的战略机遇。换言之，欧盟不仅看到了新技术所创造的增长空间，也对自身的技术掌控和获益程度表示出积极的乐观态度。根据欧盟近来所颁布的各类战略文件，基本可以判断，欧盟的数字转型战略将推动全球治理呈现从议题到角色的多元变化。从治理议题来看，与数字技术相关的国家间资源配置失衡、财富分配不均将上升为大国博弈的核心议题；从治理平台来看，数字技术将进一步融入气候治理领域，全球气候变化仍是欧盟引领全球治理的首选领域，但当前数字技术竞争的客观现状也将使欧盟对全球气候治理的策略谋划进行局部调整；从治理行为体来看，全球治理参与者群体则因数字资源分布而呈现出更加多样的分层和分类，中、美、欧三方在全球治理中的关键行为体角色更加凸显。当前，新冠疫情导致全球治理受到重创，既有的全球治理共识处于停滞状态并有显著的逆向发展趋势，反智主义、民粹主义和保护主义在全球各地呈现不同程度的蔓延态势。欧盟对当前全球治理困境进行战略反思，结合欧盟在数字竞争中的现状与未来战略规划，欧盟将会在把数字技术纳入全球治理范畴的同时，在一定程度上实现全球治理的战略收缩，引导政策资源向欧盟回归。欧盟外交与安全政策高级代表博雷利认为，新冠疫情暴露了现有全球价值链的脆弱性和欧洲的不足，重新本地化和经济主权已经成为通行欧洲的主导话题，客观上需要将欧洲的工业、科技创新与外交政策紧密联系起来，以提升欧洲的凝聚力与实力。① 基于这一战略反思，欧盟的数字转型在强化其全球治理意愿的同时，也将缩短同中、美两国之间的数字水平差距、加速欧盟自身建设，提升欧盟应对不断变化的技术经济环境的适应能力和国际竞争力，进而维护自身繁荣、价值观和社会模式。简言之，在数字转型的战略推动之下，欧盟的治理视野投射于全球，但首要的落足点仍在欧洲自身。如果缺乏切实有效的实施手段，雄心勃勃的战略计划也终将流于"纸上欧洲"的空谈，欧盟数字转型亦复如是。②

其次，欧盟数字转型仍将受到美国的重大影响。受限于当前世界范围内美国的数字垄断和欧美关系存在大西洋盟友传统的客观现状，欧盟数字转型的战略导向和过程不可避免地会受到美国的影响。所以，在判断欧盟数字转型的国际影响时，需要将美国因素作为主要的参考变量。欧盟推进数字转型的战略举措将在一定程度上改变欧盟的国际交往格局，其中，由于欧盟推行征收数字税必然影响美国数字经济的收益，欧美关系结构也势必会产生新的变化。一方面，重视数字技术将会扩大欧

① Josep Borrell, "Building Global Europe", September 9, 2020, https：//www. eeas. europa. eu/eeas/building – global – europe_ en.

② ［英］安东尼·吉登斯：《动荡而强大的欧洲：欧洲的未来何在》，陈志杰译，北京大学出版社 2019 年版，第 6—7 页。

盟参与和引领全球治理的工具范围，拓宽欧盟同国际社会重要力量的对话途径，尤其有利于增强欧盟对美国的战略自由度。从整体来看，随着拜登政府开始执政，美国内政及外交举措将逐渐回归正轨，价值观同一将在欧盟对外关系中再次提升到主导地位，欧美关系总体上将会得到缓慢的修正。不过，整体框架下的欧美关系修复不能完全代替局部的，甚至是重大议题上的欧美分野，欧美关系的发展走势将不可避免地受到美国对外战略调整，特别是美国竞争战略的影响。换言之，欧盟重视数字主权虽有其积极作用，但并不能成为匡正欧美关系，尤其是提升欧盟在当前欧美关系结构中地位的充要条件。更准确地说，"欧洲与美国仍将是紧密的经济伙伴，但随着美国把注意力转向亚洲，欧洲将不再独占美国对外政策议程的优先位置"。① 另一方面，欧盟的数字转型将在较长时间内受限于中美之间数字竞争的主导结构。美国出于对国家安全考量而积极引导其欧洲伙伴警惕和抵制中国 5G 技术，但欧美关系并不会因此而得到加强。在特朗普政府的推动下，美国升级对华为的制裁，对抖音国际版和微信发出"封杀令"，正是其强化"长臂管辖"、维护数字垄断地位的表现。欧美关系的模式已经发生客观变化，欧盟对美国的战略期待也更加倾向于从"联盟"状态转向"联动"状态。在欧盟的战略分析语境中，欧美"联动"必然是立足于欧洲战略自主的战略联系和倚重于欧洲数字主权的政策互动。从大国博弈层面来看，欧盟将发展数字主权作为同中、美两国竞争的主要手段，数字主权的战略诉求越突出，欧盟同美国和中国的竞争态势也就越强烈。从结构层面来看，欧美之间在数字领域的联动关系既有维护西方同盟关系的同向合作，也有强调利益独立的反向竞争。欧盟的数字转型重在价值规范，美国的数字规则却强调商业利益，欧美之间客观上存在着数字战略目标不相容的结构状态。因此，自欧盟提出数字主权之日起，美欧之间开展更主动、更激烈、更全面的国际竞争态势已经不可避免。在中美之间存在结构性、长

① 张茗：《摇晃的钟摆：欧盟—美国关系研究》，上海社会科学院出版社 2018 年版，第 261 页。

期性的数字技术竞争的情势下，欧盟虽有可能暂时因美国的战略焦点转移而获得提升自身数字能力的竞争缓冲期和战略机遇期，但也可能因竞争战略主导而偏离数字技术发展的主流路径，进而跌落数字竞争核心平台。美国极有可能把对华数字竞争放在比美欧数字合作更为优先的位置，进一步说明欧盟在美国的世界数字版图和地缘政治舞台中的影响力下滑。从内容层面来看，近期内的欧美"联动"将主要立足于防控新冠疫情、应对气候变化和推进数字转型，同时将延伸到加强共同安全和基于规则的多边体制改革等领域。随着拜登政府的上台，欧盟与美国在应对气候变化方面的分歧将会减少，但在数字技术发展方面的独立性将会显著增强。正如博雷利所言，"老欧洲"对于除气候变化和欧洲合作之外的其他项目不要再心存幻想，欧美之间的紧张关系也不会因拜登胜选而结束。[1]

最后，数字合作将成为推动中欧合作的最大潜在增长点。当前，中国与欧盟同为全球治理领域的基本力量，欧盟认可中国在脱贫、应对气候变化等全球治理领域的意愿和能力，在此基础上形成了面向未来的合作意愿和关系框架。欧盟于 2016 年推出《全球战略》，将中国界定为影响和塑造世界格局、与欧盟及美国并列的三大力量之一。在 2019 年的《欧盟—中国：战略展望》中，欧盟则将中国界定为"寻求利益平衡的谈判伙伴，追求技术领导地位方面的经济竞争者，提供多样治理模式领域的系统性竞争对手"。前面提到，美国是欧盟国际战略发展和转向过程中的首要外部变量，因而也是影响欧盟对华政策的关键因素。实际上，自进入 21 世纪以来，欧美之间虽然在伊拉克战争、应对气候变化、减缓金融危机、改革北约机制等诸多方面存在分歧，但在认知和应对新型经济体特别是中国国家力量增长这一议题上却有类似的政策模式。换言之，欧盟在对华政策上虽刻意保持与美国的距离，但也存在显

---

[1]　Multilateralism and European Strategic Autonomy in a（post）– Covid world，https：// eeas. europa. eu/headquarters/headquarters-homepage/88732/multilateralism-and-european-strategic-autonomy-post-covid-world-% C2% A0_ en.

著的"美国化"倾向。① 既寻求战略自主却又必须顾及美国的欧盟，其对华政策势必出现左右摇摆的态势。因此，欧盟在同中国产生利益与价值冲突时会通过发展"战略自主权"予以"反击"，同时也会积极谋求同中国的接触与合作，在应对全球挑战的过程中提供全球公共产品。② 受到这一基调的引控，欧盟强调"必须通过灵活、务实且一致的方式而捍卫欧盟的利益和价值，并在此基础上依据话题和政策的不同而灵活调整对华路径与工具"。③ 从既往政策观之，中、欧双方在数字领域中的合作倾向大于竞争意图。2015 年中、欧双方签署了关于在第 5 代移动通信领域开展战略合作的联合声明，2016 年即启动了"中欧物联网与 5G"联合研究项目。中、欧双方当前的数字技术应用战略也蕴藏着广阔的教育和技术培训等合作前景。欧盟通过实施欧洲社会基金、欧洲扶助贫困人口基金来推进数字技术普及，致力于在多个层次提升 2.4 亿欧洲民众特别是产业工人的数字化技术水平。④ 欧盟的系列举措创造了巨大的教育和培训市场，为中欧之间开展面向合作的数字化技术培训提供了新的增长空间。在中国同欧盟建交 45 周年之际，双方在数字产业发展上已经建立起了诸多合作机制。当前，新冠疫情对世界经济和国际交流的冲击仍在持续蔓延，后疫情时代的世界发展形势在很大程度上取决于中国和欧盟的应对举措和双边关系。自新冠疫情发生以来，中、欧

① 陈志敏等：《中国、美国与欧洲：新三边关系中的合作与竞争》，上海人民出版社 2011 年版，第 37 页。

② China carbon neutrality in 2060: a possible game changer for climate, https://eeas. europa. eu/headquarters/headquarters-homepage/87431/china-carbon-neutrality-2060-possible-game-changer-climate_ en.

③ European Commission, Jiont Communication to the European Parliament, The European Council and the Council, *EU-China — A Strategic Outlook*, https://ec. europa. eu/commission/sites/beta-political/files/communication-eu-china-a-strategic-outlook. pdf.

④ Recovering from the crisis, EU funding to protect jobs and support a green, digital, inclusive society and economy, https://ec. europa. eu/social/main. jsp? langId = en&catId = 1089&furtherNews = yes&newsId = 9686. See also European Commission, Proposed Mission—A Climate Resilient Europe, Prepare Europe for climate disruptions and accelerate the transformation to a climate resilient and just Europe by 2030. Report of the Mission Board for Adaptation to Climate Change, including Societal Transformation, p. 37.

双方均将新冠疫情视为全球治理体系中的公共卫生危机，通过全方位的应对举措来防控疫情及其影响，并通过多种途径向国际社会特别是发展中国家提供援助。中欧双方的疫情应对政策在立场、结构、领域和形式上具有同频并轨的特征，中国与欧盟均坚持开放包容的全球治理、持续有效的多边机制，在共同应对地区争端和恐怖主义、气候变化、网络安全、生物安全等全球性问题上具有广泛共识，这是中欧双方应对后疫情时代的合作前提。非洲是中欧开展全球治理的重点关注地区，且在绿色转型、数字转型、可持续发展等方面均有涉及，因而双方的对非发展政策具有极大的合作空间。从目前来看，在欧盟 2021—2027 年财政预算框架和"下一代欧盟"基金计划中，除抗疫和支持经济复苏外，推进数字化和绿色转型是最大的投资领域。依据 2020 年 12 月达成的《中欧全面投资协定》，欧盟将为中国开放数字和绿色两大投资领域，目前该协定的进展因欧洲议会而受阻，但其所指出的双边合作需求仍客观存在，且技术筹备与转化工作持续进行，存在着迅速落实推进的可能。从更长远的发展前景来看，中、欧双方是推进全球气候治理的稳定力量，在将数字技术融入节能减排和碳中和的进程中，拥有稳定的政策动力和庞大的市场潜力，具有举足轻重的全球创新价值和示范意义。

应该看到，欧盟在数字领域虽具备相对庞大的市场体量和一定前瞻性的规则优势，但并不具备同中、美两国相等的技术水准与规模体量优势。中、美两国已经并将继续占据数字竞争的核心位序，这既是全球范围内数字技术和经济发展的主要牵动力量，也是欧盟推行数字转型的关键外部条件。需要指出的是，尽管欧盟推行转型面临诸多挑战，但其战略价值仍不容忽视，对于国际社会而言，如果"不参考在欧洲视角下进行的制度试验的话，国际秩序的进化也根本无法前进"[①]。在未来可预见的一段时间内，欧盟将基本上因循其自冷战结束以来参与全球治理的轨道，在中、美两国数字竞争的结构下开展其数字转型实践。

———————

① ［意］马里奥·泰洛：《国际关系理论：欧洲视角》，潘忠岐等译，上海人民出版社2011 年版，第 183 页。

作为当今时代最为突出的战略资源之一，数字技术已经渗入重大地缘政治和经济问题，数字转型也由此成为个人、企业和国家所共同寻求的目标，世界各国均会从战略高度审视数据及其发展趋势。数字发展已经对当前国际社会产生了深刻的影响。在当今中、美两国竞争的数字世界，冷战思维和数字思维将同时影响中美及绝大多数国家的对外决策。① 中美数字竞争的历史趋势激发了欧盟数字转型特别是建设数字主权的战略诉求。正如米尔斯海默所言："面对强大对手的大国一般较少考虑采取进攻行动，而是更关心保护现存均势免受更强大对手的威胁。然而，假如让那些较弱国家拥有一个以自己利益为中心来修正均势的机会，它们就会利用它。"② 在"美国优先"和中国崛起的大背景下，欧盟积极寻求通过丰富主权诉求和拓展主权空间来应对外部世界的变化，这是欧盟推进数字转型的基本逻辑。因此，数字转型是欧盟应对技术发展新变化和政治经济新挑战的战略举措。数字转型的战略设计，具有多重内涵，它既是欧盟在背负国际重要角色的政治心理驱使下面对新型非传统安全问题的政治回应，也是欧盟通过地缘政治思维传统来应对新技术挑战的政策表达。由于其相当看重自身在大气保护及气候治理技术方面的领先地位，欧盟将气候治理与数字转型紧密结合，通过挖掘两者之间的内在关联和政策纽带，形成了横跨绿色经济和数字经济两大领域的全球治理战略观。而基于进入 21 世纪以来欧盟气候外交所形成的全球治理战略平台和对美、对华政策轨迹，欧盟将在欧美、中欧、中美三个双边关系彼此嵌套、相互影响的模式下展开数字转型。欧盟数字化转型总体趋势是从强调建设基础技术设施出发，促进数字经济发展，转变为通过加强技术监管，构建基于欧洲价值观的数据保护监管体系，来重新塑造全球数字治理秩序。无论对美还是对华，欧盟的全球治理和数字转型战略都将包含竞争与合作两个重大因素，其核心则是为欧盟赢得权

---

① 阎学通：《数字时代初期的中美竞争》，《国际政治科学》2021 年第 1 期。
② ［美］约翰·米尔斯海默：《大国政治的悲剧》，王义桅、唐小松译，上海人民出版社2015 年版，第 39 页。

力。而由于欧盟将中国视为数字经济限制性最强的经济体，① 势必将在对华政策的数字领域采取更多的竞争举措。在气候治理糅合数字竞争的过程中，欧盟既不会完全依赖于同美国的合作，也不会充分放任同中国的竞争，而极有可能在中美之间寻求更多的动态平衡。具体而言，未来的中欧关系面临着发展数字技术、提升共同收益、推动全球治理的广阔前景，双方需要积极面对从气候变化到数字主权等关键领域的立场分歧，有效管控双边关系中的不确定性和政策风险。

小结与思考

欧盟在数字技术方面的有限能力已经影响了其自身的整体实力，进而影响到欧盟的国际交流与互动环境。伴随着数字竞争，与技术紧密相关的价值观和社会模式竞争也在显著加剧，并因此而凸显了全球范围的制度竞争。欧盟仍在寻求通过弥补技术短板、利用规则优势来重新塑造其全球主导地位的可能。2020 年以来，欧盟委员会每年发布一份战略预见报告，旨在帮助决策者提高对长期趋势的认识，特别是聚焦那些易被忽略却可能对欧盟和世界产生重要影响的事件，以期为欧盟委员会制订工作计划和多年期规划提供重要参考。通过这种方式，欧盟委员会希望能够抓住机遇并预防风险，前瞻性地制订应对方案。目前，欧盟委员会已经发布了三份年度战略预见报告。2020 年度报告聚焦欧盟在绿色、数字、社会与经济、地缘政治四大维度的韧性；2021 年度报告探讨如何通过开放型战略自主提升欧盟在地缘政治维度的韧性；2022 年度报告关注欧盟如何在新的地缘政治环境中实现绿色化与数字化双转型目标。连续三年度的战略报告，突出显示了欧盟在不断变化的新环境中得以持续开展的战略自省和政策筹划。在全球范围内推动绿色化和数字化

---

① Businesseueope, *The EU and China Adressing the System Challenge*, http：//www. Businesseurope. eu. January 2021, p. 61.

双转型的过程中，欧盟需要加大努力，优先考虑以规则为基础的多边主义和以价值观为基础的国际合作，并与志同道合的合作伙伴制定积极的研究与创新议程。需要注意的是，近年来欧盟推进数字转型的战略方向，是与其在全球气候治理进程中的绿色转型战略方向高度契合的。观察欧盟未来的数字转型举措和成效，还需要密切关注欧盟的气候治理举措，而这也是本书将在下一章中重点关注的话题。

第六章
气候治理与欧盟的绿色转型

  全球气候变化威胁着人类的生存与发展，加快应对气候变化合作已成为各国间的政治共识，在此过程中，欧盟发挥了至为关键的作用。作为一体化程度最高的区域组织与历史上温室气体排放的重要来源地，欧盟将应对气候变化列为其开展全球治理的优先事项。在全球气候谈判的过程中，欧盟坚持用一个声音说话，彰显了欧洲各国在对外政策和全球治理领域践行一体化发展的决心。"对于欧盟而言，气候变化是一个事关基本原则、战略目标和经济利益的重大议题。"[①] 在推进全球气候治理的过程中，欧盟在不断优化内部治理措施的基础上，加大了对外气候治理的援助力度，努力展现自身的"规范性力量"，以气候治理为突破口提升全球影响力。自2016年英国退欧公投以来，欧洲大国层面以及欧盟层面的气候政策，共同构成了欧盟将气候治理纳入应对多重危机、提升整体实力的宏大蓝图。

第一节　气候变化与欧盟气候政策

  作为一体化程度最高的区域组织，欧盟十分重视内部与全球气候治

---

  ① European Union Institute for Security Studies, *A strategy for EU foreign policy*, Report No. 7 2010, p. 31.

理。国际体系大环境衍生出的新安全观、欧盟成员国范围内环境污染的严重性、欧洲公民环保意识的提升及获得世界领导力的战略考量，应是长期以来推动欧盟重视气候治理的关键原因。

　　冷战初期，欧洲成为美苏对峙的前沿，军事威胁是长期困扰欧洲各国的最大挑战，传统安全观念在欧洲国家安全战略中占据主导地位，即安全是一种稀缺的排他性的资源，国家间的互动状态遵循零和博弈的游戏规则。随着美苏之间对峙的缓和与其他国际问题的出现，能源安全、金融安全、粮食安全、环境安全与国际恐怖主义问题层出不穷，传统的现实主义安全观已难以解释和应对新型安全问题。随之，新自由制度主义逐渐兴起并在国际安全与国家安全领域中产生了显著的推动作用。新自由制度主义认为，在相互依赖的国际体系中，国际问题并无等级之分，军事安全也并非总是居于首要地位，而生态、文化、信息等问题同样具有重要的安全价值。伴随着冷战格局逐步缓和以及国际安全理念转型的过程，经济发展与能源消耗所引发的生态环境问题越发突出，因人类活动和化石能源消耗而引发的气候变化及其负面影响也在冲击着欧洲各国，例如因气温变化而导致法国葡萄酒等知名产品的品质变得不稳定，欧洲进口海外农产品的供应能力下降，交通运输系统的保障压力上升，极端天气次数显著增加并直接导致社会和经济风险蔓延。生态环境的变化推动着欧洲一体化机构、各成员国、政治团体和社会民众的安全观念的转变。欧洲各国普遍意识到，军事安全问题固然重要，但环境问题也十分严峻且普遍，环境治理已迫在眉睫。

　　现实治理的必要性扭转了欧洲各国的传统安全观念，新的综合性安全理念也由此得以快速扩散，而环境问题则是推动安全理念转型的最直接的动力之一。自20世纪中期以来，生态环境的日渐恶化直接影响了欧洲公民的生活质量，激发了欧洲公民的环保意识，绿色政治得以快速成型。"绿色政治是20世纪60年代末70年代初最先在少数西方工业化国家产生并迅速扩展开来的社会政治现象。"[①] 由多国的政治学家、经

---

　　①　郇庆治：《欧洲绿党研究》，山东人民出版社2000年版，第1页。

济学家与社会学家组成的国际性研究团体——罗马俱乐部于 1972 年发布了《增长的极限》报告。该报告通过以地球资源的有限性分析，推导出人类经济发展的有限性，呼吁各国转换发展思路，避免进一步加剧生态污染与资源枯竭。这份报告不仅体现了欧洲公民不断提升的环保意识，而且进一步促进了绿色政治的发展，欧洲范围内出现了若干绿色政党。绿党是对人类所面临的生态困境的政治回应，即以生态环境问题为契机，以政治观念、组织结构与活动方式创新为基础，主张全面改造既存的经济社会结构，以最终创建人与自然、人与人和谐相处的新社会的新型政党。[①] 欧洲各国绿党的实力不断壮大，在丰富国家议会之政治力量构成的同时，也大大普及了环保理念，使得生态保护成为伴随欧洲一体化进展的主要政治议题，并奠定了欧盟及其成员国踊跃参与全球环境治理的基础。

20 世纪 80 年代以来，全球气候变化问题逐渐演变成人类社会普遍面临的重大问题，迫使世界各国秉持多边主义理念共同开展全球气候治理。在欧盟看来，全球气候治理所需求的多边主义理念与欧盟所秉持的发展理念十分契合，因而参与全球气候治理是欧盟展现其规范性力量，进而重获世界话语权的重要契机。由此欧盟就以积极的姿态参与国际气候谈判并因其资金、技术及其规则优势而成为关键参与者之一。当国际气候谈判进程因美国于 2001 年退出《京都议定书》而陷入僵局后，欧盟以更坚定、有力的举措来强化内部气候治理、塑造国际气候谈判格局，明示其将承担国际社会应对气候变化之战役的领导者角色，并推出了若干项着眼于长远的气候外交战略。其中，欧盟分别于 2005 年及 2007 年推出国际上首个超国家碳排放交易体系（ETS）与"能源气候一揽子计划"（亦称 2020 计划），并于 2009 年针对哥本哈根大会提出了若干项关键目标。在国际安全形势日益复杂的大环境下，欧盟对气候变化的关注也得到了联合国等国际机构的重视和积极回应。联合国安理会分别于 2007 年和 2011 年两次就气候变化与安全问题进行辩论，标志

---

① 郇庆治：《欧洲绿党研究》，山东人民出版社 2000 年版，第 26 页。

着气候变化问题被纳入全球安全问题议程。2008 年 3 月欧盟委员会发布的《气候变化与国际安全》报告提出气候变化是国际安全威胁的"放大器",成为倡导气候变化"安全化"的关键举措。通过上述步骤,欧盟建立了担当应对气候变化国际领导者的雄心战略。这一战略的基本逻辑是:"欧洲认为自身能够(在应对气候变化领域)起到示范作用,并自信能够在技术、标准等方面产生激励作用,由此占据国际政治的战略高地。"① 欧盟气候外交战略包含如下三个层次。第一层,在世界范围内建立并推广欧盟的气候治理模式。通过技术革新以及"最优实践"(Best Practice)将欧盟的环境标准扩展到世界其他地区,通过自身实践来为全球气候治理创造引领模式。第二层,凭借自身的技术优势和产品竞争力,把握低碳经济时代的"游戏规则",抢先制定具有示范性和约束性的低碳经济规则,进而将其扩展成为具有竞争优势的国际通行标准,打造欧盟在气候治理领域的规则制定权。第三层,通过气候外交增加欧盟在国际政治、国际道义方面的收益,提升其国际影响力,构建欧盟的国际主导权。

在 2009 年 12 月的哥本哈根气候大会上,欧盟的气候外交战略遭遇戏剧性的挑战,由会议初期的美欧联合向中国等新兴大国施压,急剧转变为美国同"基础四国"达成协定,促成了《哥本哈根协议》,而长期以来以充当国际气候治理领导者为己任的欧盟则被置于旁观者的地位,成为被边缘化的角色。欧盟所预期的为世界定规则、充当国际气候治理领导者的外交战略不仅没有实现,反而陷入政策倡议被其他缔约方否定或忽视、领导角色受到公开质疑与批评、气候谈判进程被他国主导的复杂困境。哥本哈根会议使欧盟的气候外交雄心顿然受挫,欧洲国家充满了"失望而沮丧的情绪",它们普遍认为这次气候大会对欧盟来说是个巨大的失败。时任欧盟委员会主席的巴罗佐也坦言《哥本哈根协议》

① John R. Schmidt, "*Why Europe Leads on Climate Change*", *Survival*, Vol. 50, No. 4, pp. 83 – 96.

与欧盟最初的期望相去甚远。①

　　对欧盟而言，哥本哈根气候大会是其气候外交战略确立以来直面国际气候谈判体系的矛盾集中爆发并直接受挫的一次沉痛经历。因此欧盟将哥本哈根大会视作重大转折点，着手对气候外交战略加以调整，使此前高调而雄心勃勃的气候外交趋于相对谨慎、低调而务实。必须强调的是，此后的欧盟债务危机在很大程度上对欧盟气候外交政策转型产生了决定性的影响，使其在总体基调、目标设计与政策选择上都受到重大制约。危机中的欧盟各国债务问题突出，信用等级下降，即使英、法、德等国的债务也突破了历史纪录或接近发债预期区间的上限水平。从总体来看，欧债危机使得欧洲经济萎缩、政治与社会动荡风险增大、成员国之间分歧加剧、欧洲民众对一体化的信任降低且离心力增强。欧债危机引发的一系列问题及潜在威胁，迫使欧盟的政治议程发生了重大改变：欧盟内部的经济危机应对成为迫在眉睫的核心议题，而包括气候外交在内的对外政策在政治议程中的地位及议题比重则明显下降。在许多情况下，欧盟都没有专门的时间而只是在讨论债务危机的间歇才探讨外交政策问题，为外交领域的创新性思维和行动留下的空间很小。大体来看，欧债危机导致大部分欧盟国家的财力变弱，迫使它们把更多精力放在稳定与提升经济，减少对新能源行业的开发与补贴上，进而使其推动气候外交的能力及举措受到限制。但客观上欧盟亦不可能抛弃已经确立的气候外交战略目标及国际影响力，而为了长远的气候治理目标和低碳经济发展前景，欧盟唯有奋力地在应对债务危机的同时尽力坚守气候外交的轨道。可以说，后哥本哈根时代的欧盟气候外交政策转型是在债务危机风暴的裹挟之下负重前行，力求保证在当前经济稳定与未来低碳目标之间取得微妙平衡。

　　正是在欧债危机的阴影之下，欧盟委员会于 2010 年 3 月发布了题为"后哥本哈根国际气候政策：重振全球气候变化行动刻不容缓"的政策文件，对欧盟气候政策转型做出了三个方面的部署。第一，调整欧

――――――――――

　　① 冯存万、朱慧：《欧盟气候外交的战略困境及政策转型》，《欧洲研究》2015 年第 4 期。

盟的气候治理立场，重整欧盟参与和引导气候治理的雄心和形象。第二，重申并扩充了欧盟的全球气候治理目标。第三，为未来的国际气候谈判路线图提出了一系列的政策建议。在这一过程中，欧盟于2011年发布《欧盟2050低碳经济路线图》，提出欧盟的总目标是在充分满足经济社会可持续发展、大众生活能源需求的同时，积极利用各种低碳技术，在1990年的基础上到2050年降低温室气体排放80%—95%。此后，随着欧债危机影响进一步扩大，确保就业和稳定经济成为欧盟各国的首要任务，对减排目标不自信甚至消极抵触的情绪在各国之间普遍蔓延，而来自民间和企业界的质疑与抨击也极大地动摇了欧盟持续推进低碳减排政策的基础，为此，欧盟于2014年推出"2030气候与能源战略"，并将其作为欧盟面向"2020计划"的近期目标和面向"2050战略"远期目标之间的妥协性中期目标，以碳减排为核心，兼及可再生能源，要求欧盟成员国在2030年之前将温室气体排放量削减至比1990年水平少40%，可再生能源在欧盟能源结构中所占比例不低于27%。在欧盟自身积极调整气候治理进程和路线的同时，也寄希望于在全球社会建立起对各个缔约方均具有显著约束力的全球协定。因而2015年的巴黎气候大会即成为实现这一目标的关键节点。

2015年的巴黎气候大会经由欧盟的积极推动和中美等国的共同参与，与会各方达成了《巴黎气候协定》并创造了多项全球气候治理纪录，在谈判内容上囊括了全球气候治理中确立减缓、适应、资金、技术转移、透明度及能力建设等问题的基本原则，是继1992年《公约》和1997年《京都议定书》之后国际社会第三个里程碑式的国际气候治理法律文本，基本确定了2020年后全球气候治理的制度路径。在经历了2009年哥本哈根气候谈判的失败后，欧盟在巴黎谈判中取得了成功，由此巩固了国际气候政策领导者的地位并实现了领导力的转型。伴随着英国退欧公投和特朗普当选美国总统等事件的发生，世界范围内的民粹主义和极端势力冲击着国际合作，全球气候治理进程也受到显著的影响。在欧盟内部，英国经过艰涩冗长的退欧谈判于2020年退出了欧盟，未来欧盟的气候治理领导力势必受到削弱；在全球层面，特朗普政府上台后对既往的美国外交政策大幅改弦更张，宣布退出《巴黎气候协定》；之后新冠疫情的暴发导致全球经济急速衰退，欧盟经济复苏和能源转型进程也深受冲击。简言之，在巴黎气候大会达成协定后，国际气候治理的宏观环境再次发生了不利于欧盟实现其雄心壮志的改变。是否以及如何保持欧盟应对全球气候变化的战略优势，是一个令欧盟颇感困扰的重大问题。

第二节　重聚共识的欧盟气候治理

如前所述，欧盟自巴黎气候大会以来处于更加复杂艰难的气候治理环境中，如果说特朗普政府推动美国单边退出《巴黎气候协定》是欧盟苦心经营的国际气候治理进程的一大挫败，那么欧盟内部的气候治理观念分歧则是欧盟引以为傲的自身气候治理观念的警示。巴黎气候大会之后，绿党在欧洲范围内全面崛起，社会大众对气候议题的高涨热情猛烈地冲击着欧盟迟缓的气候治理行动。在此期间，法国和德国等主要成员国的民众环保热情高涨，激烈批评欧盟及其成员国政府的气候治理的"不作为"，多项生态保护抗议行动不仅席卷欧洲，甚至影响了全球。世界自然基金会于2018年发布的一项报告即认为，包括欧盟这样的气候治理先行者在内，全球范围内的气候治理举措远不能满足《巴黎气候协定》所确立的治理目标。如要全面实行《巴黎气候协定》，避免灾难性的气候变化后果，各缔约方均应大幅推进气候治理议程。[①] 在大范围的批评声浪之下，欧盟保持并提升自身的气候治理力度和成效，已如在弦之箭。正是在这种背景下，作为新一任欧盟委员会主席的冯德莱恩

---

① "Leading the European Union's Environment Policy in 2019 – 2020", October 2018, https://wwfeu. awsassets. panda. org/downloads/wwf_ briefing_ forthcoming_ council_ presidencies. pdf.

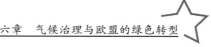

从其竞选阶段就开始宣布了以"绿色"为关键话题的施政纲领，并以此重振欧盟作为全球气候治理领导者的雄心壮志。①

　　欧洲是历史上碳排放大国最为集中的区域。尽管当前欧盟不是世界上最大的碳排放行为体，但作为由 27 国组成的经济发展水平较高且能源消耗量巨大的区域组织，欧盟仍是世界上主要的影响碳排放规模与进程的行为体，积极推进自身内部减排有利于提升其国际形象，展现其开展全球治理的规范性力量。另外，欧盟也可以内部气候治理为筹码，利用有条件的承诺与其他排放大国进行讨价还价，形成以欧盟为中心的气候治理约束规范。换言之，欧盟设置具有相关性的减排承诺（例如欧盟的减排承诺可以根据其他行为体的承诺而进行动态调整），意在敦促其他国家做出更具贡献度的减排承诺，进而巩固全球气候治理的多边参与，强化欧盟获得全球气候治理领导权的权力基础。

　　欧盟内部的气候治理主要体现在欧盟成员国与欧盟两个层面。成员国是欧盟气候治理的基本单元。由于工业化水平高、公民环保意识强、国家环境科学研究实力雄厚、国家层面气候治理力度大等多重原因，法、德两国的气候治理效果十分显著且具有代表性，而荷兰、丹麦等国的气候治理政策体系及实践成效也颇有建树。欧盟成员国特别是西欧、北欧国家的气候治理意愿及能力显著高于世界其他地区，这是欧盟在国际气候治理领域具有引领能力的重要前提。此外，欧盟层面的气候治理萌芽于 20 世纪 80 年代，与全球气候治理谈判、全球气候治理实践进程亦步亦趋，因而具有国际气候治理谈判的传统优势。总的来说，欧盟层面的气候政策旨在实现内部的经济转型发展，提高欧盟成员国的经济竞争力，同时欧盟也希望通过推行雄心勃勃的内部气候治理措施，展现欧盟在该领域的影响力，进而塑造其在全球气候治理领域的领导力。

　　如果说欧盟是全球气候治理进程中的排头兵，那么法国可以被称为这一排头兵中的急先锋。作为传统的工业强国和第一次、第二次工业革

———————————

　　①　寇静娜、张锐：《疫情后谁将继续领导全球气候治理——欧盟的衰退与反击》，《中国地质大学学报》2021 年第 1 期。

命中的"龙头国家",法国较早地开始了国内环境治理的进程。进入 20
世纪 80 年代,随着气候变化逐渐成为全球性的政治议题,法国也逐渐
从国内环境治理转向了全球气候治理。作为《联合国气候变化框架公
约》的缔约方之一,法国积极参与全球气候治理进程,通过务实而大
幅的减排措施来展现法国的治理雄心。法国的气候政策主要集中在减排
目标、减排手段与资金支持三方面。法国的减排目标较为清晰而稳定,
减排效果也十分明显。依照《京都议定书》的履约承诺,欧盟成员国
应在 2012 年实现平均减排 8% 的目标,而法国只需要将自身排放稳定
在 1990 年的水平就可以实现这一目标。① 2015 年法国颁布了《绿色发
展能源过渡法》,指出法国计划将于 2030 年减少 40% 的社会温室气体
排放量,2050 年可将温室气体排放量减少一半。2020 年 4 月法国政府
正式推出了"国家低碳战略",确定到 2050 年实现"碳中和"。自《巴
黎气候协定》生效以来,世界范围内的气候诉讼层出不穷,而法国在
这一问题上的表现更凸显了其作为气候治理先锋的多重动力。法国国内
活跃着多个环境保护组织,通过行政诉讼等方式,形成了对法国政府气
候治理实践的强大约束。2019 年 1 月,法国多家气候组织与北部沿海
市镇格朗德桑特(Grande-Synthe)认为气候变化冲击明显而法国政府
不作为,因此向法国最高行政法院提起控诉。2021 年 7 月 1 日,法国
最高行政法院裁决认为,法国政府未能将空气污染降低到可接受的水
平。法国国务委员会(le conseil d'État)对马克龙政府处以 1000 万欧元
的罚款,以敦促其加大减排力度,并如期实现 2030 年减排 40% 的目
标。法国的减排进度较快,已然成为欧盟成员国在气候治理领域的
"减排先锋"。法国的减排手段主要集中于新能源建设,即通过加强新
能源开发来降低温室气体排放量,提高国家对气候变化的适应能力。
2015 年法国出台《绿色增长能源转型法案》,提出了 2050 年的全国总
能耗将降低一半的目标(与 2015 年相比)。2020 年 4 月法国政府发布
《国家能源计划》,规划未来将大力发展氢能源,到 2023 年时绿色氢将

---

① 冯存万:《法国气候外交政策与实践评析》,《国际论坛》2014 年第 2 期。

占到工业氢的10%，5年后则占20%—40%。2022年，法国宣布将投入10亿欧元用于从2028年开始重新建造核电机组，同时计划未来再投入500亿欧元用于建造6座新型核电站。由此可见，未来法国仍将进一步发展核电以提高能源效率。在资金支持方面，法国也有诸多促进气候治理的资金融资创举。法国政府为本国气候治理转型发展提供了大量的资金支持。早在2013年7月，时任总理埃罗公布了法国政府"未来十年投资计划（PIA）"，该投资计划总额为120亿欧元，其中23亿欧元投入了能源领域，用以推动新能源开发与国家能源结构的转型升级。马克龙政府于2021年10月公布《法国2030投资计划》时也提出，法国将拨款50亿欧元推动工业逐渐脱碳，以实现2025年至2030年减排35%的目标。

自德国统一以来，生态环境治理问题就一直是政府工作议程中的重要议题。2000年德国政府发布了《国家气候保护计划》，决定到2005年减排25%；2007年发布的《能源与气候保护综合方案》和2008年通过的《气候与能源一揽子计划》明确将于2020年减排40%。为回应2015年联合国发布的《2030年可持续发展议程》，德国再次确认于2020年减排40%，2030年至少减排55%，2040年至少减排70%。德国《联邦气候保护法》于2019年12月18日生效，明确了有法律约束力的国家减排目标，即到2030年时在1990年的基础上减排55%，并在2050年实现碳中和。2021年3月24日在德国联邦宪法法院提出《联邦气候保护法》的修订建议后，德国联邦议院于2021年6月24日通过了修订案，将2030年减排目标上调至65%，提出2040年减排目标为88%，将实现碳中和的计划时间节点从2050年提前到了2045年，2050年之后实现负排放。目前德国的减排目标在欧盟成员国中处于领先地位。德国的减排手段集中在气候保护技术创新、开发可再生能源及提高能源效率三方面。作为传统的技术强国，德国十分重视技术研发。2006年德国曾发布《德国高技术战略》文件，加大研发气候保护技术力度，推进德国的气候治理政策实践进程。2010年更新该战略并发布《思想·创新·增长——德国2020高技术战略》，重点强调气候与能源技术的可持续发展。2014 年和 2018 年德国分别发布了《新高技术战略——创新德国》《研究与创新为人民——高技术战略 2025》，旨在通过科学技术创新来提高德国应对气候变化的能力。德国十分重视新能源的开发。从 2004 年到 2020 年，德国根据国内市场需求先后六次修订《可再生能源法》，推动调整国内的能源使用结构。在提高能源效率方面，德国除加大新技术开发力度之外，还通过征收生态税促使企业提高能源利用效率。此外，德国也通过建立专项基金、推行政府补贴、家用电器节能分级等方式，推动德国社会节约资源、提高能源利用效率。需要强调的是，根据《2030 年气候保护计划》，德国已于 2021 年启动碳交易系统，涵盖所有不受欧盟碳交易系统监管的燃料排放。德国在绿色融资举措方面也有较大创新，德国政府、德国复兴信贷银行与企业共同设立了碳基金，其中德国复兴信贷银行出资 1000 万欧元，德国政府出资 800 万欧元，总规模为 7000 万欧元。目前，德国是全球第四大绿色债券市场，在欧洲市场排名中仅次于法国。2020 年德国政府推出了本国的第一只绿色国债用以支持环境改善项目。在此基础上，德国于 2021 年推出了"永续金融策略"，运行目标是支持欧盟在 2050 年前达成碳中和，而要达成这项目标，欧盟委员会每年将需要投入 3500 亿欧元的资金。

　　经历多重危机之后的欧盟在积极参与全球气候治理的过程中，负有较哥本哈根大会时期更加复杂的战略期待，其中既有重获全球气候治理领导权的战略期望，又有加强欧盟凝聚力进而推动欧洲一体化发展的期待，还有实现欧洲转型发展并通过规范性外交而差异化参与全球竞争的考虑。欧盟层面的气候政策进展与全球气候谈判进程之间的互动十分紧密。2009—2014 年是欧盟气候政策的快速发展阶段。哥本哈根大会遭遇气候外交挫折后，为重获全球气候治理的领导权，欧盟希望继续通过优化内部减排措施，以自身减排效应吸引更多国家支持欧盟的谈判立场，进而提升其在全球气候谈判进程中的影响力。2011 年 3 月，欧盟委员会通过的《2050 年：迈向具有竞争力的低碳经济的路线图》指出，欧盟计划在 1990 年的基础上于 2030 年减排 40%、2040 年减排 60%、2050 减排 80%，以实现有竞争力的低碳经济转型。为进一步加强欧盟成员国适应全球气候变化的能力，欧盟于 2013 年发布了《适应气候变化战略》，强调从地方、区域、国家及欧盟四个层面入手，通过建议成员国采取全面的适应战略、提供基金支持加强适应能力建设、弥合知识鸿沟等 8 项行动倡议，从整体上提升欧盟的气候适应能力。与此同时，为进一步推动世界碳排放交易体系建设、提升欧盟碳排放交易体系效率，欧盟颁布了《排放交易指令》并对 ETS 系统进行改革。2014 年 10 月欧盟出台《2030 年气候与能源政策框架》，提出到 2030 年将欧盟温室气体排放量与 1990 年相比减少 40%，2030 年前欧盟能源消费中可再生能源占比将提高至 27% 以上。同年 6 月 27 日，欧洲理事会发布了《变革时代的欧盟战略议程》，将确保"能源安全与气候可持续发展"作为其后续五年的重要工作议程。[①] 至此，在巴黎气候大会前夕，欧盟在其内部做足了努力，一系列的举措有利于提升欧盟在全球气候谈判中的主导权，提升其长期引领全球气候治理方向的信心。

2015—2021 年是欧盟气候政策的深化发展阶段。欧盟在 2016 年 6 月新发布的《全球战略》中，重申将气候变化视为欧盟所面临的安全威胁之一，这标志着应对气候变化已经成为欧盟的一项安全议题。欧盟宣布将通过示范引领来积极落实其推行可持续发展和应对气候变化的承诺，其措施包括增加气候融资、推动气候变化成为多边合作的主导话题、提升《巴黎气候协定》的前景规划和降低清洁能源成本。在能源转型发展方面，欧盟于 2016 年 11 月提出了旨在推动欧洲实现能源利用转型的"能源清洁一揽子计划"。该计划将通过更新电力市场设计规则、推广和整合可再生能源规则、完善能源效率规则及体制框架规则，建立一个现代化的欧洲能源市场。[②] 欧盟是最早实行碳排放市场化的缔

---

① European Council, *Strategic Agenda for The Union in Times of Change*, https://www.consilium.europa.eu/media/39245/143477.pdf.

② Linklaters, *Clean Energy Package*, https://www.linklaters.com/en/insights/publications/2019/july/clean-energy/clean-energy-package.

约方，ETS 系统也是欧盟内部治理体系中的一个旗舰型政策工具。此前欧盟委员会曾就"2020 年后的 ETS 体系改革"提出专项法案。由于欧盟各成员国发展状况存在差异，内部争论长期持续且激烈，直到 2018 年 2 月欧洲议会与欧洲理事会同意对该体系进行修订。2018 年 4 月 8 日，修订后的《欧盟排放交易体系指令》宣布生效，该指令规定了 2021—2030 年的欧盟 ETS 体系内部交易的具体细节，即从 2021 年起，欧盟排放限额总量将从 1.74% 上调至 2.2%，以加大欧盟内部的减排力度；欧盟将加强市场储备力度，减少碳市场过剩的排放限额，提高欧盟排放交易计划抵御未来冲击的能力；重点关注那些将生产转移到欧盟以外的高风险部门，通过分配制度改革促进其获得相应的免费配额，同时对风险较低的部门设定了取消免费配额的时间表；建立创新基金与现代化基金，用于支持技术创新与能源效率提升。经过多轮次的改革，欧盟的 ETS 系统越发成熟，逐渐成为欧盟内部气候治理体系的品牌与支柱，亦成为欧盟推广气候外交的一个工具。

欧盟在内部气候治理方面持续发力，以大力度、快节奏、高密度的方式，推动成员国经济发展模式持续转型，确保实现 2030 年的减排目标。例如 2018 年 12 月欧洲议会与欧洲理事会通过了"能源联盟治理与气候行动"条例，要求欧盟成员国从脱碳、能源安全、能源效率、内部能源市场机制、科学研究创新与发展竞争力五个方面编制国家能源与气候计划，并要求各成员国在 2023 年 3 月报告本国计划实施进展，同年 6 月底前发布新一版的计划草案，并于 2024 年 6 月 30 日前提交最终版本。① 在美国退出《巴黎气候协定》、日本与加拿大等发达国家也对节能减排态度转为消极的对照之下，欧盟仍以相对积极甚至更加坚定的态度践行承诺，既向发展中国家与其他大国展示了其诚实守信、负责任的国际形象，又表达了以气候威胁为由凝聚共同利益并借此扭转欧盟一

① European Commission, *Governance of the Energy Union and Climate Action*, https://ec.europa.eu/clima/eu-action/climate-strategies-targets/progress-made-cutting-emissions/governance-energy-union-and-climate-action_en.

体化发展预势的决心。2020 年，欧盟开始落实"欧洲气候新政"计划，于同年 3 月正式将《欧洲气候法》提交至欧洲议会及理事会，经过近一年半的讨论与修改，该法于 2021 年 7 月正式生效。这是世界上的首部气候立法，它从法律层面确定了欧盟将于 2050 年实现气候中和的雄伟目标，并就该目标的达成路线予以具体安排。① 按照欧盟的设计，这部法律既能为工业发展和投资者增加确定性和透明度，又能为经济伙伴仿效欧盟应对气候变化提供依据。因此，立法层级高、立法模式新颖、立法目标远大是这部气候法律最主要的特点。②

2019 年底公布的《欧洲绿色协议》是一个前所未有、覆盖欧盟所有经济领域的全新发展战略，包括了推动欧盟经济向可持续发展转型、作为全球领导者以及出台《欧洲气候公约》三大支柱。欧盟希望以《欧洲绿色协议》切实带动成员国的经济转型，加强欧盟的规制性力量，继续提升欧盟在全球气候治理进程中的领导力。可持续发展作为该协议的核心内容，具体包括了中远期气候治理目标、清洁可负担能源、清洁循环经济转型、能源效率、生物多样性等八项行动计划，旨在通过稳定的投资、融资确保转型的公平与公正。《欧洲绿色协议》提出了"气候中立"概念并将其定位为气候治理的最高目标，欧盟也因此成为全球第一个承诺向零碳排放目标迈进的国家集团。此外，《欧洲绿色协议》重申欧盟作为全球气候治理领导者的定位，表示将借助外交手段、贸易工具、发展政策等方式，着力保障《巴黎气候协定》的顺利执行，要求成员国有效落实协议、帮助各国设定和更新国家自主贡献目标与远期战略规划，以身作则号召全体缔约方履行承诺，努力向全球绿色可持续发展迈进。

---

① 根据最新的评估，欧盟为 2030 年设定了一个新的目标，即温室气体净排放量比 1990 年至少减少 55%。同时，修订所有相关政策工具，以实现 2030 年的最新减排目标。另外，该法律还设定了 2040 年气候目标制定的程序。参见 European Commission：European Climate Law，https：//ec. europa. eu/clima/eu-action/european-green-deal/european-climate-law_ en。

② 兰莹、秦天宝：《〈欧洲气候法〉以"气候中和"引领全球行动》，《环境保护》2020 年第 9 期。

　　航空碳税是欧盟推动气候治理的一项创举。2012 年，欧盟计划将航空领域纳入欧盟碳排放交易系统，即向过境的航班征税（凡是在欧盟国家机场起降的航班都被纳入欧盟碳排放交易系统），这将涉及 148 个国家的近 4000 家航空公司。该计划曾引起非欧盟国家的强烈反对。中、美、俄等国政府公开声明，禁止本国航空公司加入欧盟的碳排放交易系统。经过数月的磋商，欧盟与其他国家最终达成妥协，即自 2012 年 11 月起只针对欧盟内部的航班征税，非欧盟航班不必再缴纳税款。国际民用航空组织于 2016 年 9 月通过了对国际航班的碳排放采取管控措施的决议，即建立"碳抵消与削减机制"，这是全球第一个行业性的市场减排机制。2018 年 6 月，国际民用航空组织理事会正式通过了关于实施"国际航空碳抵消与减排机制"的一揽子建议标准，并推动其列入《国际民用航空公约》附件 16《航空环保》的第 4 卷。在此趋势下，欧盟重提征收航空碳税。2021 年欧盟提出一揽子计划"落实 55% 减排计划（Fit for 55）"，尝试性地提出在欧盟范围内向污染性航空燃料征税，并对未来做出展望：根据碳抵消与削减机制近几年的运行状况，决定是否于 2024 年重启欧盟征收航空碳税的设想。

　　作为发达国家聚集区的欧洲拥有庞大的交通运输系统，而交通运输业的碳排放量占欧盟碳排放量的 25%。[1] 为实质性推进欧盟的绿色转型，欧盟下决心减少交通运输业的排放量。2011 年，欧盟发布了《交通业白皮书》，提出在 2050 年之前削减运输业 60% 碳排放的目标。这一目标包括：加快城市交通设施的能源转型，推动实现欧盟城市不再使用传统能源；航空领域至少实现 40% 的温室气体排放量，将 50% 的中长途城际客、货运从公路转为铁路和水路运输。[2] 该白皮书的提出，既表明了哥本哈根气候大会后欧盟重振国际气候治理雄心的姿态，也表明了欧盟推动内部转型发展的决心。2020 年 1 月 1 日，欧盟第（2019/

---

① European Environment Agency, *CO2 Performance of New Passenger Cars in Europe*, https：//www. eea. europa. eu/highlights/sharp-decrease-in-emissions-of.

② European Union, *White Paper on Transport*, https：//op. europa. eu/en/publication-detail/-/publication/bfaa7afd-7d56-4a8d-b44d-2d1630448855/language-en.

631）号法规正式生效，该法规为欧盟轿车与货车设定了新的二氧化碳排放标准，以取代欧盟（443/2009）（轿车）与欧盟（510/2011）（货车）两项法规。从 2025 年起，减排标准参照 2021 年的具体机动车排放量执行。相对于 2021 年的排放量而言，小型运输车辆到 2025 年需减少 15%、2030 年应减少 37.5% 的碳排放。类似地，2025 年时货车碳排放量应减少 15%，而 2030 年的碳排放量则需要减少 31%。[①] 欧盟也十分重视航海运输方面的温室气体减排。欧盟于 2005 年推出的"欧洲气候变化计划"项目包括 6 个项目组，其中即包含了航空、汽车、碳捕获与储存、适应气候变化的影响与船舶温室气体排放。[②] 近年来，随着全球海运市场的缓慢复苏，欧盟持续推动对船舶温室气体排放的关注和管制。2022 年 12 月欧洲议会和欧盟理事会就"落实 55% 减排计划"和碳市场改革达成初步协议，确定从 2024 年起将欧盟内部及出入欧盟港口的航运业纳入欧盟碳市场管控，涉及欧盟航线的航运公司将为其船舶碳排放支付履约成本。欧盟此次将航运业纳入碳交易市场，是对所有出入欧盟港口的任何船旗船舶征收配额，而不仅仅针对欧盟航运公司的船舶。

　　提升能源效率是欧盟内部气候减排系列政策的重要组成部分。如果说新能源开发是开源，则提升能源效率的焦点就在于节流。开源与节流相辅相成，共同提升欧盟内部的能源效率治理水平。欧盟通过"提高能源效率的行动计划"来提升能源效率，目前欧盟已对该计划进行了多次修订。2022 年 6 月，欧盟及其成员国就新修订的能源效率指令和可再生能源指令达成一致意见，对多项关键指标做出了新的规划。其中，在可再生能源方面，欧盟决定制定一个具有约束力的欧盟目标，即到 2030 年时可再生能源在整体能源结构中的占比达到 40%；在绿色建

---

①　European Commission, *CO₂ Emission Performance Standards for Cars and Vans*, https：//ec. europa. eu/clima/eu-action/transport-emissions/road-transport-reducing-co2-emissions-vehicles/co2-emission-performance-standards-cars-and-vans_ en.

②　European Commission, *European Climate Change Programme*, https：//ec. europa. eu/clima/eu-action/european-climate-change-programme_ en.

筑方面，欧盟设定了到 2030 年建筑物中至少 49% 的可再生能源份额的指示性目标；在关于能源效率方面，欧盟决定到 2030 年将欧盟层面的最终能源消耗量减少 36%，一次能源消耗量减少 39%，所有成员国均需在 2023—2024 年更新综合国家能源和气候计划中的设定目标和实现路径，为实现欧盟总体气候治理目标做出贡献。

经历多重危机之后的欧盟将绿色转型作为应对全球气候变化、推进欧盟经济复苏和能源转型的重大战略举措，特别是随着 2022 年初俄乌冲突的爆发，欧盟发展绿色能源、实现低碳社会和战略自主的意愿更加强烈。尽管部分成员国家在绿色转型的具体路径上存在异议，但整体上欧盟矢志不移地推行绿色转型已成为其不可动摇的重大发展趋势，而欧盟这一内在治理的重大转变也必然产生更为广阔的国际辐射力。

第三节　欧盟的气候外交与实践

作为一体化程度最高的区域组织，欧盟将参与全球气候治理列为其优先议程，并在具体的实践过程中发挥了关键性的规范指引作用。在全球气候谈判的过程中，欧盟坚持用一个声音说话，彰显了欧洲努力实现一体化发展的决心。雄心勃勃的欧盟积极参与全球气候治理，既有获得全球气候治理领导权的战略考量，又有加强欧盟凝聚力进而推动欧洲一体化发展的期待，还有实现欧洲转型发展、推动规范性外交的差异化全球竞争的考虑。在欧盟参与全球气候治理的进程中，2009 年的哥本哈根气候大会与 2015 年的巴黎气候大会是两个十分关键的时间节点。前者是欧盟领导全球气候治理发展理想与现实"脱节"的阴霾时刻，而后者则是欧盟经过六年坚韧蛰伏进而一扫战略阴霾，重获全球气候治理领导力的荣耀时刻。

作为展示欧盟领导全球气候治理之雄心的标志举措，欧盟委员会于 2009 年 4 月 1 日发布了《适应气候变化：欧盟行动框架》白皮书。该白皮书指出，欧盟须在未来加快适应气候变化，各国政府、机构和致力于适应政策的各类组织应建立多层信息交流机制，以降低欧盟面对气候变化的脆弱性。[①]《联合国气候变化框架公约》第 15 次缔约方会议暨《京都议定书》第 5 次缔约方会议于 2009 年 12 月在丹麦首都哥本哈根召开。根据各方在《巴厘行动计划》中所达成的共识，本届大会最终应达成一个综合性、具有法律约束力的国际条约。2009 年 10 月，欧盟发布了其在此次大会的谈判立场：欧盟认为，全球变暖的平均温度必须比工业化前的水平低 2℃，以减少气候变化给人类与自然带来的破坏。欧盟要求，全球温室气体排放量最迟将在 2020 年达到峰值，到 2050 年应参照 1990 年排放量减少 50%。在欧盟看来，哥本哈根会议至少要达成一个强有力的框架协议，涵盖新条约的基本组成部分和完成条约的最后期限。[②] 欧盟希望以更加积极的态度，推动一个强有力框架协定的实现。但在哥本哈根会议上，美国、中国、欧盟及其成员国、其他发达国家与发展中国家在减排指标、减排监测（透明度）、协议性质、气候融资等问题上争执不下，各方无法达成一个具有法律约束力的协议。在美国看来，欧盟的目标过于激进，在全球气候治理的实际进程条件下难以实现。在会议后期，美国放弃了此前与欧盟达成的向中国与其他发展中国家施压的一致立场，转而与"基础四国"加强接触并实现直接合作，最终促进了《哥本哈根协议》的达成。该协议并没有就 2℃的升温限制明确具体的时间点，也没有就发达国家的减排义务达成明确的安排，只是提出了模糊性的"各国自主承诺"这一概念，并没有就发达国家承诺提供的气候融资给出落实性的条款，这与 2007 年曾确立的《巴厘行动计划》及欧盟的谈判立场相去甚远。[③] 可以说，哥本哈根气候大会对

① UNDRR，*Adapting to Climate Change-Towards a European Parliament for Action*，https://www. preventionweb. net/publication/adapting-climate-change-towards-european-framework-action.

② European Union，*The Copenhagen climate change negotiations：EU position and state of play*，Brussels，November 9，2009，https：//ec. europa. eu/commission/presscorner/detail/es/MEMO_ 09_ 493.

③ Center for Climate and Energy Solutions，*A Copenhagen Climate Agreement*，https://www. c2es. org/document/a-copenhagen-climate-agreement/.

于欧盟而言是一场"滑铁卢",时任欧盟委员会主席的巴罗佐(Jose Manuel Durao Barroso)甚至批评认为"这项协议明显低于欧盟的目标,我十分失望"。①

　　尽管《哥本哈根协议》与欧盟的期待相去甚远,但欧盟并未就此气馁。欧盟在进一步升级内部治理措施的基础上,着眼全球气候治理进程实际,以气候谈判为平台努力消除各方分歧,以更加务实的气候谈判者与协调者角色,实现了《坎昆协议》、德班气候平台、多哈气候途径等一系列突破,为《巴黎气候协定》的达成奠定了坚实的基础。2015年3月,欧盟提出了一个雄心勃勃的减排目标:欧盟计划在2030年实现减排40%,这一目标直接超过了中国与美国的承诺,为欧盟在巴黎气候大会抢占谈判有利地位提供了先机。② 欧盟相信巴黎气候大会是可供彻底扫除"哥本哈根会议"战略挫折、重拾全球气候谈判与治理领导者地位的里程碑式的好机会。2015年9月18日,欧盟理事会发布了欧盟将在巴黎气候大会的谈判立场:重申希望在本次大会上达成一项适用于所有缔约方、具有法律约束力、可量化的气候协定,并欢迎所有缔约方国家提交其国家自主贡献计划,并以5年为周期及时更新。③ 在欧盟看来,达成一项具有法律约束力的综合性气候协定是最为必要的。尽管美国等国对这种协定所具有的约束力表示怀疑,欧盟仍团结大多数发展中国家坚持原则并灵活谈判。经过多轮博弈,各方最终同意兼顾各国的发展实际,以各国提交的自主贡献为减排指标,促成了《巴黎气候协定》的按时达成。该协定共有29条,涵盖了减缓、适应、资金支

---

　　① EURACTIV, *EU Looks Beyond Weak Copenhagen Climate Deal*, https://www. euractiv. com/section/development-policy/news/eu-looks-beyond-weak-copenhagen-climate-deal/.

　　② Oberthür Sebastian, "Where to go from Paris? The European Union in climate geopolitics", *Global Affairs*, Vol. 2, No. 2, 2016. pp. 119–130. 转引自 Susanne Lütz, Tobias Leeg, Daniel Otto, Vincent Woyames Dreher, eds., The European Union as a Global Actor: Trade, Finance and Climate Policy, Springer, 2021。

　　③ European Council, *EU Position for the UN Climate Change Conference in Paris: Council Conclusions*, https://www. consilium. europa. eu/en/press/press-releases/2015/09/18/counclusions-un-climate-change-conference-paris-2015/.

持、技术转让与透明度等方面的安排。作为全球气候谈判共识的体现，特别是对小岛屿国家诉求的直接回应，《巴黎气候协定》要求将全球气温增幅控制在2℃以内，并努力将其限制在1.5℃以内。尽管《巴黎气候协定》与欧盟的设想仍然存在一定差距，协议的法律约束力并没有《京都议定书》那么强，但欧盟仍将其视为全球气候治理进程中的一个里程碑，为2020年后的全球气候治理进程指明了方向。继2016年4月21日欧盟在美国纽约签署了《巴黎气候协定》后，6月20日，欧盟环境理事会正式通过了关于批准《巴黎气候协定》的声明，10月4日，欧盟议会正式通过了关于批准《巴黎气候协定》的议案，欧盟理事会批准欧盟加入《巴黎气候协定》。[1] 同年11月4日，由于"已有55个国家批准了该条约，这些国家的温室气体排放量占全球排放量的55%以上"[2]，《巴黎气候协定》正式生效，这标志着全球气候治理进程迈入了新阶段。

总的来说，欧盟在2009年后的气候外交政策以巴黎气候大会分界点。从2009年到2014年，欧盟旨在重获全球气候治理时间进程的领导权，并因此采取了相对务实的气候外交政策，具体体现为在全球气候谈判进程中的灵活协调政策。2015年巴黎气候大会后，欧盟在重获全球气候领导权的基础上，努力消除各方分歧，塑造全球气候治理共识，为全球气候治理的发展做出欧盟贡献。当然，尽管2015年各缔约方最终达成了《巴黎气候协定》，但该协定仅是一个整体性的政策框架，各方就许多细节问题并未达成一致，这也意味着许多细则需要在后续的缔约方大会上进行磋商解决。而这对于欧盟来说不啻一个漫长的探索过程，在遭遇多重危机冲击的背景下，其挑战意义更非寻常。

《联合国气候变化框架公约》第22次缔约方会议于2016年11月7

---

① European Council, *Climate Change: Council Adopts Decision for EU Ratification of Paris Agreement*, https://www.consilium.europa.eu/en/press/press-releases/2016/10/04/adoption-paris-agreement/.

② European Council, *Paris Agreement on Climate Change*, https://www.consilium.europa.eu/en/policies/climate-change/paris-agreement/.

日在摩洛哥马拉喀什开幕，各缔约方就《巴黎气候协定》的实施细则（具体包括透明度、气候融资与可持续发展问题）展开磋商。经过 12天的谈判，各缔约方达成了《马拉喀什气候与可持续发展行动宣言》与《马拉喀什全球气候行动伙伴关系》。各方在宣言中再次强调气候变化对于人类生存、生产与生活的影响，以及加快气候治理合作的必要性；各方承认"共同但有区别的责任"的原则，即考虑到发展中国家、最不发达国家和易受气候变化不利影响国家的具体需求，在 2020 年之前进一步采取支持性措施；发达国家将援助发展中国家更多的气候项目，同时提高其适应与减缓能力，加大各类技术转让力度，重申年度1000 亿美元的气候融资目标。① 总的来说，在特朗普当选美国总统的背景下，本次气候大会的政治性意义较强，但实质性进展并不大。大会最为关键的成果则是各缔约方同意在 2018 年前完成对《巴黎气候协定》细节问题的谈判。② 但发达国家与发展中国家在体现"共同但有区别的责任"原则的国家自主贡献细则方面的谈判进度仍然停滞不前，当然，这也为日后的气候谈判留下了发展空间。

2017 年 6 月，特朗普政府正式宣布美国将退出《巴黎气候协定》，这使得全球气候谈判与全球气候治理进程再次陷入尴尬境地。欧盟作为气候治理谈判进程的领导者，它所承担的引领和组织功能再一次受到盟友近似釜底抽薪的冲击。欧盟理事会于 2017 年 10 月发布了《联合国气候变化框架公约》第 23 次缔约方会议的谈判立场：欧盟再次确认将全面执行《巴黎气候协定》，继续领导世界应对全球气候变化；在气候融资方面，欧盟承诺将继续致力于加大全球气候融资的动员力度，以期从2020 年到 2025 年每年动员发达国家出资 1000 亿美元，帮助发展中国家提高减缓和适应气候变化的能力；推进《巴黎气候协定》，强调第 23

---

① United Nations Climate Change, *Marrakech Action Proclamation for Our Climate and Sustainable Development*, https：//unfccc. int/files/meetings/marrakech_ nov_ 2016/application/pdf/marrakech_ action_ proclamation. pdf.

② Carbon Brief, *COP22：Key Outcomes Agreed at the UN Climate Talks in Marrakech*, https：//www. carbonbrief. org/cop22-key-outcomes-agreed-at-un-climate-talks-in-marrakech.

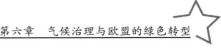

次缔约方会议应在巴黎工作方案授权项目的决议草案或案文要点方面取得实质性进展并确保在第 24 次缔约方会议上通过。① 在美国宣布退出《巴黎气候协定》后，欧盟以更加积极的姿态引领全球气候谈判，既有"扶大厦于将倾"的责任担当，又有进一步领导全球气候治理、展现欧盟领导魅力的战略考量，还有借此凝聚各成员国、实现欧盟持续发展的雄心壮志，同年的第 23 次缔约方会议，欧盟更以额外的外交努力和形式创新来推进气候谈判进程。2017 年 11 月 6 日，由太平洋岛国斐济担任主席国的第 23 次缔约方会议于德国波恩正式开幕。斐济作为太平洋小岛屿国家，接待能力有限。德国决定为斐济提供后勤服务，形成了"主席国 + 后勤国"两国办大会的新模式。德国作为欧盟的核心国家，为斐济提供后勤服务，也是欧盟支持发展中国家能力建设、体现欧盟气候责任的一个缩影。在大会谈判过程中，受到美国退出《巴黎气候协定》的影响，发达国家的谈判态度普遍比较消极。尤其是在气候融资问题上，日本、加拿大等国态度十分消极，不愿再承担额外的承诺，只有欧盟对此表现出比较积极的态度。"从会议的最终成果看，各方就'Talanoa'② 圆桌式对话机制、海洋路径、农业与气候变化、气候变化与性别问题、土著人权益等问题达成了一揽子协议，并确立了各国政府将投入更多的财政预算用于支持应对气候变化的共识，以及决定为社会弱势群体和受到气候变化影响较大的群体建立一个可持续性的保险制度。"③ 另外，由于《巴黎气候协定》实施细则议题较繁杂，特设工作组难以独立完成，大会成立了《巴黎气候协定》工作组以承担一定的磋商任务，有助于提高《巴黎气候协定》细则制定效率。④ 不过，各方就适应基金的落实与使用信息反馈、

---

① European Council, *Council Conclusions on the Paris Agreement and Preparations for the UNF-CCC MAeetings*, https://www.consilium.europa.eu/en/press/press-releases/2017/10/13/conclusions-paris-agreement-and-unfccc-meetings/.

② Talanoa 在太平洋岛屿国家的语言中意思为彼此分享故事，培养共情和互信，并为集体利益做出明智决定。

③ 王冠军：《波恩气候大会：博弈及成果》，《生态经济》2018 年第 1 期。

④ 朱松丽：《从巴黎到卡托维兹：全球气候治理的统一和分裂》，清华大学出版社 2020 年版，第 107 页。

损失与损害常设议题、非国家行为体参与气候治理问题在本次大会上尚未形成共识，这也再次为后续的国际气候谈判留下了发展空间。①

2018年12月2日第24次缔约方大会于波兰卡托维兹开幕，各缔约方仍然就《巴黎气候协定》的实施细则展开激烈讨论。在此之前，政府间气候变化专门委员会发布了一份关于全球气温上升1.5℃的特别报告。该报告通过对比全球升温1.5℃与2℃的影响差异，强调国际社会加快全球气候治理进度，实现1.5℃升温控制的必要性。该报告成为发展中国家要求发达国家承担更多减排与气候融资义务的科学依据。同时，发展中国家内部对待1.5℃的态度差异也比较明显。饱受气候变化威胁的小岛屿国家与最不发达国家强烈要求发达国家将1.5℃作为全球升温的"红线"，这使得它们成为单列群体并受到"特殊照顾"成为可能。经过14天的政治性谈判，各方根据《巴黎气候协定》框架，在限制与减少温室气体排放、适应气候变化、处理损失与损害、技术开发与转让、发展中国家能力建设、通过透明度建立信任、促进实施及评估进展等方面艰难达成共识，形成了《卡托维兹气候一揽子协议》（Ka-towice Climate Package）。②《卡托维兹气候一揽子协议》的达成使得欧盟信心大振。欧盟气候行动与能源委员卡涅特（Miguel Arias Cañete）将其描述为"多边主义和全球应对气候变化的阶段性胜利"，第24次缔约方会议是将《巴黎气候协定》从言辞转化为具体行动的一个里程碑。在卡托维兹峰会刚刚结束的时候，卡涅特宣称欧盟在谈判过程中发挥了建设性作用，欧盟将继续充当"领头羊"。③2019年10月4日，欧盟环境委员会正式发布第25次缔约方会议的谈判立场：一是完成《巴黎气候协定》第6条自愿合作机制实施指南的谈判与制定；二是完成

①　IISD, Summary report, Fiji / Bonn Climate Change Conference , November 2017, https://enb.iisd.org/fiji-bonn-climate-change-conference-cop23/summary-report#analysis-heading.

②　由于《卡托维兹气候一揽子计划》是为落实《巴黎气候协定》，确定如何执行国家自主贡献的规则手册，因此又称为《巴黎气候协定》规则手册。

③　LSE, *EU climate leadership in Katowice Helped Deliver the Deal on the Paris Agreement Rule-book*, https://blogs.lse.ac.uk/europpblog/2018/12/20/eu-climate-leadership-in-katowice-helped-deliver-the-deal-on-the-paris-agreement-rulebook/.

对华沙国际损失和损害赔偿机制（Warsaw Mechanism for Loss and Damage）的第二次审查；三是完成对利马性别问题工作方案的审查；四是推动有关增强透明度框架安排的技术工作。① 11 月 28 日，欧洲议会宣布欧盟进入"气候紧急状态"，这是欧盟升级内部治理措施的重大信号。12 月 2 日，第 25 次缔约方会议在西班牙马德里开幕。为实现自身谈判方案，推动本次大会在欧盟的领导下取得必要的谈判成果，并赢得更多发展中国家追随，欧盟于 12 月 11 日推出《欧洲绿色协议》。该计划涵盖所有经济部门，并提出欧洲到 2050 年将实现气候中和。与此同时，《欧洲气候法》《2030 年生物多样性战略》等一系列配套措施也将随之出台。② 由此可见，欧盟为本次大会付出了巨大努力，但各方就《巴黎气候协定》第 6 条的谈判分歧依然存在，本次大会依然无法就此达成共识，这一问题也只能顺延至第 26 次缔约方会议继续讨论。无论如何，在欧盟、中国和其他缔约方的积极参与和推动下，国际社会基本完成了《巴黎气候协定》实施细则的谈判，全球气候治理真正进入后巴黎时代的行动阶段。③ 这种国际社会应对气候变化共识的达成，在一定程度上说明了欧盟的气候外交仍具有积极的全球治理价值。

由于 2020 年新冠疫情在全球快速蔓延，第 26 次缔约方会议推迟至 2021 年 11 月在英国格拉斯哥举行。此前欧盟环境部长理事会协调了欧盟谈判立场，该立场强调，欧盟及其成员国是世界气候融资的最大贡献方，在强调欧盟将持续加大气候融资之力度的同时，欧盟也将积极邀请其他发达国家提升融资力度，实现在 2020—2025 年每年提供 1000 亿美

---

① European Council：The Council sets out EU position for UN climate conference in Santiago de Chile （COP25），https：//www. consilium. europa. eu/en/press/press-releases/2019/10/04/the-council-sets-out-the-eu-position-for-the-un-climate-conference-in-santiago-de-chile-cop25/.

② European Commission，*The European Green Deal Sets Out How to Make Europe the First Climate-neutral Continent by* 2050，*Boosting the Economy*，*Improving People's Health and Quality of Life*，*Caring for Nature*，*and Leaving No One Behind*，https：//ec. europa. eu/commission/presscorner/detail/en/ip_ 19_ 6691.

③ 李慧明：《全球气候治理的"行动转向"与中国的战略选择》，《国际观察》2020 年第 3 期。

元的融资目标。① 另外，欧盟认为，格拉斯哥气候大会还应最终确定《巴黎气候协定》实施细则的《巴黎规则手册》，并就《巴黎气候协定》第 6 条的细节达成共识。

格拉斯哥气候大会在一些关键问题上取得突破。一是在减排承诺方面，印度、美国、韩国与尼日利亚宣布气候减排承诺；二是在资金方面，更多发达国家承诺向发展中国家提供气候援助；三是在《巴黎规则手册》方面，各方就碳市场规则和报告透明度规则等方面达成一致。② 虽然本次大会各方所达成的共识与欧盟的立场仍存在差距，但欧盟依然肯定了大会的成果，冯德莱恩将其认定为"朝着正确方向迈出的一步"，同时冯德莱恩强调欧盟要"尽快实现格拉斯哥的承诺，制定更高的气候治理目标"。③ 由此可见，欧盟对全球气候谈判与全球气候治理的态度仍十分务实，其气候外交政策目标也更加坚定而清晰。

《巴黎气候协定》的达成给予欧盟引领全球气候治理充分的信心，欧盟延续了上个时期的气候援助态度，继续加大对国际气候助力援助的投入力度。2014 年欧盟及其成员国提供了 145 亿欧元的气候融资，2015 年这一数字飙升至 176 亿欧元。2016 年 2 月欧盟将气候变化定为欧盟气候战略的优先事项之一，同年欧盟为发展中国家提供了 202 亿欧元的气候援助；2017 年、2018 年的气候援助数额略有增长，分别是 204 亿欧元与 217 亿欧元；2019 年这一数字又增长至 232 亿欧元（包括英国）；2020 年欧盟承诺为发展中国家提供 233.9 亿欧元气候援助。全球气候谈判与气候援助则是欧盟展现治理优势、信心与领导力的集中体

① European Council, *Council Sets EU's Position for COP26 Climate Summit*, https：// www. consilium. europa. eu/en/press/press-releases/2021/10/06/council-sets-eu-s-position-for-cop26-climate-summit/.

② Slovenia Presidency of the Council of the European Union, COP26 — Significant Progress Made But Further Efforts Needed to Reach the 1. 5 degree Objective, https：//slovenian-presidency. consilium. europa. eu/en/news/cop26-significant-progress-made-but-further-efforts-needed-to-reach-the-1-5-degree-objective/.

③ European Commission, *EU at COP26 Climate Change Conference*, https：// ec. europa. eu/ info/strategy/priorities-2019-2024/european-green-deal/climate-action-and-green-deal/eu-cop26-climate-change-conference_ e.

现。欧盟通过气候援助不仅践行了国际承诺，也为其他发达国家起到了积极的示范作用，增强了各缔约方对于全球气候治理发展进程的信心与期待，推动了全球气候治理共识的进一步形成。

国际贸易是欧盟作为世界重要力量的关键支撑条件，也是欧盟维系自身生存及国际影响力的首要目标。《里斯本条约》第4条规定环境事务属于欧盟共同权限的范畴，这增加了根据《欧洲联盟运行条约》规定将环境纳入所有欧盟政策的义务。在此规则指引下，包括欧盟对外贸易的系列政策在内逐渐实现了同气候治理战略的融合。2019年12月，新任欧盟委员会主席冯德莱恩公布了应对气候变化的新政《欧洲绿色协议》，该协议旨在到2050年，推动欧洲在全球范围内率先实现碳中和。为此，欧盟制定了绿色转型路线图，涉及气候、能源、交通和粮食等领域。在推动绿色转型的大背景下，以绿色转型思维重新界定欧盟与第三国之间的经济贸易关系，成为欧盟调整对外关系、塑造国际气候治理领导力的主要政策思路之一。实际上，欧盟同非洲之间的双边贸易协定《科托努协定》在2005年修订版中也明确提出，"气候变化是一项严重的全球环境挑战，是对实现千年发展目标的威胁，需要充分、可预测和及时的财政支持"。自哥本哈根大会以来，欧盟追求全球气候治理领导者的雄心不减，并以更加稳定的力度灌输到此后的新版《科托努协定》之中，欧盟与非洲均强调了双方在气候治理领域开展合作的重要性，指出"缔约方应加强国家、社区和个人，尤其是弱势群体在面对与环境和气候变化有关的挑战、经济冲击、冲突和政治危机以及地方流行病和全球性流行病时的复原力"。2019年欧盟通过《欧洲绿色协议》，在该协议的规定之下，从非洲出口到欧盟的商品也将受到单位碳排放的控制，这将导致非洲要么放弃对欧制成品的出口，要么降低制成品的单位碳排放量。在非洲缺乏技术和财政资源以支持绿色产业发展的情况下，非洲的对欧出口将在很大程度上依赖于欧盟的绿色技术，并受制于欧盟技术转让时施加的苛刻条件。

近年来，在一系列对外贸易协定的谈判过程中，欧盟内部一直存在着经济贸易和环境保护孰先孰后的争论。欧盟与加拿大之间的全面经济贸易协定（CETA）就集中代表了这种政策的思辨过程。欧盟同加拿大的自由贸易协定在欧盟的世界贸易体系中具有积极意义。截至 2022 年底，加拿大是欧盟的第十二大贸易伙伴，欧盟是加拿大的第二大贸易伙伴。欧盟与加拿大于 2009 年 5 月启动自由贸易协定，2016 年签订协定，该协定的全面生效将消除欧盟与加拿大之间 98% 的关税。尽管欧盟委员会对欧盟—加拿大自由贸易协定寄予极大的期望，欧洲议会也在 2017 年 2 月以 408 票赞成、254 票反对、33 票弃权的表决结果批准该协定，2017 年 9 月 21 日起"临时"生效，但生效范围仅限于那些没有争议且仅由欧盟而非其成员国负责的领域。协定整体生效的前提条件是获得所有欧盟成员国的批准。欧盟内部仍在正式启动该协定方面存在阻力，包括德国、意大利在内的部分国家均对该协定存在不满。以欧盟最大经济体德国为例，德国商界提倡经济振兴优先，而环境保护组织和社会活动群体则一直认为气候变化等要求不应处于经济贸易之下，自 2021 年起执政的红绿灯联盟也认为包括气候变化在内的环境保护应该成为塑造对外贸易关系的硬性要求。经过多年犹豫之后，德国联邦议会于 2023 年 1 月以 559 名议员投赞成票、110 票反对的结果批准了该协定。不过，截至 2022 年 12 月初，欧盟—加拿大贸易协定的生效仍未得到意大利等国的批准。从欧盟与加拿大贸易协定生效的案例中，足以看出欧盟内部在发展经济贸易和推行绿色转型方面的多重声音与决策艰难。当然，推进绿色转型已经成为欧盟的共识，其在欧盟对外贸易体系中的决策考量也越来越突出，但由于利益关联程度的差异，绿色转型意识在指导对外贸易关系的过程中必然带来更多的内部博弈和讨价还价。

继 2015 年发布欧盟贸易政策报告之后，欧盟为回应新的全球性挑战、为欧盟的中期贸易政策方向寻求共识，于 2020 年 6 月启动了贸易政策全面评估。2021 年 2 月，欧盟委员会日前向欧洲议会、欧洲理事会等机构提交了新版贸易政策报告，在世贸组织改革、推动绿色发展和

数字化转型、改善伙伴关系等方面提出了一系列政策主张，将支持欧盟经济复苏与转型、塑造全球贸易规则、增强欧盟维护自身利益和权利的能力等列为欧盟贸易政策的三大目标。据此，欧盟将把推动世贸组织改革视作优先事项，包括敦促世贸组织各成员国在贸易和气候变化领域做出更大承诺，为数字贸易制定新规则，加大应对不公平竞争的力度，恢复世贸组织争端解决机制。值得注意的是，在 2021 年版的贸易政策报告中，欧盟首次将可持续发展确立为"贸易政策明确的、中心的支柱"。欧盟致力于支持更加可持续和公平的贸易，增强贸易伙伴应对气候变化等全球挑战的信心，同时，欧盟在世贸组织、二十国集团等框架内呼吁贸易伙伴做出碳中和承诺，推动实现欧盟在气候变化、生物多样性、减少污染、循环经济等方面的目标，将《巴黎气候协定》纳入未来所有贸易协定中，以做出推动应对气候变化的努力。2022 年 6 月，欧盟委员会公布了关于欧盟贸易协定中贸易和可持续发展（TSD）章节的新方法，旨在增加欧盟贸易协定在保护全球气候、环境和劳工权利等方面的贡献。

欧盟对中国的气候外交关系主要以合作为主，正式开始于 2005 年。该年 9 月，《中国和欧盟气候变化联合宣言》在北京发表。该宣言共 11 条，旨在宣布中欧在《联合国气候变化框架公约》与《京都议定书》的精神指导下，同意建立气候变化伙伴关系，该伙伴关系将加强气候变化合作，包括清洁能源方面的合作与对话、促进可持续发展等。伙伴关系将定期在适当高层，包括在中欧领导人会晤框架下，通过双边磋商机制开展后续活动。[①] 2007 年，中、法两国发布了《中法关于应对气候变化的联合声明》，为日后两国深化气候治理合作奠定了基础。2010 年 4 月，中欧发布了《中欧气候变化对话与合作联合声明》，该声明在继承了 2005 年联合宣言的基础上，提出建立中欧气候变化部长级对话与合作机制，这是中欧新声明的一个亮点，也是全球气候治理在哥本哈根大

会遭受挫折后的一针强心剂。① 2014 年，中欧发表了《关于深化互利共赢中欧全面战略伙伴关系的联合声明》，标志着中欧双边关系迈入了新的历史阶段，中欧各领域合作由此深化。在此背景下，旨在加强气候保护与交通设施升级的《关于中德两国在气候保护和电动汽车领域合作的谅解备忘录》正式签署。2015 年 6 月，中欧正式发布《中欧气候变化联合宣言》，双方承诺将在巴黎气候大会上推动达成一项全面且具有法律效力的协议。2018 年 7 月，中欧达成《中欧领导人气候变化和清洁能源联合声明》，双方承诺将加强应对气候变化和清洁能源领域的合作，并在长期温室气体低排放发展战略、碳排放交易、能源效率、清洁能源、低排放交通、低碳城市合作、应对气候变化相关技术合作、气候和清洁能源项目投资及与其他发展中国家合作等九大领域达成共识。② 目前，中欧气候外交关系普遍向好，双方在温室气体排放、碳排放交易市场、低碳交通合作、新能源开发与利用等领域取得了较多成果。尽管中欧双方在全球气候治理的领导权方面客观上还存在一定的竞争关系，但双方的共同利益大于分歧，中欧在全球气候治理领域的发展前景十分广阔。

欧美气候外交关系是一种战略性的竞合关系，相对于中欧气候外交关系更加复杂。在合作方面，欧美作为温室气体的重要来源地与世界上主要的发达经济体，是全球气候治理体系中的关键行为主体。欧美在全球气候谈判与协议达成的过程中实现了部分合作，全球气候谈判所达成的成果就是欧美等缔约方不断讨价还价，最终各方妥协所达成的结果。一方面，气候议题是欧盟畅想战略自主性乃至全球领导权的一个渠道，而这是美国自二战以来长期所警惕的。另一方面，美国的气候治理政策连续性不强，在支持与反对的立场上反复变化，导致国际社会对美国气候政策的期望持续低迷。小布什政府、特朗普政府分别宣布退出《京

---

① 《中欧气候变化对话与合作联合声明》，国家应对气候变化战略研究和国际合作中心网站（http//www. ncsc. org. cn/SY/gjlhsm/202003/t20200319_ 769576. shtml）。

② 《中欧领导人气候变化和清洁能源联合声明》，新华网（http://big5. xinhuanet. com/gate/big5/www. xinhuanet. com/energy/2018-07-17/c_ 1123136631. htm）。

都议定书》与《巴黎气候协定》。尽管随后的奥巴马政府、拜登政府宣布美国重返合作协定，但这已对欧美气候外交关系与全球气候治理进程造成了严重的负面影响。近年来欧美气候外交关系中的重大转折，首要来自美国气候外交政策的巨大摇摆。2017 年 6 月，特朗普政府公开宣布美国退出《巴黎气候协定》，称该协定给美国带来了经济负担，这不仅使本就如履薄冰的全球气候治理进程更加举步维艰，还使得欧美气候外交关系又一次蒙霜。欧盟对此十分不满，并考虑对美国实施经济应对措施，包括停止贸易谈判、对美国商品征收高额碳税等。① 但欧盟的反制态度并未有效改变美国的立场。2020 年 11 月 4 日，美国正式退出了该协定。尽管拜登政府上台后宣布美国重返《巴黎气候协定》，但美国重返该协定是源于美国对全球气候治理的话语权的追求，还是源于对欧盟稳健推进的全球气候治理规范的认同？其真实意图与最终成效仍值得持续关注。值得注意的是，美国重返《巴黎气候协定》后，中国、印度、巴西等新兴大国在全球气候治理领域日益增长的影响力客观上挑战了欧盟"苦心经营"的全球气候治理领导地位，即使欧盟乐于见到美国回归全球气候治理正轨，其所处的气候治理体系也已经发生了巨大的变化。

事实上，尽管美国与欧盟在全球气候治理的模式构想、内嵌理念、领导力逻辑等方面存在分歧，但都以加大内部经济转型与气候外交作为政策框架抓手。换言之，美国与欧盟的气候政策框架与表现形式大多类似，这也使得两者在气候融资、技术转让等具体政策领域面临直接竞争的局面。而对比美国重塑全球领导力的雄心壮志，欧盟的结构性发展困境可能使其在与美国的气候治理领导权竞争中逐渐掉队。另外，中国、印度等新兴大国在全球气候治理领域日益增长的影响力在客观上挑战了欧盟的全球气候治理的领导地位。尽管目前中国是世界上温室气体排放量最高的国家，但中国内部环境治理效果显著，并向世界做出了 2030

---

① 《欧盟不满美国退出巴黎气候协定　考虑停止贸易谈判》，环球网（https：//m. huan-qiu. com/article/9CaKrnK3eZi）。

年前实现碳达峰、2060年前实现碳中和的承诺，还为发展中国家提供力所能及的气候援助。而印度也在2021年承诺，将于2070年实现碳中和。新兴大国在全球气候治理领域的持续发力客观上使得全球气候治理领导力的争夺将更加激烈。全球气候治理的领导力争夺将进入"群雄竞逐"的时代，未来是各方合作共赢，还是陷入领导力之争，尚有待进一步的观察与分析。

　　总体而言，即使在英国退出欧盟等系列危机的冲击之下，欧盟也基本保持了既往的气候治理雄心，在气候治理方面已经取得了一定的成就，但目前仍面临着一些挑战。20世纪90年代，欧洲一体化发展陷入瓶颈期，从政府间主义迈向超国家主义的每一步都越发艰难。全球气候变化的越发明显让欧盟意识到全球治理契机的来临，但现实情况却并不如欧盟所愿：近年来欧盟经济总体低迷，各成员国并不乐于承担减排与能源转型带来的"发展阵痛"。同时，随着欧盟成员国数量的扩大，各成员国之间的发展差异使得某些国家需要分担更多的减排压力，内部讨价还价、威胁退出欧盟的情况时有发生。法国、德国等欧洲强国对一体化的战略推动力已经大不如前。希腊、西班牙等国家仍"不思进取"，而波兰等国在能源转型方面的强硬立场延缓了欧盟批准《京都议定书（多哈修正）》的进度，损害了欧盟的国际形象。2020年新冠疫情的全球大流行使得欧盟在全球治理方面更是分身乏术，疫后的经济复苏也需实现经济发展与能源转型的平衡。这样看来，加大气候治理力度虽然提升了欧盟各国的共同体意识，但同时也催生出了更多内部矛盾，使欧洲一体化发展的前景仍不能太过乐观。当然，这并不能降低欧盟在全球气候治理领域的影响力。

小结与思考

　　全球气候变化历来被欧盟视为以多边主义进行全球治理、发挥国际

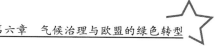

领导力的关键议题。在欧盟看来，全球气候变化是全欧洲乃至全人类的共同威胁，属于公益性议题，单凭一国或少数国家的力量无法解决，客观上需要各国精诚合作，共同应对。一方面，欧盟希望各成员国能在共同应对气候变化的过程中加强合作，培育共同体意识，克服国家主义的狭隘思想，实现一体化的跨越式发展。另一方面，欧盟认为非传统安全问题日益复杂导致全球治理体系的权力性质与权力结构已经发生了变化，传统的军事霸权无法有效应对气候变化及其他非传统安全问题，美国的全球领导力已大不如前，这种权力格局的变迁则为欧盟以规范性外交获得全球领导地位提供了契机。在 21 世纪，欧盟的气候治理战略经历了诸多波折。在哥本哈根大会遭受最严酷的外交挫折之后，欧盟依然坚持对气候变化问题的高度重视，在彼时的欧盟看来，气候变化裹挟了诸多国家和地区纷繁复杂的短期或中期利益视角，触及能源和土地利用等曾属于传统国家主权核心位置的重要问题，因而气候变化的严重性无出其右。[①] 2020 年初以来的新冠疫情短暂地冲击了欧盟应对气候变化的力度，但并未削弱欧盟的雄心壮志，而是进一步以绿色转型为切入点，刺激并加大了欧盟重振在全球范围内引领气候治理的决心。当然，纷繁的气候治理进程中包括了复杂的科学、经济、政治因素的交互，作为规范性力量的欧盟能否持续引领全球气候治理，仍需其坚韧不拔的战略关注和投入。2022 年 11 月在埃及沙姆沙伊赫举行的第 27 次缔约方会议的主题是"减排、问责和资金"，主要聚焦全球减排的具体行动和承诺，为遭受气候变化损害的全球南方国家提供资金保障，本次大会最后一项议程将是把"损失与损害"纳入议程。在全球气候治理进一步向全球气候融资深化的过程中，秉持绿色转型理念的欧盟如何推进其气候治理，已然成为一个关键的行动指向。

---

　　① European Union Institute for Security Studies, *A strategy for EU foreign policy*, Report No. 7, 2010, p. 31.

第 七 章

大国竞争驱动下的欧盟对华关系

作为国际舞台上的关键力量，欧盟在对外关系领域具有独特的运作机制，欧洲一体化机构在有限的功能领域代表欧盟开展对外交流，欧盟成员国基于共同外交与安全政策机制在外交领域开展协同联合，形成欧盟二轨外交机制。欧盟本身是聚合多个成员国而形成的国际行为体，同时欧盟视中国为合作伙伴与竞争对手兼备的复合型角色，因而其在对华关系领域也具有构成要素多元、运行路径多轨、功能政策多维的复合型特色。在这种复合型的对华关系中，大国因素是具有主导地位的影响因素。英国已退出欧洲联盟，但多年的一体化成员国身份历史以及和欧洲政治的紧密联系机制，仍在很大程度上制约和影响着英国的外交。故此，研判欧盟对华外交，客观上需要对英、法、德等大国进行必要的分析，并根据当前各国与欧盟的关联性质，依序对其进行解读。

第一节　欧盟对外关系的大国因素

欧洲一体化进程的基石是民族国家的参与合作，正是在这个意义上，一体化的推进者戴高乐指出"统一的欧洲不可能是各个民族合为一体"，并强调"欧洲的支柱……是国家"。以"一个声音"和"共同行动"来影响世界是欧洲一体化的发展目标之一。欧盟在将近半个世纪的时间里积极探索以求实现各国对外政策的协调一致，这是一体化的欧洲与国际社会互动的前提。伴随欧盟内部国家互动的过程，全球舞台上的力量消长和组合变化构成了欧洲一体化的外部格局。在冷战时期，美、苏两个超级大国的抗衡是欧洲一体化实现的关键外因；冷战结束至今，多极化格局的成型特别是中、美两国关系的演变，成为新时期影响欧洲一体化发展方向的核心要素。简要来说，思考欧盟对华决策，需要从全球层面考量中美等世界性力量的影响，更要从欧洲层面考虑英、法、德各大国的影响。由于本书已经在相关章节中将中美关系界定为欧盟内外治理的基本因素，因此本节主要着眼于欧洲层面的大国驱动因素。

　　联合的欧洲不仅要将欧洲各国实力凝聚在一起，更要把历史上欧洲各国所获得的世界影响力整合为一体，以形成更宽广的国际影响辐射面。欧洲国家曾经在近现代国际关系中纵横捭阖，形成了相当数量的宗主国—殖民地、半殖民地的特殊关系。虽然目前这些特殊关系正逐渐蜕变、弱化，但依然属于欧洲各国重要的外交范畴。比如法国与前法属殖民地之间的政治纽带，又如英国与原英联邦国家的特殊联系，都在相当程度上维持着它们作为世界重要国家的地位。在吸纳成员国加入一体化进程的同时，保留并加强这些曾经为欧洲带来辉煌地位和重大利益的双边关系，将大幅扩展欧洲联合的国际辐射面，这对于巩固和发展欧洲一体化的成果具有举足轻重的促进功能。

　　就欧盟成员国本身来说，不同的政策选择也必然产生差异化的一体化效果。法国一直根据国际形势变化来调整自身外交策略，但其宗旨基本保持一致，即同时注重欧洲一体化与法国自身外交，并利用欧洲一体化发展进程为法国利益服务。而英国则由于多种原因坚持认为英国"位于欧洲而不属于欧洲"。因此两国对待欧洲共同外交事业的态度有较大差别，这种差别也鲜明地体现在它们所担负的支柱功能之中。

　　在欧洲一体化建设的起步时期，法国积极发挥了支柱功能，开创了一系列的一体化制度。比如戴高乐提议煤钢共同体六国应该定期会晤，商讨有关外交政策的问题，同时在法国建立一个秘书处，以促进经常性的国家间政治合作。这个外交会晤后来成为欧洲共同外交政策的制度性起点。在戴高乐的努力下，法、德两国签订的《爱丽舍宫条约》规定："两国政府就所有的重大外交政策问题，尤其是共同关心的问题，在采取任何决定前都将进行磋商以便尽可能采取相似的立场。"法国倡议并推动实施的六国共同磋商机制成为日后欧盟建设共同外交政策体系发展过程中各国奉行的模板。相对于法国的积极参与，英国在欧洲一体化进程的起步时期以追随美国的姿态游离于欧洲之外，其支柱功能几乎可以忽略不计。

　　欧洲一体化于20世纪70年代进入发展与转型时期，英、法两国对其的态度既有相同之处，也存在众多差异。法国一贯强调国家之间的协商合作，允许一定程度的经济主权让渡，反对过分的超国家主义扩张与超国家机构建设。为确保这一多边进程既不偏离欧洲一体化轨道，也不对法国利益造成损害，法国采取了多个性质迥异的措施，比如为抵制联邦主义式的共同体改革而制造"空椅子"危机、为促成共同体决策表决方式转折性变化而提出卢森堡协议、为积极推进经济外交模式向政治合作模式转变而倡议开展欧洲政治合作机制，等等。英国在欧洲一体化的建设政策转型过程中，同样呈现出支持与反对并存的态度。20世纪70年代以来，历届英国政府都积极推进欧洲政治合作进程，不仅如此，英国政府还积极推动将欧洲政治合作从对外政策协调领域扩展到安全与防务合作领域，并为此做出了重大贡献。1981年，英国推动欧洲理事会发表《伦敦报告》，建议将欧洲政治合作的范围扩展到对安全事务的讨论；英国在1987年海牙会议上建议欧洲安全支柱从原则纲领转向实践行动。不过，英国在推进西欧防务合作的同时，也强调任何有关欧洲防务合作的行动都应该有利于加强大西洋联盟，而不是离开。虽然英国此举意在将欧洲防务计划控制于大西洋联盟框架之内，对欧洲共同外交的独立性形成了一定的负面影响。但总体来看，英国在安全防务方面的举措为欧洲一体化的结构完善起到了一定的促进作用。

冷战的结束进一步增强了欧洲建设一体化的必要性。与此相适应，希拉克政府从以下几个方面开展了对欧洲一体化的促进工作。首先，希拉克强调欧洲是法国外交政策的重点，法国将一如既往地为建设统一的欧洲而努力。其次，希拉克主张进一步整合欧洲对外关系的各种手段，如关税、对外贸易、外交和安全战略等。再次，希拉克提出一系列措施以应对欧盟扩大所带来的各种难题。他提出建设包括三个层次的"欧洲大家庭"，即"团结互助"的成员——建立特殊联系并加强合作；共同的成员——拥有海关联盟、共同贸易政策、共同外交与安全政策等；扩大的成员——即发展俄罗斯与独联体的关系。最后，法国在防务建设方面继续增进努力，强调西欧联盟的自主防务功能并谋求独立于北约的管辖权限等。与此相比，英国则明显地出现了"支柱功能缺失"的趋势。在冷战结束后的科索沃战争与伊拉克战争中，英国均与法德等欧洲核心国家在共同外交立场上分道扬镳，转而追随美国，使得欧洲一体化再次受到来自内部的挑战。英、法两国的态度差异造成了欧洲一体化政策的效果差异，或者说，成员国家的支持或反对，导致一体化的政策效果出现了多种变化。英法之间国际政治立场的不协调，弱化了欧盟的国际政治影响。实际上英、法作为两个拥有核武器的国家同时又具有安理会常任理事国这样的世界性政治影响力，对欧盟而言本来是其他国家和地区所无法比拟的国际优势。但恰恰由于英、法两国之间的外交政策差异特别是英国的政治离心力，导致了欧盟政治优势的巨大流失。

对于一体化政策来说，成员国家支柱功能的协调不当会造成巨大的资源浪费。尽管在当前看来，国家支柱功能的不配合必然会对一体化政策产生一定的负面影响，但从整个欧洲一体化进程而观之，现阶段的负面效果又可能在某个特定时期体现出一定的积极意义。英国反对一体化的政策，可能意味着欧洲一体化采取某些措施的时机还不甚成熟，甚至存在某些缺憾。英国是一个外交技巧娴熟、传统深厚的老牌欧洲强国，它的反向态度说明包括欧洲一体化事业在内也有诸多尚待完善之处。作为一个宏观且容纳众多社会因素的一体化过程，欧洲一体化的过快发展可能是一种超越实际的激进变化，步伐太大可能引致偏激的发展方向。在某种程度上，成员国的各类政策选择都具有一定的参考价值。比如一个成员国的反向会使得其他参与者用更多的时间和精力来权衡欧洲一体化的利益得失，以便选择最佳时机与最佳方式；而其支持态度则验证了欧洲一体化具有足够凝聚力与吸引力来促成国家间的合作。

　　欧洲一体化核心成员国的政策选择是决定一体化发展方向的关键动力。欧盟各成员国的经济社会状况极不平衡，在一定程度上拖延了欧洲一体化的发展进程，法、德两国提出了建立核心欧洲的主张，旨在避免被那些不愿继续向前迈进的成员国拖累，以求继续推动欧洲一体化向纵深发展。尽管法德关于核心欧洲的主张招致了众多成员国的批评，但这一认同与英国立场契合，因此英、法、德这三个居于欧洲一体化核心地位的国家构成了认可并支持多速欧洲的合力。多速欧洲即是各国实力优胜劣汰的自然结果，说明欧洲一体化并不必然带来平均化的国家收益，因而多速欧洲的客观存在又成为诱发新一轮国家间竞争的起点。而且各成员国在利益分配中将继续保持一种非平衡机制，由此也必然导致各国在参与欧洲一体化的热情与决心方面存在重大差别，甚至在特定领域中会出现部分成员国抛弃一体化政策而转向其他竞争性方式的政策选择。总体而言，在形成一项具体的一体化政策之时，除了英、法、德三大国之外，其他欧盟成员国大多充当次要角色，部分成员国往往追随欧盟大国（例如荷兰、比利时、卢森堡追随法国或者英国），另一部分成员国则倾向于充当一种可靠但实力稍逊的合作角色（如西班牙）。更多成员国往往追随关键大国的建议，前提是它们能够从这些政策建议的实施过程中获得足够的利益分配。很显然，这种错综复杂的利益机制也是制约欧洲一体化持续发展的关键因素。因为利益分歧一旦得不到妥善解决，则必然阻碍欧洲各成员国之间的合作，使其难以形成一体化持续发展所需的

推动力。

进入 21 世纪以来，英、法、德三国的合作政策层为欧盟赢得了更稳定的安全空间和国际影响。伊朗核问题是在世界范围内对欧洲安全关联度最大且最直接的系列核危机之一，伊朗核协议是欧洲大国通过合作而有效解决国际安全危机的成功案例。基于对国际核安全特别是对欧洲周边安全的关注，英、法、德三国积极而深度参与伊朗核问题的解决。伊朗与伊核问题六国（美国、英国、法国、俄罗斯、中国和德国）于 2015 年 7 月达成伊核问题全面协议，该协议于 2016 年 1 月生效。根据协议，伊朗承诺限制其核计划，国际社会即解除对伊朗的制裁。在此过程中，英、法、德的三国协调成功地构建了欧洲大国联系组（Contact Group）的地位，同时也为欧盟参与伊朗核问题的解决而搭建了路径。2018 年 5 月，美国单方面宣布退出伊朗核协议，随之重启且新增了若干对伊制裁措施，对伊朗经济造成了明显的冲击，进而威胁到伊朗核协议的效力。2019 年初，英、法、德三国联合声明宣布建立与伊朗贸易的"贸易往来支持工具"结算机制（INSTEX），这一机制独立于美国主导的全球金融体系之外并帮助欧洲企业绕过美国对伊朗单方面制裁而继续对伊贸易。2019 年 5 月，英、法、德三国外长与欧盟高级代表莫盖里尼通过欧盟对外行动署发布了一项联合声明，对美国决定不再向那些进口伊朗原油的部分国家和地区给予制裁豁免表示遗憾和担忧，并对美国决定终止豁免伊朗在伊朗核协议框架内的部分核不扩散项目表示忧虑。2019 年 11 月，比利时、丹麦、芬兰、挪威、荷兰和瑞典等欧洲六国决定加入该结算机制。英、法、德三国通过大国引领与联合，表达了对维护欧洲安全以及欧盟同伊朗合法贸易、伊朗核问题全面协议的决心。

欧洲大国在推动和维护伊朗核问题解决过程中建立了一套相对行之有效的合作机制，概而言之，其特征有三个方面。第一，欧洲大国通过接触而非对抗的方式，避免了潜在的危机，充分体现了欧盟作为规范性力量的特色。第二，欧洲大国合作机制与欧盟共同外交与安全政策相联系的同时也独立于其外，充分发挥大国外交的能动性和灵活性。① 第三，欧洲大国的合作以欧洲安全利益为第一考虑，建立独立于大西洋盟友关系甚至对冲美国单边外交的合作机制。在构建英、法、德三国合作机制的过程中，法国不因英美特殊关系而将英国排除在外，而英国也未因英美特殊关系对冲法德立场。在这三个特征所构建的大国合作关系中，英、法、德三国均发挥了各自的政治优势，也即法、德两国保持欧洲一体化合作轴心的主导功能，而英国则在有效地脱离 2003 年追随美国打击伊拉克的国际影响之后，又借助于英美特殊关系而构建了欧美之间在伊核问题上的沟通机制。尤为值得指出的是，英国在促成伊朗核问题的建设性、系统性解决方案过程中，积极发挥了在欧洲大国之间的协调功能，也在欧洲与美国、伊朗之间发挥了积极的沟通作用。尤其是在已经进入退欧谈判程序的过程中，英国对维系同法、德三国之间的外交协调也抱有坚定的立场，与欧盟对伊朗问题的立场保持了高度一致，并未因行将退出欧盟、英美特殊关系而破坏欧盟的一致立场。显然，如果将伊朗核问题看作 21 世纪以来国际政治中的一个重要挑战，则英、法、德三国通过 E3 模式的合作，构建了欧洲自主应对、化解国际安全挑战的典范。那么，经历英国退欧等多重危机冲击的欧盟将中国视为系统性的竞争对手，欧盟及其所依存的欧洲是否仍会通过大国合作，特别是英、法、德三国合作的模式，来理解并应对所谓的中国挑战呢？

英国近年来相关的国内政治生态变化、对欧立场变化以及中英关系变化，构成了另一个极具说服力的案例。2015 年 2 月，时任英国首相戴维·卡梅伦（David Cameron）通过媒体发表了积极评价中、英合作的观点，同年 9 月，曾力主英国率先加入"亚投行"的时任财政大臣奥斯本（George Osborne）访华，并呼吁中、英两国携手共同打造"黄金时代"。在奥斯本看来，"黄金时代"加深的不仅仅是中、英两国单

---

① Geoffrey Edwards, Abdullah Baabood, Diana Galeeva, *Post-Brexit Europe and UK: Policy Challenges Towards Iran and the GCC States*, Singapore, Palgrage, 2022, pp. 156 – 171.

纯的商贸关系，而且涉及更深层的合作；中英合作能够共同解决在世界上面临的大问题。奥斯本也坦言，英国与中国不可能总是保持意见一致，但至少英国是在与世界上真正的重要国家保持接触与互动。当时欧洲的舆论认为，英国不仅是跨大西洋关系的重要纽带，也是欧盟与中国之间的桥头堡，英国在欧盟成员国中的这种特殊地位无可替代。同时，由于英国优良的市场氛围、较低商业税率和便利的融资条件以及出色的服务业，中国企业通过英国进入欧盟市场的便利度大大提高，因而在中英"黄金时代"之下，无论英国还是欧盟，均实现了同中国正向发展、相向而行的良好态势。不仅英国成为中国在欧盟的最大投资目的地国家，且中欧双方的贸易也实现了稳步快速的增长。2016 年 6 月英国举行退欧公投后，卡梅伦宣布辞职，之后继任首相特蕾莎·梅（Theresa May）在赴华出席二十国集团领导人杭州峰会时，再次确认了中英关系"黄金时代"的发展方向。2018 年 7 月，约翰逊（Boris Johnson）就任首相后，尽管英国政府在外交政策上唯美国马首是瞻，但很清楚"英国需要中国"，特别是通过吸引中国投资来帮助英国走出困境。约翰逊于 2022 年 7 月因系列丑闻而宣布辞职后，继任者特拉斯（Elizabeth Truss）将中国视为"威胁"并于在任 45 天后便也闪电般宣布辞职，给英国政坛留下一片混乱。随后上任的苏纳克（Rishi Sunak）首相囿于退欧之后国内的政治生态，积极通过寻求鹰派势力的支持从而稳定其国内支持率，却将中英关系作为稳固国内政局的牺牲品，并宣布中英"黄金时代"行将结束。英国对华政策的急剧变化并不足以改变欧盟的对华立场，但可以视作其对华竞争思维的极端表现，即使英国的欧盟成员国身份发生了变化。

英国将退出欧盟视为寻求全球新角色的战略步骤之一。英国曾明确宣布退出欧盟但并不意味着退出欧洲，而欧盟并未明确宣布英国将彻底放弃欧盟共同外交与安全政策等机制，这说明英国不得不承认自身与欧洲政治体系之间的不可分割属性，显然英国并不希望放弃在事关欧洲安全与对外关系的重大问题上与欧盟合作的可能性。近年来欧美国家日益关注中国崛起，并在欧美对华思维中普遍增加了安全焦虑和竞争意识，视中国为国际规则的挑战者、系统性竞争对手的观念在欧洲各国尤其是大国中甚为流行。那么，英国退出欧盟是否对欧洲大国的对华认知和政策立场方面产生影响呢？更进一步而言，在欧洲与欧盟的对华关系中，英、法、德三国会形成同伊朗核协议相类似的大国协作吗？

欧洲各大国与欧盟的对华政策之间存在着紧密的联系，或者说，欧盟对华政策首先源于英、法、德三国各自对华认知的共识。英国退欧所代表的欧洲政治形势变化和中英"黄金时代"的模式变迁所指向的中欧关系变迁，均显著地说明，中欧关系的发展在很大程度上受到欧洲国家特别是大国的内政外交的影响，当这些欧洲大国秉持务实的外交理念而积极发展同中国的双边关系并维持其一体化的根本立场时，中欧关系的良性发展将使得欧盟、欧盟成员国和中欧关系普遍受益。反之，欧洲大国的政治生态发生剧烈变化时，相关的政治与经济收益也将受到冲击。因此，在英国对华政策已经显著发生变化的情况下，法、德两国对华政策是否影响欧盟对华政策，依然具有强烈的现实意义和研究价值。必须注意到，"数十年来，法德互动及其所代表的意义已经深入最高政治领导人、外交官、政府各部门以及许多准公共交往参加者的逻辑和节奏之中，创造出一种不同于国内治国理政或多边区域一体化事务的另一种层次的政治"。① 法、德两国合作而形成的制度具有充分的韧性和适应性，这不仅有助于防止法、德两国关系破裂，同时也赋予了法德合作更大的拓展治理新路径的能力。可见，在分别对英、法、德三国对华政策分析的同时，还必须关注法德之间的对外政策协同性。本章的其余部分将在上述问题思维的基础上，分别探究英、法、德三国的对华政策协同，并将欧盟作为一个整体来判断其对华政策走势。

---

① ［德］乌尔里希·克罗茨、约阿希姆·希尔德：《锻塑欧洲：法国、德国和从〈爱丽舍宫条约〉到21世纪政治的嵌入式双边主义》，赵纪周译，中国社会科学出版社2020年版，第287页。

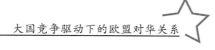

第二节 德国对华决策意向

德国是当前欧洲联盟乃至欧洲的第一大经济体。德国 2022 年的 GDP 约为 4.06 万亿美元，突破 4 万亿美元但较 2021 年有所下降。以德国人口 8300 万计算，2022 年德国人均 GDP 为 4.82 万美元，人均 GDP 为欧洲国家第一。德国长期以来对欧洲一体化持有积极立场，法德合作是欧洲一体化的核心因素，因而德国也是欧洲联盟中综合实力最强的成员国之一。昔日欧盟的三大成员国中，英国已经退出欧盟，法国经济实力和整体影响力均有所下降，欧盟内部本就失衡的权力结构更加向德国倾斜，一个在德国主导下的欧洲正在形成。在欧盟对华关系中，德国因其技术与投资等方面优势而具有突出的影响力。对于德国大公司而言，中国不仅仅是西方市场的生产基地，更是最重要的消费市场。2018 年德国对华直接投资总量居于欧盟成员国第一位，远超追随其后的五个欧盟成员国对华投资总和。2019 年德国对华出口量与欧盟其他国家对华出口量相当。① 德国的对华决策立场，不仅是德国自身外交理念的反映，也是欧洲一体化进程中的关键推动因素。一个德国色彩越来越浓的欧盟是否符合中国的利益？与此相关问题的重要性也不言自明。

中国自改革开放以来，国内发展与国际影响均发生了翻天覆地的变化，中国在向世界展示巨大经济活力和文化魅力的同时，也深刻地影响了德国的对华观念。在两国政治制度存在差异的现实情况下，双方领导人做到了相互尊重、求同存异、取长补短和合作共赢。20 世纪末 21 世纪初，德国在施罗德（Gerhard Schröder）政府的主导下，将发展对华商贸关系放在首位，实施对华"建设性接触"战略。该战略主要体现为三个要点：第一，德国通过与中国的经济合作获得经济收益；第二，

---

① Pepijn Bergsen，"The EU's Unsustainable China strategy"，*Chatham House Europe Programme Research Paper*，June 2021，pp. 9 – 10.

通过经济合作与人文交往，促进中国的"政治变革"；第三，推动中国进入西方主导的国际秩序之中，引导中国做他们所谓的"负责任"的国家。施罗德政府推动中国于2001年加入世界贸易组织，并力图推动欧盟结束对华武器禁运。默克尔担任总理后的德国对华政策曾出现波动并导致中德之间对话暂停半年之久。考虑到德国未来的发展和中国国家实力的影响，默克尔调整了对华政策，沿用施罗德时期的"以商促变"的外交路线，注重中德之间的经贸往来，适当地淡化了意识形态差异。到2016年，中国超越美国成为德国的最大贸易伙伴，著名德国企业如戴勒姆、大众、宝马、西门子等都深深扎根于中国市场。但自2017年初特朗普执政之后，美国将"大国竞争"作为国家战略的核心要务，中美关系开始急剧恶化。美国在全球舆论场中不断炒作"中国威胁论""中国力量渗透"等话题，对西方民众和政府均产生了大幅影响，导致德国民众心目中的中国形象严重受损。

在中国实力大幅跃升的背景下，中国围绕以经济建设为中心的国家发展战略，对作为全球技术强国和欧洲经济强国的德国而言，具有不可忽视的吸引力，但同时德国也对中国的市场开放度和投资标准产生更多质疑。参与并深度体验中德经济交流的德国商界对中国的发展变化认知更为深刻。德国商界对华的认知主要集中在两点。第一，德国部分企业认为中国与德国的合作缺乏双向互惠性。虽然德国和欧洲对中国企业保持开放，但德国和欧洲的企业无法顺利进入中国市场，双方经贸关系因此处于不对等的状态。第二，中国国力日益雄厚，培养出了一批足以同德国企业相竞争的跨国企业，引发了德国中小企业的担忧和政治团体的警惕。中国政府推出的"中国制造2025"战略，被某些企业视为直接威胁德国制造业的主导地位的挑战。2016年中国美的集团以50亿美元竞价收购德国机器人制造商库卡，加之中国企业收购或增持德国企业股份的几次尝试，引发了德国商界和政界的极大震惊，推动德国政府在涉华立场上开始出现显著转变，中国的投资逐渐被视为对德国产业安全和国家安全的威胁。在此背景下，德国协同法国、意大利等国在欧盟层面

建立了针对外国投资的审查机制和反补贴审查机制，试图以此来应对"中国国家主导的大企业"的竞争威胁。2019 年初，德国工业联合会在一份报告中将中国界定为"制度性的竞争对手"，并敦促德国政府和欧盟委员会强势回击中国"国家驱动的资本主义"，这是德国工业界涉华立场发生重大转变的标志性事件。2020 年下半年德国担任欧盟理事会轮值主席国，默克尔提出在莱比锡与习近平主席共同主持中欧领导人会议，在欧盟层面进一步夯实对华合作基础。由于新冠疫情，莱比锡峰会被取消。但在中国的积极倡导和以德国为代表的欧洲国家领导人的推动努力下，中欧双方于 2020 年 12 月签订《中欧全面投资协定》，这在事实上也成为中德、中欧对等开放的重要契机。在价值观外交、保护主义高企等因素的影响之下，德国外交部及其推出的政治文件，也逐渐加大了对华竞争的力度。2022 年初，德国外交部发布新的对华战略并将中国定义为竞争对手，尽管德国政府也认可在部分领域需要将中国视为合作伙伴。近年来，和中国互动频繁的一些德国部门，逐渐培养了丰富的中国认知，从而也在对华政策中形成了更为务实、积极、独立的合作态度。其中，联邦经济与气候保护部对中国采取了比联邦内政部更为合作的态度。联邦经济合作与发展部在基础设施项目和第三国发展合作方面与中国展开了"实地"竞争。这种多样化的对华观念差异，使得德国各部门之间迫切需要加强协调，并需要培育和发展更具系统性和前瞻性的对华战略认知。

随着国际格局的变化，中德关系大幅超越于中欧关系的框架之外，并随着欧美对华政策的协同而向亚太、印太地区延伸。中德关系的地域扩展反过来导致德国对华政策受到两个方面因素的影响。

德国的安全环境感知和战略研判是一个至为关键的因素。联邦德国是冷战期间直面美苏对抗的欧洲国家，位于冷战的最前线，对于国家安全和欧洲安全的战略敏感度最为突出。冷战之后，伴随着苏联的解体，中东欧国家在政治制度和经济体制方面全面转向西方，昔日的对手成为伙伴，部分中东欧国家将德国视为经济发展的典范，德国的外交和安全环境由此得以全面改善。安全压力大为缓解的德国，外交资源和战略资源得到更加务实的支配，并由此得以在欧亚大陆投入更多的战略关注。进入 21 世纪以来，因中国国家力量增长所产生的国际安全格局变迁，对德国的安全考量产生了显著的推动作用。近年来，德国公众对于中国经济和国际贡献的评估差异越发明显。在 2020 年的一项调查中，55%的德国受访者认为中国是世界领先的经济体，只有 17% 的受访者选择了美国。与此同时，对中国持批评态度的德国人持续增加，71% 的受访者对中国持有负面印象，远超 2019 年时的 56%；78% 的受访者认为中国没有在国际政治中采取正确的做法，远超 2019 年时的 61%。① 德国民间对中国国力增长和国家形象的复杂认知，成为德国国家层面安全顾虑的民意基础。德国认为，中国经济的超预期增长与中国国家战略对现有自由国际体系的挑战，是德国需要考虑的首要因素。根据德国联邦议院外交事务委员会主席诺伯特·勒特根（Norbert Röttgen）的看法，中德两国在香港、台湾、南海等问题上均存在观念差异。换言之，中国希望改变备受德国关注的地区秩序，而在中国军事现代化水平日趋提高的背景下，这一战略关注更加凸显。

德国对华政策中的美国影响力是不可忽视的重要因素。某种程度上，德美关系可以称为欧美关系的风向标，在对华问题上尤为如此。自改革开放以来，美国与中国的接触日趋加深，德国支持美国的对华政策，德国与美国在对华政策上总体保持协同立场，发展经济成为德国开展对华政策的首要考量要素。德国政治家普遍认为，通过推动中国融入全球经济，不仅可以提升中国的经济实力，且改变后的政治体制与意识形态也更加对西方有利。随着中国国力持续攀升，加之欧美国家普遍出现的民粹主义及去全球化思潮，德国对国际合作的疑虑感和不确定性也在显著增加，在对华政策中的竞争性因素和保护意识增强，特别是美国特朗普政府对欧盟、德国强力施压，形成对德国自主外交的限制，由此

① 郑春荣主编：《德国发展报告（2021）——迈向"后疫情时代"的德国》，社会科学文献出版社 2021 年版，第 78 页。

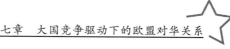

德国对华关系面临着更加复杂的内外环境。包括德国在内的欧洲国家并不想与中国进行全面对抗，然而由于美国一直将中国视为最大的地缘政治挑战，德国对华政策不可避免地受到其盟友同时也是世界超级大国的美国影响，尤其在特朗普执政时期，德国对华政策虽未全面变更，但其价值观基础已经受到美国的牵制和裹挟。2020 年 7 月初美国政府单方面宣布从德国撤出部分美军，时任德国外交部部长的社会民主党人马斯（Heiko Maas）直言，昔日良好的跨大西洋伙伴关系已成过去，即使民主党再次领导美国，德美关系也很难回到既往的互信状态。经历了特朗普时期的欧美关系大起大落之后，拜登政府上台，促使德美双方希望能改善之前的紧张关系。不过，德美盟友关系正如中美竞争关系一样，是全球格局变化的局部反应。美国为对抗中国和俄罗斯而采取的全球结盟政策，客观上导致德美盟友关系朝着"美主德从"的方向演化，进而限制了德国对华关系的自由度。

中德之间的经贸合作是双边外交关系的"压舱石"。在欧盟诸多成员国中，德国是中国的全方位战略伙伴、最大的贸易伙伴，也是对华技术转让最多的国家，更是中国企业"走出去"的重要目的地。2014 年是中、德两国发展双边关系的新起点。中国国家主席习近平于 2014 年 3 月对德国进行了国事访问，中德双方发表的《建立中德全方位战略伙伴关系的联合声明》强调，中德双边关系发展富有成果；双方决定建立全方位的战略伙伴关系；双方一致认为，继续深化中德合作符合两国根本利益，有利于维护世界和平与稳定，有利于促进世界可持续发展。中、德两国建立全方位战略伙伴关系，标志并推动着两国合作基础日益广泛，这是当前中德关系和德国对华政策的政治原点。2021 年中德双边贸易总额达 2453 亿欧元，占德国贸易总额的 10%，约占中国与欧盟整体贸易的 35%。中国对德投资达 166.6 亿美元，总项目数超过 2000 个。得益于德国在欧洲经济格局中的地位和中德之间强大可持续的合作意愿，中德经贸关系不仅稳定了中德双边关系，同时也带动了中欧经贸关系。不过，随着保护主义思潮的高涨，德国也开始对中国的投资能力产生怀疑和抵制。2016 年中国美的集团收购德国工业机器人制造商库卡的大额股份后，德国对于高端技术的贸易话题更加高度关注和警惕，德国政府开始收紧外资政策，国家安全考量逐渐转移并扩张到经贸技术领域。继 2017 年 7 月通过了《对外经济条例》修正案，2018 年德国再次对该条例进行修订，大幅降低了外资安全审查门槛，要求外国企业投资国防安全、关键基础设施等领域，股份一旦达到 10% 就必须接受安全审查。新冠疫情发生以后，德国进一步加大安全审查力度，严格限制外国企业的经济活动，进而导致中德之间的经贸交流进一步走向低迷。

　　与此前中、德两国不断加深的经济合作与政治接触相比较，近十年来中、德两国的距离逐渐拉长，相应地，德国对华政策的转变也呈现出不同于以往的特征。一方面，选择性合作成为德国对华政策的显著导向。21 世纪以来，德国对华经济合作的战略关注大幅提升。在有关中国的国际经济重大项目方面，德国于 2015 年加入亚投行并成为第四大投资方，但却避免与中国签订"一带一路"倡议备忘录，因为对"一带一路"倡议在商务与欧洲劳动力、经济与社会规范等方面还存在疑虑。此外，德国在印太地区增加影响力，试图抵冲中国的印太影响力。自冷战结束以来，德国在印太地区的外交议程一直将发展同中国的合作关系列为关键要务，但出于近年来对华政策的考量，这一外交议程开始步入逐渐转变的轨道。德国政治家在印太地区的外交活跃度和参与度显著增加，2020—2021 年，德国外交家与印太地区领导人的会晤频繁，强化与印太地区国家外交联系的政策意图十分明显。由此似乎可以初步判断，尽管中国多年来承担了德国在印太地区经济合作伙伴的重要角色，但这一角色行将结束，德国在依然保留同中国开展合作的战略意愿的同时，也逐渐在关键领域增强了对华竞争意识。另一方面，德国对华政策已经开始出现渐进性的转变。德国正在试图逐渐改变对中国经济合作的依赖关系，在享有共同价值观的民主国家和合作伙伴的基础上，丰富其经济关系网络。此外，德国正在逐步强化同印太地区的政治联系，同时也在一定程度上增加其军事存在。2021 年，德国派遣巴伐利亚号

护卫舰进入南海，停靠新加坡港口。很显然，德国的意图在于强化未来向"印太地区"的军事部署，并不排除以后"通过台湾海峡"的可能性。显而易见的是，德国有关举动是为呼应欧盟2021年上半年出台的印太战略。在德国看来，此举不会贸然引起中国的强烈反应，而是会以循序渐进的方式达到目的，有保留地采取行动。换言之，德国自认为不会挑战中国的敏感线，不希望影响对华关系尤其是中德在金融贸易领域的合作。而实际上，德国护卫舰进入印太地区的行为代表了德国的地缘政治意图，并已经引起了周边国家的强烈反弹和严正关切。这说明，德国期望中的对华政策渐进转变，实际上成为两国关系骤然转向的直接诱因。

为实现中美欧关系的再平衡，默克尔曾试图让德国及欧盟选择性地扮演调解角色，也即，欧盟在防止自身深化对美合作的同时完全倒向美国，同时欧盟也将积极丰富对华竞争政策的工具箱，但不会完全对华脱钩。默克尔政府也不赞成孤立和遏制中国，更不赞成中德、中欧经济脱钩，而是坚持了德国及欧盟对华政策的自主性。2021年拜登就任美国总统后，美国加大了拉拢欧洲各国的力度，美欧之间对华决策的价值观导向骤然增强，事实上已对德国的对华决策独立性形成阻力。2021年3月，欧盟基于谎言和虚假信息，以所谓的"新疆人权问题"为借口，对中国新疆有关个人及实体实施单边制裁，基于此，中国对欧盟严重损害中国主权和利益、恶意传播谎言和虚假信息的有关个人和实体进行反制。2021年5月，欧洲议会成员以压倒性多数投票决定，在中国取消对欧盟相关个体和实体的制裁之前，停止《中欧全面投资协定》的批准程序，德国在欧盟层面推动中欧合作的计划陷入僵局。尽管面临显著的外部压力，中、德两国维护双边关系与经贸关系的外交举措仍突出显示了两国的战略定力。2021年4月16日和7月5日，中国国家主席习近平同马克龙、默克尔举行中法德领导人视频峰会，在一定程度上强化了中欧对话的新机制。朔尔茨执政之后于2022年11月4日访华，成为中国共产党召开二十大之后访华的首位西方国家领导人，朔尔茨的访华团队包含了 11 家具有显著国际影响力的德国公司代表。朔尔茨强调中国是德国和欧洲的重要经贸伙伴，德方坚定支持贸易自由化，支持经济全球化，反对"脱钩"，愿同中方继续深化经贸合作，支持两国企业相互赴对方开展投资合作；德方也愿同中方就双方立场不一致的问题交换意见，增进了解和互信，努力稳定、巩固和发展德中关系。世界需要一个多极化的格局，新兴国家的作用和影响值得被重视，德国愿为推动欧中关系发展发挥应有作用。① 总之，在德国看来，中国经济与社会的成功发展在很大程度上减少了西方世界制度模式的吸引力，客观上给西方国家带来了多方面的挑战。德国认为自己应当支持美国的安全战略，并为稳定亚洲局势提供安全保障，加强和亚洲传统伙伴的关系；但与此同时，谨慎地处理对华关系，也是德国保障自身利益和促进欧盟战略自主的必要路径。

印太地区作为近年来逐渐升温的战略地理空间，在美国的印太战略推动下成为大国竞争的焦点话题，德国也希望通过参与印太竞争而扩展国际空间。2020 年 9 月，德国政府出台了《印太政策指导方针》，在明确宣示了德国的印太战略意向的同时，已将欧盟对印太地区的战略关注提升到了新的高度。该指导方针主要侧重政治与经济方面的倡议，同时强调以打造伙伴关系作为德国介入印太地区的重要途径。由于美国在印太地区开展对华竞争的结构性影响，加之德国力图维护的西方价值观和欧美国家主导的国际秩序，该指导方针仍十分明确地体现了德国同中国开展经济竞争的战略意图。德国版的印太战略说明，德国并不在中美竞争中处于中立地位，德国依然是西方的一部分，经济联系不能决定国家之间的行为，中德之间的密切经济联系也不会全面保障中德之间的安全信任。当然，德国也清醒地认识到，德国仍将与中国保持密切的经济联系，同中国经济脱钩并非最优选择，与中国的经济合作也并非排他性的优先议程，德国将以更大的力度优先保障与价值观相同的印太国家的经

---

① 《习近平会见德国总理朔尔茨》，新华网（http://www.xinhuanet.com/2022-11/04/c_1129101404.htm）。

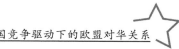

济合作。尽管中德双方发生戏剧性剧烈转变的可能性不大，但"中德双方已经不可避免地从利益分歧走向分野"①。中德之间的政治差异可能会限制两国在经济战略领域的合作与交流，随着中国对德国技术与资本需求的降低，中德之间的经济联系或许面临小幅下滑的前景。此外，更为重要的是，德国在印太地区的动向也充分说明了德国对印太地区的安全关注。2021年8月派遣"巴伐利亚"号护卫舰穿行南海，是德国政府推行其印太战略的标志性步骤。德国有舆论认为，德国在印太地区的影响力可以通过德国与印太国家的现代军火贸易增强，德国的军事贸易力量领先，而当前的军备竞赛则有助于德国把握新的机遇。2021年12月阿登纳基金会对德国的印太动向做了针对性的报告分析。阿登纳基金会认为，为确保德国不加入任何美国对抗中国的联盟，中国将尝试充分利用德国的经济依赖性，例如充分利用德国汽车产品对中国市场的依赖来打造有利的经济和政治博弈成果。在此基础上，阿登纳基金会认为，德国应在三个层面采取具体措施，强化德国对印太地区的安全政策参与度：第一，扩大技术伙伴关系；第二，与区域合作伙伴进行培训和演习；第三，战略性地扩大该地区的武器采购和武器出口。

　　数字化转型是中国与德国共同面对的经济、社会转型的重要进程。21世纪以来，德国乃至欧盟在数字经济领域逐渐落后，欧洲本土科技公司的竞争力远远落后于中、美两国。德国与欧洲其他国家都缺少世界级数字平台，在数字技术市场不具有主导能力。德国的数字服务对外依赖严重，来自中国与美国的安卓和苹果系统在德国市场上占主导地位。自2020年新冠疫情以来，德国政府将数字化转型作为应对疫情和恢复经济的重要途径，出台了若干政策与措施。2020年6月德国出台了总额达1300亿欧元的经济刺激计划，其中将500亿欧元投入"未来一揽子"计划。德国希望通过该计划走出疫情导致的经济衰退局面，并在绿色技术和数字领域提高国际竞争力，保障德国和欧洲的数字主权。面

―――――――――

　　① Chathamhouse, *How Germany is Changing its China Strategy*, https：//www. chathamhouse. org/2022/05/how-germany-changing-its-china-strategy.

对美国拉拢盟友封锁华为的行动，德国在既无意与中国进行全面战略竞争又追求战略自主的情况下，更倾向于从实际利益出发，通过制度设计限制但不排除华为参与 5G 建设。① 出于中美竞争特别是美国施加的巨大压力，德国在开展对华数字合作方面颇为犹豫。中国驻德国大使吴恳曾于 2019 年 12 月提出建议，认为德国汽车公司要关注动态，如果华为被迫离开德国市场，中德之间在汽车行业的合作水平将受到巨大影响。在德国的推动下，2020 年 9 月中欧决定建立中欧数字领域高层对话，打造中欧绿色伙伴和数字合作伙伴。在这一成果机制的推动下，未来中德双方在人工智能、自动驾驶、数字经济等领域的合作潜力还将不断得到释放。② 从近期来看，德国的数字化水平提升速度不尽如人意。根据欧盟 2021 年的相关调查，德国的数字化发展程度在欧盟 27 国中只排在第 11 位，数字经济和数字社会指数为 54.1，仅略高于欧盟平均值（50.7）。德国如能重视自身的数字主权，通过加强中欧战略对话及抛弃零和博弈思维，中、德两国乃至中欧双方都将在数字技术创新以及多边数字治理合作方面拥有广阔的发展与合作空间。

21 世纪以来，欧美国家的议会大选、政府更迭与国际格局变迁之间的联系更为紧密。针对中国国力持续增长、外交影响持续扩大的现实，欧美国家选举均将"中国崛起"视为重要话题来塑造选举走向，价值观外交在欧美国家对华政策中的约束作用愈加强化。德国政府将西方价值共同体视作有意愿、有能力建构这一国际体系的力量，认为西方价值共同体之外的国家应当接受价值共同体所主导的国际关系结构。③ 默克尔政府是德国"价值观外交"的倡导者和践行者，而默克尔政府时期所打造的德国"价值观外交"也构成了德国继任政府的外交基础。2021 年 11 月，组成德国新政府的三大政党发布作为施政纲领的联合执政协议，宣布"我们的国际政治将以价值观为基础，植根于欧洲，与

① 马骦：《从德国华为 5G 政策到中欧经贸关系的嬗变》，《外交评论》2021 年第 4 期。
② 郑春荣：《德国发展报告（2021）——迈向"后疫情时代"的德国》，社会科学文献出版社 2021 年版，第 78 页。
③ 于芳：《德国的国际角色与外交政策》，人民日报出版社 2015 年版，第 105 页。

志同道合的伙伴密切协调，对国际规则破坏者持明确（反对）态度。"朔尔茨在履职后发表的首份政府声明中指出，德国与中国在人权问题上存在分歧，德国"不能对严重侵犯人权的状况视而不见"，"违反普世标准时应直言不讳"。德国奉行"价值观外交"是德国外交超越欧洲秩序的塑造而追求构建全球秩序的体现，对中国构建新型国际关系而言既是机遇也是挑战，德国新政府持续推行价值观外交，将会对中德乃至中欧关系产生深远的影响。当然，价值观外交是德国对华政策的核心，但不是对华交往的全部。德国企业对中德合作与中国市场增长机遇的期望远高于其他欧美国家。① 基于中、德两国在全球治理与经贸合作等方面的长期互动，以价值观为基础、以现实性为指向的德国对华外交，应该是未来一段时间内的双轨、双线发展的主要动力。

总体而言，近年来德国政府表现在中国议题上的态度总体是务实、可持续的，这一点在朔尔茨政府的执政理念中已有若干方面的体现。朔尔茨对价值观外交采取相对务实的态度，一直避免对中国使用"制度性竞争"的概念，体现出其避免对华外交意识形态化的考虑。朔尔茨政府希望德国能够继续充当维持中欧关系稳定的关键角色，也希望欧洲议会能够尽快通过《中欧全面投资协定》从而促进中欧之间的投资关系发展。朔尔茨政府以相对务实的态度推行价值观外交，这也说明其对中、德两国的共同利益有客观而清醒的认识，认为中德共同利益所产生的政策塑造效能远超部分欧洲政客所鼓吹的价值观外交。因之，德国基于价值观的多边主义理念仍然同中国外交具有相互兼容的政治动能，朔尔茨政府实行"价值观外交"的同时，兼顾对华的务实性外交，也会给中国外交和中德关系带来机遇。② 但需要特别强调的是，作为世界经济强国之一和制造业大国的德国，其国内产业界对中国经济快速崛

---

① AHK Greater China. Business Confidence Survey：Positive Development for German Businesses in China and High Expectations for EU-China Investment Agreement，press release，（2021），https：//china. ahk. de/news/news-details/business-confidence-survey-2020-2021.

② 熊炜、姜昊：《"价值观外交"：德国新政府的外交基轴?》，《国际问题研究》2022 年第 1 期。

起而产生的综合效应有着更为特殊而强烈的反应。正如当今欧盟所奉行的对华政策的定位之"制度性对手"标签，就是由德国的联邦工业联合会于 2019 年初提出并逐步被欧盟机构采纳的。从产业界到政界，德国的对华政策具有不可忽视的综合代表欧美国家对华政策共识的特征，它在对华政策上既有竞争意识，也有合作诉求。当前德国政府的对华政策已经越来越具有"大西方"战略的色彩，中国的对欧政策要更具有前瞻性，将"德国的欧洲"引导进入符合中国国家利益的方向和轨道中来。①

第三节　法国对华决策意向

　　法国是欧洲大国中自主外交意愿和传统最为强烈的国家。法国秉持独立的外交传统并以开放的眼光来看待世界格局的变化，使得它在全球舞台上的政治大国价值得到了充分的体现。面对中美战略竞争和美国的战略施压，法国在欧洲国家中率先重申"战略自主"并推动其成为欧盟的政策实践，在大西洋关系中再次凸显外交和战略上的独立性，对维护大国关系的平衡发挥了积极作用，国际社会对法国和欧洲战略自主的期望也在上升。② 在中国与欧洲，乃至中国与西方国家的关系中，法国对华决策意向既具有典型性和代表性，又具有可塑性和建设性。

　　20 世纪 60 年代，中、法两国在冷战初期的严酷环境中建立了外交关系，成为中国与西方国家外交关系的模板。中、法两国形成外交关系的基础之一在于两国均具有独立自主外交的战略雄心和意识。自戴高乐时期以来，中法之间即便有分歧和矛盾亦能保持双边合作总体稳定。冷战结束后，法国政府把握机遇，积极谋划并发展对华关系。希拉克政府

---

① 赵柯：《危机与转型——百年变局下的欧盟发展战略》，西苑出版社 2022 年版，第 15 页。
② 张骥：《法国外交的独立性及其在中美战略竞争中的限度》，《欧洲研究》2020 年第 6 期。

保持积极和友好的外交立场，在中欧关系中推动建立了若干项具有带动和示范效应的双边合作成果。1997 年 5 月，中法签署两国元首联合声明，决定建立面向 21 世纪的全面伙伴关系，强调中法双方支持在尊重多样化和独立的基础上建立公正、合理的国际政治、经济新秩序，反对国际事务中任何进行支配的企图，致力于实现一个更加繁荣、稳定、安全和均衡的世界。希拉克政府为建立中法平等、互利、合作的友好关系奠定了坚实基础。

进入 21 世纪以来特别是在欧债危机的打击下，法国经济陷入衰退，财政赤字严重，就业率低迷而失业率高企。尽管在历届政府及欧盟的双重支持下，法国连续推出多个经济振兴方案，但总体国力进入了下降通道，特别是与新兴国家经济实力的迅速增长形成了鲜明对比。法国实力下滑的过程，也是欧盟整体上面临多重危机的过程。自欧债危机发生以来，欧洲多国经济增长乏力，且在新兴技术的竞争当中颓势明显，而不断持续的难民危机更是将欧洲内部的分歧激化、凸显出来，以英国退欧为代表的去一体化危机严重打击了欧洲联盟的凝聚力和向心力。① 值得注意的是，法国影响力下降导致其在欧盟层面的协调能力下降，中法关系的独特性在中欧关系中难以得到充分的体现，反过来又对中法关系的进一步发展形成限制。客观而言，只有法国提升其实力和对欧盟的影响力，进一步强化欧盟的凝聚力和向心力，中法关系的良好运行才能在中欧关系中发挥引领作用，中法关系才能得到更好的保障。

在国际格局转变和中美战略竞争的背景下，法国外交的独立绝不仅仅针对美国的独立自主，同时也是针对新兴大国中国的独立自主。在推动欧洲战略自主方面，法国对于欧洲战略自主背后的一整套观念和思想体系、基本概念的形成过程，施加了根本性的影响。此外，法国持续发挥在具体功能领域的核心影响力，比如在英国退出欧盟后，法国成为欧盟内最有实力的军事大国，在推动欧洲安全防务建设等方面发挥了主导

---

① Laura C. Ferreira-Pereira，Michael Smith，*The European Union's Strategic Partnerships Global Diplomacy in a Contested World*，Palgrave，2021，p. 110.

作用。马克龙执政以来对欧盟的发展方向有诸多设计，且希望欧盟不仅要有高效的经济思维，还应有更加自主的地缘政治思维。马克龙于2017 年在索邦大学演讲中提出了"欧洲主权"，其中涉及的关键性领域包括防务、边界保护、外交政策及生态、数字和经济等，也包括食品主权、技术主权、卫生主权及太空政策等。经由法国政府的推动，特别是近年来欧洲所面临的各类型重大危机的持续发生，欧洲主权成为欧洲联盟对外政策的核心宗旨，同时也成为国际舞台上一个具有较高显示度的政治话题。然而法国在欧盟内部地位的上升也带来了欧洲一体化的新问题，部分欧盟成员国对欧盟战略自主的"法国化"倾向显著不满，因而在相关领域拒绝配合法国的倡议。

中国是欧洲一体化的坚定支持者，中国与法国在欧洲一体化这一根本问题上具有共同立场和利益。但是，受到国内民粹主义的冲击和源自美国的外部影响，法国在与中国合作过程中也会出现战略犹豫、政策反复的现象，甚至对中国合理合法的主权和领土关切有所干预。与此同时，法国还会同其他国家相互借重，对中法、中欧关系形成牵制。这也意味着，在法国的推动下，欧洲联盟对外关系中的地缘政治思潮和主权观念得以迅速提升并在若干关键议题领域均有所涉及，中欧关系也进一步面临着传统主权和新型主权的磨合，而法国这样的欧洲大国将处于中欧主权思维接触的最前沿。自 2022 年 1 月到 6 月，法国担任为期半年的欧盟轮值主席国。马克龙政府力图通过这一履职时机，为欧盟的整体发展提供领导力保障，同时也借用法国在欧盟中的领导机制来保障法国2022 年大选。但很显然，俄乌冲突的爆发和局势胶着严重威胁着欧洲安全，并在很大程度上干扰了马克龙政府对欧盟轮值主席国的履职计划。欧盟轮值主席国、大国外交和总统选举这三大目标不仅未能形成正向的激励作用，反而三者的压力相互叠加，导致马克龙政府对国内治理和欧盟治理的精力捉襟见肘。尽管马克龙在 2022 年法国大选中连任成功，但法国作为欧盟轮值主席国的履职计划仍有得有失。以被欧洲议会冻结的《中欧全面投资协定》为例，法国虽然对签署该协定给予了积极表态，但仍无法破解该协定在欧洲议会受阻的难题，中欧之间推动投资贸易正常化、促进双边合作的设想就只能流于形式，中法及中欧之间的贸易投资合作也受到了巨大障碍。从务实合作的角度出发，需要在中国积极寻求全面中欧合作与欧盟对华角色认知"三重定位"之间找到一个平衡点，也即在应该合作的领域尽力推进合作，以恰当的方式管控双边关系中的分歧，而法国对探索全面合作的中欧关系的建设责无旁贷。

随着中国国家能力建设程度日益提高，经济发展持续稳定增长，国际影响力不断增强，国际竞争格局和趋势不断强化。当前的中法关系正是在这种新的格局和模式下发展建立起来的，因此法国对华决策意向也不可避免地受到这种总体格局稳定、局部关系流变的影响，印太地区安全话题在欧美对华议程中的上升，即是鲜明例证。继美国提出"印太战略"后，法国也积极跟进并提出了法国版的印太战略。在欧美民粹主义盛行、保护主义高涨的整体情势下，法国的印太战略也同样具有防范和制衡中国的含义。《法国印太防务战略》报告认为，中国通过"一带一路"倡议，已经成为管控印太地区公共海域与海上通道的重要力量。[①] 受到这一变化趋势的影响，本已基础稳固的中法关系或将继续面临若干考验，需要中、法两国从战略高度，以政治智慧予以化解利用双边关系中的挑战。

当前法国政府对华政策的若干影响因素中，有两个因素具有更加突出的影响力，因而也在中法、中欧、中美欧关系中产生了相应的带动作用。首先是马克龙本人对华外交的务实理念及接触政策倾向。马克龙多次访华并推动中法关系在各领域、各层级形成密切合作，马克龙第一任期内的中法关系保持平稳发展，使中法关系成为中国与欧盟国家之间关系的典范。特别是2019年中、法两国在巴黎举行全球治理论坛，成为逆全球化浪潮下为数不多的大国双边外交创举。当然，法国作为欧盟的

①　丁一凡：《法国蓝皮书——法国发展报告（2021）》，社会科学文献出版社2021年版，第12页。

核心国家和政治大国，其行动力和自由度也受限于欧洲的整体形势和安全格局，换言之，作为欧盟的"领头羊"，法国的对华政策必然会受制于欧盟的对华关系框架。譬如在政治和人权领域的中欧分歧，欧盟诸国对中国的成见由来已久，法国对华政策的相对客观中立并不足以全面化解整体上欧盟的对华外交偏见。从这一角度来看，马克龙政府尚未真正体现出法国外交的"戴高乐传统"，其对华政策也不可避免地受到了一些外部因素的掣肘，不可能摆脱中美战略竞争、去一体化危机蔓延等多重危机冲击下所引发的欧盟安全感下降和对华竞争意识增强的结构性影响。当前影响法国对华政策的第二个主要因素，是法国政界与智库的政治主张。基于21世纪以来大国政治的运行趋势和法国自主外交的长期传统，法国对大国竞争保持着高度关注并及时剖析、发现新的动向。法国在欧洲大国中较早意识到世界格局正在发生历史性的变化，对法国来说，这一变化意味着中、美两大力量都在强化自身的实力以及对世界的影响，法国和欧洲都面临新的重大地缘政治挑战。2018年10月，法国国际关系研究院一项针对"一带一路"倡议的政策报告指出，随着中国国际影响力的增强，未来很可能出现中美两极竞争共存、中美两个全球治理体系竞争的场景。作为这一智库报告的延续和政治反应，马克龙于2019年法国驻外使节会议上指出，世界大国在竞争发展浪潮中不断出现新的变化，中国与美国逐渐主导世界形势并成为主要"玩家"，而印度等新兴国家与欧洲国家的差距也在快速缩小甚至赶超欧洲，法国和欧洲可能会被迫在中国与美国之间进行选择，成为它们其中一个的盟友或者"小伙伴"。此后，马克龙在2020年11月接受智库的长篇专访中直接地表明这一战略意识，即美国和中国都在增强自主权，欧洲国家则面临显著的地缘政治挑战。[①]

马克龙政府在第一任期内追求"有法国特色的大国外交"，这一外交目标体现为全力推动气候变化外交、促成《巴黎气候协定》，以及作为欧盟代言人而抗衡美国单边主义外交、公开批评北约"脑死亡"、主

---

① 郭琳：《法国智库涉华认知研究及启示》，《情报杂志》2022年第2期。

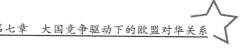

张对俄罗斯采取缓和政策以及加强对华合作等。但是马克龙第一任期在国内治理方面遭遇了"黄马甲"运动和疫情冲击等多重困境，阻碍了其推行改革的步伐；即使在国际层面，国际形势的剧烈变化也导致马克龙执政理念遭遇了多重挑战，因而在适应国际形势方面显得无所适从。由于欧美国家内部政治形势剧烈动荡，民粹主义盛行且逆全球化浪潮高涨，特别是"黄马甲"运动长期困扰法国的社会治安，法国的国内治理和国际竞争能力都被大大削弱。在英国退出欧盟之后，法国作为欧洲联盟中唯一的世界政治大国，不得不适应从特朗普到拜登政府的美国对欧、对华的政策变化。故而，虽然马克龙第一任期内的中法关系总体发展平稳，但中法合作的潜力因受制于各种内外因素而远未得到释放和利用。

2022 年大选后，马克龙的执政走向成为法国能否发挥独立自主外交能力、影响欧洲形势和世界格局的重要观测点。由于美国的战略霸权倾向和北约的全球扩张倾向更加突出，俄乌冲突爆发并导致欧洲安全保障机制和稳定局面受到前所未有的冲击，这对于马克龙执政能力和法国的战略走向都形成了严峻的考验。尽管马克龙连任总统成功，其内政外交仍然面临着很大的局限性。由于在第一任期内，马克龙的治国重点放在内政部分而相应地分散了其处理外交问题的精力，同时尽管法国积极调停、斡旋俄罗斯与乌克兰的危机，但效果欠佳。因此，马克龙成功连任执政之下的法国需要在外交领域优先应对俄乌冲突与欧洲安全危机，而法国应对俄乌冲突的立场、方式及效果，也势必会影响到中法以及中欧关系。反向推之，如果俄罗斯与欧盟、法国与俄罗斯的政治关系能够得到缓和，中法关系的张弛程度也会得到舒缓并扩大两国关系的发展空间。然而在当前，美国凭借近年来对中国愈加强烈的有罪推定，肆意宣言中俄绑定危及世界安全，从客观上恶化了欧盟、法国的对华外交理念。如果法国外交更多地为美国言论所限，中法关系也会遭遇"池鱼之殃"。①

---

① 《法国新政府将尽量保持对华政策连贯性》，欧洲时报网，http://www.oushinet.com/static/content/ouzhong/ouzhongnews/2022-04-26/968469911007531008.html。

在传承独立自主外交之传统的基础上，中法关系也面临着中美全面战略竞争、欧洲一体化走势不明的影响。未来的中法关系走向也因之而在多个层面上受到如下多个议题的制约。

中美战略竞争是法国对华外交的关键外部变量。当前，由于中美全面战略竞争以及欧美之间的互相战略依赖，国际格局中的中美欧大三角关系的力量对比轮廓变得日益清晰。拜登政府上台后极力拉拢欧洲和其他盟友，希望形成并维持一个以美欧盟友体系来对付其他大国的所谓"一超多强"的局面，这个一超不仅仅指美国本身，更是指美国联合欧洲及其他西方国家形成的价值观同盟。美国试图通过对华竞争而强化自身霸权，并借此巩固欧美国家的价值观联盟，进一步共同应对与遏制其他正在发展和崛起的大国，包括中国、俄罗斯以及其他一些新兴国家。随着俄罗斯和西方矛盾加深，欧洲给予美国的配合和支持会越来越多。因此，今后一段时期的国际格局可能是两层格局的相互叠加——一个是"中美欧"三边格局，一个是"西方和其他"的二元格局，而其中因格局重叠而凸显的以欧美为核心的西方单元则会显著加强其价值认同与边界意识。当然，所谓西方的概念和内涵也与过去有着很大不同。实际上，西方国家内部在若干问题上的立场也存在显著分歧，譬如在俄乌冲突问题上可能形成团结一致，但在数字竞争等其他议题上则会继续存在分歧和矛盾。但就近期而言，欧美之间的价值观同盟意识将得到显著强化，这是对法国外交的一大约束。

法国在中美欧格局中的影响力具有显著的特殊性，即法国的独立自主外交传统将成为欧洲大国中影响中美战略竞争的最大变量之一。进一步而言，在中国和西方世界的关系中，中法关系具有不同于其他双边关系的独特性。法国外交素来崇尚独立自主，由独立自主理念所主导的法国政治文化是推动法国持续开展自主外交的内在基础，而深入浸润独立自主精神的法国文化及舆论则形成了法国反对美国霸权的支持条件。更进一步而言，尽管法国在西方联盟内部挑战了美国的霸权，但实质上反对的是美国的单边主义。当美国表现出罔顾盟国利益、单边蛮横和实力

至上的行为特征时，法国就会表现出抵制态度，开始彰显其独立性；但当美国向多边主义回归，重视协调盟友关系并尊重国际制度时，法国的独立性则相对下降。当前欧美关系正以美国对华竞争为核心而形成"万事皆为遏华"的欧美合作趋势，未来法国对华决策的重要外因，即是如何识别并应对来自美国的对华战略竞争意图。

俄乌冲突是自新冠疫情危机以来最突出、最严峻的国际安全事件。欧洲安全自主问题是欧洲国家在第二次世界大战结束以来力图实现的首要战略目标，而俄乌冲突爆发则再次导致欧洲安全秩序在三个维度上面临重大威胁。一是欧盟和俄罗斯这两支决定欧洲安全的最大力量之间的关系走向严重对立；二是曾经濒临"脑死亡"的北约被重新激活，欧洲安全既依赖于北约又受制于北约，北约战略扩张并未给欧洲提供安全保护，反而进一步激化了欧洲安全的危险因素；三是欧洲国家一方面不得不继续接受在安全上离不开美国和北约的事实，但另一方面发展欧盟独立防务的意志更加坚定。作为欧盟大国的法国，其基本职能在于主导并构建欧洲安全自主能力，而其根本目标则是巩固法国在欧盟机制中的核心地位。俄乌冲突的爆发和持续发酵，对法国建设和维系欧洲和平的战略目标产生了严重的冲击，法国在一定时期内必须依靠北约应对来自俄罗斯的"安全威胁"，客观上限制了法国及欧盟的安全自主建设进程。在国内民众信任度降低、美国外部连续施压的背景下，法国也参与了美国主导的对俄集体制裁，而实际上对俄制裁并不利于维护欧洲的整体安全，这与马克龙政府的欧洲安全设想背道而驰。也正因为如此，马克龙明确表态希望成为俄乌冲突的"调解人"，更相信法国应该担当起调停俄乌冲突的角色。[①] 与此同时，法国也认为中国应积极介入并调停俄乌冲突，这意味着，在当前的国际体制中，中、法两国被赋予了共同调停俄乌冲突的国际责任。马克龙二次执政后的外交重点，即是着力寻找路径来化解欧洲安全危机，而这将是法国对华决策、重建欧洲安全秩

---

① 《德社民党高层：德国几乎无法调解俄乌冲突，建议中国来》，观察者网，https：//www. guancha. cn/internation/2022_ 06_ 05_ 643005. shtml。

序、中法推进全球治理的重大机遇。

印太战略与非洲事务已经成为法国对华政策中的关键议题。在中国稳健践行负责任大国外交的前提下，法国如何理解中、法两国的国际角色和国际交互空间，是当前塑造中法双边关系的最关键因素。2018 年 5 月，马克龙在访问澳大利亚期间首次将法国描述成为印太大国，倡议建立"巴黎—德里—堪培拉轴心"。2019 年 5 月法国国防部发布《法国的印太防务战略》，着重从防务与安全层面阐述了法国在印太的利益诉求，由此法国成为首个发布印太战略的欧洲国家。当月，法国国防部又发布了题为"法国与印太安全"的报告，强调法国将致力于在印太地区建立战略伙伴关系网，以同盟友和伙伴携手应对印太安全面临的重重挑战。[①] 2019 年 8 月法国外交部发布了《法国的印太战略》，更为全面地解析了法国对印太地区战略价值的认识，以及法国在印太地区的存在、影响、伙伴关系、战略目标、行动及欧盟与印太关系等。[②] 法国的印太战略具有双重定位，一方面配合美国推行的"印太战略"，另一方面也把矛头对准了中国在印太地区的影响力。法国虽未像英国一样公开将中国界定为"威胁"，但其关于印太地区的战略立场显示，在其潜意识里仍将中国视为印太地区的不稳定因素，误认为中国欲控制整个南海，指责中国在南海的岛礁建设和部署必要的防卫设施是改变地区现状、导致紧张局势升级之举。为此法国宣称将密切注意中国军力的增长及其在非洲（吉布提）和印度洋的军事存在，认定中国谋求加强在从南海到整个印度洋的广阔地区的海军部署，而这构成了法国不得不严重关切的战略挑战。

非洲是法国海外利益最集中、经营时间最长、传统影响最深并且赖以发挥影响力的关键区域所在，因此历届法国政府都注重通过政治、经济、军事、文化"四位一体"的合作关系，来维系法国在非洲的存在

---

① French Ministry for the Armed Forces, *France and Security in the Indo-Pacific*, https://franceintheus. org/IMG/pdf/France_ and_ Security_ in_ the_ Indo-Pacific-2019. pdf.

② French Ministry for Europe and Foreign Affairs, *France's Indo-Pacific Strategy*, https://www. diplomatie. gouv. fr/IMG/pdf/en_ a4_ indopacifique_ v2_ rvb_ cle432726. pdf.

影响，马克龙政府的非洲政策亦不例外。在对非合作方面，马克龙将经贸合作特别是拓展非洲市场置于法国对非政策的优先位置。近年来，法国借非洲国家国有企业私有化之机，通过兼并和收购，逐步控制了许多非洲国家发电、电信、供水等与国计民生密切相关的领域，扩大了对其的影响力。新冠疫情对非洲形成了严重冲击，马克龙力图通过解决非洲最关切的疫情防控和疫后复苏等问题，在对非合作中建立新优势。2021年5月，法国在巴黎举行了非洲经济体融资峰会，希望借此峰会进一步扩大法国在非洲的经济影响力，为后疫情时代的法非关系发展布局。但必须看到，法国本身提供的融资有限，要实现其融资的目标仍需依靠各主要经济体及各国际组织"集体行动"。当前，中国与法国均积极支持推进全球治理，而非洲则是全球治理中的短板，所以，能否在非洲实现积极合作，是考验中、法两国能否如愿推进全球治理的试金石。客观而言，法国出于经济保护主义和被美国霸权挟持的影响而对中国在非洲的经贸投资等持有警惕态度，法国还忧虑中国企业将持续扩大在马达加斯加、毛里求斯、坦桑尼亚、莫桑比克等国的市场份额。所以，确保推进非洲治理和经济发展成为中法关系的积极合作成果，应是未来一段时间法国对华决策的关键话题之一，更是中法开展全球治理合作的重要实验空间。

中法外交的友好传统、法国外交的自主特征、中欧关系的广阔前景，共同构建了法国在中欧合作、中美竞争中颇具优势的影响力。尽管法国是欧洲国家中最积极主张战略自主的国家，具有独立的国防和核力量，但是无论法国还是作为一个整体的欧洲，在安全和防务上仍然对美国具有较大的依赖。在推动欧盟成为一个全球战略行为主体与维持跨大西洋联盟这两个目标之间寻求平衡，始终是困扰法国外交和防务政策的一个重大挑战，也是法国对华外交决策的首要考量。当然，巩固和发展中法、中欧关系，都需要尊重法国的独立自主外交传统，更要充分理解法国对新兴大国改变国际格局的认知和研判。

第四节　英国对华决策意向

英国是一个有着独特而悠久的全球影响力的欧洲大国，面对外部世界的变化与挑战，英国往往能够按照自身的政治机制和文化传统而有条不紊地发挥相应的功能，做出针对性的反应。进入 21 世纪以来特别是第二个十年以来，中美战略竞争成为世界形势的主流特征，英国对传统盟友美国的态度以及对新兴力量中国的立场，交织体现于英国对欧、对美、对华的政策议题中。当前，英国的国家定位和对外交往仍处于"退出欧盟"的结构性框架下。2020 年以来，英国对华政策出现剧烈变化，约翰逊政府逐渐突破了卡梅伦和特蕾莎·梅政府确立并坚持的"黄金时代"对华政策框架，对中英关系造成了显著冲击，而 2022 年陆续上台执政的特拉斯和苏纳克两任首相也坚持对华采取强硬政策。英国对华的决策思维已经形成与退欧公投之前相比截然不同的新态势。

对华外交是谋求全球化角色之英国战略的关键部分。英国努力塑造的全球新角色也面临自身经济总量、资源和人口等硬实力的制约，以及如何克服退出欧盟和新冠疫情对国民经济冲击的挑战，这将进一步加大英国与美国、中国、欧盟乃至俄罗斯等世界主要力量之间的不对称性。英国希望通过退出欧盟来摆脱对欧盟体制的依赖，夺回对边界和经济的控制权力，但如果在国际事务中不能顺应国际力量格局的新变化，重建自身的战略自主性，而是倒向美国，甚至以意识形态划线，扮演封闭、非他的联盟召集人的角色，则英国非但不能获得自主性的政治红利，而且会由于自身条件的限制沦为无足轻重的国际力量。自 2016 年举行退欧公投以来，熟稔于国际游戏规则的英国一直在寻求其外交政策的重新定位，并在这一过程中呈现出如下特点。

第一，全力构建"全球化英国"的政治话语。继 2016 年举行全民退欧公投之后，两任首相特蕾莎和约翰逊在多个场合均强调英国要摆脱退出欧盟后国家必将衰落的悲观主义认识，强调退出欧盟后英国将面临更大、更广的发展机遇。在政治叙事方式上，执政的保守党政府不断扩充"全球化英国"的政治话语，这一概念从服务于退欧目标、宣传摆脱欧盟制度桎梏的"自由贸易国家"，扩展到"召集者""向善力量""外交经济人"等新内涵。在实际投入上，特蕾莎政府不断寻求同更多国家缔结新贸易协定，在退欧谈判过程中谋求更多优势；约翰逊政府扭转了前几任政府防务开支缩减的趋势，大幅度提升防务支出，承诺在未来增加超过240亿英镑的国防预算，积极贡献于北约前沿存在和反应部队，以维持英国作为北约最重要欧洲成员国的地位。苏纳克接任首相后，将发展科学和能源安全放在执政议程首位，力图将英国建设成为"科技超级大国"，并将创新作为英国未来10年推动经济增长的要素。与此同时，苏纳克既表示要向中国学习长期规划的政治优势，但又因忌惮中国的全球影响力而宣布中英"黄金时代"结束，充分显示了在"全球化英国"目标认知上的模糊性。

第二，调整战略伙伴优先次序。英美特殊关系是英国外交一贯倚重的政治基石，但在不同时期其地位也有微妙变化。特蕾莎执政时期与美国特朗普政府龃龉不断，英美关系有下滑迹象。约翰逊上台后，一改之前特蕾莎政府与美国政府存在诸多龃龉的外交轨迹，强调美英同盟在退欧后的英国外交体系中居于核心地位。2020年5月，约翰逊政府改变了前任特蕾莎政府于2019年10月对欧盟发表的《政治宣言》立场，即"英欧致力于在外交与安全政策上达成有雄心、密切、持久的合作"。约翰逊政府明确表示不与欧盟商谈安全和外交事务合作协议。2021年3月，英国政府向国会递交《竞争时代中有国际影响力的英国：国安、防务、发展和外交政策综合评估》（以下称《综合评估》）的战略报告，将美国定位为英国最重要的战略盟友，将英美关系重新视为国际秩序的基石。2021年7月，英国同美国签署《新大西洋宪章》以展示英美特殊关系的韧性和双边关系的团结。在英美特殊关系的基础上，英国强调同澳大利亚、加拿大等英语圈国家，甚至印度、新加坡和日本等国家建立灵活的联盟。2021年9月，英国与澳大利亚、美国组成三边安全伙伴关系"奥库斯"（AUKUS），涉及核潜艇开发以及海洋与军事科技共享等方面。与刻意强调英美特殊关系和灵活联盟相对应的是，英国与欧盟刻意拉开了政治距离。虽然《综合评估》声明"欧洲邻居和伙伴仍然是关键的伙伴"并将法国、德国、爱尔兰等欧盟成员国列为重要伙伴，但显而易见的是，英国正在刻意淡化欧盟在英国外交中的位序，这是英国在诸欧洲大国中不同于法国、德国的突出标签。

第三，设定价值观外交为英国的"使命"。退出欧盟后的英国面临两大"回归式"的战略要务。其一，重新寻找世界定位；其二，重新突出价值观外交的地位。英国在《综合评估》中宣布"英国的国家利益依赖于对民主国家、开放社会有利的规范和秩序，因此英国需要联合盟友及伙伴而维护这一秩序"。与此同时，英国也认为其在协调盟友的价值观外交上具有独特优势，宣称要做"向善力量"，让"价值观指引安全与外交政策的全部"，在盟友中扮演"召集者"角色，做盟友和伙伴的"责任分担者"和"麻烦解决者"。2021年3月英国出台的《综合评估》政策报告显示，英国正力图通过整合各种力量而谋定全球布局，从价值观角度出发来选定竞争对象。在这种战略思路下，俄罗斯和中国成为主要关注的竞争对象。英国把未来10年看作一个竞争的时代，必须抓住机遇在全方面各领域加以推进，而价值观外交则成为英国当前推行其大国竞争战略的政策工具。价值观外交塑造了英国政府对中俄等国的外交议程，也即将意识形态等价值判断列为第一基础。比如，时任英国外交大臣特拉斯在2021年11月会见波罗的海三国外交部部长时，刻意声援挑战"一个中国"原则的立陶宛，同时也借题宣扬英国"是自由民主斗士"的形象。苏纳克接替短促执政的特拉斯出任英国首相之后，亦宣称将采取"强硬的实用主义"政策在全球范围内对抗中国和俄罗斯，双方在价值观外交上渐行渐远。

第四，推动全面"印太倾斜"战略。印太地区是近年来欧美国家为强化对华竞争而推出的地缘政治空间概念。欧美国家在印太地区的动

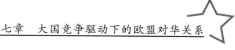

向，清晰地传达着它们对当今世界形势的认知立场。英国政府认为介入印太主要是"为了经济机遇、为了安全、为了价值观"。① 英国政府发布的《综合评估》强调英国将向印太地区倾斜（Tilt to Indo-Pacific）。需要注意的是，与美国政府在多个外交战略和场合中提及的重返印太等表述方法不同，英国所采用的"倾斜"，充分表明了英国已意识到自身的资源有限，在印太地区的军事力量、经济关联度和政治影响无法同美国相比。在中美战略竞争的大环境下，作为中等强国的英国向印太倾斜，更多的是通过自身经济实力，施展文化、科教等软实力的政治影响，与美国的印太战略遥相呼应，向拜登政府表现其作为美国亲密盟友的态度。在较早地意识到世界权力东移的大趋势基础上，英国政府将"印太地区"视为经贸机遇空间和博弈舞台。在经济贸易领域，英国与日本、澳大利亚签署自贸协定，与印度开启"增强的贸易伙伴"关系，并申请加入《全面与进步跨太平洋伙伴关系协定》（CPTPP），力图为印太区域的经贸事务塑造规则，而在新兴的数字经济和贸易领域，英国更是希望获得充分的发言权。在注重以经济事务为基础的同时，英国将防务安全作为向印太地区倾斜的另一重要政策工具。为在印太海域实现常态部署，英国于2021年7月派遣"伊丽莎白女王"号航母战斗群远赴印太地区。作为这一举动的协同措施，英国加紧了盎格鲁联盟的军事协作，于2021年9月同美、澳达成了"奥库斯"三边安全协议。与此同时，英国也在逐步加大对印太地区的政治外交投入。继2019年任命首位东盟大使之后，英国于2020年在外交部新设"印太"司并增加外交职位，其外交大臣也多次访问印太地区。除日本与澳大利亚之外，英国还竭力扩大国际伙伴结构，加强与印度、新加坡等国的接触交往，并申请成为东盟的对话伙伴。

退出欧盟后的英国积极寻求全球大国的角色，但这也客观上导致英国国内社会分歧依旧严峻、政党对立和斗争突出、政府举措缺乏明晰主

---

① 王展鹏主编：《英国蓝皮书——英国发展报告（202—2021）》，社会科学文献出版社2021年版，第251页。

张，这是影响并限制英国外交和对华决策的客观基础。不过，英国毕竟是一个有着丰富外交经验的国家，利用各种矛盾、充当"诚实的掮客"、分解敌对势力，是它的"拿手好戏"。① 无论英国的外交动向如何，实力怎样，它都是我们研判欧洲走势、欧美关系、中欧关系、中美关系的一个必要因素。中英关系在中国实力崛起、英国实力下滑，英美关系强势上扬、中英关系显著弱化的情势中得以发展，这即是当前中英关系的大格局之基本形态。当前英国仍处于内政外交的艰难转折时期，作为综合国力相对持续下降的老牌资本主义国家，英国对中国的持续崛起抱有复杂而深刻的战略认知，这些认知将推动英国对华外交政策在整体上呈现两大显著变化。首先，价值观在对华政策中的分量上升。与英国整体外交的价值观转向一致，价值观在英国对华政策议程中的地位明显上升。2021 年 3 月，时任英国外交大臣多米尼克·拉布（Dominic Raab）在接受新闻采访时称："我们绝不会停止维护价值观，包括开放社会和民主人权；在可能的情况下，我们想要积极的关系，但绝不会就价值观作出妥协。"从行动上看，英国对所谓中国人权问题的指责和干预更为直接。英国政要在社交媒体平台公开评判中国新疆局势，多次就香港问题发表不当言论，并借此修改英国国民海外护照法案（BNO）。其次，以提升"韧性"为名对经贸和科技交往设置更多限制。新冠疫情暴发刺激英国关注供应链问题，此后提升英国经济"韧性"与"减少对华战略依赖"成为英国对华战略的新考量，并在事实上成为限制英国对华经贸交往的理由。2020 年 5 月英国媒体披露英国政府正筹划名为"防御计划"的供应链计划，旨在降低英国对华在医药卫生、关键原料领域的战略依赖。2020 年 11 月英国政府推出《通信（安全）法案》，将对中国华为的禁令纳入其中，并设计了在英国通信网络中去除"高风险"服务商的路线图。2020 年英国推出《国家安全与投资法案》，对英国外资机制做出了重大修改，授权政府调查并干预被视为有国家安全风险的企业收购，规定政府有权对此设置条件甚至阻止交易，

---

① 计秋枫、冯梁：《英国文化与外交》，世界知识出版社 2002 年版，第 474 页。

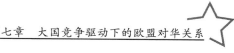

新的外资机制于 2022 年 1 月生效。英国议会在这两项立法的讨论中都明确提出了针对中国投资的考量问题。此后，英国更加大力推广"韧性"概念，在构建新的国家安全框架的同时，在基础设施和高科技领域对中国的防御心态也更为突出。

2021 年 3 月的《综合评估》对保守党政府的"全球化英国"口号做出了全面的诠释。《综合评估》详细阐述了"全球化英国"的内涵，即退出欧盟的英国不是一个欧洲区域性大国，而是影响力遍布世界的全球大国。不可忽视的是，在促使英国重新推出安全与战略评估的外部环境中，中国崛起是至为关键的重要变量。该报告承认"中国日益增长的国际声望，已经成为当下世界最重要的地缘政治因素，对英国价值观、利益产生深刻影响，对国际秩序同样如此……开放的英国贸易经济需要同中国接触，向中国投资和贸易开放，但同时英国也必须保护自身利益，对抗那些将对英国繁荣与安全产生负面影响的政策行为。与中国合作，对于应对气候变化和生物多样性锐减等跨国挑战是非常重要的行动路径"。[1] "英国要继续与中国建设积极的贸易投资关系，但同时也要保护英国国家安全和价值观。"[2] 同时《综合评估》也明确指出，显著区别于英国价值观的中国对英国及其盟友构成了挑战，因此这份报告把中国列为"系统性挑战"（a Systemic Challenge），与 2015 年时英国自定为"中国在西方最好的伙伴"的立场已然南辕北辙。《综合评估》对中国的定位和中英合作的界定可谓患得患失。一方面报告认为"中国在未来 10 年对全球（经济）增长做的贡献，将比任何一个国家都大，中英双方都能从双边贸易投资中获益"。但另一方面报告又宣称"中国同样对英国的经济安全构成巨大威胁"。正如《综合评估》出台后期，时任英国

---

[1] *Global Britain in a competitive age—The Integrated Review of Security, Defence, Development and Foreign Policy Presented to Parliament*, the Prime Minister by Command of Her Majesty, March 2021, pp. 26, 62.

[2] *Global Britain in a competitive age—The Integrated Review of Security, Defence, Development and Foreign Policy Presented to Parliament*, the Prime Minister by Command of Her Majesty, March 2021, p. 22.

外交大臣特拉斯即强调英国不能对中国过于依赖，"在网络安全、人工智能、量子计算以及5G技术领域对待中国公司的参加要十分小心"。①

中国日渐提升的国际地位将是当前世界最重要的地缘政治因素，这将对英国的价值观和利益、国际秩序的结构和形态产生重要影响。在近年来的英国对华政策讨论中，虽然常常出现激烈的反华声音，但也有相当比例的理性诉求，这体现出了英国在对华认知上的全面性和复杂性。在英国看来，由于中国在全球发展和地缘政治中具有无法忽视的重要性，英国需寻求与中国建立一种正面积极关系，避免走向极端，防止彻底损坏中英关系的政治基础。比如，虽然《综合评估》将中国称为"制度性挑战"，但并未排除中英合作的可能，而是认为要在利益一致的经贸和气候变化领域保留合作的空间，这与对俄罗斯"尖锐和直接的威胁"定位仍有显著不同。事实上，在激烈调整对华关系的同时，英国也开始寻求建立对华的"平衡"。近年来，多位英国的高级官员在政策表态中也都流露出这一显著倾向。比如，时任外交大臣拉布于2021年4月称中英有"进行建设性接触的机会、要素和领域"；2021年7月，时任英国财相苏纳克强调英中关系需要"细微差别"，促进一种"成熟和平衡的伙伴关系"；2021年10月，约翰逊在吸引外国对英投资的全球投资峰会上明确表示"英国不希望拒绝中国投资"。2021年10月，习近平主席与约翰逊首相通话，在中、英两国关系健康稳定发展方面达成了重要共识，认为英中两国在全球公共卫生、世界经济复苏、伊核、反恐等许多重要问题上都拥有共识和共同利益。2022年3月，习近平主席与约翰逊通话，一致强调两国在全球发展、气候变化等方面协调配合，为应对人类共同挑战做出了积极贡献。上述中英合作说明，中英之间仍存在着持续合作并显著拓宽的发展空间。

地缘政治议题在中英双边关系中的显示度大幅上升。具体来说，英国在印太地区的对华政策将更加聚焦，特别是结合热点问题、焦点地区

---

① 《英外交大臣宣称决不能依赖中国》，参考消息网，http://www.cankaoxiaoxi.com/china/20211024/2457580.shtml。

而形成对中国的持续压力。在南海问题上，英国对中国的竞争意识将持续增强，虽然这种挑战的持续性及其效能并不足以改变整体的中英关系和印太地区的安全结构。当然，值得注意的是，英国积极以"倾斜"方式介入印太地区，其战略动机和政策动力可能受到诸多限制，尤其是源于英国自身的海外行动能力和来自美国的战略控制能力的限制。《综合评估》虽然宣称英国要成为在印太地区活动最广泛、与该地区联系最紧密的欧洲国家，但其公布时间仅在美国拜登政府公布《临时国家安全战略指南》20 余天之后，且英国对印太地区的界定基本上沿袭了美国。同时《综合评估》也提及"美国是北约和五眼联盟等集团架构的关键核心"，是英国的"最重要的战略盟友"。此外，美国政府固然鼓励、欢迎英国加强在印太地区的军事行动，但更需要将其有限的资源用在刀刃上，分担欧洲及其周边的安全负担，以便美国将更多的资源和精力集中到印太地区。这意味着，英国受到自身"全球化英国"战略设计的引导而试图在印太地区展示实力，但同时却因国家实力相对较弱、英美特殊关系中"美主英从"的客观结构而难以如愿，因而英国对印太的介入是一种不自由的、受制于美的介入。

受全球数字浪潮的影响，英国对华决策将更加关注数字竞争问题。技术发展将塑造社会、经济与国家之间以及公民、私人等诸领域之间的关系，在带来巨大利益的同时，技术发展也成为国家间开展系统性竞争的场域。数字技术是当前国家间竞争的尖端领域，英国也将借助数字发展潮流而寻求更大的竞争优势。2020 年 6 月，英国发布《未来科技贸易战略》，提出增加技术投资和大力吸引外资进入 5G、工业 4.0、光子学等新兴产业。2021 年 6 月，英国与美国共同发表了《新大西洋宪章》联合公报，试图推进"里程碑式的双边技术伙伴关系"，在人工智能、量子计算、新型电池等领域密切协同，联合研发，共同占据世界领先地位。同年 7 月英国出台了《英国创新战略》文件，宣布英国要向美国学习并在国家实验室体系等领域有所进步。此后英国政府再次宣布推进数据政策创新，力图通过放松数据保护规定来促进创新并激发经济增长。短暂时间内高密度出台系列政策的目的显而易见，英国对技术进步和技术竞争的重要性的认识更为深入，在战略观念上也进一步强化了技术竞争的内涵。不过从整体来看，英国的数字技术竞争战略仍受到多个方面的限制。比如，英国与欧洲联盟的关系正处于退欧后的调适期，美欧关系则处于"后特朗普时代"的恢复期，加之当前数字竞争处于高峰阶段，英国要从中美战略竞争期间抢抓数字技术进步的机遇并非易事。尽管如此，英国在数字技术竞争方面形成的对华压力仍不可忽视，实际上除经贸领域之外，英国以"韧性"为名而限制对华合作的措施也在向其他领域蔓延。2019 年 10 月，英国军情五处（MI5）和政府通信总部（GCHQ）官员曾发文警告英国大学与中国资助和科学研究伙伴关系存在国家安全风险。从 2020 年 10 月开始，中国学生申请就读英国相关专业会遇到审查和限制，审查专业不仅包括先进常规军事技术，也包括人工智能、化学、机械工程等学科。与退出欧盟的英国外交目标调整相一致的是，英国倾向于参与或组建灵活集团处理与中国的技术竞争问题。在英国看来，这种方法既能加大对华施压力度，避免直接对抗，还有利于强化英国的国际合作网络。在构建多元化产业链的问题上，英国提出支持所谓的"集体韧性"，与七国集团国家一起探索建立"民主十国"，为 5G 技术寻找替代的供应者。

气候变化、全球健康危机、非法金融和恐怖主义等，均为国际社会面临的跨国性挑战。这些挑战危及国际社会的安全与繁荣，客观上要求国际社会协同行动来加以解决。如前文所述，气候变化是英国推动跨国挑战和全球治理的最优先领域，也是中英外交关系中交集最多的话题之一。在诸多的跨国挑战中，气候变化与生物多样性锐减对于全球韧性的威胁最为突出，对于多边行动的需求也最为迫切。① 2021 年是自 2015 年《巴黎气候协定》达成以来全球气候治理大幅进展的关键一年。英

---

① *Global Britain in a Competitive Age*，*The Integrated Review of Security*，*Defence*，*Development and Foreign Policy Presented to Parliament*，by the Prime Minister by Command of Her Majesty，March 2021，p. 26.

国作为第 26 次缔约方会议的主办国，既号召其他成员国积极推进终止煤电、淘汰污染车辆，解决不可持续的农业问题、开展气候融资以支持发展中国家，也与德国一起主办了第 12 届彼得堡气候对话，同越南、印度尼西亚等国加强协调推进第 26 次缔约方会议的优先事项。在 2022 年 11 月第 27 次缔约方会议于沙姆沙伊赫召开之前，英国担任联合国气候变化大会进程的主席，借助这一机制，英国可以与埃及和其他各方合作，进一步提高各国减少碳排放的目标。此外，英国也将在 2023 年初确保发达国家每年为发展中国家提供 1000 亿美元的国际气候融资，在煤炭和汽车等关键领域保持改革的势头，并在终结森林砍伐方面取得进展。需要指出的是，英国参与欧洲一体化建设 47 年，其国内治理与国际机制已经高度欧洲化，纵使英国退出欧盟，其政策轨迹也将在很长一段时间内保持鲜明的"欧洲特色"，而在气候变化和公共卫生危机等方面，英国与欧洲联盟的重叠性更高，因而中国与英国之间的气候合作接触点更多，契合面也更广。气候治理是全球治理的关键事项，也是中国与欧美国家开展合作的重点内涵，英国外交政策也将关注中、英两国在绿色技术前沿的合作潜力，共同促进经济社会可持续发展。

未来一段时间，英国对中国的价值观外交力度会更加频繁加大，双方的价值观交锋也难以避免。英国在印太地区以及其他问题上谋求与盟友联合对华施压势必会对中英关系产生负面影响。同时，英国对中国投资的限制和防范，也使得中英经贸合作受到相应的限制，合作高度和广度均将有所降低或收窄。英国对华决策的意向表达更加靠近美国，也更加疏离于中国，这是一种源自英国内部，但影响则会波及更广泛的根本性挑战。

第五节 欧洲大国竞合与欧盟对华政策转向

大国围绕权力及利益再分配的竞争将变得更为激烈，其中针对国际规则及制度安排的博弈必将成为重中之重，中美欧都难以置身事外。①作为欧洲政治空间中具有结构性主导力的三大国，英、法、德之间的竞争与合作是塑造欧洲政治进程和形态的关键因素。

英、法、德三国的合作是确保欧盟能否获得、加强发挥国际影响力的核心动力。针对伊朗核问题的英、法、德三国合作为欧盟赢得了化解危机，保障周边安全的关键条件。2003 年 10 月，英、法、德三国外长访问德黑兰，寻求避免美国采取军事打击的外交解决路径，以化解国际社会对伊朗核危机的担忧。2004 年，担任欧盟共同外交与安全政策高级代表的索拉纳加入三国外交协同，由此构建了"欧盟 + 欧洲三国"（EU + E3）的外交协同机制，将欧洲三大国合作与欧盟共同外交和安全政策决策机制直接挂钩。2006 年，中国、俄罗斯与美国加入了同伊朗的谈判，由此将联合国安理会五个常任理事国悉数纳入由联合国主导的对伊外交斡旋进程中。英、法、德三国外交协同成为欧盟共同外交立场的有效补充，并为 2015 年 7 月达成解决伊朗核问题全面协议、解决伊朗核危机奠定了重要基础，欧盟在针对伊朗核危机的谈判中扮演了持续性的协调角色。英、法、德三国外交合作也成为与中国、俄罗斯、美国、欧盟一道推动全球治理的关键力量来源。在新的形势下，特别是英国退出欧盟的情况下，英、法、德三国虽享有众多的共同利益和观念共识，但是彼此之间也存在诸多分歧，而且欧洲国家之间的合作向来无法摆脱来自大西洋关系的约束，这对于英、法、德三国解决安全问题的战略雄心形成了牵制。因此，三国外交合作能否延续由伊朗核危机谈判所形成的外交优势，关键在于外交合作能够在哪些领域为三国增加更多的共同收益。在部分学者看来，尽管特朗普政府主导下的美国退出该协议，对英、法、德三国的外交协作形成了不小的冲击，但英、法、德三国之间为寻求化解伊朗核危机之道的外交尝试仍具有显著的政治意义。② 此

---

① 唐永胜：《中美欧三边关系结构变化及其发展前景》，《欧洲研究》2021 年第 4 期。

② Alice Billon-Galland, Thomas Raines and Richard G. Whitman, "The Future of the E3 Post-Brexit Cooperation between the UK, France and Germany", *Europe Programme Research Paper*, July 2020.

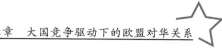

外，英、法、德三国的外交协作关注范围不断拓展，近年来在叙利亚战争、沙特阿拉伯油井袭击、南中国海航行等问题上也有广泛参与。三国之间在官方层面形成了非正式的、常规性的联系机制，主要关注那些欧盟难以快速达成一致外交立场、欧美之间存在外交分歧的问题。

由于法国与德国之间错综复杂的外交关系和在若干重大战略问题上缺少外交共识，英国的加入使法、德两国均从三国外交协同中获得了显著收益。英国的加入，一方面使得法国通过英法盟友关系，推动德国以更突出的战略高度去进行外交政策构建和行动实践，另一方面也给予了德国相应的战略机会以平衡法国政治影响并增强其对欧洲事务的主导权。法、德两国也乐见英国通过三国协同提升其对欧洲事务的参与程度。当英国留在欧盟内部，法、德两国将三国外交协同视为化解美国以及其他欧盟成员国对法德合作的怀疑的有效路径，尤其是对那些来自中欧、东欧和北欧国家的怀疑。当英国退出欧盟之后，法、德双方则需要调整其同英国在欧洲安全问题上的协同机制。更重要的是，法、德双方仍十分担忧退出欧盟的英国仍在塑造欧洲、欧盟的议程上拥有重大的话语权。法、德双方也十分谨慎地看待英国退出欧盟之后的三国协同影响力，尤其是要避免由此而带来的欧盟合作机制的能力下滑，与此同时，法德也更加担心由于英国退出欧盟而导致三国协同机制的彻底解体。为避免上述可能的损失，法、德两国曾提议设立一个区别于欧盟机制的欧洲安全理事会，然而两国在如何设置欧洲安全理事会的具体形式问题上存在较大的分歧。事实上，处于退欧进程中的英国也确实降低了英、法、德三方协同在其外交议程中的地位。例如，2020 年 5 月，英国在涉及中国香港问题上联合美国、加拿大和澳大利亚发布了声明，并未与欧盟及其成员采取共同措施。这一动向也令欧盟及法德等成员国担心，长此以往，英国将与欧盟的战略共识渐行渐远，而欧盟在推动对华政策是倾向合作还是竞争的问题上，也必须考虑英国同欧盟的观念分歧和利益竞争将产生怎样的影响。在逐渐成型的中美欧三边格局中，无论对美还是对华，欧盟都需将英国与欧盟的关系作为关键议题纳入考量范围。因为全球范围内的竞争与合作建立在本土和周边的关系形态基础之上，这对于朝着地缘政治力量方向发展的欧盟而言，具有更加必要且迫切的意义。

英国退出欧盟之后，欧盟在对外政策上寻求内部一致性的有利因素或可得到大幅提升。如果各个欧盟成员国在欧盟对外关系议程上的团结力度更大，欧盟对外行动署的地位也将由此得到增强，建设共同防务的力度也势必有所提升。2020 年新冠疫情的暴发对全世界产生了全面而深刻的影响，欧洲也处于更为严峻的疫后复苏的重大挑战环境中。随着英国的退出，欧盟的发展走向对于法德合作的依赖性更加凸显。

法、德两国是欧洲一体化进程的核心主导国家，在法、德两国达成基本共识的前提下，欧洲一体化的制度化建设和政府间合作具有了核心推动的重要保障。在 20 世纪，法、德两国的合作为欧共体向欧盟的演化、共同货币的建立提供了历史性、决定性的支撑。进入 21 世纪以来，法、德两国通过在关键问题上同协商、共进退的合作方式，为欧盟实现最大规模的扩员并保持一体化进程的稳定性，提供了强劲的动力。法国强大的政治号召力和德国强大的经济影响力所形成的组合，是奠定欧盟拥有国际话语权的重要保障。时任德国总理默克尔与时任法国总统萨科齐也因彼此密切合作应对旷日持久的欧元危机而被赋予"默科齐"（Merkozy）的称号。欧债危机将欧盟拖入了多重危机连续发生的泥淖，欧盟的自救与复苏在很大程度上依赖于法、德两国能否及如何延续合作轴心的功能，而《亚琛条约》的签署则为延续法德合作核心提供了制度保障。2019 年 1 月，默克尔和马克龙在亚琛市政厅的加冕礼堂进行签约，重申通过法德合作支持欧盟建设的决心。《亚琛条约》被视为1963 年德法签订的《爱丽舍宫条约》的升级版，其主要内容包括：（1）双方决定未来在欧洲政策上更紧密的协调立场，在重要的欧洲会晤之前进行"定期的、所有层面的协商"，以"努力取得一致的立场"，"双方部长采取相同的措辞"。（2）双方确认在其中一方领土受到武力攻击时提供一切可能的帮助；双方在共同项目中寻求共同的武器出口规则；成立德法防务与安全理事会。（3）加强外交合作，重点之一是推动德国成为联合国安全理事会常务理事国。（4）设立共同的"公民基金"，支持和鼓励民间团体和友好城市的交往。（5）赋予双方边境地区以专门的职权，配备资金，以减少跨境事务合作的管理成本；成立跨境合作委员会；边境地区的法律和管理规定将实现协调。（6）双方经济合作的目标是融合为德法经济区；成立经济专家理事会。（7）德法政府会晤机制化并确保至少每年进行一次会晤，至少每个季度都有一名政府成员参加对方的内阁会议。法、德两国希望通过这一条约，在经济、外交和安全等领域加强合作，建立一个强大的、拥有行动力的欧盟核心，为欧洲一体化的稳定和强大提供持久的动力。

　　从欧盟遭遇多重危机的大环境来看，法、德两国签订《亚琛条约》是对欧洲民粹主义主导的去一体化思潮的"强烈回应"，由此强化了欧洲一体化的主流观念。尽管在前所未有的多重危机冲击之下，两国签订这一合作条约的实际成效如何尚有待长期观察，但其所传递的强化传统的法德合作轴心的战略信号仍具有显著的政治宣示价值。一方面，《亚琛条约》的签订，为法德合作轴心的持续性提供了制度性保障。在多重危机特别是英国退欧的冲击之下，法、德两国对欧洲一体化的政策走向具有不可替代的根本动力。从短期来看，朔尔茨政府在基本沿袭默克尔的路线的同时也有具体的新变化，马克龙自2017年第一任期以来就因社会福利制度改革而不断面临着"黄马甲"运动等国内困局，法、德两国能否在新变局之下保持既有的合作轴心，已经成为事关欧盟未来走向的重大变数。因此，法、德两国签订《亚琛条约》免除了政府更迭带给国际合作的波动效应，再度强化了两国合作的制度约束，不啻为欧洲一体化提供了核心保障，不仅能确保欧盟内部的稳定，也能加强欧盟的国际地位。另一方面，法、德两国通过《亚琛条约》实现了欧盟内部大国之间的多重软平衡。正如"欧洲一体化之父"莫内所言，欧洲联合即是各类危机应对方案之总和，而法、德两国合作则是各方利益诉求和既有矛盾之间的平衡杠杆。英国退欧使得欧盟失去了一个在外交和安全事务上具有全球战略眼光且在国际舞台上能够利用军事手段提供安全和价值保护的成员国。具有强实力的核心成员国的退出，不仅使得欧盟的规模和架构受到减损，同时也导致欧洲一体化的地区合作理念受到冲击，一体化组织面临深度解构危机，因而其解决方案急需正面回应一体化规模缩小、理念褪色的问题。而法德合作则通过更紧密、更持久的核心国家合作为政府间主义提供了政治理念补充，一体化组织可以通过稳定合作架构、强化合作功能，或者更新合作模式来消除去一体化危机的影响。

综上所述，英、法、德三国是否会在应对中国"挑战"的问题上延续经由应对伊朗核问题而产生的外交协作，已然成为一个值得持续关注的问题。笔者认为，这一问题可以从如下几个角度进行分析。首先，伊朗核问题与所谓的中国"挑战"并非同类性质的问题。尽管这两类话题在欧盟及其成员国看来都是全球治理范围内的议题，但欧洲也对两类问题的差异有相当的认知。伊朗核问题是围绕核安全而衍生的重大危机，而所谓的中国"挑战"则是欧美国家不能适应中国崛起，更不能适应中国推动国际格局变迁和改革国际秩序而践行的全球安全与发展倡议。英、法、德应对伊朗核危机的外交协同路径或可为欧洲提供解决类似问题的经验，但应对中国崛起，英、法、德三国则必然首先在对华认知领域经历自我适应的变化。其次，英、法、德三国需在对华认知方面寻找更多的共识。英国已然退出欧盟并积极寻求"全球化英国"和依赖英美特殊关系，英国身处欧洲但远离欧盟的政治心态将会更加明显，在英国对华政策中，其合作伙伴的角色选择极有可能是美国优先、法德次之而欧盟居后的位序排列。法、德两国强化双边合作及其对欧洲一体化的支持功能，但两国之间的对华政策及其成因存在一定差异。作为欧盟的第一大经济体，德国未来对华政策的走向受到执政联盟内部博弈、中美战略对抗以及俄乌冲突等诸多因素的影响。德国总理朔尔茨明确表示，未来在对华政策方面，将与法国等欧盟国家以及跨大西洋伙伴进行密切协调。法国虽对中国国力持续增长表示担忧，但法国所期待的法国经济止跌回升、欧洲联合持续发展、俄乌冲突尽快平息、全球治理有序推进等多个议题，均有赖于中国的合作参与。马克龙于 2023 年访问中国，希望在经贸、环保、金融稳定、俄乌冲突、朝鲜半岛局势、伊核协议等问题上得到中方的更多支持。因之，英、法、德三国在对华政策上虽不具备欧盟共同外交政策的框架性支持，但三国之间的对华共识仍会形成欧洲大国对华合作的政治基础，进而在欧盟对华决策中既顾及英国对华的政策考量，也体现法、德两国对华的战略认知。当然也必须认识到，无论在欧盟共同外交层面还是在英、法、德三国外交竞合层面，对华关系都将受到美国的影响，这种欧洲受制于美国的趋势，也正是与当前国际格局转型和中美战略竞争的宏观态势发挥客观作用的结果。

小结与思考

进入 21 世纪以来，中国的国家力量和国际影响迅速攀升。崛起的中国如何影响全球治理是一个更加富有争辩性的话题，对欧盟而言，中国的发展趋势和政策走向，以及欧盟如何构建同中国的关系，已经成为一个日日必谈的重要议题。这一议题的战略地位及其对欧盟内部治理和外部交往各项政策的波及面，堪比其全球盟友美国。欧盟对中国的角色认知和政策应对的影响因素众多，无论政界还是民间，抑或媒体还是商界，庞大的迅速发展的中国是欧盟的重点关注对象，尤其是近年来将中国界定为合作伙伴、竞争对手和系统性挑战，更是充分说明了欧盟决策机制的复杂性和影响因素的多元化，甚至在很大程度上，也说明了欧盟对华认知、决策的流变性。欧洲一体化的根基在于国家间的合作特别是大国之间的战略协同，趋向一体化的欧盟对外关系也依赖于大国之间的观念互动和政策调整。21 世纪以来，欧洲一体化的发展趋势极大地改变了欧洲大国的合作状态，也催生了新的欧盟对华认知和战略观念。英国退出欧盟，把法国、德国和法德联合进一步推向欧洲政治的舞台中央。德国作为"执中之权"的地位更加突出，法国作为欧盟内部唯一世界政治大国的角色和责任感更加沉重，而英国作为身处欧洲但游离于欧盟和美国之间的特殊角色，必然为欧盟的国际环境和外交认知提供更多的新元素。国家身份的变化推动了国家间组织的利益生产和保护机制的变化，经历多重危机冲击之后得以延续并谋求发展新成就的欧盟，其更新的发展成就虽有赖于英国与欧盟新型关系的建构，但更取决于留在欧盟内部的国家特别是法、德两个核心国家的治理贡献。在大国竞争形态发生如此剧烈变化的情况下，欧盟面临着新的发展变数，法、德两国的合作将从根本上决定欧盟的走向。正如有德国学者乌尔里希所指出的那样，"倘若法德核心做不到团结一致，那么一切都可能无从谈起"。①同理，只有法德核心正面、积极地深化对华认知并促进中欧关系发展，欧盟的战略自主才能得以稳固立足。

---

① ［德］乌尔里希·克罗茨、约阿希姆·希尔德：《锻塑欧洲：法国、德国和从〈爱丽舍宫条约〉到 21 世纪政治的嵌入式双边主义》，赵纪周译，中国社会科学出版社 2020 年版，第 8 页。

第八章
全球治理与中欧关系发展前景

经历多重危机之后的欧盟，通过系统性的能力建设而强化其安全保障，通过数字转型和绿色转型而强化其竞争能力。尽管多重危机的阴影犹在，欧盟已经大幅缓解了危机压力并站在了新的发展起跑线上，欧盟仍将是今后世界舞台上一支不可或缺的关键力量，并对全球治理抱有更加长远和丰富的战略愿景。中国是当前推进全球治理的新兴动力来源，正在不断大踏步地走向世界舞台的中央。欧盟与中国构成了全球治理的核心推动力。

第一节　全球治理与欧美对华思维

当前的国际社会，全球问题层出不穷，全球治理的必要性和紧迫性日益突出，诸多风险挑战超越了民族国家的能力和边界。美国是全球唯一的超级大国，其国际理念与政策实践在很大程度上决定着全球治理的成效。作为全球舞台上的中坚力量，欧盟与中国的合作已经构成了全球治理的核心动力，中国与欧盟在维护多边主义、加强全球治理等领域存在广泛共识，在应对气候变化、共同抗击疫情等方面取得了积极成果。在未来的全球治理走向中，欧盟如何看待中国并塑造对华政策，与全球治

理的宏观背景和欧美协调的政治架构有着密切的关系。在全球治理的框架
口认知欧美对中国的政治认知与政策倾向，是了解未来中欧关系的首要
步骤。

自冷战结束以来，欧美国家围绕重塑中美关系和国际安全，其对华
研究认知出现了几次大的波动。继"中国崩溃论"在美国流行之后，
"中国威胁论"更加甚嚣尘上，并从军事领域快速扩展到经济、文化和
环境等诸多领域。欧洲学者马辛·卡兹马斯基（Marcin Kaczmarski）指
出，西方判定"冷战结束之初，中国认为全球治理是由不平等的大国
关系所塑造的西方理念，它所反映的仍是西方的价值观，因此中国拒绝
承认全球治理的合法性"。① 尽管在此期间，中美双方通过对话机制在
事关两国和全球事务的重大问题上进行了富有成效的沟通和交流，双方
对"利益攸关者"角色的共识界定在中美政治沟通与学术交流中产生
了积极的影响，但美国的对华战略性疑虑在 2008 年国际金融危机发生
之后更加深重，美国的对华疑虑不仅愈加盛行，甚至在特朗普执政后变
得更加强悍，全面地控制了欧美国家的对华政治思潮，并形成了欧美关
注中国参与全球治理的思想基础。

在欧美国家对中国崛起存在深重疑虑的形势下，中国崛起通过经济
稳定发展和深度融入国际经济体系得到了强化，特别是对照于欧债危机
以来的欧美经济增长缓慢，中国的发展及其引擎作用更加突出。2010
年中国取代美国成为世界上最大的制造业中心，占据全世界制造业的
18.9%；2013 年取代美国成为世界上最大的贸易体；2015 年国际货币
基金组织吸纳人民币进入"特别提款权篮子"，人民币在其中占比重达
到 10.9%，仅次于美元（41.73%）和欧元（30.93%）；中国公司在占
据 70% 世界贸易量的世界五百强中席位数持续上升。基于中国的稳定
发展与对全球治理的判断，中国持续提升参与全球治理的意愿及能力。
2015 年 10 月，习近平总书记在第二十七次中共中央政治局集体学习会

---

① Marcin Kacamarski，*Russia-China Relations in the Post-Crisis International Order*. Routledge，
2015，p. 135.

议上强调"弘扬共商共建共享的全球治理理念"①，推动全球治理体系向更公正的方向发展。党的十八大报告指出将"加强同世界各国交流合作，推动全球治理机制变革"和"坚持权利和义务相平衡，积极参与全球经济治理"作为中国对外战略的重要指导原则与目标。中国经济的快速发展和国家力量的稳步增强，促使欧美国家在基于并超越"中国威胁论"的语境中来界定中国的角色。部分观点认同中国国家力量的增长强化了中国的国际地位，美国资深外交家傅立民（Chas W. Freeman）曾于2007年在华盛顿中国研究中心发表演讲时指出："我们无法想象，大多数全球问题没有中国的合作或至少默许能够解决。"②与之相对比，也有观点认为，"全球治理的既定起源与本质已经成为普遍共识，而中国综合国力的创纪录增速极大地挑战了这一共识"。③曾任希腊副总理及外交部部长的韦泽洛尼斯（Evangelos Venizelos）指出，中国对西方来说永远是一座神秘的"紫禁城"。中国拥有巨大试验场的桂冠和大规模的工业体系，中国的概念、模式、文化、发展与机制显著有别于西方，但又不断地通过实验而得以推广运用。④可见在欧美国家看来，中国已经成功崛起为具有庞大体量、高强实力、可持续发展的世界力量中心，同时也遵循着有别于欧美的规范和价值。

　　与中国的持续稳定崛起形成对照的是，美欧在全球范围内的战略制定与行动能力普遍下滑。基于这一力量对比变化的客观事实，有欧美舆论认为，中国崛起的意义不仅在于其经济指数级的增速震惊世界，而在于中国对西方特别是美国的主导地位和世界霸权形成了挑战。换言之，"中国崛起不仅终结了冷战结束以来长达三十年的单极世界格局，更挑

---

①　习近平：《论坚持推动构建人类命运共同体》，中央文献出版社2018年版，第261页。

②　［美］傅立民：《有趣的时代：美国应如何处理中美关系》，王伯松、王在亮等译，社会科学文献出版社2018年版，第253页。

③　S. Mahmud Ali, *US-China Strategic Competition towards a New power Equilibrium*, Springer, 2015, p. 190.

④　Georgen Tzogopoulos, *The Miracle of China: the New Symbiosis with the World*, China Social Sciences Press, 2021, p. Viiii.

战了自二战结束以来就由美国主导的全球秩序"。① 意大利学者尼克
拉·卡萨里尼（Nicola Casarini）即认为，"对于华盛顿的诸多人士来
说，中国是对美国全球领导地位和美国所创造并维持的国际自由民主秩
序的最严峻挑战"。② 相应地，欧美政界也有观念认为，中国的崛起改
变了既有的大国力量平衡格局，特别是当"美国受到威胁，就会导致
世界秩序被打乱"。③

　　值得注意的是，欧美对华认知往往通过将中国与其他国家力量联系
比较而展开对中国角色变化的分析。尽管主流欧美学者将中美欧视为全
球治理的三大主体，但也有部分学者从国际秩序的角度出发，将中国、
美国与俄罗斯界定为塑造和改变国际格局的三大力量，并清晰地将中国
与俄罗斯划分为一个群体，唯角色因时而异而已。美国国防部智库的皮
尔斯（Dexx Pierce）从全球竞争的角度出发，一方面认为美国、中国与
俄罗斯是能够胜任全球竞争的三大角色，另一方面也强调俄罗斯不能在
宏观经济层面与中、美两国展开对等竞争。皮尔斯特别指出，在一定程
度上，中国与俄罗斯互换了角色。冷战结束之初，俄罗斯谋求于制衡欧
美，而中国则寻求在欧美与俄罗斯之间开展调停；随着经济实力持续提
升，中国不断创新其独立的外交主张，俄罗斯则似乎成为中国的"传
声筒"。④ 卡兹马斯基则指出，中国希望通过融入国际经济体系以实现对
全球经济治理的参与，而俄罗斯则希望强化并维持自身的政治影响力。⑤

　　① Abdul Razak Baginda, *The Global Rise of China and Asia: Impact and Regional Response*, Palgrave, 2022, p. 2.

　　② Nicola Casarini, "A European strategic 'third way?' The European Union between the traditional transatlantic alliance and the pull of the Chinese market", *China International Strategy Review*, No. 4, 2022, pp. 91 – 107.

　　③ Denise De Buck, Madeleine O Hosli, "Traditional Theories of International Relations", in Madeleine O Hosli, Joren Selleslaghs, *The Changing Global Order: Challenges and Prospects*, Springer, 2020, p. 9.

　　④ Dexx Pierce, "Defining Great Power Competition", in Adib Rarhadi Anthony, J. Masys, eds., *The Great Power Competition Volume* 1: *Regional Perspectives on Peace and Security*, Springer, 2021, p. 256.

　　⑤ Marcin Kaczmarski, *Russia-China Relations in the Post-Crisis International Order*, Routledge, 2015, pp. 139 – 144.

欧美国家对中国参与全球治理的角色认知存在多种声音，其中不乏理性而客观的分析。约翰·伊肯伯里（G. John Ikenberry）认为："自由国际秩序能够经受中国力量上升的冲击，（因为）现有制度对中国崛起构成了制约和影响。"① 欧洲学者马修·毕夏普（Matthew Bishop）也认为，尽管中国的国家治理具有丰富的经验和创新能力，但中国发展与世界经济相互依赖模式紧密关联。2008 年国际金融危机的冲击不断蔓延并导致世界陷入新的危机，一方面美国日益变得多疑且好战，另一方面中国客观上面临着多重压力，且必须在各项压力之间寻求平衡。比如，中国必须在自由贸易与保护主义之间、中国持续崛起的安全效应与美国相对衰落之间寻求平衡。中国应对挑战的路径选择不仅关系到中国能否化解难题，更关系到后危机时代的全球稳定与未来。② 中国崛起不会挑战现有国际秩序，中国构建人类命运共同体的外交实践有助于推进全球治理，所以美国应欢迎中国在国际体系中发挥建设性作用。

崛起的中国如果不挑战现有国际秩序，那又如何参与并推动全球治理的变革？卡内基国际和平基金会研究员方艾文（Evan A. Feigenbaum）的判断认为，"由于中国军事、经济和金融实力的增长，中国不可能全面接受将当今通行的全球制度、规则、标准及规范，而将会在其规模、分量及其对自身利益的认知的驱使之下期待并推动全球治理制度的转变，甚至中国将试图改变某些国际制度的运行规则"。③ 那么，中国将如何改变国际制度呢？哥伦比亚大学黎友安（Andrew J. Nathan）与兰德公司施道安（Andrew Scobell）通过研究指出，中国认为自身若受限

---

① G. John Ikenberry, "The rise of China, the United States and the Future of the Liberal International Order", in David Shambaugh, ed., *Tangled titans: the United States and China*, Rowman & Littlefield Publishers, 2013, p. 55.

② Mathew Bishop, "China crisis?", in Colin Hay and Tom Hunt, eds., *The Coming Crisis*, Palgrave, 2018, pp. 106 – 110.

③ Evan A Feigenbaum, "Reluctant stakeholder, Why China's Highly Strategic Brand of Revisionism is More Challenging than Washington Thinks", https://macropolo.org/reluctant-stakeholder-chinas-highly-strategic-brand-revisionism-challenging-washington-thinks/.

于其他国际行为体所制定规则，就会成为二等国际角色；因此，中国积极寻求平等的国际地位，更不会在国际体系中因二等角色定位所限而被迫接受选择性的国际合作。① 在从发展中国家到全球大国的角色转换过程中，部分欧美学者强调中国将借助于全球治理的机制平台来谋求平等的国际地位。他们认为，中国不希望通过加入八国集团这样的旧的国际体制来体现自身的全球影响能力，而是通过二十国集团和金砖国家组织来发出相应的声音。值得注意的是，中国对新机制平台的影响是有"克制"的。具体来说，尽管中国由于自身的强大经济实力而在二十国集团和金砖国家组织中均被赋予了关键的主导者和组织者角色，但实际上中国对两个组织的战略本意是参与而不是主导，特别是相比于印度和巴西，中国更愿意通过这两个组织来协调发达国家与发展中国家之间的关系。至于前面所述的欧美国家习惯性地将中俄进行"捆绑式"评价的趋势，美国学者斯蒂芬·G. 布鲁克斯（Stephen G. Brooks）和威廉·C. 沃尔福思（William C. Wohlforth）则指出，"在某些方面，俄罗斯与中国的战略伙伴关系看上去构成了威胁均衡理论的最强依据……不过归根到底，遏制美国在中俄伙伴关系中充其量只扮演了一个边缘角色……虽然俄罗斯和中国领导人定期把他们的外交合作关系描述为寻求多极世界的表现，但鲜有证据表明遏制美国是它背后的动力"。② 但也有观点认为，中国并无理由来打破当前的全球治理体系，因为即使中国变为全球最大的经济体，中国的繁荣富足也势必依赖于其地区和全球竞争者的繁荣富足。也正是在这个意义上，欧洲学者强调，"美国应该通过非威胁性举措来制定清晰的政策界限而与中国接触，进而接受这种新的大国力量平衡"。③

---

① Andrew J. Nathan, Andrew Scobell, "How China sees America: the sum of Beijing's fears", *Foreign Affairs*, Vol. 91, No. 5, 2012, pp. 32 – 47.

② ［美］斯蒂芬·G. 布鲁克斯、威廉·C. 沃尔福思：《失衡的世界：国际关系和美国首要地位的冲击》，潘妮妮译，上海人民出版社 2021 年版，第 71 页。

③ Andrew J. Nathan, Andrew Scobell, "How China sees America: the Sum of Beijing's fears", *Foreign Affairs*, No. 5, Vol. 91, 2012, pp. 32 – 47.

　　在明确中国将借助全球治理新平台而寻求平等国际地位的路径选择的基础上，欧美国家的对华研究正尝试对影响路径选择的政治价值做出分析。从现有分析来看，这种政治价值体现在两个层面，第一，有选择地参与全球治理；第二，有选择地对待美国与欧盟。有学者认为，中国并不认可美国试图主导国际规则且超越权力边界去控制世界的当前现实，所以中国"猜忌性地"捍卫国家主权与领土完整原则，拒绝接受自由与民主的政治价值。① 在总体上强调中国与美国之间全球治理观念相左的同时，部分学者认为中国的欧洲政策也遵循选择性路线。法国学者巴特（Bart M. J. Szewczyk）认为，中国在贸易和市场经济方面与欧洲观念相容，但对欧洲强调民主、人权、法治政策则持相左意见。比如，中国对世贸组织、世界银行和国际货币基金组织持有积极态度，但在涉疆、涉港、涉藏等人权问题上则划出明确的政治红线。巴特由此进一步认为中国采用选择性态度和方式对待全球秩序。②

　　在认定中国积极推进全球经济治理但回避参与全球政治治理的过程中，欧美某些国家戴着有色眼镜将批判目光聚焦于"一带一路"倡议，认为中国挑战了全球治理秩序。大体来说，这些观点有如下三类表述。第一，将"一带一路"倡议视为中国的"马歇尔计划"，认为其目的在于确立中国的势力范围；亚投行的机制与国际货币基金组织和世界银行相近，但却不具备相应的政治评价标准，因而"一带一路"倡议是中国试图用来取代或并行于既有国际机制的战略选择。③ 甚至有欧洲智库认为意大利、葡萄牙、卢森堡等部分欧盟国家与中国签订"一带一路"倡议备忘录，说明欧盟国家对中国缺乏一致的外交立场，言下之意认为

　　① Bresiin Shaun, Silvia menegazzi, "The Chinese Perspective on Global Order", in S. Fabbrini Abington, *Still a Western World? Continuity and Change in Global Order*, Routledge, 2017, pp. 71 – 84.

　　② Bart M. J. Szewczyk, *Europe's Grand Strategy: Navigating a New World Order*, Palgrave, 2021, p. 128.

　　③ James F. Paradise, "The Role of Parallel Regimes in China's Growing Participation in Global Economic Governance", *Journal of Chinese Political Science*, Vol. 21, No. 2, 2016, pp. 149 – 175.

"一带一路"加大了欧盟内部的分歧。① 第二，部分观点将中国"一带一路"倡议视为"债务陷阱"。"债务陷阱论"自 2015 年中国投资建设科伦坡港市政项目后开始发酵，2017 年印度籍评论家布拉马·切拉尼（Brahma Chellaney）认为"一带一路"倡议拖累更多国家跌入"债务陷阱"。在由此激起的对华质疑浪潮中，美国《外交》杂志于 2018 年发文指责中国对斯里兰卡投资设置了巨大限制并导致斯里兰卡背负债务包袱。然而，事实证明，所谓"债务陷阱论"只是那些不希望看到中国同发展中国家合作加快的势力制造出来的"话语陷阱"。第三，强调中国崛起对世界产业链产生冲击。中国制造业在 2008 年国际金融危机之后发展迅速并于 2010 年取代美国成为世界第一制造业强国，引发了欧美学者对中国经济与社会治理标准的关注。有观点认为，中国的迅速发展可能会对诸多发展中国家的环境和劳动力带来不利影响；中国和印度等崛起型经济体的产能大幅增加，市场终端对制成品和中间产品的需求将从北方转移至南方，势必对出口导向的发展中国家经济和社会治理产生负面影响。从"一带一路"倡议的角度来看，欧美国家始终有声音认为中国崛起将在金融、反腐败、环境保护、劳动力等方面削弱现行国际体制，但也有不同观点强调多个世界多边金融机构和国际组织均认可和支持"一带一路"倡议，批驳上述观点与客观现实相背离。总体来说，欧美国家对中国全球治理观的分析主要体现为警惕和防御，将冲突视为世界万物之间的关系本质和世界发展动力，这几乎成为西方思想界的一种基本思维方式。②

从角色界定到行为认知，欧美国家对中国全球治理观的分析已然产生了多样化甚至是相互矛盾的判断，但与此同时，总体上欧美观念已自觉或不自觉地体现出了共同的价值追求，即在界定中国之全球治理观念和角色的同时，为应对国际格局变化特别是应对中国崛起的挑战而提供

---

① Businesseueope, *The EU and China Addressing the Systemic Challenge*, http：//www/businesseurope. eu. January 2021, p. 39.

② 秦亚青：《全球治理：多元世界的秩序重建》，世界知识出版社 2019 年版，第 120 页。

政策建议。

卡耐基国际和平研究所资深研究员米歇尔·史文（Michael D. Swaine）是美国新一代的中国问题专家，他强调评估中国与现有全球治理体系之间的关系，必须对中国涉及"自由国际秩序"的重要政策进行近距离的考察，由此史文对中国的全球治理观做了六点总结：第一，改革全球治理体系需确立并强化国际秩序中的正义、平等、自由与民主原则，需通过提升国际法、负责监管与实施国际法的国际组织的地位和效力来实现上述原则；第二，更加积极地推动国际治理体系的变革，以纠正不公正、不合理的国际制度，同时解决包括经济、健康和非传统安全在内的各类全球治理问题；第三，积极保护和提升发展中国家在国际秩序中的地位和权益，发达国家采取的不公正、不民主、不平等国际政策损害了发展中国家的权益，中国将在现行国际秩序中为维护和提升发展中国家权益而发挥积极作用；第四，国家主权平等是国际秩序的核心与全球治理的基石，国家主权是所有国家在国内事务中维护领土完整、免予外部干扰、自行选择社会体制及发展道路的根本权力，国家主权也是推行改革——特别对发展中国家而言——的根本权力来源；第五，国际关系中国家主权的核心原则，应在包括互联网在内的国家行为领域得到积极体现；第六，全球治理体系必须致力于提升与拓展开放的经济体系，应推动全球治理体系保障所有国家的持续经济增长、抵制保护主义并提升国家间合作水平。①

如前文所述，以竞争和对抗为基础特征的中美关系研究占据了欧美对华认知的主体议程，而中欧关系的未来走向似乎成为被"遗忘的角落"。实际上，中国与欧盟是美国单边主义盛行之下对全球治理支持度最大的两个行为体，中欧之间如何协调双边关系也是近年来欧洲的关注重点。巴特认为，马克龙等欧洲领导人的对华战略不恰当地采用了 19 世纪的平衡战略模式，而不是更具有实用性的冷战模式；平衡战略曾在

_____

① Michael D. Swaine, *Chinese Views on Global Governance since 2008-9：Not Much New*, https：//carnegieendowment. org/publications/？fa＝62697.

19 世纪的国际关系中产生了相应的效果，因为各大国之间均为君主体制国家，各民族国家可选择与法国、德国或奥地利等国联盟。而冷战期间美苏之间的格局平衡建立于各自同盟内部的战略一致基础之上，并非在西方盟友内部寻求平衡。在欧洲看来，中国崛起所引发的挑战与苏联威胁类似，但决不能将其混同于欧洲内部的任一力量，因此欧美应该立足于同盟体系来制定对华战略，而不应寄希望于摇摆不定的力量平衡战略。①

　　有欧洲学者认为，欧美国家应对中国崛起的策略选择，应建立在对中国行为逻辑充分了解的基础上。依据中国的外交战略基础可以判定，中国有充分的、多样化的路径选择，而武力冲突是其中最不可能的一种路径。因此，欧美国家也应在对华策略上强调和平路径，而不是诉诸冲突。在希腊学者乔治·佐戈普鲁斯（George N. Tzogopoulos）看来，坚持多边主义和维持联合国的核心枢纽作用一直是中国外交秉持的关键理念。中国并不单一地依赖于外部行为体来实现其外交哲学，而是通过共建和分享其外交理念框架来寻求共识。② 但是，尽管存在建议欧美国家理性对待中国崛起和全球治理影响的呼声，21 世纪以来，欧美国家对华警惕和遏制的观念却越来越突出。很显然，当欧美国家与社会呈现出对国际格局与全球社会之变迁的不适应时，其政治反应与思想波动亦会传导至欧美政界、学界乃至民间，并因之而出现负面认知多于正面评价、消极声音强于理性研判的对华政治思潮。也正因为如此，不少学者对欧美国家关于中国的思维动向表示出极大的忧虑，例如美国学者傅立民曾告诫："在 21 世纪，对于包括我们美国在内的后工业化世界而言，中国及其邻国将要在越来越多的有人类努力创造财富的领域内，恢复亚洲的领导地位。尽管这样做会面临诸多挑战，但我们有充足的理由去设法了解中国和其他亚洲国家的本来面目——它并不像我们的政治人士和

　　① Bart M. J. Szewczyk, *Europe's grand strategy navigating a new world order*, Palgrave, 2021, pp. 201 – 202.

　　② George N. Tzogopoulos, *The miracle of China: the new symbiosis with the world*, China Social Sciences Press, 2021, p. 125.

权威专家们所描述的那样。"①

　　作为本书力图阐明的国际角色，欧盟对全球治理的观察和认知源于其自身的能力变化。欧盟所遭遇的多重危机，不仅被视为全球治理乱象对欧盟的考验，更被理解为欧盟之全球治理能力的弱化和不足。而在欧盟面对困境的战略反思中，中国被视为全球治理的参与者，同时也被视为对基于规则而建立的全球体系的破坏者。与此同时，美国也被欧盟视为一个更加具象的伙伴，即美国是一个战略观虽有差异但价值理念仍然同一、可信度虽有下降但基础犹存的合作伙伴。因此，欧盟当前应对全球治理之挑战的基本选择是，在保持并不断修订和增强既有全球治理体系的同时，同盟友美国展开合作特别是针对中国展开新一轮的协同外交，这一战略选择突出地体现为近年来的欧美涉华对话。

　　受限于"美主欧从"的大西洋关系模式，欧美涉华对话也在客观上存在着美国对欧盟战略自主诉求的限制。拜登政府试图通过重建价值观同盟来巩固大西洋合作关系，于2021年初发布的《临时国家安全战略指南》强调"（西方民主）的模型不是历史遗留物"。不过，追求民主同盟虽然属于欧盟的价值观外交目标，但绝非其首要外交目标。② 更重要的是，欧盟能否成为美国的平等合作伙伴，关键在于其是否拥有自主制定并实现其意志的能力。③ 欧盟视中国为推进全球治理的合作伙伴，中欧双方在和平解决全球冲突、减缓气候变化、确保可持续发展、粮食和能源安全、维护核不扩散和社会正义方面有着显著的共同利益；随着欧亚之间联通增强，中欧也共同期待未来的双边关系能得以提升到更高的水平；中国与欧盟共同坚持和捍卫以联合国及世贸组织为核心的多边主义并取得了不俗的成就。虽然中欧价值观存在分歧，但中欧关系

　　① ［美］傅立民：《有趣的时代：美国应如何处理中美关系》，王柏松、王在亮译，社会科学文献出版社2018年版，第255页。
　　② EEAS, *Marking 45 years of EU-China Diplomatic Relations in a Time of Global Crisis*, 06/05/2020, https：//eeas. europa. eu/headquarters/headquarters-homepage/78510/marking-45-years-eu-china-diplomatic-relations-time-global-crisis_ en.
　　③ Jim Cloos, *A New Start for EU-US Relations*?, https：//www. egmontinstitute. be/a-new-start-for-eu-us-relations/.

的成熟度可以确保双方对相关问题进行坦率讨论。自新冠疫情暴发并对世界经济产生强烈冲击以来，基于中欧在全球多边治理中的实践，欧盟认为"世界最迫切的要务是抗击疫情，而推动世界范围的经济复苏则是紧随其后的关键步骤。促进贸易增长则是推动经济复苏的最佳路径，作为世界关键力量的中国与欧盟应该在促进贸易增长方面开展积极合作"。① 可以预见，在欧盟趋于务实的外交思路和追求战略自主的发展观念引导下，拜登政府以价值观为准绳的欧美同盟外交难以迅速奏效，但也不可避免地对欧盟的战略自主形成限制。

欧美国家在全球治理、国际安全和大国博弈等领域拥有多重沟通机制，这些沟通机制与新启动的欧美涉华对话相互嵌套，构成了以欧美涉华对话为内核，以若干多边沟通为外围的复合政策协同机制，在全球社会中为欧美利益提供了保障。从近年来的欧美沟通平台看，参与欧美政策协同的外围机制包括欧美峰会、慕尼黑安全会议、北大西洋公约组织和七国集团。

欧美峰会是大西洋关系的最高沟通形式，为欧美涉华对话提供基本议程和话题指向。2021 年 6 月的欧美峰会话题聚焦中国，以陈旧过时的冷战零和思维与集团政治论调为指引，在涉港、涉疆、涉藏等问题上发表言论，因而构成欧美涉华对话的权力话语来源。峰会后发表的《迈向新的跨大西洋伙伴关系》联合声明，强调"（欧美）将就所有问题在多个领域内进行密切磋商和合作"，并将涉华对话目标界定为"重建跨大西洋伙伴关系，为后大流行时代制定一个跨大西洋联合议程"。七国集团通过其特殊的成员结构，使得欧美涉华对话在欧美峰会的基础上进一步实现了大国沟通的目的，并进而在一定程度上利用同加拿大、日本的沟通而形成西方大国涉华立场协调平台。与欧美重启涉华对话的进程相同步，以至于七国集团在与中国相关问题上的立场愈加集中而强

---

① EEAS, "Marking 45 years of EU-China diplomatic relations in a time of global crisis", May 5, 2020, https：//eeas. europa. eu/headquarters/headquarters-homepage/78510/marking-45-years-eu-china-diplomatic-relations-time-global-crisis_ en.

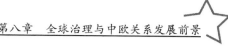

硬。2021 年 6 月七国集团峰会重申，需要维持基于包容和法治的印度太平洋地区的自由和开放的重要性，并强调台湾海峡和平与稳定的重要性，鼓励和平解决台海问题，声称"反对任何单方面改变现状和增加紧张局面的企图"。在拜登政府推进世界"民主峰会"的外交进程中，博雷利于 2021 年 12 月七国集团峰会期间宣称七国集团是世界最大民主国家的峰会，认为中国构成对世界的战略和意识形态挑战，而南海的航行自由问题是关系到欧盟能源安全的重要议题。①

近年来，作为欧美各国重点关注的全球安全对话机制，慕尼黑安全会议日益重视欧美合作、中国崛起等各类议题，进而成为塑造欧美安全认知及对华决策的多边场所。自 2020 年慕尼黑安全会议以"西方的缺失"为主题激发欧美安全忧虑以来，欧美之间的安全依赖意识显著增强。拜登在 2021 年慕尼黑安全会议上强调"同中国的竞争将非常激烈"，也呼吁欧美"必须共同为对华长期战略竞争做好准备"。② 2021年 6 月慕尼黑安全会议发布的慕尼黑安全指数（MSI）和《慕尼黑安全报告》显示，世界主要国家民众对中国科技竞争能力的关注度上升，在包括美、英、法、德、意、日等在内的全球 11 个主要国家中，平均超过 50% 的人认为中国会在未来 50 年内引领全球科技发展。慕尼黑安全会议着重强调中国综合国力提升特别是科技实力提升的同时，也着力渲染欧美对华政策的危机感，上述的《慕尼黑安全报告》明确指出，"尽管多个国家对中国的认知日益趋同，但在应对中国影响的最佳路径方面仍缺乏共识……因此如何应对中国崛起已经成为跨大西洋战略需要

---

① EEAS, "G7: Press remarks by High Representative Josep Borrell following the meeting of Foreign and Development ministers", https：//eeas. europa. eu/headquarters/headquarters-homepage/108774/g7-press-remarks-high-representative-josep-borrell-following-meeting-foreign-and-development _ en.

② White House, "Remarks by President Biden at the 2021 Virtual Munich Security Conference", https：//www. whitehouse. gov/briefing-room/speeches-remarks/2021/02/19/remarks-by-president-biden-at-the-2021-virtual-munich-security-conference/.

面对的显著挑战"。①

　　作为全球最大的政治军事组织，北约是欧美之间巩固价值同盟和维护西方安全的核心平台。近年来在美国高度战略警惕的推动下，北约也将中国崛起作为重要的安全议程，特别是自 2019 年以来，通过发布年度报告等形式，强调中国崛起对北约致力于维护的自由主义国际秩序形成了挑战。新冠疫情暴发以来，北约及其成员国为转移"抗疫不力"的舆论压力，将中国、俄罗斯列为虚假信息的传播源，认定中、俄两国向欧洲出口医疗用品或提供援助具有拉拢相关国家、分化欧美合作的敌视意图。② 2020 年底发布的《北约 2030 倡议》认为，中国崛起从根本上改变了国际力量平衡，北约迫切需要更新其战略概念；尽管未来十年内俄罗斯仍将是北约的主要对手，但北约也必须更加认真地思考如何应对中国及其军事崛起。③ 与此同时，北约认为俄罗斯所构成的威胁虽客观存在却并非一触即发；④ 但是，中俄合作却会"令北约及其成员面临严重后果"。⑤ 2021 年 6 月北约峰会发布的公报认为"中国正在快速扩张核军备，在军事现代化进程中信息'不透明'……中国的战略意志和外交行动对现有国际秩序、北约安全及相关领域构成了系统性挑战"。⑥ 作为跨大西洋价值联盟的北约强化了自 2010 年以来对华战略的转型，进一步将其锻造为巩固欧美安全的国际机制枢纽。正如时任北约

---

① Munich Security Report 2021, "Between States of Matter Competition and Cooperation", p. 19, https：//securityconference. org/en/publications/munich-security-report-2021/.

② NATO, "NATO's Approach to Countering Disinformation-A Focus on Covid-19", https：//www. nato. int/cps/en/natohq/177273. htm. See also, https：//securityconference. org/en/publications/munich-security-report-2021/.

③ NATO, "NATO 2030", June 2021, https：//www. nato. int/nato_ static_ fl2014/assets/pdf/2021/6/pdf/2106-factsheet-nato2030-en. pdf. https：//securityconference. org/en/publications/munich-security-report-2021/.

④ USNI News, "COVID-19 Pandemic Changing How NATO Thinks of Global Security", https：//securityconference. org/en/publications/munich-security-report-2021/.

⑤ Nicolai S. Mladenov, China's Rise to Power in the Global Order, Palgrave Macmillan, 2021, p. 257.

⑥ Brussels Summit Communiqué, https：//www. nato. int/cps/en/natohq/news _ 185000. htm? selectedLocale = en.

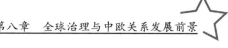

秘书长斯托尔滕贝格所言,"欧洲—大西洋地区所处的和平状态已经进入了系统竞争的时代,北约需要发展更强大的军事力量、社会复原力与全球视角来应对"。① 结合北约近年来的扩张趋势,尤其是从其《北约2030 倡议》的战略指向来判断,应对中国崛起也逐渐成为北约下一轮战略转型和扩大的重要依据,鉴于中国在世界经济中的重要分量,其与全球各国经济的相互依存度,北约将不再以欧洲和北美为中心,而是朝着全球化的方向,与日本、韩国、澳大利亚、新西兰等国通过多种灵活方式协调合作,共同应对中国崛起带来的所谓"挑战"。② 源自北约的对华遏制压力,将成为欧盟对华政策的显著外力,持续干扰中欧关系的正常化进程。

2020 年重启的欧美涉华对话,在机制设计上突破了 2005 年第一轮涉华对话的单维结构,结合此后欧美双方的政治发展轨迹及国际环境变化,依托于欧美峰会、七国集团峰会、慕尼黑安全会议和北约形成了多维式的大西洋沟通机制。虽然这一机制的发展过程伴随着欧美利益分歧的客观趋势,特别是特朗普执政对欧美盟友关系的剧烈冲击和大西洋价值同盟的否定,但这一机制客观上仍存在着延续能力。这一能力首先源于美国自奥巴马政府以来对华战略竞争思维的持续升级。2010 年《美国国家安全战略》指出,"在 21 世纪之初,美国的国家安全面临着一系列广泛而复杂的挑战。正如美国决定了 20 世纪的进程一样,我们现在必须重塑美国实力和影响力,并塑造一个能够战胜 21 世纪挑战的国际秩序"。该战略宣布"美国将以一种务实态度处理与中国等新兴大国的关系,避免出现零和博弈"。③ 但此后,美国一改避免对华零和博弈的战略思路,逐渐加大对中国的疑虑和警惕,特别是特朗普政府借助民

① NATO, "Speech by NATO Secretary General Jens Stoltenberg at the first Strategic Concept seminar: Deterrence and Defence in the XXI century", https://www. nato. int/cps/en/natohq/opinions_ 190200. htm? selectedLocale = en.

② 郭籽实、洪邮生:《北约新一轮变革趋势与影响:"北约 2030"改革报告评析》,《太平洋学报》2021 年第 11 期。

③ White House, National Security strategy of the United States, May 2010, https://obamawhitehouse. archives. gov/sites/default/files/rss_ viewer/national_ security_ strategy. pdf.

粹主义和极右势力，大幅超越奥巴马政府形成的"亚太再平衡"对华政策格局，通过 2017 年《美国国家安全战略》将中国与俄罗斯界定为美国国家安全面临的主要威胁，就此展开对华全面竞争。拜登执政后颁布的 2021 年《临时国家安全战略指南》延续了特朗普政府的对华竞争基调，认为美国必须做好准备以"应对北京的挑战"。① 2022 年 10 月美国发布《美国国家安全战略报告》，更加明确地宣称中国为"未来十年的主要竞争对手"。从拜登执政的实践来看，美国的疑华、仇华思潮仍在大肆蔓延，通过打压中国来化解国内政治压力的竞争思维，已经成为拜登政府稳定政治领导的不二选择。美国将联合欧洲盟友以对抗中国作为其稳定国内政局的重要工具，欧盟成为美国"万事皆为遏华"棋局中的工具，这将对欧盟战略自主、中国的和平发展和国际社会的合作进步产生显而易见的破坏作用。

推动欧美涉华对话机制发展的动力还来自欧盟的战略自主诉求意愿。在中美居于两端而形成的全面竞争的宏观形势中，欧盟的战略认知和政策走向将是有限塑造和改变国际格局的重要变量，第二轮欧美涉华对话筹备过程也因此在一定程度上呈现出美国向欧洲话语倡议靠拢的特性。2005 年时任美国副国务卿佐立克将中国界定为"利益攸关方"，这一中美关系模式界定既为美国各界以及中国方面认可，也影响并塑造了此后的欧盟涉华政策观念。在此后的历次中欧双边接触中，欧盟均将中国视为利益攸关方。② 2019 年 3 月欧盟发表的对华政策文件将中国定义为合作伙伴、竞争者和制度性对手，2020 年重启欧美涉华对话之后，欧盟进一步提升了对华政策的政治竞争属性。2021 年 12 月欧美涉华对话期间，欧盟对外行动秘书长桑尼诺（Stefano Sannino）和美国副国务

---

① CRS，*The Interim National Security Strategic Guidance*，https：//crsreports. congress. gov/product/pdf/IF/IF11798.

② 2006 年 7 月 11 日，中华人民共和国国家发展和改革委员会与欧盟委员会企业和工业总司第三次工业政策对话期间，欧盟官员就称"欧盟委员会将利益攸关方（即中国）考虑在内"。2006 年 9 月，时任中国国务院总理温家宝赴欧参加第 9 次中欧领导人会晤，欧盟欢迎中国作为国际体系中的重要利益攸关方在国际事务中发挥的积极作用，支持中国走和平发展道路。

卿谢尔曼（Wendy Sherman）就表示，"未来可能会考虑和中国合作，在共同领域一同发展，肩负管控竞争和制度性对手关系的责任"。对照 2005 年的首轮涉华对话，新一轮欧美涉华对话在互动机制方面明显因应了外部环境变迁。这种因应首先体现在欧美之间话语导向呈现出了显著的双向流动。欧盟主导的对华战略观念在一定程度上影响了欧美的对华竞争意识，欧盟在大西洋关系中的话语权相对上升了，虽然这一变化并不足以改变当前大西洋关系中"美主欧从"的权力位序，但对今后的欧美涉华对话机制能效有不可忽视的影响。

尽管欧美涉华对话机制存在若干限制，但基于双方为应对国际格局变化而衍生的双边合作需求和对华竞争诉求，这一对话机制仍具有持续的政治动能。截至 2022 年底，通过两年有余共计四个轮次的欧美涉华对话的筹备和实施，特别是从关键的"第三方"欧盟来看，这一轮欧美涉华对话呈现出两个明显的基本趋势。

趋势之一，欧盟寻求战略自主的诉求和实际成效将有所增强。在经历美国窃听欧洲盟友、从阿富汗仓促撤军、组建 AUKUS 抢走法国潜艇出口订单等一系列事件后，欧洲对美国的政治信任赤字仍持续存在，欧盟战略自主意愿进一步增强。马克龙在 2021 年慕尼黑安全会议上强调，欧盟不能过度依赖美国，而应积极寻求欧洲的战略自主；2022 年 1 月起为期半年，法国担任欧盟轮值主席国，马克龙表示法国轮值期间的目标是通过强化欧盟内部合作，巩固欧洲的国际地位，确保欧盟拥有充分主权和决策自由并掌握自己的命运。中国认为欧洲是维护多边主义、反对保护主义、支持国际合作和自由贸易的重要力量，也是多极化进程中的重要力量。自欧洲一体化进程启动以来，中国均坚持、支持欧洲一体化和欧盟在国际事务中的作用。与中国对欧政策相比较，美国外交对欧盟的安全环境产生了严重冲击，尤其是特朗普政府不仅支持英国退出欧盟，更鼓动法国、意大利等国也效仿英国，使得欧盟对美国的疑虑和恐惧进一步增加。拜登执政后宣布将修复欧美关系和跨大西洋价值联盟，但特朗普政府的负面外交遗产远超拜登的修复能力。建立强大的欧美对华政策合作固然重要，但也只是美国重建欧美互信关系的繁杂且漫长的外交议程的一个部分。① 欧盟希望同美国实现全面而稳定的合作，但并非不惜一切代价的合作，② 而只能是保持一定距离的外交协同。从重启欧美涉华对话的角度来看，美国对欧盟的需求远大于欧盟对美国的需求，这在一定程度上为欧盟坚持其战略自主提供了有效的保障。

趋势之二，欧美涉华对话将逐渐凸显求同存异模式。拜登政府上台后，迅速采取了许多与欧洲和解、团结的步骤，以此来缓解欧盟的对美战略焦虑和修复被破坏的欧美关系。当然，尽管拜登政府的亲欧立场明确且承诺良多，但其实践成效仍有待观察。实际上欧盟也对美国修复欧美关系的诚意和成效持有保留意见。从整体的趋势来看，欧美涉华对话在可预见的时期内，将通过"求同存异"来维护欧美对华的立场协调。一方面，欧美双方均清晰地认识到双边观念中的差异。比如在举行2021 年第二轮涉华对话之际，美国国家安全委员会中国事务高级主任罗森博格（Laura Rosenberger）坦言，"现实是我们永远无法百分百地与盟友在所有事务上趋于一致。我们与最亲密的盟友都有分歧是很正常的，我认为关键是，在我们的分歧上尽量协调，彼此理解，管控分歧"。③ 此外，如前所述，尽管 2021 年七国集团谈判暂时缓解了欧美之间的数字税收摩擦，但并未从实质上解决根本问题，即欧盟虽同意美国提出的全球最低企业税率协议，但并未最终放弃对美国互联网巨头征收数字税的根本需求，且全球企业最低税率征收预期并不能满足欧盟的数字企业税收和经济复苏的整体税源需求。在竞争激烈的数字技术及贸易

---

① Paul Gewirtz, Ryan Hass, Susan Thornton, Robert Williams, Craig Allen, David Dollar, *A Roadmap for U. S. -Europe Cooperation on China*, February 2021, Yale Law School Paul Tsai China Center, p. 2.

② Steven Blockmans, *EU-US Relations: Reinventing the Transatlantic Agenda*, ZBW-Leibniz Information Centre for Economics, Intereconomics 2021, DOI: 10. 1007/s10272-021-0943-3.

③ US and European allies must "maximise alignment" to confront China, White House official says, https://www. scmp. com/news/china/diplomacy/article/3138676/us-and-european-allies-must-maximise-alignment-confront-china. https://securityconference. org/en/publications/munich-security-report-2021/.

竞争领域，欧美之间的相互妥协不足以确保大西洋关系对其他关键行为体的竞争优势，更无法确保当前大西洋关系模式的长久持续。

欧盟倡议重启欧美涉华对话，更多的是在围绕中国而衍生的系列国际要务中为欧盟利益寻找平衡，欧盟的战略目的在于确保自身对华交流中的利益和立场，远非美国所期望的"小院高墙"式的对华全面遏制。美国寻求通过盟友协同的方式而实现对华技术和经济脱钩，虽然在短期内会有助于美国减缓来自中国的挑战，但从长期来看，这一竞争势必会对美国的全球影响力造成冲击。① 随着美国全球影响力的进一步减弱，欧美涉华对话的动力来源和运作机制也将产生新的变化。正如有学者所言，美国对欧洲的主导优势虽然总体上得以维持，但无疑正在逐步削弱，至少无法体现为全方位和全领域，跨大西洋关系的连接纽带日渐松弛的倾向难以得到根本性逆转。②

第二节　欧盟对华决策的总趋势

当前欧盟仍处于国际金融危机和欧债危机余波的冲击之下，全欧范围内恐怖袭击频仍、周边国家动荡不安并导致难民危机不断。从欧盟组织架构上来看，英国退欧导致欧盟的规模和制度在一定程度上被迫逆向发展；从欧盟发展理念来看，民粹主义和极端主义抬头且贸易保护主义高企，欧洲一体化所致力于追求的多边主义和地区合作主义均受到阻遏。处于中流击水、不进则退之关键阶段的欧盟，既需消除多重危机的成因和冲击，更需通过具有适应性和前瞻性的发展战略来打造更强的竞争能力，这种全方位的欧盟治理形态锻造了欧盟对外关系和对华决策的新特征。

---

① Gui Yongtao, "Moving toward decoupling and collective resilience? Assessing US and Japan's economic statecraft against China", *China International Strategy Review*, Vol. 4, Springer, March 2022.

② 唐永胜：《中美欧三边关系结构变化及其发展前景》，《欧洲研究》2021 年第 4 期。

生存危机之下的欧盟显著增强了寻求战略自主的意识。当今世界正处于国家间战略竞争显著加剧和复杂安全威胁不断提升的时代。一方面，大国间竞争加剧、气候变化、资源短缺等问题不断带来新的挑战；另一方面，国家内部、国家间以及地区层面冲突频发，导致欧盟面临多重挑战。新的安全挑战威胁着欧盟的生存状态和发展前景，要求欧盟增强安全领域的行动能力和意愿，提升欧盟"免遭威胁的力量"。而欧盟寻求免遭威胁的根本保障在于其突破当前的战略困境，以自主、独立的方式提升自身安全建设和保障能力。战略自主是欧盟近年来为摆脱多重危机困扰及对美安全依赖而形成的战略诉求，这一诉求在对华政策方面表现为区别于美国的相对全面、客观、持续的中国认知表达。2019年3月12日推出的欧盟对华战略文件《欧盟—中国：战略展望》阐明，中国是欧盟"向外推行国家治理新模式的制度竞争对手"。[1] 即使经过新冠疫情和经济衰退的冲击，尤其是在美国发动全面对华竞争的背景下，欧盟也依然在对华政策上保有积极的要素，在2021年9月第十一轮中欧高级别战略对话中，博雷利坦言欧盟欢迎中国发展，无意搞制度性对抗，不会参与任何形式的"新冷战"。2021年9月15日欧洲议会表决通过的《新欧中战略报告》认为"中国是欧盟的合作和谈判伙伴，但正日益成为欧盟的经济竞争者和制度性对手"。2022年底欧洲理事会主席和德国总理的先后对华访问，也突出显示了欧盟在对华立场上的独立思考。相比较于美国快速展开的对华全面竞争和冷战思维，欧盟坚持其对华认知的多样性，在一定程度上构成了其战略自主的基本前提。显然，谋求战略自主是一个长久的、系统性的建设过程，仍需要欧盟更大气魄、更大力度、更大投入的政策实践。

发展危机之下的欧盟离散与整合意识增强。因成员国身份变化而出现的欧盟的对外决策机制产生了显著变化。曾经由吉登斯（Anthony

---

① European Commission，"High Representative of the Union for Foreign Affairs and Security Policy，Joint Communication to the European Parliament，the European Council and The Council"，*EU-China-A Strategic Outlook*，March 12，2019，p. 1.

Giddens）所界定的"欧盟2"①的角色因为英国退出欧盟，以及意大利等国政治生态发生显著变化而面临着新的调整压力，以某一机构或特定国家来代表欧盟的传统思维亟须进行重大改变。英、法、德三国是欧洲一体化进程的核心成员国，其中法、德两国的合作被视为欧洲一体化的轴心，英国因其疑欧传统而与法、德两国存在诸多分歧。英国经由全民公投和数年的艰苦谈判而退出了欧盟，而法、德两国在维持欧洲一体化合作轴心的同时，也面临着因力量对比变化而带来的政治合作新挑战。欧盟当前仍然面临一体化合法性和未来发展走向不明等多重危机的困扰，如何确保欧洲一体化进程的持续性和向心力，与退出欧盟后的英国形成稳定的合作关系，是关系到今后欧盟乃至整个欧洲发展的关键所在，英国在地理上属于欧洲但在政治战略上试图超越欧盟的外交定位对欧盟产生了显著的干扰。具体到对华政策领域，欧洲各国同样存在着观念分歧和政策分野。近年来，英国在对华政策上呈现出显著的强硬立场，2019年英国议会下院外事委员会发布《中国与基于规则的国际体系》，将中国界定为试图"塑造不同于西方自由主义国际秩序的主要力量"。② 自英国正式退出欧盟以来，在对华政策上紧跟美国路线，2021年发布的《综合评估》战略文件明确提出，英国把英美特殊关系作为外交重心，且认定中国"对英国经济安全构成了巨大的威胁"。③ 也正因为追随美国的这一外交思路，英国在对华政策上已显著有别于其他欧洲大国，英国外交取向有可能成为欧美涉华对话机制的最大内部干扰源。比如，英国首相约翰逊曾倡议成立"民主十国国联盟"来应对5G

---

① 安东尼·吉登斯曾将欧盟的多重角色分为三类，欧盟1为欧洲一体化机构，欧盟2为法德等核心国家，欧盟3为各类一体化发展战略及文件。

② UK Parliament, "China and the Rules – Based International System Inquiry", April 4, 2019, https://old. parliament. uk/business/committees/committees-a-z/commons-select/foreign-affairs-committee/publications/? type = &session = 29&sort = false&inquiry = 3714.

③ UK Cabinet Office, "Global Britain in a Competitive Age-the Integrated Review of Security, Defence, Development and Foreign Policy", March 16, 2021, https://www. gov. uk/government/publications/global-britain-in-a-competitive-age-the-integrated-review-of-security-defence-development-and-foreign-policy, p. 28.

技术及网络安全等方面的外部挑战，但意大利、法国等国出于维护欧盟战略自主和整体利益的考虑而反对这一倡议。欧盟自视为欧洲利益的代表，但事实上欧盟因其机制不足而并不能成为欧洲的唯一代言人。欧盟成员国和欧洲国家的身份多样性，使得欧洲很难以独立、自主、明确的角色定位和力量筹划来应对外部世界的挑战。正如有学者指出，"较小实力与规模的国家很难在大国竞争的格局之下寻求战略自主，而保持中立则是一个相对合理且有吸引力的选择"。[①] 但与此同时，欧盟的整体实力、发展形势、外交网络和长期以来的欧盟政治文化传统，又使得其在国际关系、大国竞争中的特征和影响力分外突出，未来国际社会中的欧洲角色如何设定，依然处于一个不断调整和塑造的过程中。如何保护、利用和强化欧盟的身份，进而稳定欧盟的政治发展趋势，既是欧盟自身需考虑的问题，也是中国等新兴发展大国需要面对的问题。

在竞争性的危机困扰之下，欧盟守成与对抗意识增强。近十年来，欧盟饱受数量庞大且持续不断的难民潮的困扰。欧洲难民危机已在欧洲引发严重的社会及经济的危机，同时也激化了民粹主义的泛滥和去一体化的思潮。难民危机波及广泛，以德国为例，德国是目前为止接受难民最多的欧洲国家，仅从2015年难民危机爆发到2020年9月，德国就已经接收了120万名难民，而2022年爆发的俄乌冲突则导致更多的难民进入德国和欧盟境内。包括德国在内的欧洲各国政府与民间组织并没有对难民危机做好充足的准备，没有足够的住房和后勤供应，基础设施的短缺也是欧洲接收难民的一个巨大问题。大量难民快速涌入，占用了原本已经高负荷运转的欧洲国民设施和福利，引起了很多国家国民的强烈抗议，丹麦、瑞典更是爆发了以反移民为目标的社会抗议运动。总之，难民危机冲击之下的欧洲面临着内忧外患，寻求解决难民危机的有效方法也是当下欧盟最为迫切、最为重要的事项之一。在这些问题层出不穷

① Simona A. Grano, Ralph Weber, "Strategic Choices for Switzerland in the US-China Competition", in Simona A. Grano, David Wei Feng Huang, eds., *China-US Competition Impact on Small and Middle Powers'Strategic Choices*, Palgrave, 2023, p. 86.

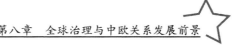

并盘踞欧洲的同时，新冠疫情又导致欧洲面临着更为严峻的挑战。新冠疫情彰显了长期存在的经济失衡，刺激了欧洲内部的民族主义、排外情绪、种族歧视，并促使民粹主义势力进一步抬头和巩固。曾经自视为全球化有序发展管理者的欧盟，不得不承认处于全球化失败者的边缘地带。为防止欧盟进一步衰落，在欧盟、欧洲中央银行等机构的推动下，欧洲各国正在逐步推出促进经济复苏的各项计划。重振一体化的政治举措和经济复苏计划产生了一定的效果，相较之下，民粹主义渲染冲突和对立，强调种族、民族和宗教分裂的做法逐步失去吸引力，"欧洲处于缓慢的恢复过程之中"。① 危机感挥之不去的欧盟试图在消除或转嫁危机成因的同时，以力度和谱系前所未有的治理措施来保障既有一体化成就，防止自身的优势流失。为此，欧盟一方面由于自身实力的局限性而必然依靠盟友来寻求保障收益的稳定性，另一方面则在国际范围内通过直面并抗衡来自新兴经济体的竞争而寻求更大的话语权。与新兴经济体的竞争体现了欧盟国际理念从优胜者向失败者的急剧转变，且集中体现于具有地区乃至世界影响力的新兴经济体的竞争关系中。比如，前所未有的内忧外患令不少欧盟成员国对中国等新兴经济体的看法趋向负面。欧洲对外关系委员会（ECFR）在新冠疫情期间进行的民意调查显示，在丹麦、法国、瑞典、德国、葡萄牙、西班牙、波兰、意大利和保加利亚等 9 个国家中，有 8 个国家对中国的评价呈现出严重恶化的倾向。② 相应地，作为"欧洲民意的代表"的欧洲议会对华态度也趋于强硬。因此，来自社会大众的负面认知与来自政治精英的话题引导，进一步强化了欧盟的对抗意识，也在很大程度上恶化了对华整体认知。

欧盟是中国的重要交流和合作伙伴。长期以来，中国秉承支持欧洲一体化、积极推进中欧合作的立场，欧盟在经济、投资、文化、教育等诸多领域同中国保持着高度而紧密的合作。中国与欧盟之间不存在根本

---

① 赵怀普：《欧盟政治与外交》，世界知识出版社 2021 年版，第 95—96 页。

② Janka Oertel, "China, Europe and Covid-19 Headwinds", European Council on Foreign Relations, July 20, 2020, https：//ecfr.eu/article/commentary_ china_ europe_ and_ covid_ 19_ headwinds/.

的、直接的利益冲突，在百年未有之大变局所产生的国际社会变迁中，中国与欧洲国家的认知、交流具有极为重要的意义。尽管中欧历史文化、社会制度、发展阶段不同，但共同利益远大于分歧。

在应对中国崛起所带来的国际影响过程中，自身经历了去一体化等系列危机冲击的欧盟，其对华交流机制也在发生客观的变化。首先，欧盟成员国的身份变化将使得欧盟对华关系机制更为复杂。以英、法、德为代表的欧洲大国，既是建设欧洲政治与经济的主导力量，也是影响和塑造中国与欧洲乃至整个西方国家之间关系的关键力量。英、法、德三个欧洲大国，在对华决策方面保持既有传统政治思维的同时，更因循并适应当前的国际形势变化，特别是中国的国家力量增长和中美之间的全面战略竞争态势，积极探索并践行与本国国家利益相对应的外交决策模式。英、法、德作为欧洲代表性的国家，在对华政策目标上具有不可忽视的基础一致性。与此同时，由于英国退出欧盟，欧洲范围内大国协调的机制也有所变化，英国虽在制度上脱离了欧盟共同外交政策的机制影响力，但在政治实践中仍时刻与欧盟和其成员国发生联系，这是我们分析和判断欧洲大国外交政策走势的一个基本现实条件。其次，欧洲议会的对华立场及其政策效应越来越明显。欧盟的对外关系是一个非常宽泛的领域，不仅包括传统意义的外交政策，而且包括发展合作以及一系列部门政策，如贸易、交通和环境等。随着中欧关系的发展和中国国际地位的提高，欧洲议会对中国的关注也日渐多元化。在一定程度上，欧洲议会围绕中国议题的辩论为欧盟民众提供了不同观点碰撞的平台。随着欧洲议会参与决策权能的稳步提升，其对欧盟对外关系决策的影响力逐渐增大，在中欧关系领域将发挥越来越重要的作用。比如，法、德两国积极推动的《中欧全面投资协定》在经历 6 年谈判后于 2020 年底完成，这对于中欧经济关系而言是一个巨大的成功，特别对于欧洲大国来说更加具有突出的意义。目前欧洲议会成为该协定实施的最大障碍。《中欧全面投资协定》的前提是欧洲国家普遍认为中国与欧洲之间的投资结构不均衡，该协定的谈判和达成主要是为了帮助欧洲企业更加容易地进入中国市场，为欧洲投资者创造更好的公平竞争环境，同时禁止强制性的技术转让。不可忽视的是，尽管协定受阻，但该协定背后的欧洲国家投资意向仍然客观存在，中欧之间推进双向投资合作的政治意愿也将在较长时间内维持在既有水平，唯需时机与魄力而已。

此外，还应该看到，长期以来欧洲大国之间也存在着源于价值观外交的对华竞争立场。正如德国在默克尔执政时期曾因执念于价值观外交而通过人权、知识产权问题，降低同中国的接触层级和力度，中国则采取反制措施，取消与德国高层的系列会谈，中国企业家也拒绝参加法兰克福中欧商务会议。早在 2007 年，德、法两国针对中国经贸订单展开竞争，法国企业同中国签订价值 200 亿欧元订单，而作为欧盟第一经济强国的德国却一无所获，导致德国对华的价值观外交受到经济界、外交界和媒体的广泛批评，时任德国外交部部长施泰因迈尔（Frank-Walter Steinmeier）曾公开批评"愚蠢的德国外交政策给德国国家利益造成损失"。时至今日，价值观协同与欧洲国家对华政策竞争依然并存交织，体现出复杂的互动关系。显而易见的是，随着中美战略竞争的强化，美国对盟友之间一致性的政治诉求将会越来越突出，裹挟于中美竞争中间地带的欧洲大国，也将会有更多的动力和压力来寻求对华政策的一致性。当然，决定国家政策走向的根本动因是现实利益，在同中国合作以追求现实利益最大化和同中国竞争乃至对抗而导致现实利益受损的两大选项之间，欧洲大国将会在利益取向和价值取向之间面临越来越突出的决策困境。其中，在推动欧盟内部治理凝聚力和对华政策一致性的同时，欧盟的对华政策将在如下层面出现新的调整动向。

第一，全球治理层面的中欧关系再界定。随着中国国家力量的增强，欧盟对中国在全球治理领域内合作的目标亦已发生转变，从最初将中国作为治理"客体"纳入其主导的国际治理体系，逐渐演变为将中国作为全球治理的"主体之一"及主要伙伴，通过加强接触来影响中国的对外政策，要求中国在承担更多责任的基础上参与全球治理，应对全球挑战。欧盟在 2016 年发布的《全球战略》中提出了欧盟、美国、中国并列为"G3"的概念，意味着欧盟认可中国是世界上最为重要的力量之一，并希望通过中、美、欧三方力量等级的框定来重新鼓舞欧盟作为世界力量的信心，同时以自主战略的方式来界定欧盟的世界地位。但危机之下的欧盟仍难以全面而充分地了解并接受中国的对外政策及国际影响，而是以提高警惕、加强防备、借题发挥的方式来调整对华政策。欧盟在2019年3月发布的《欧盟—中国：战略展望》中表示，需要在中国经济实力和政治影响力不断增强的背景下寻求对华关系"再平衡"。①

第二，中国—欧盟双边层面的中欧关系再塑造。在2016年的《欧盟对华新战略要素》文件中，欧盟为发展中欧伙伴关系设定了四个主要目标：首先是促进欧盟在中国市场上的经济和商业利益，其次是促进中国社会开放，再次是鼓励中国深度融入市场经济和贸易体系，最后是与中国共同推进有效多边主义，强化欧盟作为世界行为体的地位。从战略设计层面上看，欧盟将强化合作视为发展未来中欧关系的主线，但目前尚缺乏将对华战略转化为政策实践的可操作路径，同时，面对中国积极推进的中国与中东欧合作框架，欧盟依然缺乏相应的联系机制，更缺乏将对华战略同欧盟内部调整对接的相应规划。"与中国开展经济合作对欧盟十分重要，但在更广泛领域开展务实合作，尤其是在缓解、解决欧盟面临的地缘政治风险方面积极发挥建设性作用，同样是欧盟对中国的政策期待。"② 需要指出的是，欧洲议会在欧盟对华政策关系领域发挥的作用越来越明显。随着中国国际影响力的持续上升，欧洲议会议员越来越从更广泛的角度关注中国，总体上期望不断推动中欧关系的发展，因此其对中欧关系的促进作用不可忽视。不少欧洲议会议员对未来的中欧关系既抱有希望又难舍质疑，力图通过多种途径和办法来塑造中欧关系的未来。

---

① 马骦：《从德国华为5G政策到中欧经贸关系的嬗变》，《外交评论》2021年第4期。
② 该观点引自复旦大学俄罗斯中亚研究中心副研究员马斌在2022年"复旦欧洲观察"学术共同体的发言。

第三，欧盟成员国家层面的中欧关系再建设。自欧债危机以来，欧盟成员国同中国加强了双边经济合作，并在强调双边合作的共同基础之上呈现出差异化竞争的政策态势。如果说退出欧盟后的英国希望通过对华经济、教育交流等方式维系其"全球化英国"的角色，法国则将企业投资及推动贸易作为对华政策的重点，而德国希望获得中国对德国乃至欧盟的多边外交立场的支持。而在欧盟现有的 27 个成员国的体系之下，成员国因其与中国的经济合作程度不同而在欧盟对华关系上抱有不同的态度和立场。在危机影响深远、经济复苏缓慢的客观压力之下，部分欧盟国家的对华政策仍难以摆脱保护主义的牵制，但其中依然有诸多成员国对华态度积极。比如，相比较于中东欧国家积极对接中国"一带一路"的合作立场，法德等西欧国家则体现出既期盼强化双边合作又防备自身利益流失的矛盾心态。2020 年中欧双方能排除困难而达成《中欧全面投资协定》，即是在法、德两国发挥主导作用的前提下达成的积极成果。未来的中欧关系若要取得新突破，法德等欧盟大国的主导作用不可忽视。而从既往的合作成果和未来的发展前景来看，中东欧国家整体上对华观念较为务实，且前期的对华合作也已奠定了较好的制度基础，实践成效普遍而可观，因而也是未来中欧关系在国家间合作层面实现新进展的重要平台。

自 1975 年建交以来，中国与欧盟（欧共体）在平等、尊重与信任的基础上不断发展深化双边关系。进入 21 世纪以来，中国与欧盟成为全球治理领域的基本力量，并形成了面向未来的合作意愿和关系框架。欧盟意识到中国既是重要的经济贸易伙伴和充满活力的巨大市场，同时也是在地区和全球事务中具有举足轻重之地位的关键角色，因而欧盟需要从整体上审视对华关系，同时从全球战略的高度和角度来制定对华政策。中国也积极支持欧洲一体化，将欧洲视为合作与共同发展的战略伙伴。2003 年，中国和欧盟建立了全面战略伙伴关系，进一步深化与拓展了中欧之间的合作。在 2013 年的第十六次中欧领导人会晤期间，中欧双方共同制定了《中欧合作 2020 战略规划》，有效地将中国"十二五"发展规划与欧盟 2020 战略相结合，形成中欧发展合力，推动中欧全面战略伙伴关系进入新阶段。2014 年中国国家主席习近平访问欧盟时特别强调，要从战略高度看待中欧关系，将中欧两大力量、两大市场、两大文明结合起来，共同打造中欧"和平、增长、改革、文明"四大伙伴关系①，重新梳理并定位了中欧关系，包容与理解、合作与共赢成为中欧关系的新注解。

随着中国的持续发展与国际影响力的提高以及中国在全球治理中的作用不断增强，作为现行国际关系体系和规则主要持有者之一的欧洲国家对于中国的崛起高度关注。欧盟于 2019 年发布《欧盟—中国：战略展望》文件，将中国定义为"经济竞争者与系统性对手"。在角色认知发生巨大变迁的背景下，中欧关系进入了新的发展阶段，竞争与合作成为双边关系的重要议题。2020 年暴发的新冠疫情是自第二次世界大战以来国际社会所面临的最严峻公共卫生挑战，并对国际交流产生了深刻的冲击。新冠疫情进一步加剧了欧盟的危机意识。欧盟在持续转向战略自主的同时，也因受困于地缘政治思维而寻求扩大其在全球事务中的话语权和竞争力，客观上对中欧关系产生了负面影响。新冠疫情由此冲击了中欧双方推进全球治理的合作远景。作为全球治理两大基本力量的中国与欧盟在面临共同安全威胁的同时，也因各自处于疫情影响的不同阶段而在全球治理议程及路径上存在较明显的立场分歧。习近平总书记于 2020 年 9 月在全国抗击新冠疫情表彰大会上的讲话中指出，"我们要辩证认识和把握国内外大势，加强战略性、系统性、前瞻性研究谋划，做好较长时间应对外部环境变化的思想准备和工作准备，善于在危机中育先机、于变局中开新局"。②"中欧之间有着广泛共同利益，合作共赢是双方关系的主基调；中欧两大文明可以对话交流，我们不是制度性对手"，"中国愿与欧盟携起手来共同应对全球性挑战，为国际社会抗击

---

① 中共中央宣传部：《习近平总书记系列重要讲话读本》，学习出版社、人民出版社 2014 年版，第 150 页。

② 习近平：《在全国抗击新冠疫情表彰大会上的讲话》，人民出版社 2020 年版，第 26 页。

疫情、恢复经济、应对气候变化注入更多正能量，为国际关系提供更多稳定性"。① 中国对中欧关系的互信基础和发展空间寄予了重大期望。正如时任国务委员兼外交部部长王毅在谈及 2020 年中欧关系建交 45 周年时指出，"中欧关系历经国际风云变幻，总体上保持了对话合作的主导面，维护了互利共赢的主基调，展现了与时俱进的生命力……中欧合作远大于竞争、共识远大于分歧"②。

第三节　后疫情时代的中欧合作

新冠疫情自 2020 年初暴发以来，迅速席卷全球。中国与欧盟在新冠疫情防控的时间线上处于不同的位置。囿于经济复苏与公共卫生的双重压力，欧盟及成员国多轮次收紧和放松疫情防控措施，欧盟范围内各国陆续于 2022 年初取消入境检测、旅行禁止等限制措施。新冠疫情是继欧洲债务危机、难民危机、去一体化危机之后的新型挑战，以前所未有的力度冲击并塑造了欧盟应对复杂风险的战略意识和政策部署能力。中国因时因势优化调整防控政策措施，高效统筹疫情防控和经济社会发展。2023 年 2 月 16 日，中共中央政治局常务委员会召开会议，听取新冠疫情防控工作情况汇报。会议指出，中国取得了疫情防控重大决定性胜利，创造了人类文明史上人口大国成功走出疫情大流行的奇迹。疫情防控期间，中欧双边保持了政治接触与沟通，并延续了强大的经济共生关系。疫情防控期间的中欧双边关系与重大成就，为后疫情时代的中欧关系发展奠定了基础。

欧盟对全球疫情的反应速度相对缓慢，从疫情暴发至 2020 年 11 月

---

① 2021 年 3 月 7 日，国务委员兼外交部部长王毅于十三届全国人大四次会议期间就"中国外交政策和对外关系"相关问题回答中外记者提问的讲话。

② 《王毅就 2020 年国际形势和外交工作接受新华社和中央广播电视总台联合采访》，2021 年 1 月 2 日，新华网（http：//www.xinhuanet.com/mrdx/2021 – 01/02/c_ 139636018.htm）。

中旬，新冠疫情在全球范围内处于持续流行状态，而欧洲则是确诊感染病例和死亡病例最高的地区之一。相较于欧洲各国特别是西欧国家健全的医疗体系和公共卫生机制，新冠疫情的扩散更加凸显了欧洲应对公共卫生危机的不力。欧盟的经济发展和欧洲一体化进程是相互促进的关系，如果经济发展前景良好，欧洲一体化进程的动力将更为强劲；同时，欧洲一体化进程也能够进一步推动欧盟各国的经济发展。但是一旦经济陷入低迷，各国推动欧洲一体化进程的意愿就会下降，甚至为求自保而各自为政，这将会为欧盟内部经济往来制造障碍，从而进一步阻碍经济的发展。[①] 根据 2020 年初欧洲中央银行的评估，新冠疫情对欧洲经济产生了巨大压力，2020 年欧元区经济增长率将下降略低于 8%。虽然欧洲各国在 2020 年第三季度曾逐步放松社交距离管制措施并创造了相对强劲的经济反弹，但由于新冠病毒的变异和疫情扩散，大流行的未来路径非常不明朗，风险明显向下行倾斜，欧洲经济复苏仍处于低迷阶段。欧洲中央银行副行长路易斯·德·金多斯（*Luis de Guindos*）曾提出警告："由于地缘政治风险加剧了经济的不确定性，比如英国以无协议方式退欧。尽管其对欧元区经济的影响应该得到控制，但这样的结果可能会放大欧元区经济前景的宏观金融风险。从好的方面来看，关于一种潜在疫苗的消息带来了更快回到大流行前增长水平的希望。"[②] 金多斯的观点在很大程度上代表了新冠疫情期间欧洲精英对欧盟未来走势的看法。时至今日，疫情管控的问题在欧盟政治议程中已经被边缘化，但其所带来的战略观念的影响仍对欧盟发展和欧盟对外关系有不可忽视的作用。在新冠疫情的冲击之下，国际关系特别是大国关系进一步复杂化，针对诸多国际重大问题的全球治理进程也受到牵制，后疫情时代的世界面临更

---

① 房乐宪、狄重光：《新冠疫情下的欧盟：应对措施及未来走向》，《当代世界与社会主义》2020 年第 3 期。

② Keynote speech by Luis de Guindos, Vice-President of the ECB, at the 23rd Euro Finance Week, "The euro area financial sector in the pandemic crisis", European Central Bank, November 16, 2020, https：//www. ecb. europa. eu//press/key/date/2020/html/ecb. sp201116 ~ 36fba64064. en. html.

多不稳定、不确定因素。作为当今世界的两大重要力量，中国与欧盟对后疫情时代经济复苏、社会发展、科技进步、气候治理、国际交流等领域的战略设计与外交政策，将深刻影响未来的全球治理走向与成效。

　　中欧合作在很大程度上决定着未来一段时间内全球治理的政策走向和实践成效。新冠疫情的暴发和扩散对全球治理进程产生了广泛而深远的影响，当前全球治理处于最关键的重启和转型时期，中欧合作对于重启全球治理进程具有关键性的战略共识和政策协同作用。中国与欧盟的全球治理合作于 2019 年达到新的战略认同高度。以 2019 年中法全球治理论坛来观之，欧盟对中国的全球治理角色定位包括如下几方面。第一，认同中国的全球治理模式。欧盟认为当今世界面临许多和平与发展难题，而中国在经济发展和社会脱贫方面的成绩具有显著的示范和贡献意义。因此，欧盟重视中国在国际事务中发挥的关键作用，高度评价中国支持欧洲繁荣的立场，愿同中国一道推动多边主义进程。第二，肯定中国的全球治理立场。法国认为中国与欧盟一样在战略观念上坚定捍卫多边主义，因此中、法两国签订了关于共同维护多边主义和完善全球治理的联合声明，充分彰显中法双方合作的战略高度。欧盟愿同中国进一步加强互信，共同承担促进世界和平、安全、发展的历史性责任。第三，看好中国的全球治理能力。在欧盟看来，欧盟和中国是合作伙伴，双方合作可以在世界上做成大事，欧盟愿同中国为共同应对全球性挑战而发挥积极作用。总之，欧盟因为缓慢的经济复苏速度和相对滞后的外交与安全合作而难以成为"全球性欧洲"，中国则通过不断深化扩展的国际合作网络以及持续上升的国家实力而日益彰显其全球影响力，中欧关系出现了结构性的变化，欧盟也开始缓慢地正面认识和接受中国在全球治理中的影响，这是展望后疫情时代中欧合作时不可忽视的基本前提。

　　中国与欧盟在抗击疫情的合作过程中，在推动中欧合作、参与对外援助、刺激经济复苏、引领全球治理等若干层面的政策实践呈现出同频并轨的特征。

第一，引领全球抗疫。面对突如其来的严重疫情，中国本着公开、透明、负责任的态度，积极履行国际义务，第一时间向世界卫生组织、有关国家和地区组织主动通报疫情信息，第一时间发布新冠病毒基因序列等信息，第一时间公布诊疗方案和防控方案，同许多国家、国际和地区组织开展疫情防控交流活动70多次，开设疫情防控网上知识中心并向所有国家开放，毫无保留地同各方分享防控和救治经验。中国持续推进疫情防控国际合作，支持世界卫生组织发挥全球抗疫领导作用，同各国分享防控和救治经验，继续向应对疫情能力薄弱的国家和地区提供帮助，发挥全球抗疫物资最大供应国的作月，推动构建人类卫生健康共同体。疫情暴发后，中欧一直保持着紧密的交流和合作。除双方相互提供医疗物资援助外，中国还派出了医疗专家队。中国外交部、卫生健康委员会等相关部门与欧盟举行了数次疫情防控工作视频会议。2021年2月，联合国秘书长古特雷斯在安理会新冠疫苗问题部长级视频公开会议上强调，"疫苗公平是人类社会当前面临的最严峻的道德考验"，10个国家的疫苗接种量占全球总接种量的75%，而有130多个国家仍未开始接种疫苗。① 作为拥有强大疫苗研发能力的两大全球治理重要行为体，中国与欧盟在加强疫苗对外援助方面有着广泛的共同利益与责任，应当携手共同避免因疫苗分配与供应而产生的抗疫能力低下问题，从而避免更大的人道主义危机出现。新冠疫情发生后，中欧特别是中、法两国积极推动国际合作，共同促成了二十国集团领导人视频峰会的召开。中国与欧盟也一致表示愿意加强在非洲等地区抗击新冠疫情的合作。中欧合作抗击疫情已成为大国关系的一大亮点。② 就欧盟而言，自新冠疫情发生以来，卫生政策已经成为欧盟外交政策的核心要素，作为全球卫生合作的坚定支持者与重要建设者，欧盟强调加

---

① 《联合国秘书长——新冠疫苗公平是国际社会面对的"最大道德考验"》，中国新闻网（https：//baijiahao.baidu.com/s？id=1691985878909671059&wfr=spider&for=pc）。

② 冯仲平：《新冠疫情下的欧洲战略困境与中欧关系》，http：//www.aisixiang.com/data/124612.html.

强国际合作而非竞争①。中国政府面对疫情后的世界发展具有深度的前景观察和鲜明的政策立场。在疫情冲击之下，中国把握全球治理的方向，加强全球卫生合作，积极共建人类卫生健康共同体。作为这一理念的实践，中国与欧盟均加入了联合国组织的"新冠肺炎疫苗实施计划"（COVAX 计划），不断提高自身疫苗生产能力，推动疫苗生产惠及中低收入国家，从而推动国际社会尽快从疫情冲击中复苏。

第二，中欧双边互助。中国与欧盟携手抗击疫情，充分展现了双方良好的友谊与合作。此前欧盟对华援助得到了中国的积极回馈，在新冠疫情于欧洲各国肆虐期间，中国不仅捐赠了大量的防疫物资，也为欧盟各国采购紧急医疗物资提供了便利，还向疫情严重的意大利等国派遣了医疗专家组。尽管随着疫情的发展，欧洲内部某些媒体及个别机构对中国提出了带有显著偏见的批评和质疑，甚至有选择性地宣称中国与俄罗斯等国散布虚假信息，但总体上，欧盟及主要成员国依然把发展对华合作视为其外交政策重点，并得到中国的积极回应。在疫情暴发以来的国际环境中，中国与欧盟之间的互助不仅体现为公共卫生领域的相互支持，还体现在中欧双边经贸往来的持续发展。即使在疫情扩散最严峻的2020 年，截至 2020 年 11 月 5 日，中欧班列开行达到 10180 列，已超过2019 年的全年开行量，运送货物 92.7 万标箱，同比增长 54%，往返综合重箱率达到 98.3%，创造了新的货运纪录。面对新冠疫情的严重冲击，2021 年的中欧班列延续良好发展态势，全年开行 1.5 万列，运送货物 146 万标箱，货值 749 亿美元，实现逆势大幅增长，以稳定、可靠、高效的物流服务于亚欧供应链。总之，即使受到新冠疫情暴发的严重冲击，在国际客运航线停飞、公路受阻、水运停滞等情况下，中欧班列仍成为中外企业进出口的主要运输通道②。抗击新冠疫情期间的中欧

---

① Speech of President von der Leyen at the "Conference on strengthening the role of the EU in Global Health", organised by the Portuguese Presidency, https：//ec. europa. eu/commission/press-corner/detail/en/speech_ 21_ 1402.

② 《中欧班列大事记：2011—2020》，中国一带一路网（https：//www. yidaiyilu. gov. cn/xwzx/gnxw/157507. htm）。

合作说明，中欧双方在抗疫合作、中欧经济重启及全球综合治理等层面均有广阔的合作空间，后疫情时代的中欧关系仍值得乐观期待。①

　　第三，参与对外援助。中欧在应对疫情过程中均积极开展对外援助。为抗击疫情而开展的国际援助是新中国成立以来援助时间最集中、涉及范围最广的紧急人道主义行动。中国在自身疫情防控面临巨大压力的情况下，尽己所能为国际社会提供援助。从疫情暴发到 2020 年 9 月初，中国向世界卫生组织提供了两批共 5000 万美元的现汇援助，向 32 个国家派出 34 支医疗专家组，向 150 个国家和 4 个国际组织提供 283 批抗疫物资援助，向 200 多个国家和地区提供和出口防疫物资，有力支持了全球疫情防控。中国在疫情暴发期间坚持倡导共同构建人类卫生健康共同体，在国际援助、疫苗使用等方面提出一系列主张。中国以实际行动帮助挽救了全球成千上万人的生命，彰显了中国推动构建人类命运共同体的新主张。随着疫情在全球范围内蔓延，欧盟加大了对外援助力度，帮助世界其他国家和地区抗击新冠疫情。欧盟重点援助其近邻国家及医疗系统相对脆弱的国家和地区，向非洲提供达 32.5 亿欧元的援助，向邻国提供了 30.7 亿欧元的资金支持。除上述双边和区域层面外，欧盟也重视在多边层面开展公共卫生合作，强调要发挥世界卫生组织、国际红十字会、联合国等国际组织的作用，并向它们提供资金支持，用于抗击病毒、开展人道主义援助。同时，欧盟也借助七国集团峰会、二十国集团峰会等多个国际场合，呼吁世界各国加强公共卫生合作，共同抗击新冠疫情，应对大流行挑战。为抗击新冠疫情，欧盟在 2020 年 5 月联合世界卫生组织共同发起了全球募捐活动，以资助全球抗疫行动，重点用于对世界贫困国家和地区的资助，其中援助目标国主要集中于中东、北非、拉丁美洲。

　　第四，推动经济复苏。中国准确把握疫情形势变化，及时作出统筹疫情防控和经济社会发展的重大决策，加大宏观政策应对力度，制定一

---

　　① 房乐宪、狄重光：《新冠疫情下的欧盟：应对措施及未来走向》，《当代世界与社会主义》2020 年第 3 期。

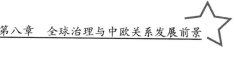

系列纾困惠企政策，出台多项强化就业优先、促进投资消费、稳定外贸外资、稳定产业链供应链的措施，促进新经济业态发展，推动交通运输、餐饮商超、文化旅游等各行各业有序恢复。中国以更大的决心、更强的力度推进脱贫攻坚，支持扶贫产业恢复生产，并优先支持贫困劳动力务工就业，防止因疫致贫或返贫。欧盟方面，2020 年 7 月，欧盟 27 个成员国领导人经由协商达成了庞大的经济刺激计划，从而为新冠疫情后欧洲经济复苏铺路。根据该计划，欧盟在 2021 年至 2027 年的长期预算为 1.074 万亿欧元，并在预算基础上设立总额达 7500 亿欧元的"复苏基金"。经贸领域的合作一直是中欧关系稳定和健康发展的基石。欧盟是中国最大的技术来源地、中国最大的贸易伙伴。欧盟连续 11 年位居中国第一大贸易伙伴，中国连续 12 年是欧盟第二大贸易伙伴。2020 年以来，中国成为欧盟最大的贸易伙伴，在疫情冲击下双方经贸合作份额有所下降，但中国依旧维持了欧盟最大贸易合作伙伴地位①，中欧关系在危机和挑战中展现了韧性和活力，也向世界释放了积极和正面的信号。从历年的双边经贸往来观之，中欧之间的贸易具有扎实推进、稳步提升的特征。自 2012 年中国—中东欧国家合作机制成立以来，中国同中东欧国家贸易额增长近85%，年均增速8%。经济方面，中东欧国家自冷战结束以来，已经深度融入了欧盟的统一大市场。欧盟的结构基金和来自西欧国家的投资成为中东欧国家的主要外资来源。但是，由于处在欧盟产业链和价值链的低端，中东欧国家仍然面临着严重的追赶和趋同压力。② 近年来，中国对中东欧国家和地区的经济助力效果也在显著

---

① 2021 年 1 月，欧盟 27 国对华出口 161 亿欧元，增长 7.0%；自华进口为 333 亿欧元，下降 3.6%；进出口合计 494 亿欧元，下降 0.4%；对华贸易逆差 172 亿欧元，下降 11.7%。中国保持了欧盟第一大贸易伙伴、第一大进口来源地和第三大出口市场地位，占比分别为 17.2%、23.8%、10.9%。2021 年 1 月，欧盟整体对外贸易额（不含盟内贸易）为 2882 亿欧元，下降 13.8%。其中，出口 1483 亿欧元，下降 10.7%；进口 1399 亿欧元，下降 16.9%；顺差 84 亿欧元。可参见中国商务部网站：http://www.mofcom.gov.cn/article/i/jyjl/m/202103/20210303047141.shtml。

② 赵晨等：《跨大西洋变局——欧美关系的裂变与重塑》，中国社会科学出版社 2021 年版，第 244 页。

提升。2021 年，中国与中东欧国家（以下简称中东欧）双边贸易总值
为 8630.6 亿元，比 2020 年（下同）增长 23.3%。其中，对中东欧出
口 6421.4 亿元，增长 25.1%；自中东欧进口 2209.2 亿元，增长
18.3%。波兰、捷克和匈牙利是中东欧国家中对华贸易的重要角色，
2021 年中国对波兰、捷克、匈牙利分别进出口 2722.8 亿元、1367.4 亿
元、1015.9 亿元，分别增长 26.7%、4.8%、25.4%，分别占同期中国
对中东欧进出口总值的 31.5%、15.8%、11.8%。可以说，中国与中
东欧国家的经贸合作展现了蓬勃活力和强大韧性①。如果说欧盟接纳中
东欧国家使其从"西欧俱乐部"转变成了真正的"欧洲联盟"，那么中国
与中东欧国家的紧密合作则有助于实现一个高质量发展的"欧洲联盟"。

　　第五，注重综合治理。新冠疫情发生以来，中欧在全球治理领域的
合作受到多方面的冲击，双方在角色定位、议题设定和政策投入等方面
出现分歧。这类分歧既源于历史观念的差异，也与当前双方力量对比变
化密切相关。中欧合作是尽快重启和完善全球治理进程的关键所在。中
国与欧盟应对疫情冲击的举措均强调了治理范畴的综合性。中国强调世
界各国的互利互惠合作，坚持推进经济全球化和维护多边贸易体制根本
立场，呼吁维护全球产业链、供应链的安全畅通运转，号召各国共同推
动世界经济早日重现繁荣，形成更加包容的全球治理、更加有效的多边
机制、更加积极的区域合作，共同应对地区争端和恐怖主义、气候变
化、网络安全、生物安全等全球性问题。首先，在伊朗核危机等地区热
点问题上，中国与欧盟一直坚持在多边主义原则指导下进行合作。2015
年，在包括中欧各方的共同努力下，伊核谈判达成了框架性的解决方
案，为解决美伊问题、限制和扩散与维护世界和平做出了巨大贡献。近
年来，中欧各方再次携手合作，召开了伊朗核协议联合委员会会议，就
美国重返伊朗核协议的情形，以及如何确保伊朗核协议所有参与方完整
和有效地执行该协议进行磋商。其次，在应对气候变化上，欧盟与中国

---

① 《中国与中东欧国家贸易额再创新高、投资领域不断拓宽》，中国一带一路网
（http：//www.yidaiyilu.gov.cn/xwzx/hwxw/167808.htm）。

也存在共同利益。中国和欧盟为巴黎联合国气候变化大会最终达成协议承担了积极的建设性责任。再次，中欧共同探讨 G20 框架下加强贸易投资机制化建设、促进全球贸易投资增长、强化全球价值链合作、改善贸易投资环境的方案。中欧还分别承诺在实现"2030 可持续发展议程"过程中，于消除贫困问题领域共同努力并做出各自的贡献。在欧盟推出的经济复苏计划中，超 50% 的资金用于支持现代化建设，其主要路径是通过"地平线欧洲"计划推动研究与创新，通过公众转型基金和数字欧洲项目实现气候及数字转型，通过各类经济复苏等政策、拯救欧洲以及健康计划等项目实现对欧洲的应对能力、复苏能力建设。此外，欧盟的经济复苏计划通过对传统的凝聚力政策以及共同农业政策进行现代化改造，突出政策收益的最大化；通过达到欧盟最高力度 30% 的欧盟基金而强化应对气候变化；推进生物多样性保护和性别平等。① 德国等重要成员国的支持是推动欧盟采取综合性经济复苏计划的重要动力。自 2020 年 7 月起担任欧盟轮值主席国，默克尔就宣布德国在主席国任内将致力于支持欧洲理事会围绕经济和社会复苏计划尽快达成一致；应对气候变化、数字主权和欧盟在全球的角色也成为德国轮值主席国任期内的重点议题。② 德国的治理理念为欧盟的经济复苏计划贡献了强大的当代动力，也为中欧之间共同关注、投入综合治理提供了可能。以气候变化为例，在 2014 年设定温室气体减排目标为 40% 的基础上，欧盟委员会提议提高欧盟温室气体减排目标，到 2030 年减排 55%。针对新冠疫情而推出的欧盟长期刺激计划融合了欧盟此前的全球气候治理战略目标。由此判断，后疫情时代的中欧双方合作前景具有可能、可观、可示范的积极意义。

欧盟在全球治理领域具有雄厚的技术优势和经验积累，但同时也面临着综合实力相对下滑、理念转化能力偏弱，政策创新与执行能力

---

① Recovery plan for Europe，https：//commission. europa. eu/strategy – and – policy/recovery – plan – europe_ en.

② 《德国接任欧盟轮值主席国，力求推动欧盟经济走出困境》，中国新闻网（http://www. chinanews. com/gj/2020/07-02/9227113. shtml）。

不足等困境。新冠疫情发生以来，欧盟的发展战略目标与现实存在较大差异，新任欧盟机构领导人的战略设计亟须作出调适，以求在抗击公共卫生危机的同时，在欧盟内部化解人员及经济要素自由流动程度下降、经济复苏受阻等难题。尽管新冠疫情对欧洲一体化产生了冲击，但对提高欧盟的政治凝聚力和政策适应性也有较好的促进建设作用。新冠疫情也在一定程度上强化了欧盟在欧洲民众中的认同度，逾62%的欧洲民众认为欧盟会制定正确的发展政策，超过60%的民众对欧盟发展前景持有乐观态度。未来欧盟在全球治理领域的"强"角色将有更坚实的政治基础和更明确的政策趋向，在一定程度上，新冠疫情既给欧洲一体化提出了挑战，也为欧洲一体化提供了未来改革的方向。

自新冠疫情暴发以来，中国在历时三年的抗疫过程中，始终坚持因时因势优化调整防控政策措施，高效统筹疫情防控和经济社会发展，成功避免了致病力较强、致死率较高的病毒株的广泛流行，有效保护了人民群众生命安全和身体健康，取得了疫情防控的重大决定性胜利。① 由此中国奠定了应对公共卫生危机和全球流行疾病的新型领导者地位，但与此同时，中国的全球治理理念也处于空前复杂的国际环境中。未来中欧的全球治理合作是塑造新型国际关系的重要支撑，而中国与欧盟在新形势下的全球治理理念沟通和政策融通，则是持续推进全球治理的首要环节与关键路径。中欧关系的健康发展，《中欧全面投资协定》能否如愿推进，不仅仅取决于倾向将双边关系视为"全面战略伙伴关系"的中国立场，也取决于欧盟在后疫情时代的对华政策倾向。而中欧合作视角下的全球治理前景如何，不仅依赖于中欧双边关系的稳定与发展，更取决于中欧双方对全球治理的战略认知趋同和治理政策协同。

---

① 《我国取得疫情防控重大决定性胜利，继续完善"乙类乙管"各项措施》，《人民日报》2023年2月24日第6版。

第四节　中欧推进全球治理合作

在后疫情时代的全球治理中，中国与欧盟将承担更多的引领及贡献责任。疫情冲击使得全球治理合作面临自第二次世界大战以来最严峻的挑战，政府与公民层面的国家间的交流处于低潮，中欧双方同时面临着新冠疫情防控、维持经济稳定、推动全球治理的多层要务。

在纷繁变化的世界形势中，中欧关系既面临着诸多挑战，也蕴含着丰富的发展机遇。这一机遇存在的基础，不仅在于中国对欧洲一体化一贯的支持立场，也在于欧洲联盟和欧洲国家领导人的务实认知。欧盟强调在规则的基础上发展中欧合作关系，并认为在气候变化、新冠疫情、各种安全挑战等重要领域需要加强与中国的有效合作[1]。在应对经济与技术竞争的问题上，欧盟的政策主张与美国并不一致。欧盟主张通过多边框架以及双边谈判来解决，反对发动贸易战或对华实施"脱钩"战略。在以默克尔等为代表的欧洲领导人看来，未来西方必须接受与中国竞争的现实，但竞争并不意味着"脱钩"。中国与欧盟在构成各自世界观与政治制度的价值观基础上存在分歧，但是这并不意味着中欧双方不能在具体领域合作。默克尔曾于 2020 年 1 月接受英国《金融时报》采访时指出，中国的成功之道更多在于勤奋、敢于创新以及科技领域的实力。西方国家不应简单地将中国经济成就视为威胁，尤其是德国各界可就此展开建设性讨论，但不应采取敌视中国的态度。默克尔也同时强调，欧洲已不再是"世界中心"，减少外部合作伙伴将损害自身应对全球挑战的能力。[2] 当前欧盟将中国定位为合作伙伴、竞争对手和制度性挑战的混合角色，即是欧盟对华复杂认知的体现。

---

① A week with high diplomatic tensions, https://eeas.europa.eu/headquarters/headquarters-homepage/95896/week-high-diplomatic-tensions_en.

② Lionel Barber, "Transcrpt-Europe Is No Longer at the Centre of World Events", Financial Times, https://www.ft.com/content/00f9135c-3840-11ea-a6d3-9a26f8c3cba4.

　　推进中欧关系稳定发展的机遇，还源于当前中国与欧盟对全球治理、国际环境和国家战略的基本共识。当前国际形势和地缘政治正在经历深刻复杂变化，国际社会面临诸多挑战和危机，全球经济、政治与文化交流均面临着如何塑造、如何走向的关键考验。中国式现代化和欧洲一体化是中欧各自着眼于未来所做出的选择。面对风云变幻的全球形势，欧盟与中国均担负着推动、维护和强化全球发展与安全的重任。欧洲是中国快速发展的重要伙伴，也是受益者。中国的现代化发展也离不开欧盟作为重要伙伴的支持与互鉴，认识和洞悉欧盟对华政策也因之而具有认知当下、预判未来的重要价值。

　　在当今的数字化浪潮中，数字资源、数字经济对经济社会发展具有基础性作用，对于构建新发展格局、建设现代化经济体系、构筑国家竞争新优势意义重大。数字技术在给人类生活带来便利的同时，也伴随着层出不穷的现实问题。当前世界仍处于以发达国家为主导的国际政治经济秩序的阶段，发达国家仍牢牢地掌控着全球治理体系的格局与走势。发达国家凭借先发优势，运用雄厚的财富力量和人力资源，先行在数字领域占据优势地位，无疑给数字技术和经济能力较为薄弱的发展中国家带来了挑战。如何在数字时代维护国家的独立与安全，如何利用数字技术助力国家建设，已经成为关乎发展中国家谋求发展的重大问题。近十年来，中国的数字化技术和经济发展迅速，数字中国建设取得了显著成效，为中国式现代化奠定了强大的技术和经济基础。构建数字命运共同体正是中国针对全球性治理难题提出的中国方案。中国对发展与推广5G技术持积极态度。在2020年的G20峰会上，中国提出了如下数字技术和经济的战略主张：第一，主动应变、化危为机，深化结构性改革，以科技创新和数字化变革催生新的发展动能；第二，为数字经济营造有利发展环境，加强数据安全合作，加强数字基础设施建设，为各国科技企业创造公平竞争环境；第三，解决数字经济给就业、税收以及社会弱势群体带来的挑战，弥合数字鸿沟。在2022年二十国集团印尼巴厘岛峰会上，中国提出坚持发展优先、弥合数字鸿沟的倡议，呼吁各国携手推动数字时代互联互通，帮助发展中国家和弱势群体融入数字化浪潮。中国发起建设"数字丝绸之路"的倡议，并将数字经济作为全球发展倡议的重点合作领域，推动构建合作共赢、共享繁荣的全球数字经济格局。

欧盟将发展数字技术作为提升欧盟经济竞争力的重要途径，但同时其对华竞争意识和战略质疑，使得中欧之间在数字技术领域的合作仍存在较大难度。欧盟的数字发展竞争意识由来已久，自 2008 年《欧洲安全战略实施报告》正式将"网络安全"列为全球性挑战以来，欧盟对网络威胁和安全的认识不断深化。此后，欧盟对数字技术不断深化认识，并通过多个政策文件来规范和约束数字技术、数字经济带来的挑战。在欧盟看来，避免过度依赖任何外国公司，可以有效推进欧盟在数字时代的"战略自主"进程，同时也有利于欧洲经济的长期发展。就目前全球 5G 领域竞争的形势来看，欧盟在科技竞争中的弱势是显而易见的。从硬件设备角度来看，世界市场中最受欢迎的智能手机多由中国、韩国和美国制造。而从软件和服务系统来看，世界上最大的社交媒体和网络购物平台都属于美国和中国企业，最大的云计算和人工智能服务商也是如此。目前在占据全球总市值约 2/3 的前七大互联网科技巨头公司中，有 5 家来自美国，分别是微软、苹果、亚马逊、谷歌、脸书，欧洲范围内尚无一席。尽管存在显著的竞争劣势，欧盟认为欧洲具备领导"大数据竞赛"并维护"技术主权"、产业领导地位和经济竞争力的一切条件。[①] 为此欧盟试图通过监管、采用严格的数据保护规则和积极执行反垄断法来影响和塑造数字经济，为欧洲赢得更多话语权。在欧盟积极推进数字技术发展的战略环境下，中欧之间推进全球治理合作的竞争因素将显著增加，而这种竞争在处于全球治理前沿的数字发展领域尤为突出。

中国与欧盟之间在全球治理领域的合作关系的变化也受到美国对欧

---

① 《欧盟公布数字化转型规划》，新华网（http://www.xinhuanet.com/world/2020-02/20/c_1125603882.htm）。

政策变化的影响。在中、美、欧三支力量主导国际格局的前提下，美欧关系的变化成为推动中欧关系变化的直接因素。特朗普政府时期，美国屡屡对欧盟采取霸凌式的单边主义行为，比如支持英国退欧、对欧洲发动贸易战、退出《巴黎气候协定》、单方面从德国撤军以及退出欧盟积极推动的伊朗核协议等，对欧美关系损害巨大。特朗普对欧政策的巨变也非一蹴而就，而是美欧关系长期处于分歧乃至对冲状态的激变式延续。在奥巴马执政以来的数年时间内，欧盟对美国的感受和政策有了根本性的变化，具体表现为欧洲政治文化从亲美走向疑美，同时欧洲自我意识显著觉醒。从二战结束以来，美欧之间的盟友关系虽然一直是欧盟战略文化观念的核心要素，但随着欧洲一体化进程，其自主意识不断增强，而在 21 世纪以来多重危机打击特别是新冠疫情的冲击之下，欧洲的战略自主观念更为强烈，并不断地在对美关系中有所表现。虽然美国试图维持这种"美主欧从"的非均衡盟友伙伴格局，避免欧盟成为一种竞争和挑战力量，但欧盟的战略自主意识已经成为贯穿其政治文化观念的核心命题。尤其在全球治理面临严峻挑战的情境之下，欧盟的战略变化倾向将更加推动中欧关系的进一步发展。

第一，欧盟自主竞争战略的目标拓宽。在欧盟看来，后疫情时代的全球治理赋予了欧盟新的战略机遇，使欧盟得以在更为公平的环境中同世界主要角色展开竞争与合作。这意味着，面向未来的欧盟将会同中、美两国同时展开不同程度的竞争，与既往的中、美、欧三边关系下主要同美国竞争、同中国合作的态势相比，欧盟的竞争目标显然大大拓宽了。结合当前的世界发展形势，欧盟与中、美两国的竞争将主要在数字领域展开，同时向气候治理领域渐进延伸。欧盟《人工智能白皮书》将发展人工智能上升到欧洲"主权"的高度，指出人工智能是数字经济最重要的应用领域之一，并强调投入人工智能、数据中心和计算基础设施等下一代技术和基础设施，提升欧洲在数字经济领域的"技术主权"。"主权"一词近年来日益频繁地被欧洲领导人使用，在 2018 年举办的联合国互联网治理论坛（IGF）年会上，马克龙提出，要建立有别于"加州模式"与"中国模式"的第三种互联网治理模式，欧盟越来越成为影响全球数字竞合格局走向的重要力量。[①] 在谈及数字化战略时，欧盟工业政策专员蒂埃里·布雷顿说："我们认识到，我们错过了第一波或第一场战斗。不过，工业数据争夺战现在已经打响，欧洲将是主战场。欧洲拥有赢得下一阶段竞争所需的工具，因为这里有最强大的工业基础。今天的赢家不一定会是明天的赢家。"欧盟高级代表博雷利也认为，不能将欧盟与中国的复杂关系简化为二元选择。中欧关系不是非此即彼，而是二者兼而有之。[②] 此外，博雷利也进一步指出，"欧盟可以在中国行为违背欧洲的利益或普遍价值观的领域大力反击，并发展欧盟的战略自主权，同时欧盟也应与中国密切合作，应对全球挑战，提供全球公共产品，而应对气候变化就是这方面最明显的例子"。[③] 中欧等四家智库于2017年发布的《中国—欧盟经济关系2025：共建未来》也认为，中欧能够达成广泛共识和协议的最佳起点是气候政策领域。[④] 欧盟大力推动全球应对气候变化行动，将自己视为这一行动的世界领导者，在欧盟内部制定了严苛标准。中国宣布在2060年之前实现碳中和目标，而这被欧盟视为自身长期以来在多边场合推进全球气候治理的重大胜利，凸显了欧盟将环境议题视为彰显自身规范性影响力的一个关键成就。

第二，欧盟自主竞争的战略韧性提升。相比较于哥本哈根气候大会

---

① 《全球数字博弈格局中，欧盟带来哪些新变数？》，澎湃网（https://www. thepa-per. cn/newsDetail_ forward_ 8628077）。

② China carbon neutrality in 2060: a Possible Game Changer for Climate, https://eeas. europa. eu/headquarters/headquarters-homepage/87431/china-carbon-neutrality-2060-possible-game-changer-climate_ en.

③ China carbon neutrality in 2060: a Possible Game Changer for Climate, https://eeas. europa. eu/headquarters/headquarters-homepage/87431/china-carbon-neutrality-2060-possible-game-changer-climate_ en.

④ A Joint Report by Bruegel, Chatham House, China Center for International Economic Ex-changes and The Chinese University of Hong Kong Alicia García-Herrero, K. C. Kwok, Liu Xiang-dong, Tim Summers, Zhang Yansheng, *EU-China Economic Relations to* 2025 *Building a Common Future*, Sep. 2017, p. 5.

之前的强硬气候外交政策历史，欧盟在新形势下倾向于制定更为灵活而富有韧性的自主竞争战略。这一韧性首先来自欧盟内部对气候治理的高度认同。持续推进气候变化等全球治理议题，有利于进一步凝聚欧洲公民对欧盟的认同感。根据欧盟的相关数据，95%的欧洲人认为保护环境非常重要，每10个欧洲人中就有8个认为保护环境可以促进经济增长。欧洲晴雨表（Eurobarometer）关于欧盟公民环境态度的调查结果也显示，公众广泛支持欧盟层面的环境立法以及欧盟为环保活动提供资金。① 因此，持续推进气候治理已经成为融通并保持欧洲民众和欧盟机构之间联系的重要途径。同时，正是由于欧洲民众对气候治理等议题的关注和支持，欧盟对强化全球治理的必要性也建立起了更为自信的战略态度。此外，欧盟同时推进以气候治理为主题的绿色转型，并注重实现数字转型与绿色转型的战略融合。而为了强化推进数字转型的战略立场，欧盟坚持在数字领域推行税收改革，借以保障欧盟的数字经济主权。欧盟委员会副主席兼竞争事务专员玛格丽特·维斯塔格也曾明确表示，由于世界日益数字化，欧盟应该在征收"数字税"方面起到带头作用。维斯塔格认为："最好（在数字领域）能达成一项全球性的解决方案。如果我们想在一段合理的时间内取得成果，欧洲就必须起带头作用。"2019年9月，意大利前总理、欧盟候任经济事务专员保罗·真蒂洛尼（Paolo Gentiloni）也直言，如果无法达成全球统一的数字税，则欧盟将单独征税。2020年1月，欧盟工业政策专员蒂埃里·布雷顿也表示认同这一观点。② 欧盟委员会主席冯德莱恩则在其竞选纲领中再次提出这一立场。③ 欧盟将数字技术纳入全球治理抓手的战略转向和过程既受到美国因素的影响，也因之而导致欧盟的发展路径与美国外交相互

---

① 《为何要关注〈欧洲绿色新政〉，每年2600亿欧元投什么？》，第一财经（https://www.yicai.com/news/100434813.html）。

② 《若无法达成全球统一数字税，欧盟将单独征税》，中国税网（http://www.ctax-news.com.cn/2020-01/21/content_959110.html）。

③ Ursula von der Leyen, *A Union that Strives for More My Agenda for Europe*, *Political Guidelines for the Next European Commission* 2019 – 2024, p. 12.

交织。一方面，全球战略抓手的范围扩大，拓宽了欧盟同国际社会特别是重要力量的对话途径，尤其有利于增强欧盟对美国的战略自由度。从整体来看，随着美国拜登执政后对欧美关系的关注与推动，美国政府及外交举措逐渐回归大西洋关系正轨，自 2017 年因特朗普执政而受到冲击的美欧关系也将在一定程度上得以恢复，价值观同一将在欧盟对外关系中再次回到主导地位，换言之，欧盟与美国的彼此认知和双边关系将会得到缓慢的修正。不过，整体框架下的欧美关系修复并不能完全代替局部领域的尤其是在重大议题上的欧美分歧。

第三，欧盟的自主竞争战略兼容性突出。此处所指的兼容性体现为欧盟在自主竞争战略方面的政策内涵的丰富性和战略行动对象的多样性。一方面，随着欧盟自身实力的相对下降，其国际交往对象的身份和角色均出现复杂化的特征，具体表现为，在竞争性的领域，欧盟与对手之间的关系不再是单纯的竞争关系，而是糅合了相互认同、彼此合作的灵活战略。比如，自新冠疫情暴发以来，中欧双方普遍受到影响，欧盟对中国的印象认知也发生了较大幅度的变化。依照欧盟共同外交与安全政策高级代表博雷利的说法，"（对欧盟来说）中国既是一个经济竞争对手，也是一个制度竞争对手，其政治体系建立在与我们不同的价值观之上，也是在多边框架内应对 21 世纪巨大挑战的伙伴"。① 另一方面，后疫情时代的欧盟自主竞争战略，有效地兼容了气候变化与数字化等两大新近技术经济领域。数字技术既是绿色经济的重要技术类别，同时又能为其他产业的清洁化发展提供技术支持。欧盟将人工智能视为实现《欧洲绿色计划》目标的关键使能技术，鼓励发展低能耗的人工智能技术，并指出"生态福祉"应该成为人工智能发展的核心原则之一。② 同时也应注意到，欧盟在后疫情背景下的全球治理战略从积极推动全球气

---

① China carbon neutrality in 2060: a possible game changer for climate, https://eeas. europa. eu/headquarters/headquarters-homepage/87431/china-carbon-neutrality-2060-possible-game-changer-climate_ en.

② 《全球数字博弈格局中，欧盟带来哪些新变数?》，澎湃网（https://www. thepaper. cn/newsDetail_ forward_ 8628077）。

候变化转向强化数字主权，也是因为欧盟希望能尽快扭转全球气候治理的困境而采取的重大转型。在美国特朗普政府宣布于 2017 年 6 月退出《巴黎气候协定》后，减排控温目标难以实现的无望感使部分国家陷入"逐底竞争"的恶性循环中。在这一背景下，欧盟提出更高的自我要求有助于提振全球气候治理的信心，避免不可逆转的环境恶化，以防止治理任务更加严峻。

第四，欧盟的自主竞争战略的价值意识突出。欧盟的价值观外交是欧盟外交手段中极为重要的组成部分和运行模式。作为欧洲地区高度一体化的地区性政治经济实体，欧盟的价值观外交是建立在成员国对价值观一致认同的基础之上进行的价值整合与渗透。在国际竞争的大环境中，欧盟的自主战略仍需体现出贯穿于欧盟机构和欧盟成员国的价值观，即是否有利于欧盟、是否以欧盟利益为指向。欧盟需加强其在全球层面的经济领导地位，积极融入全球化、数字化潮流，促使欧洲经济向"碳中和"和可持续发展的方向转型。与此同时，欧盟希望通过增加对包括数字技术及其应用在内的技术研发的投入，创造新产品和服务，从而支持欧洲的社会模式、价值观和生活方式。[①] 正如博雷利所认为的那样，新冠疫情暴露了现有全球价值链的脆弱性和欧洲在这方面的脆弱性，重新本地化和塑造经济主权已经成为欧洲各地的主导议题，为此，欧洲需要将其工业和研究政策与欧盟的外交政策紧密联系起来。[②] 比如，为了提高竞争力，欧盟宣布将建立真正的"欧洲数据空间"，推动欧盟单一数据市场发展，提高尚未被使用的数据应用效率，为跨行业、跨地区数据自由流动创造条件。在 2020 年 7 月 13 日欧盟发布的《欧洲数据主权》报告中，冯德莱恩也将推行数字政策列为其任期内的重要政治优先事项，主张欧洲必须在关键领域实现"技术主权"，确保欧盟的民主、人权、透明、包容、安全、数据隐私与保护、基本自由等价值

---

① 曹慧：《欧委会新纲领："绿色"与"数字化"的双转型》，《世界知识》2020 年第 1 期。

② Building Global Europe, https：//eeas. europa. eu/headquarters/headquarters-homepage/84888/building-global-europe_ en.

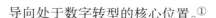

导向处于数字转型的核心位置。①

简言之，欧盟在中美之间的摇摆性会有所增强，由此导致中欧合作将会面临来自美国的明显压力。当然，在新增的全球战略抓手领域，来自美国的竞争因素也将持续增强并对欧盟的战略自主有所限制。在特定的全球治理领域中，欧盟和美国之间也将面临持续存在的甚至是新近出现但必然愈加明显的分歧。欧盟委员会主席冯德莱恩曾认为，由于气候变化议题占据主导地位、新冠疫情重创全球经济，加之欧洲数字化进程中的安全问题层出不穷，客观上决定了美欧关系难以返回到 2016 年前的状态。② 目前来看，美国与欧盟在应对气候变化方面的分歧将会减少，但在数字技术发展方面的独立性将会显著增强，甚至是在数字主权提出之日起，就已经明确了美欧之间同样存在激烈的数字竞争的事实。正如欧盟高级代表博雷利所言，"多边主义危机并非始于特朗普当选，也不会因拜登的胜选而得以结束"。③ 因此，在从气候变化转向数字技术的过程中，欧盟既不会依赖于同美国的合作，也不会充分放任同中国的竞争。无论是对美还是对华，欧盟的全球治理战略都将包含竞争与合作两个重大因素，而其核心则是为欧盟赢得权力自主。这一趋势亦如冯德莱恩所言，"我们将不再允许他人夺走这个权利"。在全球治理价值观上同美国保持基本共识，在全球治理方法论上同中国保持多边共识，有可能成为后疫情时代在欧盟战略推动下深化全球治理举措、塑造新型中欧关系的一种新图景。

在后疫情时代，中国与欧盟是推动和平发展的两大重要力量。在多边主义受到挑战、全球贸易和投资受阻的情况下，中国与欧盟都需要在体系建设、规则和科技创新等方面进行合作，共同面对后疫情时代的各

---

① Infographic-Towards a digital Europe，https：//www. consilium. europa. eu/en/infographics/digital-europe/.

② 转引自《欧委会主席冯德莱恩谈后美国大选时代》，中国社会科学院欧洲研究所网站（http：//ies. cass. cn/wz/yjcg/qt/202011/t20201125_ 5221554. shtml）。

③ European Union，"Multilateralism and European Strategic Autonomy in a（post）-Covid world"，https：//eeas. europa. eu/headquarters/headquarters-homepage/88732/multilateralism-and-european-strategic-autonomy-post-covid-world-% C2% A0_ en.

种挑战。欧盟对主权这个概念的战略重视，出现在"美国优先"和中国崛起的大背景下。美欧关系的变迁和中国力量的崛起，这些因素让欧盟寻求以主权的面貌出现在世界上，用更加一致、自主的方式来应对世界的变化。可以预见的是，美国政府将会把主要精力放到亚洲，而中美关系自然是举世关注的焦点，中美竞争时间越长，欧盟在美国对华竞争中的工具性则越强，欧盟的寻求"主权"的战略机遇期越长，而这又从另一侧面说明了欧盟追求战略自主的客观环境之复杂。与欧美关系相比，中欧关系的特殊点在于其内涵及形式的复杂与多元。中欧之间的关系不仅在于中国与作为整体的欧盟之间的关系，中国与欧盟内的次区域或个体国家关系也是重要的组成部分，能够对中欧关系发展起到重要影响。对中国而言，加强与欧盟的合作需要全面统筹、抓住重点，不忽略任何机会和可能，亦不能忽视欧盟内部的若干行为体。中欧之间的合作路径和发展目标，不仅能够以双方在重点议题上的合作来予以推动，还能够发挥欧盟范围内更多元的次级行为体与中国合作的引擎作用。换言之，巩固和发展中欧关系，不仅要着眼于中国与作为一个整体的欧盟的合作，还应当注重与欧盟成员国关系的建设。综合如上的若干要素，未来推进中欧关系的良性发展，应该从如下几方面加大政策投入力度。

第一，应坚持并强化中国与欧盟之间的高层对话机制。中国与欧盟之间既是相互倚重的合作伙伴，也是存在诸多博弈的竞争对手。在全球治理的体系下，中国与欧盟之间不存在利益冲突，合作动力大于竞争动力。中国与欧盟均为支持多边主义和国际合作、支持全球化的积极力量。目前中欧之间已经建立了多个高层对华机制，如中欧领导人会晤、中欧经贸高层对话、中欧高级别战略对话、中欧高级别人文交流对话、中欧环境与气候高层对话、中欧气候变化、中欧城镇伙伴关系、中国—中东欧领导人会晤与中欧能源安全对话等平台。① 回顾中欧双边的互动机制可以发现，中欧高层在双边关系发展过程中一直保持积极稳妥的接触和交流，双向政策更加全面而系统，双边立场总体上处于和而不同、

---

① 中华人民共和国驻欧盟使团网站（http://eu. china-mission. gov. cn/zozyzcwj/）。

务实稳健的状态。中欧关系之所以能达成如此成就，根本原因在于中国领导人保持积极、乐观的对欧合作立场，既支持欧洲一体化的进程和方向，也鼓励中国与欧盟之间的相互成就。而在欧盟领导人群体中，也不乏长期倡导对华务实、尊重中欧差异且能把握大局的领袖人物。中欧双方在 21 世纪以来云谲波诡的国际形势中，也保持着从双边交流中汲取积极经验，开拓合作新领域的雄心壮志。比如中欧双方能够在疫情冲击的重压之下，依然坚持双方积极接触、坚持推进多边主义和全球治理、坚持向第三方国家特别是发展中国家提供援助。在中欧两大文明力量的影响和双边发展需求的推动下，中欧之间的高层对话实现了竞合并存、斗而不破、稳中向好的良好发展轨迹。未来的中欧关系发展，仍需保持并推进高层对话机制的持续发展。在新的变局之下，中欧要通过持续的高层沟通对话，增进了解互信，减少误解误判，妥善管控分歧，加强对中欧关系的政治引领，确保中欧关系行稳致远。中欧双方应该紧扣中欧企业和社会需求，进一步释放互联互通、数字技术、绿色环保、科技创新、医疗卫生等领域的合作潜力，扩大中欧关系合作面。

　　第二，中国应当更加重视与欧盟核心国家合作。欧盟大国历来在中欧关系中发挥着关键性的带动作用。中欧关系的健康发展，应在持续推动中国与欧盟核心国家发展建设性伙伴关系的同时，以点带线，通过欧洲联盟的核心国家发挥引导作用，促进中国与欧盟整体关系的健康、良性、可持续发展。其中，作为欧洲发展的火车头与具有欧洲一体化重要推动力的国家，法、德两国与中国维持良好合作关系意义重大。当今世界面临很多问题和挑战，更加需要中国与德国、法国合作应对。近年来，欧盟核心国家对中国的国家角色认知有了显著变化，一方面认为中国挑战了现行的国际体系，另一方面也对中国的国际贡献特别是在全球治理中的创新实践给予高度肯定。2019 年，法、德两国与中国共同参与了"中法全球治理论坛"，推动了中欧之间的全球治理观念交流与模式互鉴，欧盟对中国在全球治理领域的创举和贡献有更高的期待。未来的世界经济与国际交流，仍需要中国与法、德、意等这样的欧盟核心国家做出更多引领性的举措。自新冠疫情暴发以来，中国与欧盟之间的双边交流频度受到较大限制，但中欧双方持续推动双边合作的意愿积极向上，2022 年德国总理与欧洲理事会主席相继访华，表达了进一步推进中欧合作的愿望，为后疫情时代的中欧合作提供了新的动力。当前，中国不仅与德国和法国之间保持着充分、双向的多层次交流，也与意大利、西班牙等国不断创新交流合作形式，中国与欧洲核心国家关系的积极进展，必然为未来的中欧关系提供更多元、更可靠的支持。

第三，应当重视中东欧国家对中欧关系的重要影响力。欧盟成员国因其与中国经济联系的程度不同，它们在欧盟对华关系决策过程中所起的作用也有所不同。中东欧国家是欧盟体系中的新成员，也是对经济发展和技术进步具有更高诉求的国家，因而是欧盟内部整体实力的最大增长点，在很大程度上是影响欧盟对外关系的中坚力量。中东欧国家加入一体化进程，不仅使欧盟超越美国成为世界最大的经济体，也使欧盟获得了更为广阔的市场体量和更为雄厚的人才资源。在经济上，中东欧国家获得欧盟的经济援助和西欧国家的直接投资，融入高附加值、高科技含量的产业体系，由此推动了经济迅速发展。在政治与外交层面，入盟进程为中东欧国家带来巨大的发展红利，提供了稳定的发展环境，也为政治经济改革深化注入了新的动力，中东欧国家的国际影响力得以快速提升，并可以参与和塑造欧盟的外交决策与执行，使之更加符合自身战略诉求。2008 年国际金融危机爆发并触发欧洲债务危机，欧盟整体的经济实力受到巨大冲击，经济发达的法德等国家纷纷采取财政紧缩政策，进而导致中东欧国家入盟后的经济收益并未达到预期目标。在中国"一带一路"倡议的带动下，中国—中东欧合作现已取得了巨大的成果，也为欧盟成员国的均衡发展提供了新的外部动力。而在后疫情时代，中国与中东欧关系的进一步发展仍有更大的提升空间。中国与欧盟在全球治理、经济发展等领域具有广泛的战略共识和共同利益，中国与欧盟的双向积极合作，将使中东欧国家获得更快、更直接的发展成就，中国"一带一路"倡议带动中东欧国家的基础设施建设即是鲜明的例证。中东欧国家对促进中欧交流具有不可忽视的建设性作用，在扭转西方国家对华偏见、强化中欧交流方面的功能也是其他国家不可替代的。因而，未来在推动中西文化交流特别是中欧互信合作进程中，中东欧国家仍是关键的角色。

第四，中欧之间应强化管理人才队伍的交流与合作。中国与欧盟均高度重视经济发展与国际合作，在中欧高层以战略定力而维持双边经贸联系的同时，中欧双方庞大的管理人才队伍则承接了落实双边合作意愿、夯实双边全面合作的重任。受到当前国际形势的影响，由于欧盟及成员国经贸管理体系中的人员相对缺乏公共事务与政治兴趣，且欧洲政治家在中欧经贸合作领域的参与度较低，由此造成了欧盟及其成员国在经贸事务管理体系中普遍存在着对华认识不足、对华合作意愿低迷的现象，对中欧关系的可持续发展产生了不利影响。[①] 可见，保持中欧双边政治经济实务管理人才的常态化交流，具有显著的必要性。此外，当前普遍存在的风险挑战也在客观上要求中欧双方加强管理人才队伍的合作交流。应对和管理各种风险危机是国际社会和世界各国政府普遍面临的重大课题。进入 21 世纪以来，欧盟遭遇多重危机的挑战，目前正处于艰难的转型发展时期。处于快速工业化、信息化、城镇化、国际化过程中的中国，同样也面临着结构调整、保护环境、改善民生、消除贫困等多重压力。无论中国还是欧盟，均需长时间面对各种自然灾害和安全事故的频繁发生，公共安全也面临许多新问题的考验。中国政府高度重视应急管理建设，把构建中国特色应急管理体系作为应对各种风险、促进经济社会发展的重大任务。而欧盟各国在包括应急管理组织体系、管理制度、硬件建设和技能培训等方面积累了不少成功经验，值得中国学习借鉴。早在 2012 年 6 月，中欧双方就已经启动了中欧应急管理合作项目，在能力建设、机制建设、政策开发与对话等三方面展开合作交流与培训，在强化管理人才国际化、高效化、科学化发展的同时，也为中欧

---

① Pepijn Bergsen, "The EU's Unsustainable China strategy", *Chatham House Europe Programme Research Paper*, June 2021, p. 18.

双边的政府机构提供决策咨询，并通过高层会晤、专家交流、研讨会等形式促进政策对话与合作。经历多重危机之后的欧盟仍在不断适应竞争激烈的国际环境，中欧关系处于新的起步阶段，中欧双方在应对全球风险领域具有高度趋同的国际责任感，强化管理人才交流仍是实现双方全球治理抱负的必要举措。

第五，重视中国与欧洲多元主体的互动。多年来，中欧之间已经形成了深层次、多元化、持续性的双边交流。在中国和欧洲的商务企业之间、高等院校之间、研究机构与智库之间、各类媒体之间、多元化的社会团体之间，均存在着广泛而密切的互动关系。通过上述多元化的行为体的交流，中欧之间保持了高密度、多层次的交流，在经贸、投资、旅游等领域形成庞大的合作项目。在推进实务合作的同时，中欧双方的价值观念、人文传统、教育文化也得以实现频繁互动和交流，构成了中欧人文互通的客观基础。这些民间交流推动着中欧之间航空交通、商业和旅游业的兴盛，也成为中欧双边关系不断向纵深发展、向高远迈进的推动力。进一步而言，除了欧盟成员国可以发挥的积极作用外，中国也还应当重视中欧跨国公司、媒体、民众、经济与社会组织对双方关系的积极塑造作用，中国应当开展更踊跃、更广泛的公共外交，让中国与欧洲具有影响力的跨国公司和大众媒体成为中国对欧公共外交的主力军，同时加强中欧民众之间的互动，增进中欧普通民众之间的理解与互信，以便欧洲民众能够更加客观、真实地了解当代中国与中国成就，认识中国社会与中国制度，进而对中国的新发展与世界观有更务实、更理性、更清晰的接受与理解！

小结与思考

在当前国际局势持续发生重大变化之际，欧盟与中国之间的经济与政治乃至科技与文化联系越来越紧密。欧盟的对华政策在两个问题上存在严重顾虑，一是如何评估中欧关系，特别是在处理中欧关系过程中如何面对来自美国的干预和欧洲内部的多重干扰；二是如何应对欧盟在对中国技术出口和贸易方面的挑战，尤其是欧盟对中国日益突出的技术和原材料依赖，以及日益扩大的对华贸易逆差。诚然，欧盟已经意识到中国在全球治理和国际关系中的强大力量和自主立场，这与欧盟追求战略自主存在着广泛的共同利益。目前欧盟及其成员国在对华政策上难以回避来自美国的影响，比如欧盟国家与美国形成共同立场，批评中国的台海政策、亚太地区和人权问题，但与此同时，欧洲国家也在积极寻求重新推动中欧关系建设的新契机。在中欧高级别互访因疫情停滞一段时间后，德国总理和欧洲理事会主席相继访问中国，释放出对华政策的积极信号，欧洲媒体不无形象地称之为"欧盟在美国的注视下靠近中国"。①这一表达可谓对欧洲联盟的战略自主渴望和现实战略自主限制的真实写照。总体来说，欧盟正在中美博弈的新环境中进行艰难的平衡工作，同时在谋求战略自主权的深层动机驱使下，欧盟希望摆脱美国的"监护"，以捍卫自己的利益。欧盟在对华政策上的战略自主期待仍处于隐忍、谨慎的萌芽和观望状态，这是今后很长一段时间内中欧关系的客观所在。

---

① 《欧盟在美国注视下靠近中国》，光明网（https：//m. gmw. cn/baijia/2022-12/04/36207224. html）。

结语:
基于安全的中欧关系发展趋向

进入 21 世纪以来,作为国际关系重要行为体的欧盟,面临着内外多重危机的挑战,且自 2016 年英国公投决定退出欧盟起,经历着欧洲一体化启动以来最严重的冲击。俄乌冲突的爆发极大地动摇了欧洲安全秩序,构成了第二次世界大战结束以来欧洲大陆最大规模的军事冲突,延续并加大了欧盟的安全风险。欧盟今后的发展形势如何,客观上考验着欧盟的战略思维与能力,也影响着中国的外交环境与国际交往格局。

从全球格局的视角来看,欧盟当前所处的国际新形势,是以经济全球化为基本特征的国际经济秩序大调整和国际政治格局大变革的阶段性表现。在这种百年未有之变局的发生、演化过程中,国际舞台上的角色及其影响力也在经历着显著的变化。不同的国家对国际格局变迁的适应能力有大有小,或积极或消极,或进步或反动,各国之间的力量不完全对等,性质也不完全相同,当前的变化则为未来的国际角色及影响力奠定了基础。从国际关系的运行逻辑来分析,"国际关系中的主角所发挥的作用,取决于其对外战略的性质和综合国力的强弱,同时也与其外向活动的运行艺术有紧密的联系"。① 今天的欧盟是一个曾经不断遭遇危机冲击,却又能在危机锤炼中获得进一步发展动力的复合型国际角色。

---

① 梁守德、洪银娴:《国际政治学理论》,北京大学出版社 2013 年版,第 110—111 页。

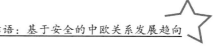

危机之于欧盟而言，既是生存之胁，也是发展之源；而面对危机并在危机应对中获取复原、扩张的动力，也成为欧盟的一种政治理性和政治文化。通过在一体化进程中应对各类危机，欧盟已然发展成为一个具备独特危机应对逻辑的国际角色。换言之，欧盟所经历的各类型危机挑战着欧盟的生存现状，而欧盟通过识别、评估各类危机的冲击，以及创新一体化功能而化解风险，由此维护欧盟的安全并进一步发展欧盟的竞争能力。因此，与其说欧盟是一个复合型的文明综合体，毋宁说欧盟是一个在应对多重危机过程中建立了独特文明属性的国家联合体。欧洲一体化过程即是欧盟基于危机的客观存在而强化安全与发展能力的循环演化过程。对比于单一民族国家的国际行为体，欧盟推进安全与发展能力建设的过程具有独特的模式。欧盟不仅是各成员国的联合体，更是在公民身份、国家认同方面有着多样化认知的欧盟公民的联合体，因而欧盟必然在多样化与包容性之间获得欧洲独有的发展路径。[1] 要之，作为国际舞台上的一支关键力量，欧盟客观上遵循着独特的安全保障和发展建设路径。这是我们在任何时候理解欧盟本质、回应欧盟政策、推动中欧双边合作都必须尊重的基本前提。

欧盟当前所处的时代，是以中美战略竞争为主要特征的国际格局转型时代。在这个宏观的格局转换过程中，中国、美国与欧盟及欧洲诸大国具有不同层次的行动能力和影响能力，对当前国际格局的塑造和建设能力也有显著的差异。美国发动全面对华竞争的政治压力与欧盟周边地区持续动荡所产生的安全压力，不能改变欧盟渴望与中国开展持续稳定合作的战略诉求，但与此同时，欧盟与美国天然地在意识形态上趋同，这意味着欧盟作为一个整体很难成为中国在地缘政治、技术与经济竞争中的全面合作伙伴。决定欧盟在中美竞争格局中的定位、政策取向和整体影响力的因素源于两个层面。首先是欧洲大国层面。在当前中美战略竞争的整体格局之下，欧洲大国具有一定的影响国际走势的能力，虽然

---

① Michelle Egan, Neill Nugent, William E. Paterson, *Negotiating Unity and Diversity in the European Union*, Palgrave, 2020, p. 11.

这一能力与中、美两国相比，其塑造力和影响力的层级已经处于相对下滑的态势。以英、法、德为代表的欧洲大国寄希望于从中美战略竞争的格局中保留自己的国际地位，也希望从中美战略竞争的过程中为欧洲赢得更多的战略空间和收益。英、法、德三个欧洲大国的内部矛盾众多，既在安全防务上无法摆脱美国的保护与控制，也难以在政治事务上做出独立自主的抉择，因此，即使英、法、德三国积极谋求充当决断国际事务的主角，它们所具有的影响和作用也将是弱于中、美两国的。故而，当欧洲国家的发展和竞争能力不能构成为确保其国际博弈收益的关键条件时，那么它们在中、美两国之间的沟通能力，将直接决定它们的生存或竞争状态。其次是欧盟层面。对于欧盟而言，如何维持欧洲一体化进程的既有方向和发展成就，特别是在作为守成大国之美国和崛起大国之中国的竞争状态下，欧盟对于欧洲一体化的目标、进程、议题的把握与运用，对于欧洲国家和欧洲民众的诉求的提升与实践，需要进行更为大胆而审慎、更为着力与创新的投入，而这种投入的过程，本身会决定欧洲一体化的走向，并就此塑造欧洲与欧盟的走势和全球形势。

必须承认的是，欧洲大国尽管在诸多条件下更像相较于中、美两个国家而言的中等强国，但它们在中美战略竞争的大格局中所具有的能动作用，是目前中国借以化解中美战略竞争格局之不利影响的必要条件之一。冷战结束以来，欧盟与欧洲大国发挥自主能动作用和对华经济合作意愿，成功地推动了中国与欧盟的经济双赢发展，中欧双方对美经济差距均得到有效减小，从而带动中、美、欧三边格局的均衡化发展，这一正向建设价值在欧盟层面和欧洲大国层面都是一种客观存在，而欧盟和欧洲大国如放弃自主意愿并一味追随美国的全面对华竞争战略，则欧盟的战略自主和中国的国际空间都将受到相应的限制，欧盟对华军售禁令和近年来的数字技术竞争即是鲜明例证。历史逻辑和现实经验证明，欧盟是中国开展国际交往和国家能力建设过程中的重要角色，认知、分析、应对欧盟与欧洲大国的对华决策意向，是同欧盟与欧洲国家实现友好交往、创造良好中欧关系与建设性国际环境的关键条件。

作为世界上最大的发展中国家，中国具有独立的、自成体系的对外战略和决策机制，并因持续稳定的国力发展和积极稳妥的外交立场，在当今世界政治舞台上具有显著的影响力和决断力。中国在当今国际政治格局中的主角地位，既源于中国日渐强大的综合国力，又与中国独立自主、自成体系的对外战略和决策机制密切相关。进入21世纪以来，全球各地均面临多样化的风险挑战，国际社会比以往任何时候都更需要和平稳定。中国始终践行和平发展理念，坚定地为维护全球和平、推动可持续和包容性发展、促进人类共同发展做出重要贡献。2014年4月15日，习近平总书记在中央国家安全委员会第一次全体会议上，创造性提出总体国家安全观，明确坚持以人民安全为宗旨，以政治安全为根本，以经济安全为基础，以军事、文化、社会安全为保障，以促进国际安全为依托，维护各领域国家安全，构建国家安全体系，走中国特色国家安全道路。2017年，党的十九大将坚持总体国家安全观纳入新时代坚持和发展中国特色社会主义的基本方略，总体国家安全观是新时代国家安全工作的根本遵循和行动指南。在总体安全观的指引下，中国建设、维护和参与国际安全的基本路线和指引方针更加清晰坚定，因而在百年未有之变局中奠定了国家力量稳步提升、国家安全持续长久、推动国际环境稳中向好的战略路径。2023年2月，中国发布《全球安全倡议概念文件》，文件阐释了全球安全倡议的核心理念与原则，明确了重点合作方向以及合作平台和机制。文件提出，要坚持共同、综合、合作、可持续的安全观，坚持尊重各国主权、领土完整，坚持遵守联合国宪章宗旨和原则，坚持重视各国的合理安全关切，坚持通过对话协商以和平方式解决国家间的分歧和争端，坚持统筹维护传统领域和非传统领域安全。全球安全倡议秉持开放包容原则，欢迎和期待各方参与，共同丰富倡议内涵，积极探索开展新形式新领域合作。针对当前最突出最紧迫的国际安全关切，《全球安全倡议概念文件》提出的20个重点合作方向涵盖了发挥联合国作用、推动政治解决热点问题、应对传统和非传统安全挑战、完善全球安全治理等诸多方面，并就倡议合作平台和机制提出设想。

国际社会寻求更高发展成就的过程中，各类安全问题如影随行，即使在全球化高速发展的今天，不仅以冲突和战争为代表的传统安全问题长期存在，以环境安全、文化安全、粮食安全、气候安全等为代表的非传统安全问题也纷至沓来。安全是发展的环境与前提，发展亦为安全提供更充分的保障。作为最大的发展中国家，中国自身的发展离不开安全稳定的国际环境，也一直在为积极维护世界安全而贡献中国的方案与智慧。中国与欧盟是共同致力于维护世界和平与安全且具有高度互信、互利基础的合作伙伴。无论在传统与非传统安全，还是全球和地区安全，抑或双边与多边安全领域，中国与欧盟都存在着广泛的共同利益，并通过相互尊重、求同存异的方式发挥着同等重要的建设作用。在安全与发展两大领域，中国与欧盟的理念相同，利益互通，在全球、地区与国家等多个层面共同拥有深厚的合作动力和广阔的合作前景。

中国具有丰富深厚的外交经验，对国际形势的观察客观而准确，在多重考验下的国际战略行之有效，于通过改革开放而获得强大国力的基础上，中国对国际形势的战略研判和应对更加科学、系统而有效。中国坚持认为，和平与发展是当前世界的主题。面对复杂风险不断出现的国际环境，中国坚持采取冷静观察、沉着应付的战略立场，倡导以和平方式化解分歧；作为负责任的大国，中国坚定奉行独立自主的和平外交政策，始终根据问题本身的是非曲直而决定自己的立场和政策，维护国际关系基本准则，维护国际公平正义，坚决反对一切形式的霸权主义和强权政治，为国际安全与发展贡献中国特有的智慧与方案。

在以和平与发展为时代主题的大环境中，稳定与强大的经济实力是塑造国家综合能力的决定性条件，也是构建良好国际环境和国际伙伴关系的基本前提。全球化进程推动了全球价值链的形成，国家在全球价值链中的"关键节点""链主地位""技术生态体系"等要素能力，包括其对应的全球价值链权力，更是全方位地影响着国家经济安全。国家的经济安全关系到国家综合实力之物质基础的兴衰与强弱。只有建立在大规模、高等级、可持续的综合国力基础之上的国家安全，才能够保障国家主权的独立、经济的繁荣、政治的稳定和社会的安宁，也更能够从根本上确保国家与社会实现长治久安。中国改革开放的过程，契合了经济全球化的发展逻辑与动力。中国在融入全球化的过程中，持续深入地学习借鉴先进的文明、技术、制度和管理经验，探索并建立了具有中国特色的现代化道路，有效地提升了中国的经济实力，使国家安全保障得以持续强化，国际地位和话语权不断提升。当前，中国已经从全球化的受益者转向全球化的反哺者，通过自身发展推动全球化进程，为全球合作和全球安全提供更多方案和机遇。作为世界两大经济体，中国与欧盟的经济合作是双边关系的核心，为中欧的多层次合作提供了持续稳定且仍在不断壮大的物质基础。自20世纪以来，中欧经济合作构建了复杂的利益互嵌的关系结构，双方都视彼此为重要的发展机遇和可信的合作伙伴。近年来受到多方面因素的影响，欧盟对中国的认知体系中出现了更加多样化的元素。欧盟在继续视中国为经济合作伙伴的同时，也将中国理解为系统性挑战和制度性对手。显然，当前复杂多变的国际走势客观上要求中欧双方在更高战略层面、更宽议题幅面上回应新的挑战，通过不断强化自身经济实力和推进双边经济合作，来维护既有的安全合作基础、回应或避免未来可能出现的安全风险。

当前应对气候变化、发展数字技术均为各国参与国际竞争、推动国力发展的重要政策领域，中国与欧盟在上述两个领域均有突出的战略抱负与发展能力，尽管有新冠疫情和美国对华全面竞争等系列挑战，中国与欧盟之间在若干多边合作和全球治理领域仍有广泛的战略共识与共同利益。经历多重危机考验之后的欧盟在强化安全能力的基础上，勉力把握世界发展形势的新机遇，将绿色转型和数字转型作为夯实国际竞争能力的战略突破口。欧盟的安全与发展战略契合了当前全球治理与大国竞争的根本走向，欧盟也因之而在新的国际环境中获得了持续发展的动力和具有广泛影响的话语权。特别是对处于国际竞争前沿的中、美两国而言，欧盟不仅保持了相应的规范性权力，更在一定程度上获得了在中美竞争之间的自主外交实践能力。在中美全面战略竞争的时代，欧盟及欧洲大国作为美国的盟友和中国的伙伴，其发展战略和成效对中美战略竞争及中国的全面发展战略都将产生不可忽视的影响，但中国在中美战略竞争中获取稳定环境与决胜能力的根本，则仍在于中国自身的经济发展和安全维护，中国胜任中美战略竞争这一重大挑战的根本保障也依然取决于中国自身的战略自信与能力自强。全球舞台上活跃着中国、美国和欧盟三支关键力量，中、美、欧三边格局具有塑造国际形势和全球治理的宏大能量与战略意向，这亦是中国研判中欧关系未来走势并推进中欧关系平稳向好的重要基础。

参考文献

一 中文部分

（一）中文著作

陈乐民：《战后西欧国际关系（1945—1984）》，中国社会科学出版社1987年版。

陈乐民：《欧洲文明十五讲》，北京大学出版社2004年版。

陈乐民：《20世纪的欧洲》，生活·读书·新知三联书店2007年版。

宋新宁、张小劲：《走向21世纪的中国与欧洲》，香港社会科学出版社1997年版。

胡瑾、王学玉：《发展中的欧洲联盟》，山东人民出版社2000年版。

陈玉刚：《国家与超国家：欧洲一体化理论比较研究》，上海人民出版社2001年版。

张茂明：《欧洲联盟国际行为能力研究》，当代世界出版社2003年版。

马胜利、邝杨：《欧洲认同研究》，社会科学文献出版社2008年版。

郑启荣：《全球视野下的欧盟共同外交与安全政策》，世界知识出版社2008年版。

朱贵昌：《多层治理理论与欧洲一体化》，山东大学出版社2009年版。

崔建树、李金祥：《法国政治发展与对外政策》，世界知识出版社2009年版。

盛红生：《英国政治发展与对外政策》，世界知识出版社2009年版。

宋伟：《捍卫霸权利益：美国地区一体化战略的演变（1945—2005）》，

北京大学出版社 2014 年版。

黄正柏:《欧洲一体化进程中的国家主权问题研究》,湖北人民出版社
　　2011 年版。

张利华、史志钦:《中国与欧盟关系研究》,中国社会科学出版社 2012
　　年版。

张海洋:《欧盟利益集团与欧盟决策》,社会科学文献出版社 2014
　　年版。

金玲:《欧盟对外政策转型:务实应对挑战》,世界知识出版社 2015
　　年版。

罗建波:《中非关系与中国的大国责任》,中国社会科学出版社 2016
　　年版。

屈潇影:《软权力与欧盟扩大研究》,社会科学文献出版社 2016 年版。

宋新宁、刘华:《中国欧盟关系 40 年——新型战略伙伴关系的建构》,
　　中国政法大学出版社 2017 年版。

王义桅:《全球视野下的中欧关系》,世界知识出版社 2017 年版。

阚四进:《法国欧洲一体化政策研究》,世界知识出版社 2017 年版。

张健雄:《欧洲联盟》,社会科学文献出版社 2019 年版。

周弘、黄平、田德文:《欧洲发展报告 (2018—2019)》,社会科学文献
　　出版社 2019 年版。

严少华、赖雪仪:《欧盟与全球治理》,中国社会科学出版社 2020
　　年版。

李强、段德敏:《十字路口的欧罗巴:右翼政治与欧洲的未来》,商务
　　印书馆 2020 年版。

赵怀普:《欧盟政治与外交》,世界知识出版社 2021 年版。

赵晨等:《跨大西洋变局——欧美关系的裂变与重塑》,中国社会科学
　　出版社 2021 年版。

冯仲平、陈新:《欧洲发展报告 (2020—2021)》,社会科学文献出版社
　　2021 年版。

赵柯：《危机与转型——百年变局下的欧盟发展战略》，西苑出版社
2022 年版。

高歌等：《中东欧转型 30 年：新格局、新治理与新合作》，社会科学文
献出版社 2022 年版。

阎学通：《世界权力的转移：政治领导与战略竞争》，北京大学出版社
2020 年版。

［意］福尔维奥·阿蒂纳：《全球政治体系中的欧洲联盟》，刘绯等译，
中国社会科学出版社 2009 年版。

［法］鲍铭言、迪迪尔·钱伯内特：《欧洲的治理与民主：欧盟中的权
力与抗议》，李晓江译，社会科学文献出版社 2011 年版。

［美］韦斯利·克拉克：《未雨绸缪：美国增长与全球领导力战略》，刘
铁娃、俞凤译，长江出版集团 2019 年版。

［奥］露丝·沃达克：《恐惧的政治：欧洲右翼民粹主义话语分析》，杨
敏等译，上海人民出版社 2020 年版。

［保］伊万·克拉斯特耶夫：《欧洲的黄昏》，马百亮译，东方出版中心
2021 年版。

［德］杨－维尔纳·米勒：《什么是民粹主义》，钱静远译，译林出版社
2021 年版。

［法］奥利维耶·科斯塔、娜塔莉·布拉克：《欧盟是怎么运作的》，潘
革平译，社会科学文献出版社 2016 年版。

［美］香农·布兰顿、查尔斯·凯格利：《世界政治：趋势与变革》，夏
维勇译，北京大学出版社 2019 年版。

［美］塞缪尔·亨廷顿：《变化社会中的政治秩序》，王冠华等译，生
活·读书·新知三联书店 1989 年版。

［美］亚历山大·温特：《国际政治的社会理论》，秦亚青译，上海世纪
出版集团 2005 年版。

［比］斯蒂芬·柯克莱勒、汤姆·德尔鲁：《欧盟外交政策》，刘宏松等
译，上海人民出版社 2017 年版。

（二）中文学术论文

陈积敏：《欧盟非法移民的现状与趋势》，《国际研究参考》2016 年第
　11 期。

丁纯：《从欧洲议会选举结果看欧债危机的影响和欧洲一体化的前景》，
　《当代世界》2014 年第 6 期。

范娟荣：《欧洲反恐斗争的新态势》，《现代国际关系》2021 年第 2 期。

冯存万、林宇薇：《北约应对新冠疫情的政策调适——兼论后疫情时代
　的北约发展趋向》，《边界与海洋研究》2021 年第 5 期。

冯存万：《全球治理变化与中欧关系拓新》，《国际论坛》2020 年第
　1 期。

冯存万：《北约战略扩张新态势及欧盟的反应》，《现代国际关系》2020
　年第 2 期。

高望来：《全球治理的困境与欧盟的反恐模式》，《国际政治研究》2006
　年第 2 期。

关孔文、房乐宪：《从华沙到巴黎：欧盟气候外交政策的新趋势》，《和
　平与发展》2016 年第 4 期。

贺之杲：《美国重返中东欧对欧盟战略自主的影响》，《德国研究》2020
　年第 3 期。

黄丹琼：《中东欧民粹主义兴起与欧盟内部分化》，《国际观察》2018
　年第 1 期。

潘兴明：《英国对欧政策新取向探析》，《外交评论》2014 年第 4 期。

孔田平：《"中等收入陷阱"与中东欧国家的增长挑战》，《欧洲研究》
　2016 年第 2 期。

曲兵、王朔：《透视英国的"疑欧主义"》，《现代国际关系》2016 年第
　4 期。

忻华：《欧盟应对难民危机的决策机理分析》，《德国研究》2018 年第
　3 期。

简军波：《21 世纪欧盟的非洲经贸政策：一项平等化方案?》，《欧洲研

究》2022 年第 4 期。

李明明、徐燕：《欧盟内部疑欧主义问题初探》，《国际论坛》2011 年第 4 期。

李明明：《欧洲一体化的政治化与欧盟成员国主流政党的应对战略——以欧债危机发生后的德、英、法三国为例》，《欧洲研究》2017 年第 2 期。

李明明：《共识政治的危机：欧洲一体化与欧盟政治分歧的发展》，《德国研究》2019 年第 2 期。

刘兰芬、刘明礼：《欧盟对华经济合作中的"安全顾虑"》，《现代国际关系》2020 年第 10 期。

孙志强、张蕴岭：《地位寻求、角色构建与英国脱欧后的对外政策调整》，《欧洲研究》2022 年第 4 期。

姬文刚：《非对称相互依存下中东欧地缘政治与地缘经济关系的演绎分析》，《国外社会科学》2022 年第 6 期。

鞠豪：《欧盟政治格局碎片化分析》，《贵州省党校学报》2019 年第 5 期。

鞠豪：《俄乌冲突后欧盟政治的新变化》，《俄罗斯学刊》2022 年第 5 期。

柳静虹：《欧盟贫困问题演化及反贫社会政策发展》，《南开学报》2021 年第 5 期。

林德山：《经济危机对欧洲政党及政党结构的影响》，《欧洲研究》2013 年第 2 期。

林德山：《2019 年欧洲议会选举及其影响评析》，《当代世界》2019 年第 7 期。

李靖堃：《社交媒体影响欧洲政局的方式及逻辑》，《人民论坛》2020 年第 9 期。

戚凯、周祉含：《全球数字治理：发展、困境与中国角色》，《国际问题研究》2022 年第 6 期。

王玉静、房乐宪：《战略指南针：欧盟安全与防务新指向》，《和平与发展》2022 年第 4 期。

三滢淇、刘涛：《超国家主义退潮下的新英欧互动——后脱欧时代英国—欧盟移民社会保障合作问题研究》，《华中师范大学学报》2020 年第 5 期。

王瑞平、徐瑞珂：《欧盟防务一体化探析》，《现代国际关系》2021 年第 12 期。

杨云珍：《欧洲右翼民粹主义对气候治理的影响》，《国外社会科学》2020 年第 2 期。

曾向红：《"规范性力量"遭遇"新大博弈"：欧盟在中亚推进民主的三重困境》，《欧洲研究》2020 年第 2 期。

张茂明：《试析欧盟在世界格局中的位置》，《世界经济与政治》2002 年第 4 期。

张骥：《欧债危机中法国的欧洲政策：在失衡的欧盟中追求领导》，《欧洲研究》2012 年第 5 期。

张磊：《欧洲议会在中欧关系中的作用》，《国际问题研究》2016 年第 4 期。

张茜：《"法德轴心"的重启及前景》，《现代国际关系》2021 年第 2 期。

赵怀普：《战后美国对欧洲一体化政策论析》，《美国研究》1999 年第 2 期。

赵怀普：《欧债危机背景下欧盟权力的嬗变》，《当代世界》2013 年第 4 期。

赵怀普：《从"欧洲优先"到"美国优先"：美国战略重心转移对大西洋联盟的影响》，《国际论坛》2020 年第 3 期。

郑春荣、张凌萱：《法德轴心"重启"的限度探析》，《欧洲研究》2019 年第 6 期。

余振：《全球数字贸易政策：国别特征、立场分野与发展趋势》，《国外社会科学》2020 年第 4 期。

阳军、樊鹏：《新技术革命的风险、挑战与国家治理体系适应性变革》，
《国外社会科学》2020 年第 5 期。

［德］塞巴斯蒂安·哈尼施、玛蒂娜·维特罗夫索娃：《论欧盟的气候
治理责任》，《社会科学论坛》2019 年第 6 期。

阮宗泽：《负责任的保护：建造一个更安全的世界》，《国际问题研究》
2012 年第 9 期。

王晓文：《德国默克尔政府的"印太战略"及对中国的影响》，《印度洋
经济体研究》2021 年第 4 期。

二　英文部分

Simona A. Grano，David Wei Feng Huang，*China-US Competition Impact on
Small and Middle Powers' Strategic Choices*，Cham，Palgrave，2023.

Tatjana Sekulić，*The European Union and the Paradox of Enlargement—The
Complex Accession of the Western Balkans*，Cham，Palgrave，2020.

Boyka M. Stefanova，*The European Union and Europe's New Regionalism—
The Challenge of Enlargement*，*Neighborhood*，*and Globalization*，Cham，
Palgrave，2018.

Antonina Bakardjieva Engelbrekt，Karin Leijon，Anna Michalski Lars Oxel-
heim，*The European Union and the Return of the Nation State—Interdisci-
plinary European Studies*，Cham Palgrave，2020.

Michelle Egan，Neill Nugent，William E. Paterson，*Negotiating Unity and
Diversity in the European Union*，Cham，Palgrave，2020.

Paul J. J. Welfens，*Global Climate Change Policy—Analysis*，*Economic Eff-
ciency Issues and International Cooperation*，Cham Palgrave，2022.

May Alex，*Britain and Europe since* 1945，London，Longman Press，1999.

Christian Lequesne，Simon Bulmer，*The Member States of the European U-
nion*，Oxford，Oxford University Press，2005.

McCormick John, *The European Superpower*, London, Palgrave Macmillan, 2017.

Hix Simon, Bjorn Hoyland, *The Political System of the European Union*, London, Macmillan, 2011.

Korosteleva, Elena, *EU-Russia Relations in the context of the Eastern Neighbourhood*, Institute of Public Affairs and Bertelsman Stiftung, 2015.

Benjamin Moffitt, *The Global Rise of Populism*, *Performance*, *Political Style and Representation*, Stanford University Press, 2016.

Jan-Werner Muller, *What is Populism*, Philadephia: University of Pennsylvania Press, 2016.

Diesen and Glenn, *EU and NATO Relations with Russia*: *After the collapse of the Soviet Union*, England, Ashgate, 2015.

Jakob Tolstrup, *Russia VS the EU*: *The Competition for Influence in Post-Soviet States*, Colorado, Lynne Rienner Publishers, 2014.

Steinberg James and Michael E. O'Hanlon, *Strategic Reassurance and Resolve*: *US-China Relation in the Twenty-First Century*, Princeton, Princeton University Press, 2014.

Fareed Zakaria, *The Post American World*, New York, W. W. Norton and Company, 2008.

Anne-Marie Slaughter, *The Chessboard and the Web*: *Strategies of Connection in a Networked World*, New Haven: Yale University Press, 2017.

Ferdi De Ville and Gabriel Siles-Buregge, *TTIP*: *The Trueth about the Transatlantic Trade and Investment Partnership*, Cambridge, Polity Press, 2016.

后　记

　　自从 2001 年秋攻读国际关系专业的博士学位开始，我从事欧洲问题的研究和教学已经有近 20 年了。在这一段看似漫长却又令人感觉短暂的时间内，欧洲各国、欧洲一体化和欧盟都发生了曲折繁多的变化。追随着欧洲发展的脚步，欧洲研究的议程、队伍和成果，也随之而产生了令人颇为诧异甚至扼腕惊叹的转变。从历史纵向的角度来看，欧盟在国际政治研究领域中的受关注程度，似乎无可争议地处于下滑的通道，仿佛在大国竞争的新时代，欧盟失去了撼动和把握国际研究之脉搏的能力。

　　本书的构思及写作，自 2017 年开始一直延宕至今。2018 年，在有关项目经费的支持下，由我组织并主持了一次学术研讨会，英国爱丁堡大学欧洲研究所的 Chad Damro 教授、上海外国语大学的汪波教授、中国国际问题研究院的金玲研究员、北京外国语大学的田小惠教授、山东大学的李慧明教授等 20 余位学者积极参会并贡献了富有智慧的观点，他们富有洞见的学术分析也给本书的构思赋予更大的勇气。本次会议结束后，写作计划开始逐步落实，根据相关的主题安排了章节，一部书的基本架构初步形成。

　　写作是一个持久痛苦、间或快乐的复杂过程。本书写作期间，展望性的研究构思和实质性的文字落笔这两部分经常互相打架。作为一个在文字表达上较为守旧的研究者，经常在表述过程中感到字词句篇的选择捉襟见肘，甚至"理屈词穷"。国际社会的大幅跃进，似乎总难以通过我们所熟悉的文字表达出来，这是一个令人倍感压力的客观现象。好在，经过长久的坚持，这本书终于脱胎而出了，以"适度自信"的结构和形态出现在各位的面前。至于观点是否准确、结构是否科学、逻辑是否严密，这些也只能委托给未来的时间和努力了。

感谢我的家人一直以来对我写作过程中懒于家务、情绪焦虑和脾气急躁的宽容以待，三年疫情带给学术研究的冲击令人体悟颇深，幸有家人的陪伴和鼓励，让我们一起走出了那段刻骨铭心的岁月。

感谢我指导的几位研究生在资料收集、文献分析、观点斟酌等方面提供的帮助，他们分别是甄飞扬、甘李江、林宇薇、左小凡、危雨阳等，希望本书的出版能作为我们共同努力的一个见证，也衷心希望他们在今后能有更好的发展。此外，魏晨罡、喻俊、潘昶君、段若辰和伏浩瑾等几位同学帮助校对了全稿，向他们表示衷心感谢。

最后更要特别感谢的是本书的编辑郭曼曼女士，她对本书篇章布局和观念表达的修改建议，是使得本书得以面世的关键推动力之一。

2023 年 3 月 12 日于武昌珞珈山